21世纪高等院校会计·财务管理规划教材

财务管理案例

Finance Management Case

陈运平 颜晓燕 王丽芳 肖小玮 主编

东北财经大学出版社 | 大连
Dongbei University of Finance & Economics Press

图书在版编目（CIP）数据

财务管理案例 / 陈运平等主编. —大连：东北财经大学出版社，2019.8（2021.1重印）
（21世纪高等院校会计·财务管理规划教材）
ISBN 978-7-5654-3581-2

Ⅰ. 财… Ⅱ. 陈… Ⅲ. 财务管理-案例-高等学校-教材 Ⅳ. F275

中国版本图书馆CIP数据核字（2019）第128701号

东北财经大学出版社出版
（大连市黑石礁尖山街217号 邮政编码 116025）
网 址：http://www.dufep.cn
读者信箱：dufep@dufe.edu.cn
大连永盛印业有限公司印刷 东北财经大学出版社发行

幅面尺寸：185mm×260mm 字数：445千字 印张：19
2019年8月第1版 2021年1月第2次印刷

责任编辑：孙 平 周 晗 责任校对：周小焕
封面设计：崔囡囡 版式设计：钟福建

定价：45.00元

教学支持 售后服务 联系电话：（0411）84710309

如有印装质量问题，请联系营销部：（0411）84710711

前　言

财务管理作为以资金运动为对象，利用价值形式对企业各种资源进行优化配置的综合性管理活动，具有很强的实践性，脱离实例来讲解财务管理课程，势必枯燥无味。实践是学以致用的桥梁，是培养技能的途径，是考核能力的手段。通过实践教学，学生能够亲身体验知识的力量、思维的奥秘和创造的奇迹，从而逐步培养其创造的能力。

本书主要运用财务管理的理论，解释和预测企业的财务管理工作，提高读者在不确定环境下的财务决策能力。全书共分9章，每章2个案例，共18个案例，分别从财务管理目标、理财环境、公司治理、财务分析、资本结构、项目评估、股利政策、企业并购、企业集团管理等方面对企业财务管理实务进行分析与评述。

本书在内容和结构安排上主要有以下特性：

1.全面性。本书所选案例，以满足财务管理教学需要为目的，包括了中级财务管理、高级财务管理的大部分内容。

2.真实性。本书的案例均来源于中国企业的财务管理实践，既有成功的经验，也有失败的教训。

3.及时性。本书所选的案例都是最近几年内发生的典型案例，涉及IT、传媒、影视、钢铁、医药、建材等多个行业。

4.适用性。本书在写作上充分考虑了案例教学的特点，将案例分为摘要、案例正文、案例说明三部分。案例正文由引言、公司简介、案例概况、思考问题构成；案例说明主要从教学角度介绍了包括教学目的、案例讨论的准备工作、案例分析要点、建议课堂计划和参考文献等部分。

另外，本书知识链接以二维码形式呈现，这部分内容主要是加强读者对相关案例背景和知识点的了解。

本书可作为高校本科财务管理、会计学专业和MPAcc的财务管理案例教材或学习初级财务管理、中级财务管理、高级财务管理的课外参考书，也可以作为实务中财务管理、会计工作者的参考读物，为管理人员提供解决问题的思路。

本书由江西师范大学陈运平、颜晓燕、王丽芳，江西农业大学肖小玮担任主编，其余参编人员有：江西师范大学财政金融学院2017级MPAcc研究生董芳颖、章敏、尹巧玲、王智超，2018级MPAcc研究生金辛玫、潘媛、曾项子娴、刘欢、邱姗姗、陈浩峰。本书在编写过程中得到了东北财经大学出版社的大力支持，在此表示感谢。当然更要感谢的是本书的读者，你们认同此书，才能使本书有其存在的价值。

由于时间紧迫，加之我们水平有限，虽倾力投入，不足之处仍在所难免，恳请各位读者不吝赐教。

编　者

2019年4月

目　录

第一章　财务管理导论

案例一

从理财目标看华为不上市的原因

摘　要

随着中国资本市场的快速发展，越来越多的企业走上了上市之路，“股东财富最大化”往往是中国上市公司的财务目标。但是在上市浪潮愈演愈烈的情况下，华为却逆向而行——坚持不上市。华为作为一家中国非上市、私营、高科技企业，近年来在多方面取得了优异成绩，体现了我国新兴的生产力和科研技术水平，国内众多企业把华为作为学习的标杆，有的甚至提出要成为某领域的“华为”。本案例立足于华为的财务状况、发展纲要、财务活动导向和财务模式，探讨华为的理财目标，在此基础上分析华为不上市的原因：从某种程度上说，华为正是“利益相关者财富最大化”模式的受益者和成功的典范。此案例对引导学生理解财务管理目标具有一定的理论和现实意义。

关键词

理财目标；财务活动导向；财务管理模式；上市

知识点

1.财务管理目标；

2.财务活动导向及财务管理模式；

3.上市。

案例正文

一、引言

在中国，70%～80%的私营企业都是家庭式小作坊[①]，家庭管理模式有其不足，通过上市可以帮助其提高管理能力、增强竞争力、扩大融资平台。不过，企业一旦上市，就需有相应的付出：管理人员的自由程度受到更多限制，向投资者和监管机

① 章晓洪. 企业为什么要上市［N］. 中国经济时报，2013-08-28（009）.

构披露更多的信息……在上市成为浪潮的情况下，华为却逆向而行，这其中的原因究竟是什么呢?

二、公司简介

1987年，华为在深圳成立，公司采取“农村包围城市，亚非拉包围欧美”的发展战略，扩大市场份额，使华为成为领先全球的电信解决方案供应商，与运营商建立合作伙伴关系。除了在深圳和南京等城市设立多个研究所外，华为还在美国、德国、瑞典、俄罗斯、法国和印度设立了研究机构。公司拥有超过18万名员工[①]，现在华为已在全球建立了数百家分支机构，其产品营销和客户服务网络遍布全球。与此同时，华为不断完善公司治理，并与IBM、普华永道和德国国家应用研究院等世界级管理咨询公司合作。其还在产品开发、供应链、财务管理、质量控制和人力资源管理方面实施了深远的制度变革，建立了一个将IT系统与管理方式相结合的体系，并坚持塑造“狼性”企业文化及产品创新。华为公司的治理结构如图1-1所示。

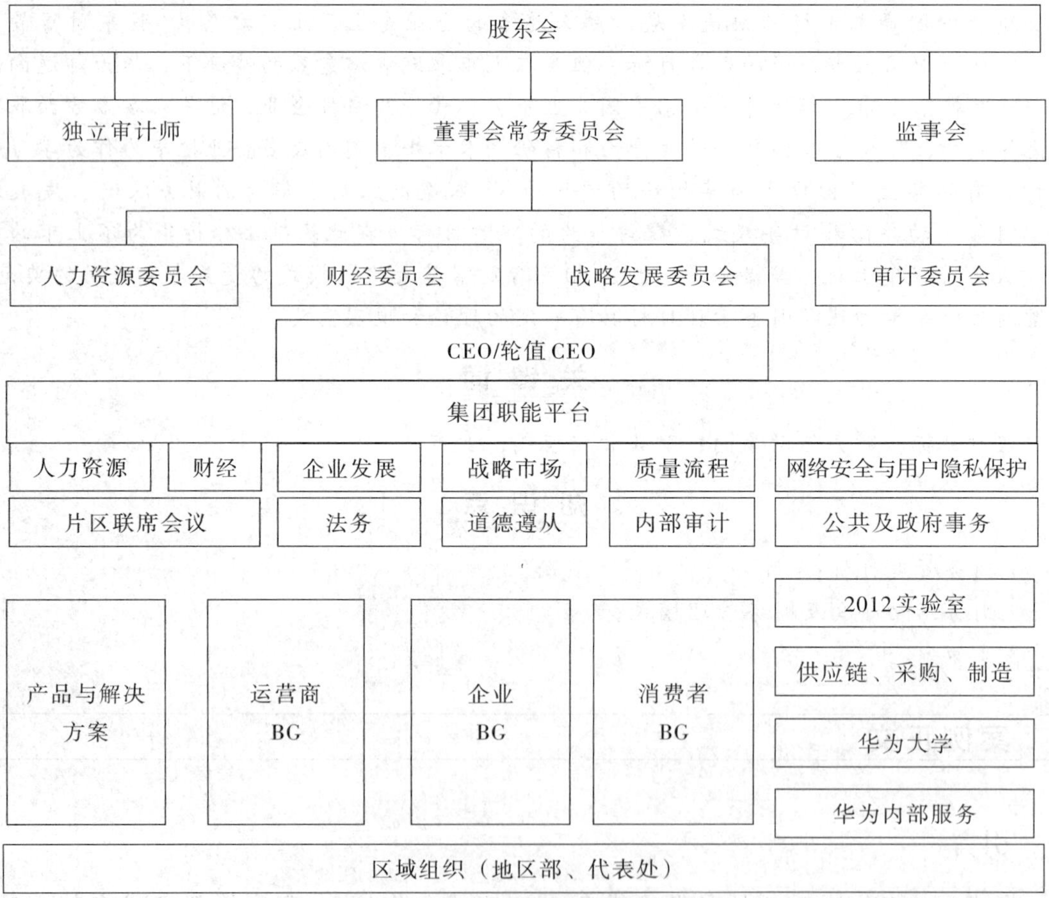

股东会

独立审计师 | 董事会常务委员会 | 监事会

人力资源委员会 | 财经委员会 | 战略发展委员会 | 审计委员会

CEO/轮值CEO

集团职能平台

人力资源 | 财经 | 企业发展 | 战略市场 | 质量流程 | 网络安全与用户隐私保护

片区联席会议 | 法务 | 道德遵从 | 内部审计 | 公共及政府事务

产品与解决方案 | 运营商BG | 企业BG | 消费者BG | 2012实验室 | 供应链、采购、制造 | 华为大学 | 华为内部服务

区域组织（地区部、代表处）

图1-1 华为公司治理结构图

① 此处及以下华为相关数据均来源于华为官网https://www.huawei.com/cn/?ic_medium=direct&ic_source=surlent。

三、案例概况

（一）华为的财务总体状况

从2012年到2017年，华为的营业收入逐年增加。2017年，营业收入达到6 036亿元，年复合增长率为26%，2017年净利润达到了475亿元。从营业收入增长率来看，华为自2014年以来的营业收入大幅增长，2015年增长率为37%；从利润增长率来看，华为2012—2017年的营业利润和净利润呈现出同步增长趋势；从现金流量的角度来看，虽然六年间流动现金增长存在波动，但整体情况在上升。2017年，华为的经营流动资金与2012年相比几乎翻了两番。截至2017年年底，公司现金及短期投资余额达到199 943亿元，比2016年增长37.27%，资本储备充足，稳定的经营性现金流为公司规避流动性风险和偿债风险提供了重要的保障（见表1-1）。

表1-1 **华为2012—2017年财务概况表** 金额单位：百万元人民币

项目	2017年	2016年	2015年	2014年	2013年	2012年
销售收入	603 621	521 574	395 009	288 197	239 025	220 198
营业利润	56 384	47 515	45 786	34 205	29 128	20 658
营业利润率	9.3%	9.1%	11.6%	11.9%	12.2%	9.4%
净利润	47 455	37 052	36 910	27866	21 003	15 624
经营活动现金流	96 336	49 218	52 300	41755	22 554	24 969
现金与短期投资	199 943	145 653	125 208	106 036	81 944	71 649
运营资本	137 576	116 231	89 019	78 566	75 180	63 837
总资产	505 225	443 634	372 155	309 773	244 091	223 348
总借款	39 925	44 799	28 986	28 108	23 033	20 754
所有者权益	175 616	140 133	119 069	99 985	86 266	75 024
资产负债率	65.2%	68.4%	68.0%	67.7%	64.7%	66.4%

2017年，华为继续加大对未来技术、品牌销售和创新的投入，受益于这一变化带来的高效率和大规模，总期间费用率下降了1.1%。由于研究和创新，以及研发平台和能力的改进，研发费用率仅增加了0.3个百分点；在增加品牌营销和变革投资的同时，受益于效率提升和规模的快速增长，销售和管理费用率下降了1.2个百分点（见表1-2）。

表1-2 **华为2016—2017年期间费用变动表** 金额单位：百万元人民币

项目	2017年	2016年	同比变动
研发费用	89 690	76 391	17.4%
研发费用率	14.9%	14.6%	0.3%
销售和管理费用	92 681	86 442	7.2%
销售和管理费用率	15.4%	16.6%	（1.2%）
其他收支	（613）	（219）	179.6%
其他收支占收入比	（0.10%）	（0.04%）	（0.06%）
期间费用合计	181 758	162 614	11.8%
期间费用率	30.1%	31.2%	（1.1%）

（二）华为的发展纲要

华为的发展纲要诞生于1998年，华为的发展和转型符合其精神。近年来，华为成功实施了IFS（Integrated Financial Management Systems，集成财务系统）转型，其财务管理提升了公司的管理效率。

1.利润最大化与可持续发展的辩证统一

华为发展纲要第11条写道："我们将根据业务可持续发展的要求，为每个时期设定合理的利润率和利润目标，而不是简单地追求利润的最大化。"这种观点的新意使追求利润目标应该是"合理的"，而不是"最大的"。

华为坚持开放边界，与世界握手，与合作伙伴建立"互生、共生、再生"的产业环境和共赢繁荣的商业生态体系，造福大家：（1）在供应商方面，华为一直重视与供应商的交流合作，以增强供应商认证和绩效评估的可持续发展，并以"三化一稳定"要求（即管理IT化、生产自动化、职工专业化和重要职位人员稳定）驱动供应商持续完善；（2）在客户方面，"以客户为中心"也是华为文化体系的精髓，服务客户是华为存在的原因；（3）在社会责任方面，截至2017年底，华为加入了360多个标准组织、产业联盟和开源社区，在IIC（Industrial Internet Consortium，工业互联网联盟）、ETSI（European Telecommunications Standards Institute，欧洲电信标准化协会）等组织中担任超过300个重要职位，致力于共同开发世界领先的云、物联网、企业数字化解决方案，并加速全球产业数字化进程。

2.企业利润与人工成本的辩证统一

华为发展纲要第2条写道："认真负责和管理有效的员工是华为的最大财富。"人力资源的增值和劳动力成本的增加高度相关。怎么平衡呢？华为发展纲要第69条规定："我们不会牺牲公司的长期利益来满足员工短期利益的最大化分配，但是，公司保证在经济繁荣时期和事业发展良好阶段，员工的人均年收入高于区域行业的最高水平。"

在华为的利润分享计划中，员工可以通过薪酬、年终奖励、补贴和虚拟限制性股票分红将个人利益与公司利益捆绑在一起。在确保公司可持续发展的前提下，确保员工的高薪，让员工分享公司的业绩增长；反过来，这将激励员工更具创造力，并使公司实现更好的经营业绩。

（三）华为的财务活动导向

华为将财务活动导引的方向分为三个方面：第一，可持续的增长与盈利；第二，强劲的现金流；第三，健康的资产结构。

1.可持续的增长与盈利

可持续的增长与盈利强调了两个方面：规模增长与利润。这两个方面是一体的，规模增长需要实现利润，利润增长通过规模增长实现。规模和利润增长要求是基于长期的，不能通过短期行为追求眼前的扩张。

2.强劲的现金流

何谓强劲的现金流？首先，净现金流量必须为正，流入量大于流出量；其次，净现金流入应主要由经营活动带来。大量的现金强调了公司自身的"造血"功能，并且要做到会计利润有现金流入做保障。华为的虚拟限制性股票每年可以获得高额股息，这取决于华为的利润有现金流入做支撑。

3.健康的资产结构

健康的资产结构是公司稳定运营的保证。要做到稳健，一是要确保公司资产负债率、流动比率和速动比率是安全的，没有债务风险；二是要合理利用债务杠杆为公司创造收入。稳健不能盲目举债扩张，也不能拒绝债务保守经营，关键在于平衡有度。

（四）华为的财务模式

1.科研创收模式

华为的技术创新转售模式是其资本收益最主要的支撑，华为2017年年报披露，截至2017年年底，华为共获得专利74 307件，申请中国专利64 091件，申请国外专利48 758件，其中90%以上为发明专利。

华为坚持每年将10%以上的销售收入用于研发，2017年从事研究与开发的人员约8万名，占公司总人数的45%；2017年研发费用为89 690百万元，约占全年收入的14.9%。近10年累计投入研发费用超过394 000百万元。

知识链接——华为的科研投入

2.职工控股模式

华为是100%由员工持有的民营企业，股东为华为投资控股有限公司工会委员会和任正非。公司通过工会实行员工持股计划，员工持股计划参与人数为80 818人（截至2017年12月31日），参与人均为公司员工。任正非作为自然人股东持有公司股份，同时，任正非也参与了员工持股计划。截至2017年12月31日，任正非的总出资占公司总股本的比例约为1.4%。

华为于2001年开始实施虚拟股期权，使华为成功转型为薪资最具竞争力的公司之一。在华为工作5年以上的员工将逐步步入百万富翁行列，华为员工的收入远远超过目前中国中产阶层的水平，任正非放弃了99%的华为股份，为中国创造了最大的“中产阶层员工”。

3.应收账款转让模式

银行将指定买方向营销商（即华为）提供应收账款，在合同期内尚未收回的任何款项最终必须由转让人自行收回。

4.利益分配模式

对于国内公司而言，多元的利益分配机制和完备的综合能力评估体系至关重要。华为引入了美国人力资源管理的基本概念，即“人力资本优先投资”，这也是华为目前掠夺性人才战略和人才优先战略的先导，即顶尖待遇、顶尖人才、顶尖贡献。该体制建立后，需要一系列评估体系来确保能力评估、绩效评估、岗位评估、潜能评估及工作态度评估的进行。

四、讨论问题

1.基于华为的发展纲要，其理财目标是什么？试从其表现形式与实施过程进行分析。

2.华为的四大财务模式是如何体现其理财目标的？

3.结合华为财务活动导向，分析华为不上市的原因是什么？试从财务管理角度进行分析。

4.华为的财务目标对我国企业有何借鉴意义？

案例说明

一、教学目的

本案例的教学目的是使学生了解企业财务管理目标理论及其主流观点，通过公司治理结构、财务管理模式的实施，确定公司的理财目标，并了解理财目标对公司的影响，通过案例研究掌握财务管理的基本理念。

二、案例讨论的准备工作

（一）理论背景

1.财务管理目标理论

财务管理目标主要有利润最大化、股东财富最大化、企业价值最大化和利益相关者财富最大化四种，详见表1-3。

表1-3 财务管理目标理论

财务管理目标理论	观点	该理论存在的缺点
利润最大化	利润代表了企业新创造的财富，利润越多则说明企业的财富增加得越多，越接近企业的目标	①没有明确利润概念，提供利润操纵空间；②没有考虑利润取得时间，不符合货币时间价值的理财原则；③没有考虑利润和所承担风险的关系，不符合风险报酬均衡的理财原则；④没有考虑利润取得与投入资本额的关系
股东财富最大化	通过财务上的合理经营，为股东创造最多的财富，实现企业的财务管理目标	①适用范围存在限制，只适用于上市公司；②不符合可控性原则；③不符合理财主体假设；④不符合证券市场的发展；⑤它强调更多的是股东利益，而对其他相关者的利益重视不够
企业价值最大化	采用最优的财务结构，充分考虑资金的时间价值以及风险与报酬的关系，使企业价值达到最大	①企业价值计量方面存在问题：首先，把不同理财主体的自由现金流混合折现不具有可比性。其次，把不同时点的现金流共同折现不具有说服力。②不易为管理层理解和掌握。③没有考虑股权资本成本
利益相关者财富最大化	现代企业是一个由多个利益相关者组成的集合体，财务管理是正确组织财务活动、妥善处理财务关系的一项经济管理工作，财务管理目标应从更广泛、更长远的角度来找到一个更为合适的理财目标	①企业在特定的经营时期，几乎不可能使利益相关者财富最大化，只能做到协调化；②所设计的计量指标中的销售收入、产品市场占有率是企业的经营指标，已超出了财务管理的范畴

知识链接——财务管理目标之企业价值最大化

2.企业上市的利与弊

公司上市是不少企业的梦想和目标，但任何事情都是利弊共存，只有充分认识上市的利弊（见表1-4），才能正确把握和权衡，引领企业健康发展。

表1-4 企业上市的利与弊

上市的好处	上市的弊端
①新的直接融资通道	①信息披露使财务状况公开化
②完善法人治理结构、理清发展战略	②股权稀释，减少控股权
③提升品牌价值和市场影响力	③被敌意收购的风险
④对员工更有吸引力	④股价及异常波动带来负面影响
⑤增强公司的竞争优势	⑤上市的成本和费用高
	⑥先付费用，但企业不一定能成功上市
	⑦商业信息可能被竞争者知悉

（二）行业背景

近些年，通信行业作为最具活力和进取精神的行业之一，发展迅速。在此期间，虽然经历了起伏，但变革和转型的步伐从未停止过。从纵向看，新概念、新技术和新模式层出不穷，推动行业突破自身增长障碍。在技术发展和用户需求的推动下，软件产业、IT产业和通信产业相互渗透，传统媒体和娱乐产业也日益影响着通信产业。在行业深度融合的背后，通信行业已进入网络化时代。

通信业的成功取决于三个关键因素：（1）技术创新。虽然企业的国际竞争力来自两个方面，一个是成本优势，另一个是技术优势，但企业的国际竞争力最终依赖于技术优势，通信行业亦是将核心技术创新作为企业的生命线。（2）政府扶持。1995年，国家陆续出台了一系列扶持民族通信产业发展的政策，一直困扰着通信业的银行贷款问题得到解决，地方政府的支持也有了加强。1996年，担任国务院副总理的朱镕基视察通信业，明确表示希望国内交换机打入国际市场，并承诺政府提供买方信贷。（3）社会需求。人们需求的多样化推动了产品的多元化，加快了产品更新换代的速度，使通信行业整体上升。

（三）制度背景

自20世纪80年代以来，中国通信服务业经过放松价格管制、打破独家垄断和管制机构改革及产业重组为内容的三阶段改革，突破了原来的政企合一、行政性独家垄断的体制框架，初步形成了基础网络层次上的数家竞争格局。通信业改革的艰难开端还与中国“入世”的历史抉择不期而遇，呈现出一种交叉互动。一方面，“入世”将为改革带来新的机遇和动力；另一方面，深化改革必将为中国更好地参与WTO多边贸易体制活动和在经济全球化过程中趋利避害创造有利条件。因此，通信业的发展与政治制度环境有很大的关联。

三、案例分析要点

问题1：基于华为的发展纲要，其理财目标是什么？试从其表现形式与实施过程进行分析。

华为的理财目标是：利益相关者财富最大化。以下对华为职工与股东、客户、供应商、社会大众这四方面利益相关者进行分析：

1.职工与股东利益

华为的2016年度报告中表示，其是100%由员工持有的民营企业。除表决、出售和拥有股票外，股东可以享有所有利润分享权力。华为有一个“1+1+1”的说法，意味着薪资、奖金和分红比例是相等的。截至2017年12月31日，员工持股计划参与人数为80 818人，而在2011年12月为65 500人，2012年12月为74 300人。同时，只有贡献更多，才能创造更多的企业价值。“以奋斗者为基础”是华为的企业文化，它反映了人力资本所有者的权益，实行按劳分配与按资分配相结合的分配方式。

2.客户利益

“以客户为中心”也是华为文化体系的精髓。作为一家民营企业，华为30多年来一直没有依靠政府和银行，客户才是获益的根本。当客户提出问题或要求时，华为工程师会高效地从基础科学中找到答案，从而产生无穷无尽的新产品与专利。客户服务是华为存在的原因，华为推进以技术为导向、以客户需求为导向的战略转型，分析顾客需求，制订解决方案，从而开发成本少、增值快的产品。华为确实实现了关注客户利益的目标，确保了华为的进一步发展。

3.供应商利益

华为始终重视与供应商的沟通与合作，增强供应商认证和绩效评估的可持续发展性。2015年，“质量优先”战略被提出并全面融入采购策略、流程和供应商管理，并以“三化一稳定”要求（即管理IT化、生产自动化、职工专业化和重要职位人员稳定）推动供应商持续改进，培养供应商的能力，为供应商间的相互学习和分享提供平台，并通过业务驱动供应商提升可持续发展绩效，加强与政府和非政府机构的合作，加强供应商环保监管和透明度，加快供应链中的能源供应和减排，使用公众环境研究中心（IPE）软件定期检查主要供应商环境状况。华为的供应商战略保证了供应商的利益，为华为的发展奠定了坚实的基础。

4.社会责任与社会利益

在华为2017年的营业收入中，运营商的业务收入为2 978亿元人民币，同比增长2.5%，占总业务收入的49.34%（见表1-5）。如此庞大的网络业务范围使华为承担了更加艰巨的网络责任，保证了网络的稳定性。同时，作为全球企业公民，华为将当地社区的发展视为一项重要的社会责任，其中包括支持ICT创新和初创企业、支持社区环境活动、支持人才发展和教育以及照顾弱势群体。利益相关者的参与一直是华为可持续发展管理的重点，近几年，华为一直致力于减少运营对环境的影响。

表1-5　　华为2016—2017年业务分部收入表　　金额单位：百万元人民币

项目	2017年	2016年	同比变动
运营商业务	297 838	290 561	2.5%
企业业务	54 948	40 666	35.1%
消费者业务	237 249	179 808	31.9%
其他	13 586	10 539	28.9%
合计	603 621	521 574	15.7%

知识链接——财务管理目标之相关者利益最大化

问题2：华为的四大财务模式是如何体现其理财目标的？

1.科研创收模式

华为的财务目标和融资方式主要基于其科研和创新水平，注重创新。大量实例证明，通过发明专利将无形资产转化为有形资金已成为华为集团筹集资金的主要形式，流动现金的时间价值、风险与获得回报之间的关系充分体现在这种财务模式上，以保证华为企业的可持续发展，实现高价值，这与财务目标中利益相关者财富最大化的宗旨相一致。

2.职工控股模式

华为员工持股计划实现了员工敬业精神与公司发展的有机结合，形成了长期的共同奋斗和分享机制。它激发了公司的高层和研发人员的工作积极性，并加强了个人和企业利益共同进步的理念，最大化股东收益，提高公司科技创新能力，因而在激烈竞争中脱颖而出。

3.应收账款转让模式

2016年，华为应收账款总额为1 088.63亿元人民币，2017年下降至1 063.24亿元人民币，减少了25.39亿元人民币，降幅为2.3%，应收账款总额占公司总资产的21%左右。近年来，华为继续实施应收账款转让模式，将高价值的应收账款转入银行等信贷机构，以达到曲线集资的目的，解决公司长期发展的资金问题，实现收益最大化财务目标模式。

4.利益分配模式

一个公司不可能只用低成本的工资来获得顶尖人才并促进其奉献，必须要建立健全利益分享制度。华为的“人力资本优先投资”是掠夺性人才战略和人才优先战略的领先标准，即一流的待遇、顶尖人才和顶尖贡献。该模式还确保了华为内部员工和股东的最大利益。

问题3：结合华为财务活动导向，分析华为不上市的原因是什么？试从财务管理角度进行分析。

1.从融资角度来看

企业上市的原因之一就是拓宽融资渠道，但细看华为的经营状况，不难发现，华为无论从盈利能力还是从经营能力来看都表现良好，不存在资金短缺、需要上市融资的情况。经过多年的发展，华为已经从年销售额仅数十万元的交换机经销商发展成为年收入达6 036亿元、净利润达475亿元、资产规模达5 052亿元的公司。

（1）融资需求

①盈利能力：从2012年到2017年，华为的营业收入逐年增加（如图1-2所示）。到2017年，营业收入达到6 036亿元，同比增长15.73%，净利润达到475亿元，且相对于中兴来说，华为的销售净利率、营业利润率等都较高，可见华为整体盈利能力比较强，可以通过主营业务获得较多的利润。

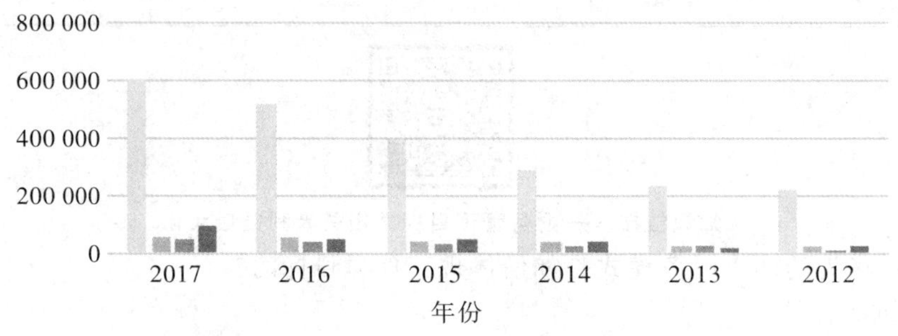

图1-2 华为2012—2017年财务数据（单位：百万元人民币）

②经营能力：2017年，华为的经营活动产生现金流963亿元，年复合增长率为44%，且其资金使用效率和周转效率都相对较高，可以看出其经营能力较强，现金流量较为充足，没有出现资金短缺的情况，如图1-3所示。

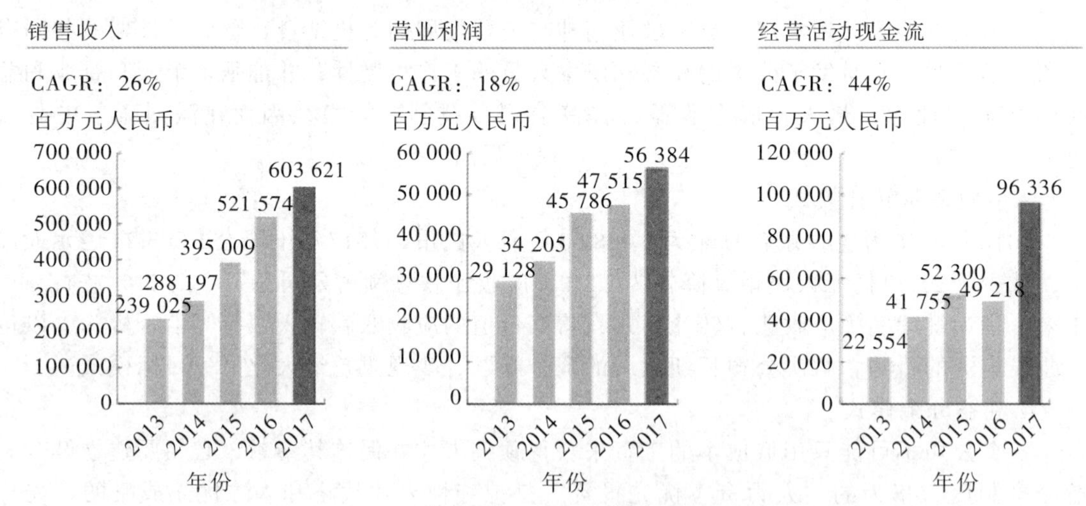

图1-3 华为2013—2017年三项增长率

（2）融资能力

在融资能力方面，华为2016年和2017年的借款总额分别为448亿元和399亿元（见表1-1），说明华为公司完全可以通过借款的方式得到所需的资金，缓解资金压力。华为2017年的利息费用为-29.42亿元，可见华为公司有着很强的融资能力，而且融资成本很低。华为还可以通过员工持股计划进行内部融资，或通过建立合资公司、培育出售子公司、转让应收账款等方式来获得资金。

(3) 融资方式

看起来资金充足的华为，也有需要融资的时候。2001年IT泡沫的破裂，使华为也受到了打击。目前，华为公司的融资方式主要有以下几种：

第一，内部员工持股计划。该内部员工持股计划的具体内容是公司将参考某些评估标准（如绩效、考核、工龄等指标）将内部期权分配给相应的公司成员，同时，在会计年度结束时分配股息。这将员工的命运与公司的发展紧密联系在一起，可以产生向心力。这种融资无疑是互惠的，受到华为员工的欢迎。如果将来持股的员工想要离开华为，华为将采用相应的方式收回这些员工的所有股票份额。

第二，通信设备买方信贷。华为的客户是大型电信运营商，设备采购量大，回款周期长，严重影响了公司的正常运营。为此，华为借鉴银行进出口业务中的买方信贷，采取通信设备买方信贷的方式解决了公司长期发展的资金需求。

第三，出售非核心业务。华为高层认为，国内电信器材供应商之间的竞争日益激烈，华为必须集中所有能量与对手竞争。为此，华为开始了“收缩核心，放开周边”战略，决定转让或剥离所有与核心业务、主流设备不相干的产品线，把主要精力、资源集中到核心网、传输网、移动网三大领域。据统计，华为通过资产出售获得的资金比中兴通讯上市融资的资金还要多。

2.从资本结构来看

华为过去几年的资产负债率基本保持在65%左右，资产负债率相对合理。以2017年为例，华为的借款总额为399亿元，其中长期借款为385亿元，短期借款为14亿元。同时，华为的现金与短期投资总额为1 999.43亿元，华为的长期和短期偿债能力都相对较强，可以看出，华为的偿债风险相对较低，抵御风险的能力较强，企业资金流动性充足。因此，从降低企业财务风险的角度来看，华为不需要通过上市筹集资金来改善资本结构，因为它具有良好的资本结构。

3.从股权结构来看

华为的股权并不集中反而极为分散：第一，对于任正非来说，作为公司创始人，其占股比例也并不高，华为如果选择上市，则其股票可以公开交易，很可能使得华为脱离任正非的控制；第二，对于员工而言，公司的股权计划将公司的利益与员工的利益紧密联系在一起，华为的长期发展和员工的个人贡献有机地结合在一起，形成了长期的共同奋斗和共享机制，因此，华为的风险抵御能力不需要通过上市来提高；第三，对于一些持股比例较大的中高层来说，可能通过上市会获得巨大的短期利益，由于坐拥了大量财富，中高层可能会懈怠甚至辞职。

人们对上市公司的增长预期往往较高，特别是那些高增长的公司。许多家族企业不愿意上市的原因之一是他们不愿意接受上市公司严格的信息披露制度。一旦上市，就必须公开企业的信息，即使某些商业秘密也不例外，这对上市公司而言是巨大的挑战。一般来说，家族企业上市后，对社会的直接影响及其社会形象具有“放大”效应。家族企业上市也意味着家族企业创始人的股权被稀释，家族企业的经营战略或者是某些商业决策将由更多人控制。

问题4：华为的财务目标对我国企业有何借鉴意义？

1.财务战略

(1) 合理规划资金使用

在利润最大化的过程中，成功的企业通常会为其资金融资、项目投资和运营进行合理的资本规划。企业应采取多元化的融资方式来支持自身的增长，投资初期的相关产业将伴随着主营业务的发展而快速成熟和带来明显的效益。华为的两次资产剥离已经筹集了130亿元，其内部资本市场的价值实现功能并不亚于外部资本市场。企业应根据市场环境不断调整自身战略，不断拓展其他业务领域，及时调整资金配置。由于运营商网络营业收入增长缓慢，华为积极增加电信、企业服务、消费者服务等领域的资金投入，希望改变目前的收入状况。华为的战略投资方向的上述变化是基于对行业趋势的变化而考虑的。企业应根据市场环境的变化，尽快采取一些有力的改革措施。当公司发展良好时，需要提前制订计划，为下一困难时期做好准备，并树立风险投资意识。自成立以来，华为一直进行科研投资，将年销售额10%的资金用于研发。

（2）推动利益平衡

企业社会责任意味着企业在创造利润和对股东承担法律责任的同时，还要承担对员工、消费者、社区和环境的责任，强调要在生产过程中关注人的价值，强调对环境、消费者和社会的贡献。例如，华为将社会责任与运营网络服务相结合，为公司带来更多的营业收入，同时也增强了社会责任，实现了双赢的利益平衡。

2.财务体系

2007年，IBM进驻华为，把规范的财务流程植入到华为公司整个运营流程中，实现收入与利润的平衡发展，告别不计成本的发展方式，这更有效地支持了华为的全球运营和增长。华为的成功带给我们的启示是：公司的财务管理是其持续稳定和发展的关键。总而言之，公司的财务监管运营与掌控能力的提升，以及经济利润的实现，都是需要一个健全的财务机制来支持的。因此，企业完善的财务体系是建立正确财务目标的保证。

四、课堂计划建议

本案例可以作为专门的案例讨论课来进行。以下是按照时间进度提供的课堂计划建议，仅供参考：

整个案例课的课堂时间控制在90分钟。

（一）课前计划

提出启发思考问题，请学生在课前完成阅读和初步思考。建议学生在课前做好以下准备：

1.掌握财务管理目标基本理论。

2.了解财务管理体系。

3.查找并了解华为相关资料。

分组讨论，提前告知发言要求，要求每小组将讨论意见做成讨论报告（PPT形式）。

（二）课中计划

1.简要的课堂前言，明确主题。（5分钟）

2.小组发言。（每组10分钟）

3.引导全班进一步讨论：华为的理财目标是什么，华为公司为什么不上市，这与其理财目标有什么关系，对其他公司有什么建议，最后进行归纳总结。（25分钟）

（三）课后计划

如有必要，请学生采用报告形式给出更加具体的解决案例分析报告，包括具体的职责分工，为后续章节内容做好铺垫。

五、参考文献

［1］华为官网．华为公司2012—2017年年报［EB/OL］．［2018-10-10］．http：//www.huawei.com/cn/.

［2］王恒义，等．华为战略分析报告［EB/OL］．［2018-10-10］．http：//doc.mbalib.com/view/6cd34073c2d8f6f8156d0abf52585938.html

［3］许秀梅．技术、技术资本与价值驱动：基于华为的案例分析［J］．财会月刊，2017（5）：68-73.

［4］房静．华为以客户为中心的组织变革思考［J］．管理观察，2017（31）：29-30，33.

［5］冷寒风．华为管理模式分析与借鉴研究［J］．现代经济信息，2015（13）：55-56.

［6］庄学敏．基于华为的战略转型分析［J］．科研管理，2017，38（2）：144-152.

［7］田涛．华为的理念创新与制度创新［J］．企业管理，2016（3）：6-11.

［8］陈德智，刘辉．是高效率还是低成本？——华为追赶爱立信［J］．科学学研究，2014，32（12）：1836-1845.

案例二

从理财环境看分众传媒回归A股的动因

摘 要

多年来，由于A股对上市企业的诸多限制，迫使一些成长性非常好的企业远赴境外上市融资。该类企业的主要业务集中在中国，大部分营业收入来自国内，其股票被称作海外中资股。目前，海外中资股主要在中国香港、美国、英国和新加坡等成熟市场上市。在美国上市的中资股又被称为“中国概念股”，简称“中概股”。自2014年下半年以来，中概股的市场表现落后于中国和美国市场，由于中国企业在美国上市的公司估值较低，越来越多的中概股选择私有化，结束在美国市场的上市。借壳上市是中概股登陆A股的最主要路径，相比于IPO上市，借壳上市审核程序简单、审核时间短、审核标准较宽松，对于进入A股市场有迫切需求的企业来说是一条相对便捷的通道。分众传媒借壳七喜控股上市，是中概股通过借壳上市登陆A股的传媒第一股，对于中概股回归的研究具有重要的意义。本案例着重探讨分众传媒赴美上市、私有化退市、回归A股市场的理财环境，并从理财环境角度分析分众传媒回归A股的动因，总结出理财环境对分众传媒财务绩效的影响。

关 键 词

理财环境；私有化退市；中概股回归A股；财务绩效

知 识 点

1. 财务管理环境；
2. 财务管理环境与公司价值创造；
3. 中概股回归A股相关理论。

知识链接——中概股为何选择私有化回归？

案例正文

一、引言

随着资本市场中企业上市浪潮的不断壮大，2005年，已成立两年的分众传媒也开始谋划着自己的上市之路。然而，中国主板市场对企业的盈利能力要求很高，需要近3年的会计年度净利润为正，且累计超过3 000万元，再加上当时我国的资本市场属于初级阶段，只有主板市场和中小板市场，在主板上市一般需要3年的筹备。怎么办，就这样放弃吗？

由于美国资本市场体系较为完善，从递交材料到上市的时间一般为4～8个月，并且纳斯达克上市条件有很大的选择余地，对税前净收入是没有要求的，再加上为改善公司治理结构和树立国际品牌，分众传媒选择了海外上市。2005年7月，分众传媒成功在美国纳斯达克上市，并以1.72亿美元的募资额创造了历年来在纳斯达克上市的中国股票最高的纪录①。2007年12月24日，分众传媒被正式纳入纳斯达克100指数，成为赴美上市第一只中国广告媒体股。2005—2007年，分众传媒的股价一直处于上涨状态。

二、公司简介

（一）分众传媒

分众传媒成立于2003年，创始人为江南春，主营业务是生活圈媒体的开发和运营，主要产品有楼宇（视频、框架）媒体、影院屏幕媒体、商店终端媒体等。公司成立后，先后获得多家国际知名投资机构的注资，为公司在渠道建立以及技术研发上提供了充裕的资金支持。2005年7月，该公司成功在美国纳斯达克市场挂牌上市，股票代码为“FMCN”。上市后的分众传媒借助资本的力量不断收购，拓展公司业务，扩大公司规模，甚至一度成为纳斯达克市场上市值最大的中概股企业。分众传媒董事会于2012年8月14日宣布，已收到私有化要约，估值约35亿美元。它是继盛大网络和阿里巴巴之后私有化的中国公司，其规模也是私有化回归的中概股企业中最大的。2013年5月，分众传媒完成私有化退市；2014年12月，公司成功拆除VIE（Variable Interest Entities，可变利益实体）架构，为返回国内资本市场做好准备；2015年11月，公司借壳七喜控股成功登陆A股市场，股票代码为“002027”；2016年3月8日，“七喜控股股份有限公司”变更为“分众传媒信息技术股份有限公司”，证券简称从“七喜控股”改为“分众传媒”，公司证券代码不变，仍为“002027”。

（二）七喜控股

七喜控股于2004年8月在深交所中小企业板挂牌上市，其主营业务为电脑整机及零部件制造、通信设备制造、物业管理和房屋租赁、在线游戏和智能可穿戴设备制造等。该公司成立于1997年8月，并于2001年变更为股份公司。近年来，由于传统IT产业竞争加剧，该公司的营业收入大幅下降。公司不断收缩主营业务规模，处置非核心资产，并且于2014年转型网络游戏及智能可穿戴设备制造，但并未取得预期效果。

三、案例概况

（一）前篇——分众传媒退出美国资本市场

2011—2013年，中概30指数一直处于低谷，分众传媒的公司价值被严重低估，2011年大量不合格的中概股企业被美国证监会强制退市，这些因素对分众传媒的股价产生了一

① 王军光．分众传媒募资总额创中国企业纳斯达克上市之最［EB/OL］．［2005-07-14］．http：//news.chinabyte.com/486/2034986_all.shtml.

定的影响。再加上我国资本市场逐渐发展，主板市场规模不断扩大，创业板不断发展，新三板逐渐推向全国。此外，根据企业战略调整的需要，分众传媒决定私有化并退出美国资本市场。

1.私有化退市

在私有化之前，分众传媒的股权架构如图1-4所示。主要股东分别为江南春和郭广昌控股的复星国际（Fosun International），其中江南春持股占比为19.38%，复星国际持股占比为16.82%。江南春的股份分散在他控制的三家离岸公司中。

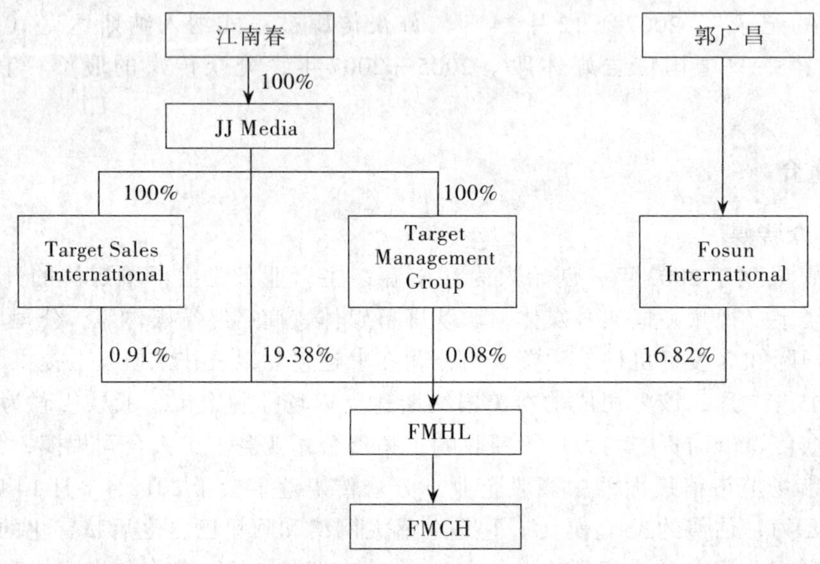

注：FMCH为分众传媒（中国）控股有限公司。

图1-4 私有化前分众传媒股权结构图

2012年8月13日，分众传媒宣布收到了江南春自己和凯雷集团、方源资本、中信资本、光大控股、复星国际等机构提出的私有化要约。为了完成私有化，江南春首先在开曼群岛建立了一个四层架构的收购主体，如图1-5所示。

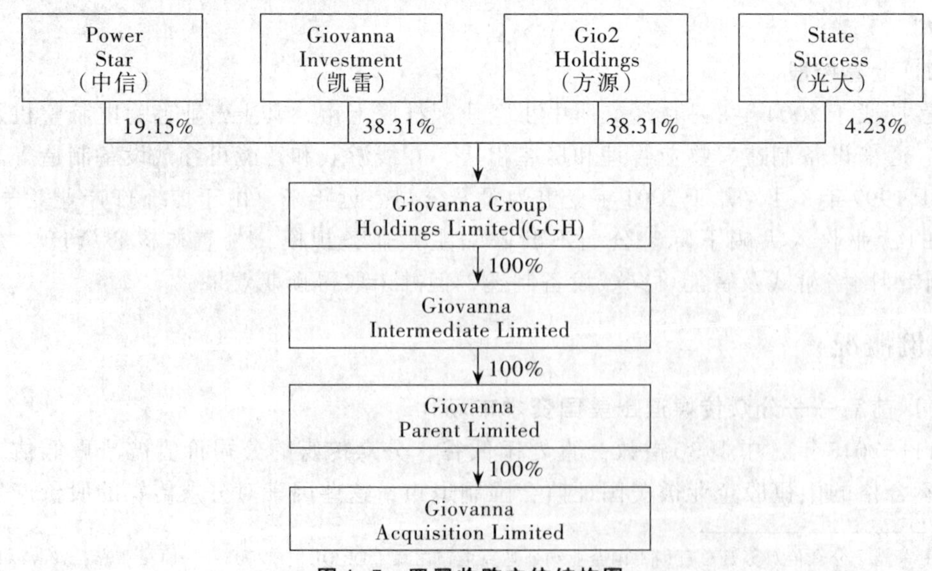

图1-5 四层收购主体结构图

完成收购实体的建设后，分众传媒于2013年4月29日召开了特别股东大会，投票通过私有化提议，确定私有化价格为27.5美元/ADS，总计花费38.23亿美元（约245亿元人民币），收购通过两种主要方式进行：现金和股票交换。私有化后的股权结构如图1-6所示。2013年6月3日，分众传媒向SEC（The U.S. Securities and Exchange Commission，美国证券交易委员会）报备，正式注销股份和ADS。至此，该公司完成了私有化，持续了大约9个月，整个私有化过程较为顺利。

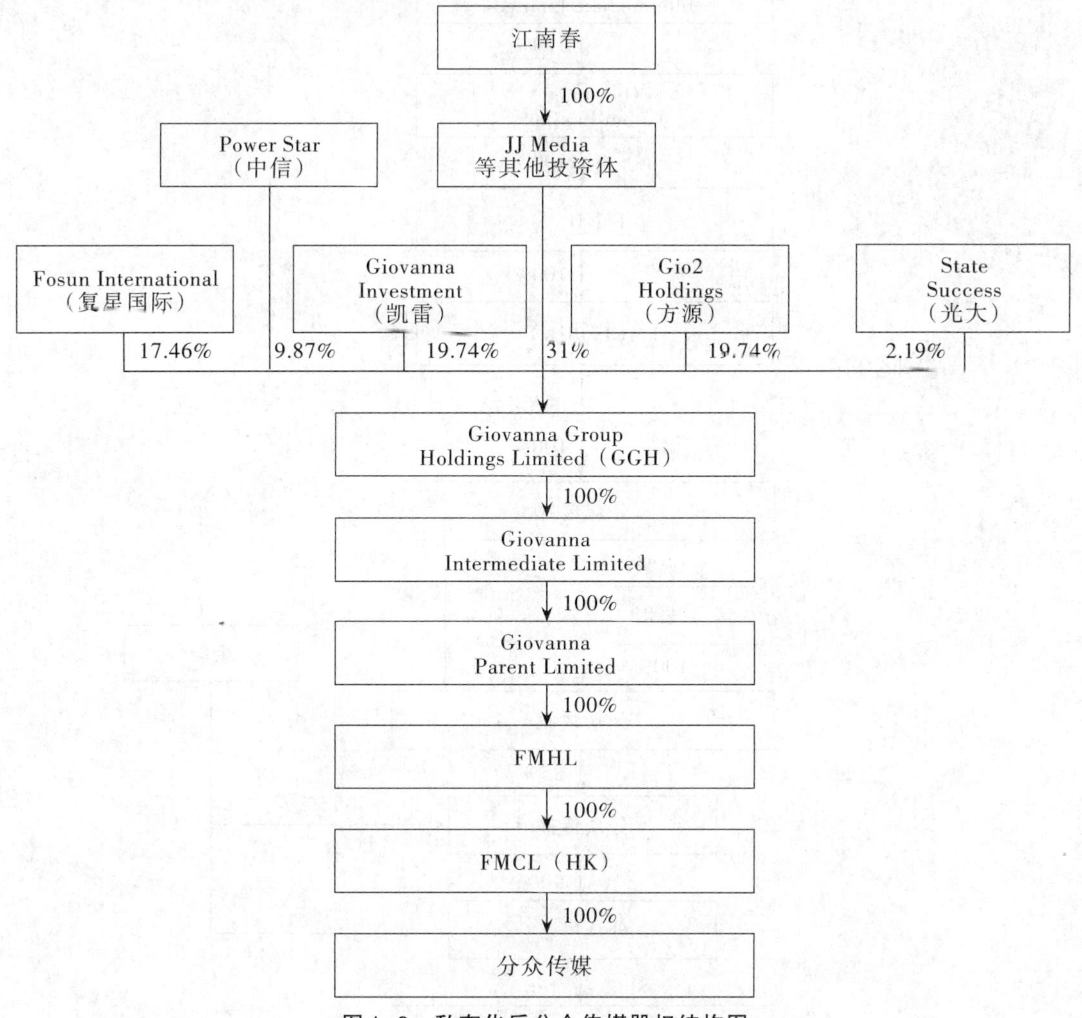

图1-6　私有化后分众传媒股权结构图

2.拆除VIE架构

得益于中国广告行业监管政策的变化，分众传媒在纳斯达克上市期间便开始拆除VIE架构。早在2010年8月，该公司就部分解除了国内运营实体之间的协议控制关系，并逐步将相关业务由分众传播逐步转移到分众传媒。2014年私有化之后，相关方进一步签署协议完全解除权利与义务。此外，江南春还调整了分众传媒的股东持股架构，为回归A股上市做准备（如图1-7所示）。

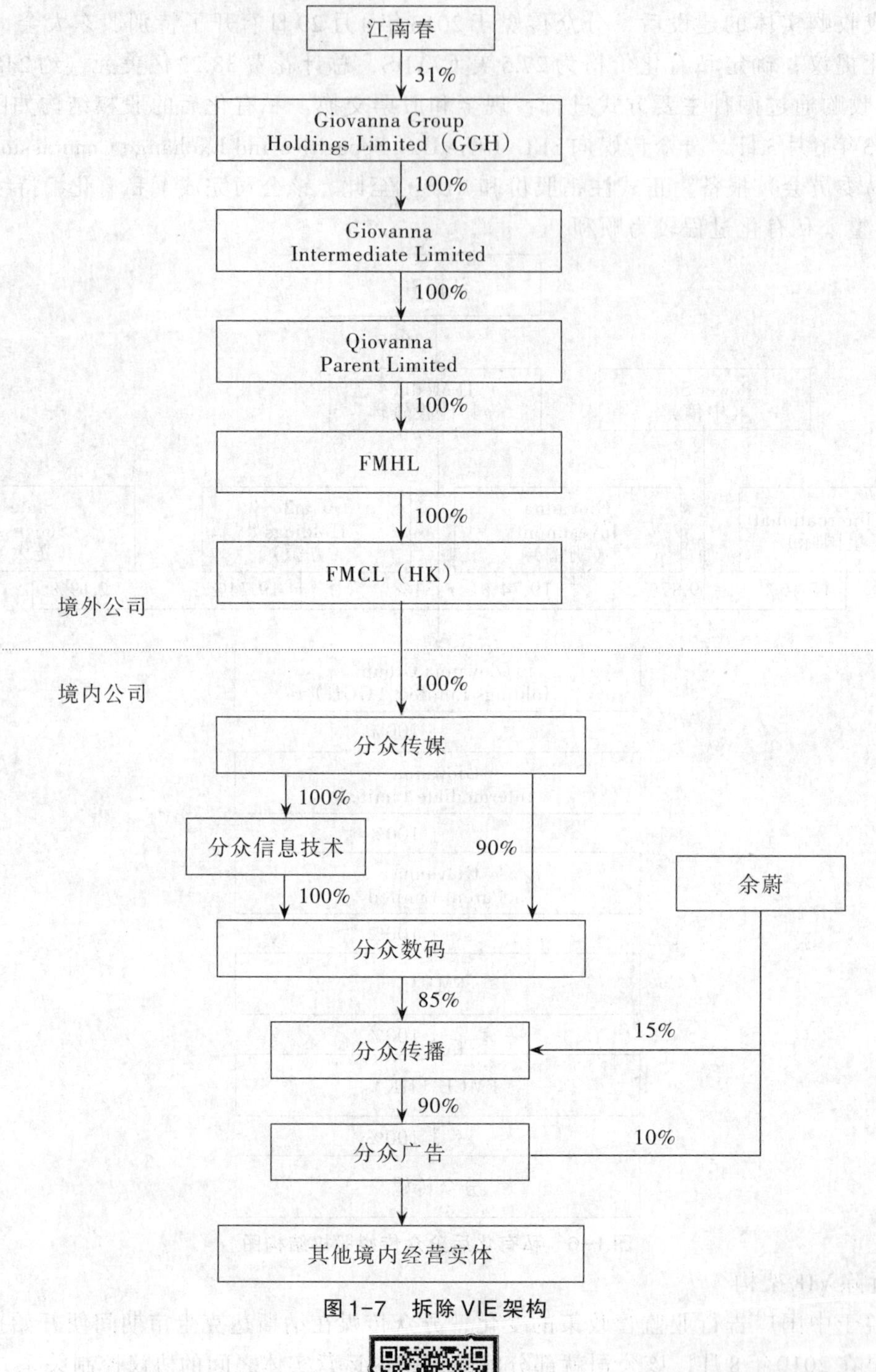

江南春

31%

Giovanna Group Holdings Limited（GGH）

100%

Giovanna Intermediate Limited

100%

Qiovanna Parent Limited

100%

FMHL

100%

FMCL（HK）

境外公司

境内公司

100%

分众传媒

100%

分众信息技术

90%

100%

余蔚

分众数码

85%

15%

分众传播

90%

10%

分众广告

其他境内经营实体

图 1-7　拆除 VIE 架构

知识链接——VIE 架构

（二）中篇——分众传媒借壳七喜控股实现 A 股上市

2014 年，我国资本市场呈现一片良好态势发展，上证指数从 7 月的 2 059.7 点上涨到12月的2 937.65点。另外，分众传媒属于文化科技板块，受到投资者的喜爱，国内上市公司不管成长型的还是稳定型的，市盈率一般在30倍到40倍之间，高市盈率意味着公司可以在相同条件下获得更多的资金。这些市场因素使得分众传媒考虑在A股上市。

此时，自2012年以来，七喜控股的营业利润连续3年大幅下滑，这一利润水平迫使其采取收缩战略，收缩主营业务，处置非核心的资产。当时，分众传媒拥有强大的盈利能力和广阔的发展空间，努力成为中国最好的LBS（Location Based Service，基于移动位置服务）及O2O（Online To Offline，在线离线/线上到线下）媒体集团。所以在这个时候，分众传媒找到了好时机，并希望利用七喜控股的外壳来实现其上市目的。与此同时，七喜控股也希望摆脱当时的窘况，因此这次重大资产重组便出现了。

1.借壳七喜控股

2015年，分众传媒两次发布了借壳上市公告。最初，公司选定的主体是宏达新材，但在方案报审的关键时期，宏达新材的实际控制人收到证监会立案调查的通知，分众传媒不得不终止重组。然而，仅过了两个多月，分众传媒便再次选定借壳主体——七喜控股，并迅速启动了重组计划。

2015年8月31日，七喜控股宣布与分众传媒进行重大资产重组。七喜控股拟出售所有资产及负债，置换分众传媒全体股东持有的100%股权等值部分。经双方协商，分众传媒最终置入资产作价457亿元，七喜控股置出资产作价8.8亿元，两者的差额448.2亿元。七喜控股向FMCH支付现金49.3亿元，购买其持有的分众传媒11%股权，同时七喜控股以10.46元/股的价格，向分众传媒其他股东发行38.14亿股股份，购买分众传媒剩下的89%股权。七喜控股同时募集不超过50亿元的配套资金以向FMCH支付现金。2015年12月28日，七喜控股与分众传媒完成借壳交易，分众传媒成为公司的控股股东，而江南春则成为公司的实际控制人。

2.重大资产重组

七喜控股以全部资产及负债与分众传媒全体股东持有的分众传媒的等值股份进行置换。为简化交易程序，七喜控股直接将截至评估基准日的全部资产及负债交割予易贤忠（七喜控股创始人）或其指定方，易贤忠应向本次交易对方或其指定方支付对价。

根据国众联评估出具的国众联评报字（2015）第3-016号评估报告书，以2015年5月31日为基准日，本次交易的拟置出资产评估值为86 936.05万元。根据《重大资产置换协议》，经交易各方友好协商，拟置出资产作价88 000.00万元。

根据中联评估出具的中联评报字〔2015〕第1064号评估报告书，以2015年5月31日为基准日，选用收益法评估结果作为最终评估结论，本次交易的拟购买资产——分众传媒100%股权的评估值为4 587 107.91万元，评估增值4 339 180.99万元，增值率1 750.19%。根据《发行股份及支付现金购买资产协议》，经交易各方友好协商，分众传媒100%股权作价4 570 000.00万元。

3.发行股份并支付现金购买资产

交易各方达成共识，交易中拟置出资产作价88 000.00万元，拟置入资产作价4 570 000.00万元，两者差额为4 482 000.00万元。置入资产与置出资产的差额部分由七喜控股以发行股份及支付现金的方式自分众传媒全体股东处购买。其中，向FMCH支付现金，购买其所持有的分众传媒11%股份对应的差额部分；向除FMCH外的分众传媒其他股东发行股份，购买其所持有的分众传媒89%股份对应的差额部分。

本次发行股份购买资产定价基准日为七喜控股第五届董事会第十七次会议决议公告日，本次发行股份购买资产的发行价格为10.46元/股（不低于定价基准日前120个交易日公司股票交易均价的90%，即9.79元/股）。据此，七喜控股将向FMCH支付现金493 020.00万元，向除FMCH外其余交易对象发行381 355.64万股。

4.发行股份配套募集资金

为提升重组业绩，七喜控股拟以询价发行方式向不超过10名符合条件的特定对象非公开发行股份募集配套资金，总金额不超过500 000.00万元，扣除本次重组中介费用及相关税费后将用于支付本次交易中的现金对价，若仍有剩余则用于补充流动资金。本次非公开发行股份募集配套资金总额不超过本次交易总额的11%。七喜控股本次发行股份募集配套资金的发行价格不低于定价基准日前20个交易日公司股票交易均价的90%，即11.38元/股。根据拟募集配套资金的金额及发行价格下限计算，公司拟募集配套资金发行股份数量不超43 936.73万股。

分众传媒借壳上市步骤如图1-8所示。

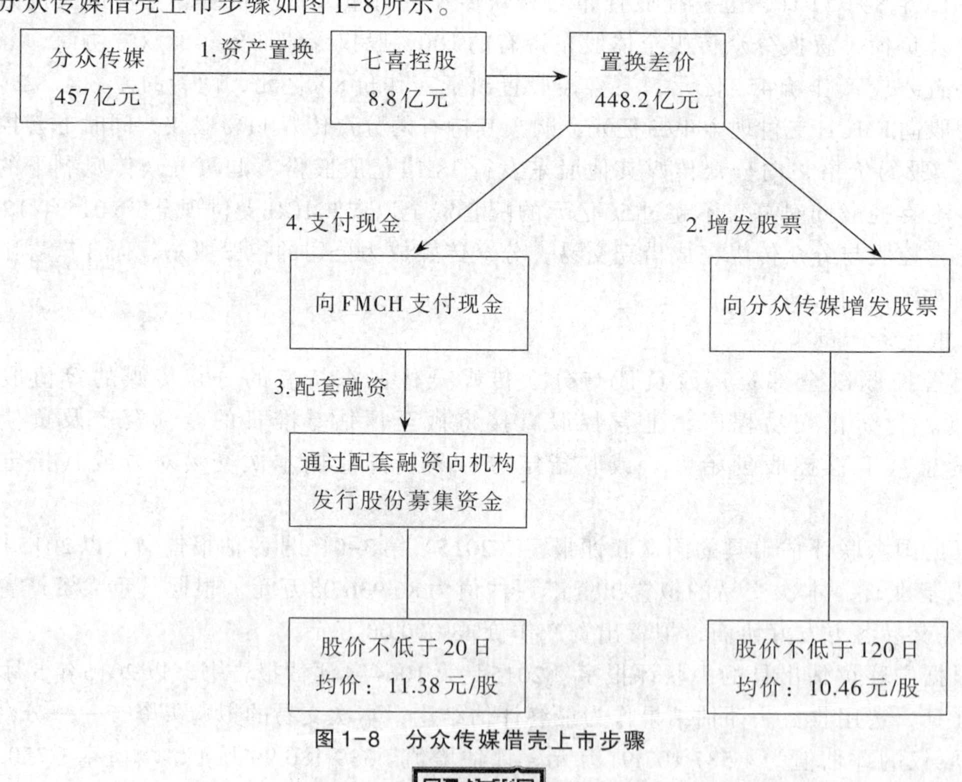

图1-8 分众传媒借壳上市步骤

知识链接——借壳上市

（三）后篇——回归对分众传媒公司价值的影响

从分众传媒刊登重大重组公告的第5天开始到董事会宣告日第1天，在5个交易日内，股市的累计超额收益率为10.18%，从公告日开始10天后，CAR均保持正值，并产生80.77%[①]的累计超额收益率。

1.公司估值提升[②]

分众传媒拥有良好的财务状况、强大的盈利能力和现金流。公司在美国上市期间，5年的平均市盈率为16.58倍，最高市盈率为22.76倍，最低市盈率为12.83倍。2012年，公司实现净利润2.38亿美元（约14.96亿人民币），相当于16倍的市盈率。2013年私有化退市时，估值为38.23亿美元（约245亿人民币），市盈率为15.21倍。2015年借壳七喜控股时，公司估值457亿元，实现净利润24.15亿元，对应18.92倍的市盈率。2016年实现净利润44.51亿元，对应23.77倍的市盈率，2017年实现净利润59.73亿元，公司在一年的时间内市值增长了一倍，估值得到明显的提升。

表1-6为A股上市公司中与分众传媒处于同一行业的公司估值对比情况。从表1-6可见，分众传媒的现金流情况在同行业的广告营销公司中处于前列，主要得益于分众传媒在广告媒体行业的垄断地位。从平均估值来看，分众传媒有一定的提升空间。

表1-6　**同行业公司估值对比**

公司简称	经营活动产生的现金流量净额	全部资产现金回收率	总市值（亿元）	2016年市盈率（倍）	2017年市盈率（倍）
分众传媒	39.21%	29.74%	1 058.03	23.77	19.14
蓝色光标	-5.00%	-2.50%	211.86	31.69	21.47
利欧股份	-0.32%	-0.15%	239.23	42.62	28.01
联建光电	10.73%	2.85%	145.13	36.23	26.13

资料来源：根据Wind数据库整理.

2.股权结构优化

在分众传媒回归A股过程中，江南春对公司的股权结构进行了多次优化。首先，在私有化后，根据协议约定，江南春持有分众传媒的股份由19.38%提升到31%，大大提升了对公司的控股权。其次，江南春对股权架构进行了两轮调整。第一轮调整是对持股平台GGH进行运作，引入新股东并且实施员工持股计划，江南春的持股比例自此变更为26.74%（见表1-7）。第二轮调整是通过股权转让的方式引进35家投资者。除江南春、中信之外，GGH其他股东总计转让了约30%股份，转让金额达133亿元，分众传媒实现股权多元化（见表1-8）。

① 邓路，孙春兴. 市场时机、海外上市与中概股回归——基于分众传媒的案例研究［J］. 会计研究，2017（12）：59-65，97.

② 分众传媒相关数据均来自深交所分众传媒公开信息披露，http://www.szse.cn/application/search/index.html?keyword=%E5%88%86%E4%BC%97%E4%BC%A0%E5%AA%92。

表1-7　**GGH股权调整前后股东持股情况**

股 东	转让前持股	转让后持股
江南春	31.00%	26.74%
复星国际	17.46%	17.43%
凯雷	19.74%	19.71%
方源	19.74%	19.71%
中信	9.87%	9.86%
光大	2.18%	2.18%
春华资本	—	1.09%
HGHL	—	3.13%
管理层	—	0.15%

表1-8　**分众传媒上市前第二轮股权调整情况**

转让方	受让方	转让比例	转让收入（亿元）
Giovanna Investment（HK）	贝因美集团等15家投资者	10%	45
Gio2（HK）	瞻宏投资等12家投资者	10%	45
Glossy City（HK）	珠海融悟等10家投资者	7.75%	34.875
CEL Media（HK）	前海富荣等4名投资者	0.42%	1.89
Flash（HK）	融鑫智明（员工持股企业）	0.32%	1.45
HGPLTI（HK）	北京物源等3家投资者	0.93%	4.185
Maiden King Limited	融鑫智明（员工持股企业）	0.14%	0.61
合　计	35家（剔除重复者）	30%	133

最终借壳上市时，江南春通过控股Media Management（HK）持有分众传媒10.2亿股股份，持股比例达24.77%，成为公司的实际控制人。对比最初的持股比例，可见江南春对公司的控股权得到了提升，同时公司股权结构变得更加明晰。

3.投资方获利

分众传媒主要从三个方面为投资方创造收益：公司分红、股权架构调整以及A股上市收益。从结果来看，参与分众传媒回归A股市场的投资方均获得了高回报。

首先，从现金流量表来看，分众传媒在2012年至2015年期间，累计分红和支付利息63.25亿元，高于2013年的36.61亿元，且大部分为应付普通股股利，见表1-9。支付股利的主要对象为凯雷资本、方源资本、复星国际等私有化投资方，可以发现以上投资方通过分红获取了大额收益。

表1-9　　分众传媒2012—2017年现金流情况　　单位：亿元

项　目	2012年	2013年	2014年	2015年	2016年	2017年
经营活动产生的现金流量净额	25.46	29.69	25.17	6.28	48.00	41.56
投资活动产生的现金流量净额	−3.83	−20.52	−1.31	9.19	−29.05	−20.37
筹资活动产生的现金流量净额	−3.73	−36.27	−19.08	−3.83	−5.13	−25.67
分配股利或偿付利息支付的现金	3.73	36.61	19.08	3.83	10.97	35.87

其次，分众传媒在拆除VIE架构和准备借壳上市阶段进行了两次股权架构调整。在第二次股权架构调整中，凯雷资本、方源资本、复星国际、光大控股四家投资方总计套现约127亿元，见表1-8。

最后，分众传媒借壳上市后，股价曾在2015年11月23日创出历史最高31.05元/股，此时也恰逢公司借壳成功。随后的几个月内股价持续走低。2016年12月26日，分众传媒在《部分限售股份流通上市提示性公告》中披露，有30.36亿股限售股份到期上市流通，占公司总股本的34.75%。自2017年年初至今，公司股票价格累计下跌幅度超过20%。

四、讨论问题

1. 2005年分众传媒选择赴美上市，试从内外部理财环境分析其动因。

2. 2012年分众传媒选择私有化退市，试从内外部理财环境分析其动因。

3. 2015年分众传媒回归国内资本市场，试从内外部理财环境分析其动因。

4. 分众传媒借壳上市回归A股市场，对其财务绩效有何影响？

案例说明

一、教学目的

本案例的教学目的是使学生了解企业财务管理环境理论，通过财务环境的变化促使公司战略转变，从而判断企业理财环境对公司价值的影响，并了解中概股回归A股市场的背景、途径及步骤。通过案例学习掌握财务管理环境的基本概念。

二、案例讨论的准备工作

（一）理论背景

1. 财务管理环境

财务管理环境，或称理财环境，是指对企业财务活动和财务管理产生影响作用的企业内外各种条件的统称，环境构成了企业财务活动的客观条件。

（1）法律环境

企业的理财活动，无论是筹资、投资还是利润分配，都应当遵守有关的法律规范，如公司法、证券法、金融法、证券交易法、经济合同法、企业财务通则、企业财务制度、税法等。

（2）金融市场环境

金融市场是企业筹资和投资的场所，当企业需要资金时，它们可以去金融市场选择适合其需要的方式。利用剩余资金，企业还可以灵活地选择投资方式，为其资金寻找出路。在金融市场上，企业可以实现长期和短期的资本转换。金融市场为企业理财提供有效信息。金融市场上利率的变化反映了资金的供求状况；有价证券市场的行市反映投资人对企业经营状况和盈利水平的评价。它们是企业经营和投资的重要依据。

（3）经济环境

经济环境指企业经济发展过程中的通货膨胀、经济体制等客观经济条件。经济发展的速度对企业有重大影响。随着经济的快速增长，企业需要大规模地筹集资金，财务人员需要根据经济的发展情况分配足够的资金来调整生产经营。经济体制是制定和实施有限资源分配的机制。

（4）社会环境

社会环境舆论监督对企业价值的影响主要体现在企业对社会的贡献，如就业、增加职工福利、保护环境、节约资源、创新等。这些直接影响公司的业务目标和投资方向，并对企业的财务管理目标产生重大影响。

2.借壳上市

借壳上市，即非上市集团公司（借壳方）通过收购、资产注入等方式取得上市公司（被借壳方）的控制权，并借助上市公司的上市地位使其（借壳方）资产和业务得以间接上市。

目前，企业主要通过IPO（Initial Public Offerings，首次公开募股）上市和借壳上市这两种途径进入资本市场。一方面，目前我国对IPO上市实行的是核准制，有严格的监管政策机制，并且流程复杂，上市过程周期长，存在发行失败的可能性。每年国内拟上市的企业数量众多，但只有少数企业能真正通过IPO途径上市成功。与IPO上市相比，借壳上市这种途径具有上市过程时间短、手续相对简单、相关法律政策制度约束较少等特点，可以使企业在上市过程中降低相关成本，缩短周期以达到短期内上市的目的。另一方面，拟通过借壳上市的企业需要寻找优质、合适的壳资源，而资本市场上存在一些发展前景较差，经营、盈利能力较弱，长期亏损，面临着退市风险的上市公司或者寻求新的发展生机、发展突破口的上市公司，这都为拟上市的企业提供了壳资源，两方需求相结合，在一定程度上促进了企业选择借壳上市这种方式。

（二）行业背景

图1-9是2000—2016年中概股赴美上市的概况[①]，从中可以看出中概股的发展趋势，2000年至2004年发展缓慢，2005至2010年赴美上市数量急剧上升，2011年以后趋于平缓。

2000—2005年，以互联网和电子商务为特征的新浪、网易等，为电信业提供软件产品的技术类网络企业亚信等概念股相继在美国纳斯达克上市。2000—2005年中概股赴美上市行业情况如图1-10所示。

① 根据Wind数据库资料整理，图1-10和图1-11亦是。

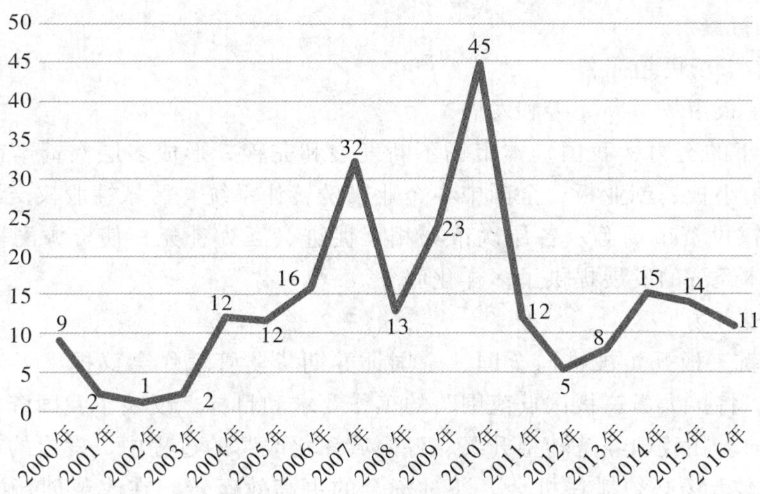

图1-9　2000—2016年中概股赴美上市情况（只）

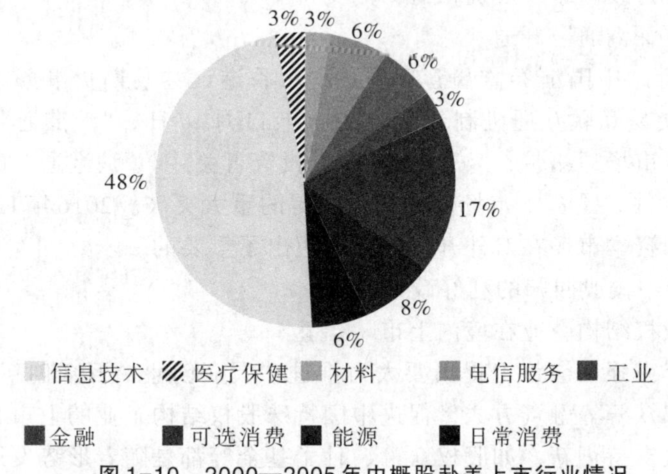

图1-10　2000—2005年中概股赴美上市行业情况

从图1-11可以看出，自2011年开始以后每年都有20只左右的中概股从美国主动退市和被动退市。

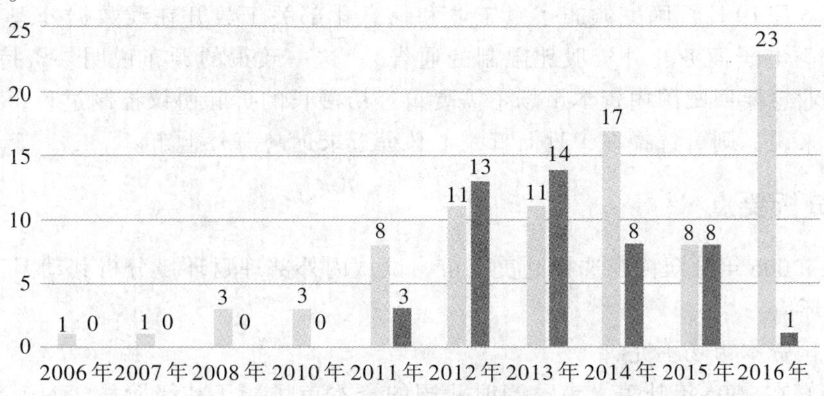

图1-11　2006—2016年美国中概股退市数量（只）

（三）制度背景

1.中国资本市场更趋完善

（1）我国主板市场不断完善和发展

经过20多年的努力，我国资本市场不断发展和完善，形成多层次资本市场体系，包括沪深主板、中小板、创业板、全国中小企业股份转让系统、区域性股权交易市场、券商柜台市场、股权投资市场等。各层次市场相互促进、互为补充，使资源配置效率得到提高，为我国实体经济的发展提供了多样化服务。

（2）新三板市场扩容

2013年，新三板开始被推向全国，全国证券期货监管工作会议提出了“加快多层次资本市场建设，将扩大新三板试点范围”的工作要求和目标，反映了我国资本市场和金融市场的发展方向。在我国经济转型升级、各领域深化改革的过程中，发展的动力将不断地释放出来，资本市场必须抓住机会，通过资金的更高效运转，在改革创新中实现平稳发展，为经济的进一步持续健康发展提供有力的支持。

（3）“沪港通”“深港通”开通

2014年4月10日，中国证券监督管理委员会、香港证券及期货事务监察委员会批准开展泸港股票市场交易互联互通机制试点。2014年11月17日，“沪港通”正式开通。作为连接沪港两地资本市场的纽带，“沪港通”备受投资者关注。“沪港通”的运行作为我国资本市场的里程碑事件，是资本市场双向开放取得的重大突破。2016年12月5日，“深港通”正式开通，我国资本市场在对外开放方面又迈出了重要的一步。

2.中国政府出台中概股回归的利好政策

（1）推动特殊股权结构企业在境内上市

2015年6月，李克强在会议上提出要大力推进“大众创业、万众创新”政策的落实；创新投贷联动、股权众筹等融资方式，促进中国特殊股权结构企业的上市，鼓励发展相互保险。以创新的模式支持创新，如股权众筹、种子基金等都是随着形势发展的需要提出的新概念、新方式。

（2）电子商务不需要拆除协议控制

2015年6月19日，国家颁布了《工业和信息化部关于放开在线数据处理与交易处理业务（经营类电子商务）外资股比限制的通告》。这一政策的颁布说明外资持股100%的电子商务企业想要回归国内资本市场不需要再经历漫长的拆除协议控制过程，对创业阶段的电商企业来说，则可选择在A股上市，不必舍近求远赴海外上市。

三、案例分析要点

问题1：2005年分众传媒选择赴美上市，试从内外部理财环境分析其动因。

1.外部环境

（1）我国资本市场不完善

分众传媒在2005年赴美上市，当时我国的资本市场属于初级阶段，只有主板市场和中小板市场，中小板的目的是鼓励创新，但创新公司目前的盈利能力往往无法满足其上市条件，中小板的上市条件接近主板市场。在中国主板上市等待时间长，一般需要3年筹备，而在美国从递交材料到上市是4～8个月的时间。

从中国资本市场和美国纳斯达克的上市条件来看（见表1-10、表1-11），中国主板市场要求存续时间满3年，而分众传媒创建于2003年5月，在2005年7月的时候还不满3年，中国主板市场对盈利能力要求很高，需要近3年的会计年净利润为正且累计超过3000万元，但是美国纳斯达克的条件二和条件三对净利润是没有要求的，所以分众传媒选择了在美国纳斯达克上市。

表1-10　　2005年中国主板市场的上市条件

挂牌条件	主体资格	公开发行股票的股份公司
	股东人数	不少于200人
	存续时间	存续期满3年
	盈利指标	近3年会计年净利润为正且累计超3 000万元，净利润以扣除非经常性损失前后较低者为计算依据
	现金流	近3个会计年度年现金流量累计超5 000万元，或近3个会计年度年营收超3亿元
	净资产	最近一期期末无形资产占净资产比例不高于20%
	股本总额	公司股本总额不少于5 000万元

表1-11　　2005年美国纳斯达克首次上市条件

挂牌条件	具体要求	条件一	条件二	条件三
财务要求	净有形资产	1 500万美元	3 000万美元	未要求
	市值/总资产/总收入	未要求	未要求	7 500万美元或7 500万美元且7 500万美元
	税收收入	100万美元	未要求	未要求
	股价	5美元	5美元	5美元
流动性要求	公众持股量（股票）	110万股	110万股	110万股
	公众股票市值	800万美元	1 800万美元	2 000万美元
	做市商数量	3	3	4
	股东人数	400名	400名	400名
其他要求	经营年限	无	2年以上	无
	公司内部审计委员会独立董事	需要	需要	需要

（2）“无异议函”取消

2003年4月，“无异议函”制度被取消，2005年，分众传媒赴美上市，此时企业境外上市程序减少，加速了分众传媒赴美上市的步伐。2000年6月9日，《关于涉及境内权益的境外公司在境外发行股票和上市有关问题的通知》（现已失效）出台，可以了解企业的初始投资来源是否合法、公司在税务方面是否存在偷税漏税以及外汇使用方面是否有违法违规行为，企业需要提供相关的证据，这样才能提高企业的上市质量，引导它们在国外健康发展。

2.内部环境

（1）树立国际品牌

树立品牌形象对于公司来说是必要的，因为其品牌形象代表了公司的文化本质，只有树立一个好的形象，企业在消费者心中才能占据主导地位，分众传媒在美国上市是进入美国市场的一个很好的方式，能够实现企业战略扩张的目的，提高分众传媒在美国的知名度，加强消费者对产品的认知度和对公司的信赖度。对于分众传媒来说，在美国上市可以充分利用海外的资本市场来增加企业的客户来源，进入国际市场，树立国际品牌形象。

（2）改善公司治理结构

美国资本市场发展的重要保障是其有严格的信息披露制度、完善的法律制度和严厉明确的法律约束。分众传媒在一个具有良好的监管体系和全面的法律制度的国家进行融资，有利于规范国内财务体制不完善造成的企业操作不当的行为，可以提高公司的整体质量，促进公司的可持续发展，并且严格全面的立法能够使企业透明地披露信息，提升产品质量，进而提高公司的治理水平。

问题2：2012年分众传媒选择私有化退市，试从内外部理财环境分析其动因。

1.外部环境

（1）中概30指数低迷

2011—2013年中概30指数一直处于低谷，说明中概股在美国的整体趋势都处于下坡。分众传媒在2008—2013年股价持续低迷，同时因为2011年美国中概股出现大量质量不合格的企业被美国证监会强制退市，对分众传媒的股价也造成了一定的影响，再融资就会发生亏损，已经失去持续融资的能力了。

（2）我国多层次资本市场结构不断完善和发展

2012年8月14日，分众传媒宣布私有化；2013年5月24日，分众传媒宣布私有化完成。此时的中国资本市场不断完善和发展，主板市场规模不断扩大，创业板继续发展，新三板逐渐推向全国，分众传媒可能会选择回到中国资本市场。国内的投资者更能接受分众传媒的经营业绩、市场价值及盈利模式，因此其股票的交易量会比在美国资本市场上的大。一般而言，在美国上市期间，为了适应美国证券交易委员会信息披露和监管的要求，分众传媒公司治理结构得到进一步完善。从美国退市后，分众传媒不需要对公司进行改制就能回到国内资本市场。

2.内部环境

（1）调整企业战略

严格的监管可以使公司治理结构得到完善，促进企业的健康发展，但是，美国资本市场的监管制度和信息披露制度过于严格会降低企业的经营效率，增加企业的上市维护成本。分众传媒上市后需要披露详细的信息，包括与经营相关的重要事项、财务和战略信息，这些信息被竞争企业获取以后，分众传媒将在竞争中处于不利地位。早期分众传媒赴美上市主要是为了筹集资金，提升企业的并购能力和国际影响力。分众传媒私有化后，资金充裕，融资需求降低。分众传媒的董事长在采访中说道："希望分众传媒在今后的发展中可以尝试一些物联网技术、移动互联网、云计算大数据系统等，突破原来的商业模式，提升企业在同行业中的竞争力。”

（2）中美文化差异

分众传媒的产品线主要包括商业建筑视频、商店终端视频媒体、户外大型LED彩色屏幕媒体和电梯媒体。在美国，人们在上班时等待电梯的时间平均只有二十几秒，而在中国人们在上班时等待电梯的平均时间是两分钟，所以在中国楼宇电梯间的广告产生的效果要远远大于美国。分众传媒利用互联网中团购网和电商网的迅速扩张带来营业收入的急剧增长，而美国的投资者不能理解分众传媒的商业模式。

（3）经济成本上的压力

分众传媒在美国上市主要是看中其发达的多层次资本市场的融资能力，美国资本市场一个非常大的优势就是后续融资好，具有多样化的融资渠道，但是在美国上市又要支付大量费用（见表1-12）和接受严格的监管。第一，企业必须定期提交年度报告和中期报告以及发布重大事件公告，公开披露各种文件，必须雇用独立的律师、会计师等专业人员进行相关的专业服务，这些都需要支付高昂的中介机构费用。第二，企业要雇用专业的人员来处理定期支付股东红利及举行股东会议等事项。

表1-12　**中美上市后的维护费用比较**

项　目	赴美上市	在我国A股上市
上市后的费用	公司每年需要向纽交所交一定的费用，这个费用与其融资规模有关，每年审计费约500万元人民币	每年维护费为100万～300万元人民币

问题3：2015年分众传媒回归国内资本市场，试从内外部理财环境分析其动因。

1.外部环境

（1）我国资本市场在不断发展

2015年1月分众传媒完成拆除VIE，其在2015年1月之前一直准备拆除VIE架构回归国内资本市场，因为如果要回到国内资本市场就必须拆除VIE架构，需要很长的时间和很大的成本。这说明分众传媒在2015年1月之前就开始计划回归国内资本市场，当时上证指数从2014年7月的2 059.7点上涨到12月的2 937.65点，整个资本市场呈现一片良好发展态势，这也让分众传媒更加坚定回归国内资本市场的决心。

（2）借壳上市时间短

借壳七喜控股回归国内资本市场，需要与被借壳公司七喜控股进行协商，协商一致即可上市，可以避免证监会的各种审查，缩短上市时间，并降低上市成本。分众传媒从成立到私有化退市经历了10年，在纳斯达克8年，对分众传媒的董事长来说，此时分众传媒进入了企业发展的另一个阶段。按照与PE（Private Equity，私募股权投资）资本的“对赌协议”，2017年以前，如果分众传媒没有回归国内资本市场，则分众传媒的股东将至少获得75%的净利润分红，分众传媒没有时间去等待IPO上市，所以选择借壳上市。

（3）我国A股市场文化科技类企业的包容性增强

分众传媒在A股上市的可能性较大。分众传媒属于文化科技板块，文化科技板块受到投资者喜爱，可以得到较高的估值，国内上市公司不管是成长型的还是稳定型的，市盈率一般在30倍到40倍之间，高市盈率意味着企公司可以在相同条件下获得更多资金。

（4）A股市场的高溢价

由于国内估值体系和海外估值体系存在区别，而且投资者的投资理念不同，造成了国内资本市场同类公司估值比美国上市公司高出许多，主要是国内资本市场上互联网企业获得了高估值。当然，分众传媒也不例外，2015年12月28日，分众传媒借壳七喜控股在国内资本市场上市，当时市值约为37亿美元，之后市值飙升了7倍。

（5）规避监管

美国中概股拆除VIE结构，进行私有化退市，退市后通过借壳的方式回归国内资本市场，这样的上市方式更容易通过政府的审批，尽管拆除VIE架构这个过程是比较复杂的，但是借壳上市时间短，可以短时间内满足企业的资金需求。而政府对通过国内的企业收购中概股回归的方式的审核程序比较繁杂、阻力大，美国资本市场对这种方式的监管力度也比较大，以及企业的股东对于这个决议是否会同意也存在很大的不确定性。分众传媒能够在短时间内回归国内资本市场的主要原因是其通过借壳上市的方式回归，减少了政府的审核时间，国家支持和鼓励中概股通过借壳的方式回归国内资本市场。

2.内部环境

（1）提升企业知名度

企业境外上市会出现与国内资本市场脱节的现象，不能有效与国内资本市场共同发展和相互促进，这将会影响企业在国内做大做强。分众传媒在国内资本市场上市，所有的信息都需要公开透明，可以让更多的中国投资者知道和了解公司，可以提高企业的知名度，可以增加企业的用户群和节省广告投入，同时也可以得到更多了解分众传媒商业模式、盈利能力的投资者的资金支持，这为分众传媒回归国内资本市场筹集到更多的资金提供了条件。

（2）政府补助支持

分众传媒回归A股以来获得政府财政补贴超6亿元。分众传媒全资子公司驰众广告有限公司、分众文化传播有限公司都属于高新技术企业，政府有财政补贴，而且高新技术企业的企业所得税税率是15%，可以减税。这对于分众传媒来说具有很大的吸引力。2016年4月28日，分众传媒全资子公司驰众广告有限公司获得浙江宁波政府财政扶持款，金额为19 000万元人民币。2016年6月24日，分众传媒下属全资子公司分众文化传播有限公司获得成都政府财政扶持款，金额为8 960万元人民币；2016年6月，分众传媒下属全资子公司上海新分众广告传播有限公司获得上海政府财政扶持款，金额为7 995万元人民币；2016年7月21日，分众传媒下属全资子公司驰众广告有限公司获得宁波大榭开发区管委会下发的财政扶持款，金额为10 200万元人民币；2016年9月29日，分众传媒下属全资子公司上海新分众广告传播有限公司获得上海市长宁区政府的财政扶持款，金额为2亿元人民币。

（3）七喜控股的负债低

借壳上市中如果壳公司本身没有负债，或者壳公司承担公司的所有负债，就可以节约上市成本。分众传媒与七喜控股事先约定，资产交割日后，因置出资产可能产生的所有赔偿、支付义务、处罚等责任及七喜控股尚未了结的全部纠纷或争议事项均由易贤忠承担和解决，分众传媒全体股东不承担任何责任，所以对于分众传媒来说不用承担负债风险和未决诉讼风险。

（4）七喜控股的市值低

壳资源的市值越低，表明企业能够以更低的成本上市；壳资源的市值越高，相应的资产置换就越多，置入的资产占借壳后公司股权的比例偏低，不利于收购方掌握公司的控制权。就分众传媒来说，宏达新材拟置出资产作价8.8亿元，分众传媒拟置入资产作价457亿元，资产的估值越高，能够选择的壳公司就越多，宏达新材市值将近39亿元，七喜控股市值接近40亿元，从市值来看，两个公司差不多，分众传媒选择壳公司时倾向于市值小的企业。七喜控股发行股份购买资产的发行价格为10.46元/股，不低于定价基准日前120个交易日公司股票交易均价的90%，即9.79元/股，所以如果七喜控股的市值越低，那说明分众传媒的股东可以以更低的股价购买七喜控股的股票，分众传媒可以以更低的成本上市。

问题4：分众传媒借壳上市回归A股市场，对其财务绩效有何影响？

从盈利能力来看，分众传媒近几年净资产收益率、销售毛利率、营业利润率在媒体行业排名都是第一，净资产收益率越高说明股东获得报酬的能力越强，股东投入资本的使用效率越高。分众传媒的销售毛利率超过60%，高于行业平均值很多，说明分众传媒的营业成本低于行业的平均水平，与同行比较其存在成本上的优势，具有竞争力。分众传媒的营业利润率也是行业最高水平，说明分众传媒不仅营业成本低，而且期间费用也比同行业的要低（见表1-13、表1-14和表1-15）。

表1-13　**分众传媒回归A股后财务数据**[①]　单位：亿元

项　目	2017年	2016年	2015年
营业总收入	120.14	102.13	86.27
营业利润	72.44	43.01	34.98
利润总额	72.32	53.16	39.68
归属于上市公司股东净利润	60.05	44.51	33.68
总资产	155.54	121.29	125.2
总负债	49.97	39.75	77.7
股东权益总和	105.58	81.54	47.4

从偿债能力来看，分众传媒的资产负债率在2015年时达到行业最高值62.12%，主要原因是由于企业的流动负债为77.7亿元，其中其他应付款为60.78亿元，而其他应付款中有50.51亿元属于关联方往来的其他应付款，如果扣除了关联方往来的其他应付款，分众传媒的资产负债率是低于行业的平均水平的。

① 有关分众传媒数据均来自于深交所，http://www.szse.cn/disclosure/listed/bulletinDetail/index.html?8ff44843-52d3-4016-ab63-253b2d468cb7。

表1-14　　分众传媒2016年财务指标横向对比分析①

公司简称	经营活动产生的现金流量净额	全部资产现金回收率	总市值（亿元）	2016年PE	2017年PE
分众传媒	39.21%	29.74%	1 058.03	23.77	19.14
蓝色光标	-5.00%	-2.50%	211.86	31.69	21.47
利欧股份	-0.32%	-0.15%	239.23	42.62	28.01
联建光电	10.73%	2.85%	145.13	36.23	26.13

表1-15　　分众传媒2016年第三季度年财务指标横向对比分析

项目	净资产收益率（%）	销售毛利率（%）	营业利润率（%）	资产负债率（%）	总资产周转率（次）
分众传媒	55.88	69.46	39.05	31.42	0.65
媒体行业最高值	55.88	69.46	39.05	48.14	0.71
媒体行业中位值	9.96	33.73	18.7	29.78	0.49
印记传媒	22.49	37.44	26.37	36.04	0.55
三七互娱	19.36	61.43	21.9	24.24	0.71

从企业营运能力来看，分众传媒2016年第三季度的总资产周转率处于行业平均水平之上，说明分众传媒的资产利用效率高。

从分众传媒的综合指标来看，分众传媒各项指标都是位于行业的前列，说明分众传媒属于中概股回归中的优质股，政府对于这种优质企业也给予了财政上的补贴。

四、课堂计划建议

本案例可以作为专门的案例讨论课来进行。以下是按照时间进度提供的课堂计划建议，仅供参考：

整个案例课的课堂时间控制在90分钟。

（一）课前计划

提出启发思考问题，请学生在课前完成阅读和初步思考。建议学生在课前做好以下准备：

1.掌握财务管理环境的基本内容；

2.了解财务管理环境与公司价值创造的关系；

3.查找并了解分众传媒借壳七喜控股回归A股的相关资料；

分组讨论，提前告知发言要求，要求每小组将讨论意见做成讨论报告（PPT形式）。

① 根据Wind数据库相关资料整理。

（二）课中计划

1.简要的课堂前言，明确主题。（5分钟）

2.小组发言。（每组10分钟）

3.引导全班进一步讨论：分众传媒赴美上市、私有化退市、回归A股市场的理财环境，并从理财环境角度分析分众传媒回归A股的动因，总结出理财环境对分众传媒价值的影响力度，然后进行归纳总结。（25分钟）

（三）课后计划

如有必要，请学生采用报告形式给出更加具体的解决案例分析报告，包括具体的职责分工，为后续章节内容做好铺垫。

五、参考文献

[1] 李行健，李广子．中概股退市的动机及其溢价来源研究［J］．经济科学，2017（4）：47-62.

[2] 彭涛．中概股回归国内资本市场问题研究［J］．国际经济合作，2016（10）：92-95.

[3] 张希．中概股回归短期市场效应分析——以分众传媒为例［J］．管理工程师，2017，22（4）：18-22.

[4] 卢轶．中概股私有化原因及风险分析［J］．会计师，2016（4）：78-79.

[5] 张连起．VIE结构拆除的中概股回归之路［J］．中国注册会计师，2016（4）：107-110.

[6] 刘元，林爱梅，张宪．中概股回归之路及启示——以分众传媒为例［J］．财会月刊，2016（15）：100-102.

[7] 祝继高，端杨，李鑫．中概股公司私有化研究：动机与经济后果［J］．财经研究，2015，41（4）：110-121.

[8] 虞春丹．中概股私有化退市回归动因分析［J］．经贸实践，2016（15）：54.

第二章　公司治理与财务决策

案例三

海润光伏大股东掏空和中小股东利益保护

摘　要

我国上市公司股权结构普遍存在着“一股独大”的情况，这为大股东利用控制权操纵公司的决策、暗地转移中小投资者利益提供了便利。这种掏空上市公司的行为严重打击了中小投资者的积极性，也阻挡了潜在投资者的投资行为。因此，如何阻止大股东的掏空行为，并有效地保护中小投资者利益是目前亟待解决的问题。海润光伏科技股份有限公司是大股东掏空的一个经典案例。本案例主要从三方面进行分析：大股东利用控制权操纵高额现金股利获得额外收益；大股东实行高送转的股利政策以吸引散户；大股东利用信息不对称带来的优势，大规模暗中减持、掏空中小股东的行为。通过引导学生分析大股东高送转、减持、掏空等行为，使其思考大股东是通过哪些财务决策侵占中小股东利益的，以及如何加强公司治理以保护中小股东利益。

关 键 词

掏空；减持；中小股东权益保护；公司治理

知 识 点

1.公司治理内涵；

2.公司治理模式；

3.中国上市公司治理；

4.公司治理对财务决策的影响。

案例正文

一、引言

2017年，在经历“630”地面电站抢装潮、“1231”分布式电站抢装潮和“光伏扶贫”政治任务等需求的支持下，光伏行业一片欣欣向荣。然而，海润光伏科技股份有限公司却一反常态，被会计师事务所出具了“无法表示意见”的审计报告，戴上了ST的帽子。该公司2017年年报显示：归属于上市公司股东的净利润为-24.36亿元，这是继2016年亏损13.13亿元之后，第二年出现亏损状况。针对*ST海润业绩以及管理层的表现，有中小股东发表公开信，表示是原来的大股东掏空了公司。

知识链接——“630”地面电站抢装潮

二、公司发展历程

江阴市海润科技有限公司于2004年4月19日由任向东出资设立，总部位于江苏省江阴市，初始注册资金只有300万元。其主要经营范围是：高效晶体硅太阳能电池和高性能太阳能电池组件的研发和生产，光伏电站的开发、建设和运营，致力于成为世界领先的光伏能源供应商。

2004年11月，九润管业在收到转让的90%股份后成为海润科技第一大股东，而任向东家族仍为公司的实际控制人。经过四次增资和两次股权转让，海润科技2007年的经营情况良好，发展迅速，并开始为A股IPO上市做准备。

2008年2月，经商务部批准，江阴市海润科技有限公司改制为“海润光伏科技股份有限公司”。

2010年12月，海润光伏与江阴的*ST申龙首次接洽借壳重组事宜后于19日合并完成，总股本为10.35亿股。原海润光伏科技的20名股东成为上市公司海润光伏的股东，总持股占上市公司总股本的75.10%。

2011年年报显示，江苏阳光集团有限公司的子公司紫金电子持有海润光伏的股份占总股本的25.27%，与其一致行动人杨怀进、吴艇艇合计持股41.87%，为海润光伏的控股股东。海润光伏与实际控制人之间的控制关系如图2-1所示。

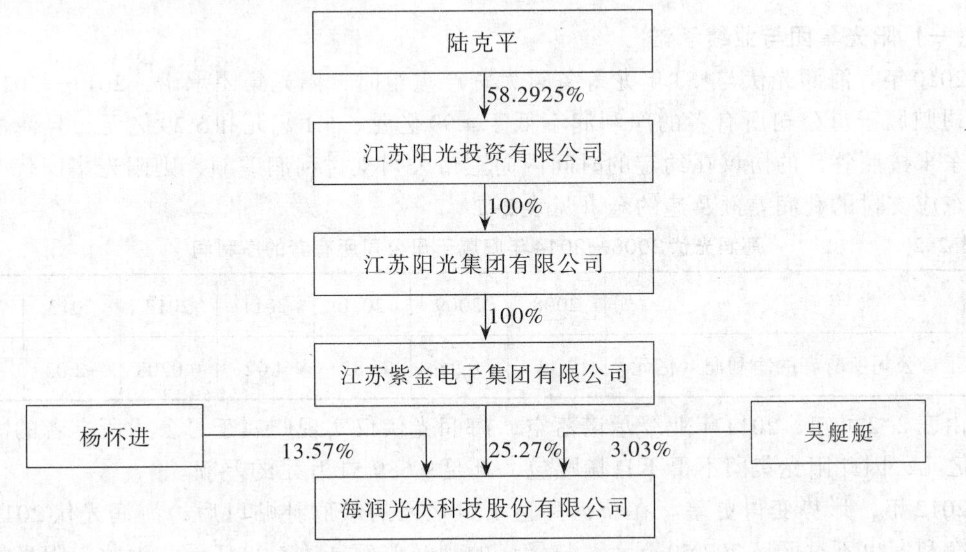

图2-1　海润光伏与实际控制人之间的控制关系

2011年12月，海润光伏实现“净壳重组”上市，其原股东获得锁定3年的转换股份。上市初期，阳光集团的战略目标是组建一个拥有完整太阳能上下游产业链的控股集团公司。由于阳光集团对海润光伏经营管理层的认可，所以对其2012年及2013年的利润作出乐观预测，如果在重组后无法达到预期的净利润部分，则阳光集团承诺以现金弥补差价。

2012年2月17日，海润光伏以总股本10.36亿股借壳*ST申龙上市，上市首日股价上涨286%，市值超过百亿元。2012年5月11日，*ST申龙更名为“海润光伏”，并且转型为一家光伏企业。

2014年，海润光伏整年的营业收入为49.6亿元，与上年同期相比增长了4.2%。2014年年度内，海润光伏销售组件量与上年同期相比增长了5.36%，销售电池片量与上年同期相比增长了2.26%。根据2014年年报，海润光伏截至2014年12月31日大股东持股比例具体见表2-1。

表2-1 截至2014年12月31日大股东持股比例

股东名称	持股数量（股）	比例
江苏紫金电子集团有限公司	261 946 742	25.27%
江阴市九润管业有限公司	192 895 245	18.61%
杨怀进	140 627 674	13.57%

2013年，由于光伏行业整体不景气，海润光伏的亏损额达到2亿多元；2014年，光伏行业形势转好，海润光伏在前三个季度亏损4 200万元，而第四季度的亏损达到7亿元。2015年，海润光伏因前两年连续亏损被ST，当年归属于上市公司股东的净利润为96 080 868.96元。

三、案例概况

（一）阳光集团与业绩承诺

2010年，海润光伏与*ST申龙筹备重大资产重组时，阳光集团承诺，2011—2013年上市公司归属于母公司所有者的净利润不低于4.99亿元、5.1亿元和5.29亿元，且海润光伏有股东未按照签订的协议在约定的时间内向上市公司支付利润差额，则阳光集团代为偿付该股东应支付的利润差额及违约金（见表2-2）。

表2-2 海润光伏2008—2014年归属于母公司所有者的净利润

年 份	2008	2009	2010	2011	2012	2013	2014
归属于母公司所有者的净利润（亿元）	2.11	0.26	3.82	4.02	0.0208	-2.03	-9.48

由表2-2可知，2011年业绩承诺落空，海润光伏仅实现归属于母公司所有者的净利润4.02亿元，因此阳光集团不得不自掏腰包，补足9 689.51万元的差额。

2012年，形势变得更差。在获得高达4.54亿元的政府补贴以后，海润光伏2012年实现的净利润也不过区区207.59万元，与承诺的利润差额高达5.08亿元。为此，阳光集团四处奔走融资，最终勉强补足了差额。

2013年，海润光伏陷入上市以来的低谷，亏损2.02亿元，按照之前2013年净利润不低于5.29亿元的承诺，阳光集团需要拿出7.31亿元的真金白银来补偿给上市公司。

2014年4月30日，海润光伏修改了业绩承诺，决定采用股票补偿，公告称：受光伏行业低迷以及融资能力的影响，第一大股东之控股股东江苏阳光集团拟变更业绩补偿方式，以公司第五届董事会第二十二次会议召开日除原海润光伏股东以外股东总股本287 877 283股为基数，以资本公积金向其他股东每10股转增1.6股，转增后公司总股本变更为1 082 478 384股。

借壳上市3年来海润光伏实现的净利润为2.01亿元，仅为承诺利润合计数的13.07%。

知识链接——只要还在对赌，你就已经输了一半

（二）海润光伏减持及高送转情况

1.大股东减持情况

因2011年资产重组，通过重大资产重组交易取得的股份均有3年限售期，2014年限售股解禁后，九润管业、紫金电子等几个大股东开始大量减持。具体减持情况见表2-3。

表2-3　海润光伏股份公司减持情况

日期	名称	减持股数（股）	减持均价（元）	减持金额（万元）	减持比例	减持方式	剩余比例
2014.12.26	吴艇艇	10 000 000	6.9	6 900.00	0.64%	大宗交易	
2014.12.29	吴艇艇	8 000 000	6.82	5 456.00	0.51%	大宗交易	
2014.12.30	吴艇艇	5 000 000	6.57	3 285.00	0.32%	大宗交易	
2014.12.31	杨怀进	2 500 000	6.67	1 667.50	0.16%	大宗交易	
2014.12.31	吴艇艇	8 385 902	6.67	5 593.40	0.53%	大宗交易和二级市场	清空
2015.1.7	紫金电子	30 000 000	6.44	19 320.00	1.91%	大宗交易	
2015.1.12	紫金电子	14 863 000	6.52	9 690.68	0.94%	大宗交易	
2015.1.14	九润管业	3 560 000	7.01	2 495.56	0.23%	大宗交易	
2015.1.15	九润管业	13 000 000	6.94	9 022.00	0.83%	大宗交易	
2015.1.16	紫金电子	78 748 900	7.11	55 990.47	5.00%	大宗交易	
2015.1.16	九润管业	31 440 000	8.42	26 472.48	2.00%	大宗交易	
2015.1.20	紫金电子	53 334 800	7.68	40 961.13	3.39%	大宗交易	
2015.1.20	九润管业	30 748 900	7.68	23 615.16	1.95%	大宗交易	
2015.1.27	九润管业	15 000 000	8.96	13 440.00	0.95%	大宗交易	
2015.1.27	九润管业	12 608 961	9.14	11 524.59	0.80%	二级市场	
2015.1.28	九润管业	9 500 000	8.19	7 780.50	0.60%	大宗交易	
2015.1.28	九润管业	41 339 884	8.75	36 172.40	2.62%	二级市场	2.28% 低于5%
2015.3.31	紫金电子	25 414 100	7.85	19 950.07	1.61%	大宗交易	3.78% 低于5%
2015.4.3	紫金电子	8 585 900	8.86	8 493.11	0.61%	大宗交易	
2015.4.8	紫金电子	45 000 000	10.71	48 195.00	2.86%	大宗交易	0.31% 低于5%
合计		447 030 347		356 025.05			

从2014年12月到2015年4月，海润光伏主要股东紫金电子、九润管业、吴艇艇和杨怀进通过大宗交易和二级市场减持了4.47亿股。截至2015年底，前三大股东的持股比例已经从2014年底的37.65%降到了只有杨怀进持有的6.61%，且大股东中仅有杨怀进的持股数量高于5%。

2015年1月30日，股东套现结束时，海润光伏公布了估计亏损8亿元的公告。从那时起，股价持续下跌，从1月26日的最高点10.45元/股跌至2月17日的7.51元/股，股价下跌幅度超过了1/4。

2.历年利润分配方案

（1）2011年度利润分配方案

以2011年12月31日公司总股本1 036 418 019股为基数，向全体股东每股派发现金红利0.140元（含税），每10股派发现金红利1.40元（含税），扣税后每股派发现金红利0.126元，共计派发现金红利145 098 522.66元（含税），结余的未分配利润864 884 182.05元全部结转至下年度。公司2011年度不以资本公积金转增股本。

（2）2012年度利润分配方案

以2012年12月31日上海证券交易所收市后的总股本1 036 418 019股为基数，向全体股东每10股派发现金红利7.40元（含税）。公司2012年度不以资本公积金转增股本。

（3）2013年度利润分配方案

以公司第五届董事会第二十二次会议决议公告日除原海润光伏20名股东以外股东（以下简称"其他股东"）总股本287 877 283为基数，以资本公积金向其他股东每10股转增1.6股，转增后公司总股本变更为1 082 478 384股，注册资本变更为1 082 478 384元，资本公积金余额为129 440.79万元。

（4）2014年利润分配方案

2015年1月22日，海润光伏发布《海润光伏科技股份有限公司2014年度利润分配预案预披露公告》称：

基于海润光伏未来发展需要并结合海润光伏2014年实际经营状况，为了积极回报股东，与所有股东分享公司未来发展的经营成果，在符合利润分配原则、保证正常经营和长远发展的前提下，公司前三大股东YANG HUAIJIN（杨怀进）、九润管业、紫金电子提议海润光伏2014年度利润分配及资本公积金转增股本预案：以海润光伏2014年12月31日股本1 574 978 384股为基数，以资本公积金向全体股东每10股转增20股。

当日，海润光伏的股价涨停，公司股票收盘价为10.31元/股，

公司股价达到顶峰。与2014年12月30日的最低6.69元/股相比，截至2015年1月23日，其股票累计涨幅超过54%。

2015年1月26日，海润光伏收到上海证券交易所的关注函，随后一周内又两次被问询，问询函对海润光伏高送转、大股东减持及2014业绩预亏进行了质疑。随后，自1月26日至1月30日，海润光伏开启"噩梦"模式，股价连续大幅下跌。1月26日股价大跌3.39%。

（三）大股东违规操作受罚

2015年2月3日，中国证券监督管理委员会江苏证监局根据《中华人民共和国证券法》的有关规定，对海润光伏涉嫌违规行为进行立案调查。

2015年10月22日，江苏证监局确认*ST海润、九润管业、紫金电子和杨怀进都存在违法事实，并对有关方面实施行政处罚，除了向任向东、杨怀进、张永欣、周宜可分别采取3年至10年证券市场禁入措施外，还对相关当事人作出以下处罚：

（1）对海润光伏、紫金电子、杨怀进给予警告，并分别处以40万元罚款；

（2）对九润管业给予警告，并针对其误导性陈述的信息披露违法行为处以40万元罚款，针对其超比例减持情况未完整予以信息披露的违法行为处以30万元罚款，针对其短线交易违法行为处以5万元罚款，以上合并处以75万元罚款；

（3）对曹敏给予警告，并处3万元罚款；

（4）对任向东给予警告，并处3万元罚款。

2015年，海润光伏董事长、总裁、财务总监及其他对财务报表负有重要责任的人员已经提出了辞职。海润光伏由于连续两年亏损，自2015年4月24日起股票简称更名为*ST海润，公司将面临退市的风险，这导致*ST海润2015年度财务报表的重大错报风险非常高。

知识链接——证监会与证监局

（四）公司后续发展

*ST海润于2016年引入华君集团。随着华君集团的进入，*ST海润的发展已经调整到房地产方向，区域投资主要集中在辽宁营口。

*ST海润的2016年年报由大华会计师事务所出具了无法表示意见的审计报告。其审计报告中详细罗列了重大失控事项，如海润光伏违规支付预付款、涉嫌利益输送的关联交易、违规担保等。在主要内部控制缺陷的6个描述中，有4个与董事长孟广宝及其关联方有关。2017年7月，华君董事长孟广宝被*ST海润董事会罢免。*ST海润于同年由上海证券交易所实施退市风险警示。

*ST海润于2018年4月28日披露了2017年年度报告，但审计意见类型仍为无法表示意见。5月22日，*ST海润收到上海证券交易所《关于对海润光伏科技股份有限公司股票实施暂停上市的决定》（2018〔75〕号），上海证券交易所决定自2018年5月29日起暂停*ST海润股票上市。

四、讨论问题

1.结合案例讨论海润光伏大股东掏空的途径？

2.结合海润光伏案例分析大股东掏空行为的动机及经济后果？

3.结合海润光伏案例从投资者角度分析，上市公司的掏空对利益相关者的影响及如何保护中小投资者权益？

案例说明

一、教学目的

本案例的教学目的是使学生了解上市公司因内部控制不当，导致大股东操纵公司决策，运用控制权谋取私利，侵占企业资源，损害中小股东利益行为频发。通过案例学习掌握公司治理与财务决策的基本原理，以及如何完善公司制度，防止大股东的掏空行为。

二、案例讨论的准备工作

（一）理论背景

1.掏空

Johnson等人在2000年首先提出了“掏空”的概念，也称“隧道效应”或利益输送。他们首次用“隧道效应”一词来形容控股股东通过一些方式在上市公司获得私人利益，侵占公司财产的行为。

掏空行为具有以下特点：首先，利益输送是企业利益的转移，转移必然一方获利，另一方的利益受到损害；其次，大股东很大程度上拥有公司的决策权力，与中小股东相比，大股东具有信息优势，可以利用各种各样的方式轻易地侵占投资者的合法权益；最后，掏空行为在我国法律中是不允许的。因此，大股东们为了减少其掏空行为受到的阻碍，大多是在隐蔽的状况下进行的。

从理论上说，只要是对上市公司本身或公司中小股东的利益进行侵害而获取利益的行为都属于掏空行为。本案例中的海润光伏通过操控信息披露控制股价而减持、进行掏空的行为，更直接地损害中小股东利益，使得投资者损失惨重，对资本市场的稳定有很大的危害。

2.股东掏空的途径

大股东掏空上市公司的途径有多种形式，主要途径包括关联交易、大股东虚假出资、并购重组和股利政策等。具体途径如下：

（1）关联交易

控股股东掏空上市公司最常用的手段便是关联交易，具体有以下几种方式：

①利用关联方将劣质资产高价出售给上市公司，通过贿赂或与评估机构合谋，将关联企业的劣质资产，如机器、厂房、设备等虚增评估，再通过操纵大股东的决策权，完成内幕交易；

②利用关联购销转移上市公司资产，以高价向上市公司提供原材料、转让资产，或以低价向上市公司收购产品，再以市价对外销售；

③利用关联关系剥离优质资产，以开拓市场为由，设立空壳子公司，并将上市公司的优质资产注入子公司，再以低价将子公司股份转让给关联企业。

（2）大股东虚假出资

上市公司在设立或增资配股过程中，大股东名义上向上市公司投入了资本或现金，但实物资产的产权或现金并未交割给上市公司，然后与有关部门串通出具假出资证明以拥有对上市公司的股权。

（3）利用重组进行掏空

重组股东获得上市公司的控股权后，运用内幕交易先将利益转移至上市公司，改善上市公司账面上资产质量和虚增利润，并获得配股资格或贷款，再利用其控股地位直接将上市公司的资金挪为己用，或利用上市公司的信用进行大量借款担保及股权质押，或通过资产置换套取上市公司资金，或利用上市公司的壳资源再度进行股权转让获利，从而使上市公司变成一个空壳。

3.高送转

高送转是指高比例地送红股或转增股票的股利政策，其实质是股东权益的内部结构调整，不涉及资金的流入和流出，对公司的盈利能力不会产生实质性影响，对投资者持有股票的总价值也不会产生影响，经实证研究发现，其具有显著正向的公告效应 。一般认为，实行高送转政策的公司具有较强的送转股能力和良好的业绩，可以使送转后的业绩增长与股本增长相匹配，给投资者带来理想回报。然而一些公司为了实现大股东利益输送的目的，在不满足高送转资质的情况下也推出高送转。

（二）行业背景

制约世界经济和社会可持续发展的两个突出问题是能源与环境问题。经济的快速发展势必会对生态环境造成一定程度的破坏，发展中国家的生态环境破坏尤其严重，所以这迫使了各国对环境保护的思考并采取有效的相关措施。太阳能属于可再生能源的一种，由于其储量大、永久性和清洁无污染等特质，已经成为人类目前最佳的能源选择。从20世纪50年代美国成功研制单晶硅电池以来，光伏电池技术在经过不断改进与发展后，目前已经成为一套完整而成熟的技术。

我国光伏产业在几经波折后，目前已经形成具有竞争力且成熟的光伏产业链，而且也已形成规模。在2003年至2007年的四年间，我国光伏产业平均增长了1.9倍。2007年，中国超越日本，成为全球光伏发电设备的最大生产国。近年来，我国不断推出对光伏产业的鼓励政策，并且积极促进光伏应用向其他产业不断渗透，如今，我国光伏发电的应用模式已经达到多样化。

2018年3月，中国国家能源局对外公开披露2017年光伏全年新增装机量高达53GW，其中光伏电站和分布式光伏分别同比增长11%和370%。无论是新增装机数量的大幅上涨趋势，还是2017年最后两个季度中光伏产品持续走高的销售价格，都反映了2017年光伏市场的火爆程度。

（三）制度背景

《上市公司股权分置改革管理办法》中对解除限售股的大股东的减持行为的有关规定。

《中华人民共和国证券法》中对上市公司高送转的股利政策行为的有关规定。

三、案例分析要点

问题1：结合案例讨论海润光伏大股东掏空的途径？

大股东掏空海润光伏的途径是发放高现金股利、操纵高送转信息，进而减持套利。这次高送转风波具体是通过宣布利好消息引诱散户，大股东暗自合谋疯狂减持，发布利空公告套牢散户，利用信息披露的伎俩操纵市场进行堂而皇之的利益输送，一步步将企业掏空。

1.发放高现金股利

2013年3月12日，海润光伏公布了2012年度的利润分配预案，总分配额为7.67亿元，当年净利润为207.59万元。与2011年海润光伏实现净利润4亿多元、发放1亿元现金股利相比，2012年的股利支付率将高达36 945%。

2012年11月，海润光伏发布非公开发行方案募集约37亿元资金，这表明公司存在巨大的资金缺口。值得注意的是，在现金股利分配方案宣告截止时，海润光伏的非公开发行计划还没有开始，一面是大量的资金缺口，一面是高现金股利政策。这不由让人深思高额现金股利政策背后的目的，是公司业绩良好反馈各位股东？还是大股东在操纵现金股利政策来输送利润？

通过这次的高现金股利政策，大股东们获得现金股利共计5.75亿元。根据之前的利润补偿协议，2012年，由于净利润仅为200多万元，大股东需要向上市公司支付利润补偿费共5.08亿元，用现金股利支付赔偿款后，大股东将获得近7 000万元的额外收入。

从公司的发展角度来看，在公司资金需求存在明显缺口的状况下，利用公司的资金来分派巨额现金股利是明显不合理的。而且在公司高额现金股利政策为大股东填补了利润补偿款的背景下，可以看出发放巨额的现金股利是为了给占公司70%以上股权的大股东输送利益，而非公司业绩良好反馈各位股东。所以，大股东掏空行为的动机是除给公司抽血外，还解决了大股东现金补偿所需的资金问题。

结合以上论述可以明显看出，大股东掏空行为的途径是大股东操纵控制权，通过派发不合理的高额现金股利进行利益输送。

2.实施高送转的股利政策

2015年1月23日，海润光伏发布《关于海润光伏科技股份有限公司2014年利润分配及资本公积转增股本预案的提议》，其中提出以公司2014年12月31日股本为基数，利用资本公积金向股东每10股转赠20股。由于高比例地转增股票，使得海润光伏股价强势涨停，当天股票收盘价为10.31元/股。一般宣布利好消息后就会吸引投资者投资。但自1月5日至1月27日，在没有明显利好消息的情况下，海润光伏的股价出现了一轮上涨，股价从6.94元/股涨至9.14元/股，这反映出信息很可能已经提前泄露了。

3.大股东减持

根据公开消息，2014年限售股解禁后，紫金电子和九润管业等几个大股东就开始大量减持。从2014年12月到2015年4月，海润光伏主要股东紫金电子、九润管业、杨怀进和吴艇艇通过大宗交易和二级市场合计减持了4.47亿股，套现额高达35.6亿元。如果考虑剩余股份的减持，他们的套现总额将会更高。

在疯狂地减持之后，截至2015年底，前三大股东的持股比例已经从2014年底的合计37.65%降到了仅杨怀进持有的6.61%，且整个上市公司仅有杨怀进的持股数量高于5%。海润光伏在2015年1月30日发布全年预亏公告，宣布2014年亏损约8亿元。

问题2：结合海润光伏案例分析大股东掏空行为的动机及经济后果？

1.大股东掏空行为的动机

天下熙熙皆为利来，大股东掏空上市公司的动机就是为利，人也总是趋利避害的。大股东掏空行为的动机一是大股东谋取利益最大化。大股东在通过控制权谋取的利益远高于违规成本的情况下，其往往会偏向采用利益输送等方式使自己的利益最大化而表现出掏空行为。由于大股东具有较高股份的特点，相应地在分配股利时能获得较高的共享收益。

大股东掏空行为的动机二是解决大股东现金补偿所需资金问题。由于海润光伏2012年净利润仅为200多万元，但根据之前的利润补偿协议，需要再由大股东补足5.08亿元的差额。面临巨额的现金补偿责任，海润光伏大股东无力承担，从而实施高额现金股利政策，使得大股东一共将获得现金股利5.75亿元，补足了5.08亿元的差额后还获得了超额收益。

2.经济后果

海润光伏于2015年1月发布了利用资本公积金向股东每10股转赠20股的高送转股利政策。这个高送转政策稀释了公司的股价，使公司业绩处于亏损状态下的股价一路狂跌，最终跌破了1元面值。高送转的背后是大股东借着这个股利政策带来的“利好”配合强减持，趁机疯狂套现。大股东将其持有的股份直接或间接地进行抛售，大量的减持行为造成公司股权极度分散，使公司长时间处于没有实际控制人的状态。

据统计，在2014年12月至2015年4月间，海润光伏主要股东紫金电子、九润管业、杨怀进、吴艇艇通过大宗交易和二级市场的方式合计减持4.47亿股，套现额高达35.6亿元。海润光伏公司在2015年1月30日发布全年预亏公告，宣布2014年亏损约8亿元，大股东通过高送转和减持手段把企业掏空了。此后股价一路下跌，从1月26日的最高点10.45元/股跌至2月17日的7.51元/股，股价下跌了超过1/4，这对中小投资者造成了严重的利益损害。

虽然涉嫌违规操作掏空上市公司的董事长、总裁、财务总监等均已离职，但*ST海润已遭受重创，难以为继。截至2017年年末，公司期末资产负债率为91%，公司逾期的借款余额6.71亿元，公司在资不抵债、财务状况极差的窘境下，一方面面临无法偿还到期债务的压力，另一方面又要面临因为到期借款难以展期而承担的不按期归还借款的法律责任。屋漏偏逢连夜雨，因为公司不能按期偿还债务，所以多起诉讼导致公司银行账户被冻结，被冻结的银行存款达到5 716多万元。公司由于不能按期偿还债务等原因被起诉的未决涉诉金额高达11.03多亿元。因此，*ST海润资金链难以为继，糟糕的财务状况也导致公司无法获得正常的商业信用，在资金困境下更难以通过赊购取得生产经营所必需的原材料，公司的生产活动无法正常进行，没有产品就无法销售，尽管处于光伏产业的繁荣期，海润光伏仍然无法把握转亏为盈的机会。

问题3：结合海润光伏案例从投资者角度分析，上市公司的掏空对利益相关者的影响及如何保护中小投资者权益？

1.对于利益相关者的影响

企业所有权与经营权的分离导致委托代理问题的产生是大股东掏空上市公司的内在原因，而委托代理问题中的突出问题是大股东利用控制权谋取私利。由于我国资本市场还不够成熟，市场法律法规的不完善和市场监督不够有效使得大股东利用控制权谋取私利的现象频发。在本案例中，大股东就是利用其控制权向市场发布高送转的股利政策再配合大量减持，以损害中小股东的利益为代价为大股东带来了巨额的收益。由于公司治理机制不够完善，大股东受到的约束少，对投资者的保护水平相对较低，所以在公司治理制度上进一步建立约束大股东滥用控制权的体系，对于中小投资者的正当利益进行保护是当务之急。

在本案例中，当海润光伏被证监局认定为误导性陈述后，中小股东就此向海润光伏提起民事诉讼。因此，中小股东应该加强对法律法规的学习和运用，当自身的利益受到损害的时候，积极利用法律武器保护自身的利益。对此相关部门应该出台相关法律法规保护中小投资者的相关权益，提高中小股东在公司中的权力地位，保证中小投资者在利益受到侵害的时候，能够有能力对自己的利益进行保护。

2.保护中小投资者权益

（1）加强对大股东的外部监管力度

资本市场发展较完善的西方国家在法律上会强制要求，损害上市公司或者中小投资者利益的大股东必须对其承担赔偿责任，防止大股东肆意操纵控制权获取私利，同时为中小投资者保护自身利益提供了正当途径。由于我国资本市场发展仍不够成熟，虽然是处于快速发展的阶段，但是股东诉讼制度和赔偿制度还存在一定的缺陷和不足，所以完善我国相关法律制度是防止上市公司被大股东掏空，并且保护好中小投资者利益的关键。

在海润光伏的案例中，紫金电子、九润管业、杨怀进三个股东总套现额高达30多亿元，而他们合计接受的罚款只有区区不到200万元，对比付出的代价和套现所得的巨大差距，200万元的罚款可以忽略不计。所以，面对超额收益以及相对很小的违规成本时，往往会有大股东宁愿承受违规风险以获取巨额利益。监管部门应该对违规行为处以高额的处罚，在一定程度上可以防止大股东趋利而掏空公司，损害中小投资者的利益。

（2）加强公司内部信息保密措施

上市公司应该对公司的内部信息做好保密措施，避免有人利用内部信息从事内幕交易活动，操纵股价。本案例中，由于大股东与中小股东之间存在着信息不对称的情况，海润光伏的大股东能够提早知道上市公司的决策，例如，在没有明显利好的情况下，海润光伏的股价从1月5日的6.94元/股涨至1月27日的9.14元/股，这说明了公司内部信息很可能已经提前泄露。针对本案例中大股东利用内幕消息获取超额收益、侵害中小股东利益的情况，上市公司应该制定相对应的股票股利分配预案，规范这些知情人员的行为，对其加强监督。上市公司应该及时制定相关防范措施，改善公司治理政策，在大股东利用内幕消息掏空公司之前进行及时的管控和治理。

（3）加强公司治理结构建设

在公司治理方面，海润光伏暴露出的典型问题就是股权不对称。海润光伏控股股东紫金电子的实际控制人担任海润光伏董事长的同时，海润光伏CEO杨怀进与紫金电子是一致行动人，这说明海润光伏的董事会与监事会的作用得不到很好的发挥，这对大股东的违规行为无法起到有效的制约作用。曾有学者在对国内外机构投资者的研究中发现，上市公司中加入机构投资者，能够有效制约大股东利用控制权谋求私利，因为当机构投资者的正当权益受到损害时，他们会主动参与到该公司的经营管理中，通过一定的措施来提高上市公司治理层的治理质量。因此，机构投资者的加入不仅有利于公司价值的提升，而且对保护中小投资者的正当利益具有一定助益。因此，我国的相关机构可以积极帮助机构投资者顺利进入上市公司进行经营管理。

独立董事在上市公司中具有保证董事会关注全部投资者的权益，不受大股东或者其他利益相关者的影响的任务，所以上市公司应当建立独立董事制度以对大股东或控股股东利用控制权获取私利进行有效制约。然而在我国，独立董事并未发挥自己的职责，常常出现与大股东合谋共同侵占中小投资者利益的现象。因此，我国有关机构应该积极完善独立董事相对应的管理体系，加强对独立董事行为的监管，制定完备的处罚措施来制衡大股东的侵占行为。

四、课堂计划建议

本案例可以作为专门的案例讨论课来进行。以下是按照时间进度提供的课堂计划建议，仅供参考：

整个案例课的课堂时间控制在90分钟。

（一）课前计划

提出启发思考问题，请学生在课前完成阅读和初步思考。建议学生在课前做好以下准备：

1.掌握公司治理概念；

2.了解大股东掏空及中小股东利益保护相关理论知识；

3.查找并了解海润光伏科技股份有限公司相关资料。

分组讨论，提前告知发言要求，要求每小组将讨论意见做成讨论报告（PPT形式）。

（二）课中计划

1.简要的课堂前言，明确主题。（5分钟）

2.小组发言。（每组10分钟）

3.引导全班进一步讨论：对于海润光伏的大股东利用控制权获得私有收益，如何健全相关法律法规、规避制度漏洞、降低企业风险，对其他公司有什么建议，然后进行归纳总结。（25分钟）

（三）课后计划

如有必要，请学生采用报告形式给出更加具体的解决案例分析报告。

五、参考文献

[1] 海润光伏科技股份有限公司董事会. 海润光伏科技股份有限公司公告 [EB/OL]. [2019-03-16]. http://www.cnstock.com/.

[2] 金见欢. 连年巨亏沦为小仙股　是谁掏空了*ST海润 [EB/OL]. [2018-02-26]. http://finance.sina.com.cn/stock/s/2018-02-27/doc-ifyrvnsw8989980.shtml.

[3] 杨流茂. 海润光伏上市3年业绩承诺落空，变更补偿方案群起争议 [EB/OL]. [2014-05-12]. http://stock.hexun.com/2014-05-12/164683178.html.

[4] 佚名. 市值高达67亿的1元“壳股”海润光伏 谁敢接盘? [EB/OL]. [2017-06-14]. http://stock.jrj.com.cn/2017/06/14072122606260.shtml.

[5] 黄文锋，洪雪珍. 创业板上市公司“高送转”动机研究 [J]. 财会通讯，2018（18）：91-95，128-129.

[6] 皮海洲. 高送转概念股收益与风险并存 [J]. 武汉金融，2018（2）：88.

[7] 姜英兵. 高送转与大股东减持：以海润光伏为例 [J]. 会计之友，2017（6）：2-7.

[8] 蔡海静，汪祥耀，谭超. 高送转、财务业绩与大股东减持规模 [J]. 会计研究，2017（12）：45-51，96.

[9] 李俊毅. 控股股东掏空行为与中小投资者保护问题探析 [J]. 管理论坛，2018

(3)：36-38.

［10］李岩．上市公司大股东掏空行为研究——以海润光伏为例［D］．安徽财经大学，2018.

案例四

乐视网大股东减持行为

摘　要

中国资本市场已经步入全流通时代，控股股东减持浪潮势不可挡。我国实施的股权分置改革改变了大股东的获利方式，获利途径从之前单纯地依赖公司逐渐转向证券市场，获利的多少也逐渐变成了由证券市场和上市公司共同决定。随着限售股的逐步上市，大股东的大幅度减持给市场带来了巨大冲击，甚至影响了整个市场的平稳、健康发展。2015年市场行情波动剧烈，乐视网的表现相当瞩目，其控股股东贾跃亭突破常规的减持计划引起了资本市场广泛的关注。本文以乐视网为例，研究公司大股东的减持行为，从大股东减持的原因、减持对公司业绩以及资本市场的影响等几个方面进行分析，对制约大股东减持行为、保护中小股东利益、提升公司治理水平具有一定的参考性意义。

关键词

大股东；减持；公司治理

知识点

1.我国大股东减持行为；

2.从公司治理的层面评价大股东减持行为；

3.公司治理。

知识链接——股权分置改革

案例正文

一、引言

股权分置改革完成以后，我国的股票市场进入了一个新时期，这一时期的一个显著特征就是限售股解禁，即上市公司大股东能够在一定条件下减持自身持有的原始股，从而使其实现股票市场上的收益，调动其积极性。但与此同时，有关大股东违规减持的案例却又层出不穷，一些大股东通过大宗交易中的过桥减持方式减持公司股票，从而导致大股东损害中小股东利益的现象频发。如依米康、金力泰、天虹商场、*ST博元、雏鹰农牧、深天地A、中洲控股等公司中有部分公司由于持股5%以上的股东在减持比例达到5%时，未及时进行信息披露，但更多的则是上市公司控股股东或实际控制人因用力过猛而出现超比例减持。又如，遭到中央财经大学中国企业研究中心主任刘姝威炮轰的乐视网大股东贾跃亭的减持行为，2015年6月1日，贾跃亭通过大宗交易抛售1 751万股，减持均价68.50元/股。两天之后，6月3日再次减持1 773万股，减持均价73.33元/股。通过两次减持，贾跃亭落袋25亿元现金，堪称2015年的“减持王”。

二、公司简介

（一）乐视网基本情况

乐视网成立于2004年11月，2010年8月12日在中国创业板上市，股票代码300104。乐视网是行业内全球首家IPO上市公司，是以“Hulu + Netflix”模式为主的视频网站。乐视公司的核心业务包含：视频广告业务、终端销售业务、付费业务、乐视影业以及创新型业务。公司基本情况见表2-4。

表2-4 公司基本情况

公司名称	乐视网信息技术（北京）股份有限公司	股票代码	300104
成立日期	2004年11月17日	上市日期	2010年8月12日
注册资本	185 517.41万元	发行价格	29.2元/股
最新总股本	185 061.81万元	最新流通股	108 823.3万股

乐视网致力于打造“平台+内容+终端+应用”的垂直产业链模式，不仅包含了企业初期建立时的主要业务——互联网视频、影视制作，还增加了发行模块、智能终端，并将企业发展版图延伸到大屏应用、电子商务、生态农业等市场，同时乐视网还搭建了自己的“广告收入+内容收入+硬件收入+应用分成”多重盈利渠道。

经过多年的发展，乐视网的业务渐渐从互联网视频领域拓展到了影视制作与发行、电子商务、软件开发及终端硬件等。在平台层，乐视网构建起云计算平台、广告平台、电商平台和大数据平台；在内容层，成立和并购了“乐视影业”和“花儿影视”，开拓和发展自制剧，并购买了一系列的体育赛事播放权；在终端，则由Letv UI系统、超级电视和乐视盒子等共同构成；在应用层，包括应用市场和应用服务。至此，乐视网在行业中致力于打造的“平台+内容+终端+应用”的垂直整合的完整生态系统已初现雏形（如图2-2所示）。

在乐视网自己构建的生态系统中，虽然互联网视频、手机、电视等业务有着较强的变现能力，但其他市场资金需求非常大且风险较高，仅仅由乐视网这些变现能力较强的业务所提供的现金流并不能满足企业“疯狂”扩张的资金要求，而且互联网视频行业由于高额的资源版权费，也需要非常庞大的资金流。乐视网目前需要大量的资金才能保持其完整生态系统的持续运营，虽然过去几年曾多次融资，但仍满足不了其巨额的资金需求。

图2-2　乐视网生态系统

（二）乐视网股权结构

从表2-5中我们可以看出，乐视网信息技术（北京）股份有限公司的股份构成情况具备十分典型的民营企业特色，截至2014年12月31日，集团董事长兼CEO贾跃亭持股数量为371 856 695股，持股比例高达44.21%，剩余股份的所有权相当分散，这样贾跃亭就牢牢把握住了乐视集团的控制权。这种集中程度较高的股权结构，一方面减少了管理者在决策过程中的阻碍，另一方面也是控股股东进行减持的动机之一。

表2-5　　乐视网十大股东情况

截止日期：2014-12-31　　公告日期：2015-03-31

编号	股东名称	持股数量（股）	持股比例（%）
1	贾跃亭	371 856 695	44.21
2	刘弘	27 831 689	3.31
3	贾跃芳	24 034 600	2.86
4	曹勇	20 240 108	2.41
5	贾跃民	19 976 022	2.37
6	全国社保基金四一七组合	7 897 400	0.94
7	北京鑫富恒通科技有限公司	7 055 961	0.84
8	吴鸣霄	6 112 982	0.73
9	乐视控股（北京）有限公司	5 427 798	0.65
10	杨勇强	5 019 610	0.6

三、案例概况

(一) 历次减持情况

1. 第一次减持

2014年1月29日，乐视网发布公告称：贾跃芳女士于2014年1月23日至2014年1月28日，通过深圳证券交易所大宗交易系统减持其持有的公司无限售条件流通股1 100万股，占公司总股本的1.38%。具体情况见表2-6和表2-7。

表2-6 股东减持股份情况

股东姓名	减持方式	减持时间	减持均价（元/股）	减持股数（万股）	减持比例（%）
贾跃芳	大宗交易	2014年1月23日	47.91	300	0.38
		2014年1月27日	50.59	400	0.50
		2014年1月28日	49.57	400	0.50
合计	—	—	—	1 100	1.38

表2-7 股东本次减持前后持股情况

姓名	股份性质	本次减持前持有股份		本次减持后持有股份	
		股数	占总股本比例（%）	股数（股）	占总股本比例（%）
贾跃芳	合计持有股份	50 034 600	6.27	39 034 600	4.89
	其中：无限售条件股份	50 034 600	6.27	39 034 600	4.89

2. 第二次减持

2015年5月26日，乐视网发布公告称：2013年8月11日，公司上市已满36个月，贾跃亭先生、乐视控股所持有的股份已于2013年8月12日解除限售。2015年1月1日，按照高管限售股份规定，贾跃亭先生直接持有的股份总数的25%解除限售，并且至2015年5月14日，因公司非公开发行股份作出的承诺期限已满，贾跃亭先生直接持有的公司股份不再受承诺约束。因为乐视控股限售承诺事项，贾跃亭先生通过乐视控股间接持有的股份在2019年5月14日前尚不能转让。综上所述，截至公告日贾跃亭先生实际可上市流通的股份数为其直接持有公司股份总数的25%，为204 521 182股，约占公司总股本的11.05%。

2015年6月3日，乐视网接到控股股东贾跃亭先生减持所持公司股份的通知。贾跃亭先生自2015年6月1日至2015年6月3日通过深圳证券交易所大宗交易方式累计减持公司无限售条件流通股35 240 300股，占公司截至2015年6月3日总股本1 850 618 138股的1.91%，具体情况见表2-8。

表2-8 贾跃亭第一次减持情况表

股东名称	减持方式	减持时间	减持均价（元/股）	减持股数（股）	减持比例（%）
贾跃亭	大宗交易	2015年6月1日	68.50	17 510 000.00	0.95
		2015年6月3日	73.33	17 730 300.00	0.96
合　计				35 240 300.00	1.91

大股东贾跃亭本次减少持有公司股份后，剩余持有的公司股份数额见表2-9。本次减持后，贾跃亭手中剩余乐视公司股权约占公司总股权的42.30%，而且减少持有公司股份之后，其依旧是公司的控股股东。

表2-9 贾跃亭第一次减持后持股情况

股东名称	股份性质	本次减持前直接持有股份		本次减持后直接持有股份	
		股数（股）	占总股本比例（%）	股数（股）	占总股本比例（%）
贾跃亭	合计持有股份	818 084 728	44.21	782 844 429	42.18
	其中：无限售条件股份	204 521 182	11.05	169 280 883	9.15
	有限售条件股份	613 563 546	33.15	613 563 546	33.15

年报中披露这次减持的目的：自2014年8月8日公司非公开发行股票预案公告以来，我国证券市场发生了较大变化，同时综合考虑融资环境和公司业务发展规划等因素，为了维护广大投资者的利益，经公司审慎研究，并与发行对象、保荐机构等友好协商，对公司再融资计划进行调整，故再融资资金到位尚需一段时间，为了缓解公司资金压力，满足公司日常经营资金需求，贾跃亭先生拟计划在未来6个月，部分减持自己所持有的乐视网股票，将其所得全部借给公司作为营运资金使用，借款将用于公司日常经营，公司可在规定期限内根据流动资金需要提取使用，借款期限将不低于60个月，免收利息。

3.第三次减持

2015年10月30日，乐视网发布公告称：为了缓解公司资金压力，满足公司日常经营资金需求，同时为了优化公司股权结构，引入战略投资者等目的，贾跃亭先生与深圳市鑫根下一代颠覆性技术并购基金壹号投资合伙企业（有限合伙）（以下简称“鑫根基金”）签署了《股份转让协议》，以协议方式转让其持有的部分乐视网股票。本次协议转让所得资金将全部借给公司作为营运资金使用，借款将用于公司日常经营，借款期限将不低于60个月，免收利息。

基于对国内资本市场长期投资价值的认可及乐视网未来持续稳定发展的信心，鑫根基金作为本次股份转让的受让人为积极响应中国证券监督管理委员会公告（〔2015〕18号）的精神，做出如下承诺：本次协议转让的股份自股权过户登记完成之日起6个月内，本企业不减持所受让的乐视网股票。

具体情况见表2-10。

表2-10 减持情况表

股东名称	本次减持前直接持有公司股份		本次减持后直接持有公司股份	
	股数（股）	占股本比例（%）	股数（股）	占股本比例（%）
贾跃亭	782 844 429	42.18	682 844 429	36.79
鑫根基金	0	0	100 000 000	5.39

贾跃亭在本次减持计划中共计减持直接持有的公司股份135 240 300股，占公司总股本的7.29%，该减持计划完成。

（二）乐视风波后续

2016年，一味蒙眼狂奔、烧钱追求规模扩张的乐视，潜在的危机终于爆发了，拖欠供应商巨额款项，子公司债台高筑，乐视的资金链遭遇着前所未有的挑战。从2017年到2018年，乐视就如一部剧情跌宕起伏的电视连续剧，作为乐视的创始人，贾跃亭一次次站在了风口浪尖上。

2018年11月6日，乐视网发布公告称：公司完成工商变更登记，注册资本由19.9亿元增至39.89亿元。近20亿元的增资解了乐视的燃眉之急。2018年第三季度季报显示：前三季度乐视网实现营业收入13.48亿元，同比下降77.88%，净利润亏损14.89亿元。另外，截至9月30日，净资产为-9.36亿元。以上任何一点，都能导致乐视网退市。2017年乐视网的年度报告已经被出具了无法表示意见的审计报告，如果2018年审计机构出具的审计报告依然是无法表示意见或者否定意见，那乐视网也将可能被暂停交易。而此次的增资，至少解除了三个危机中的净资产为负的危机。2017年经历了腥风血雨的乐视网，如今又面临着退市的危机。2019年5月10日，乐视网发布《关于公司股票暂停上市的公告》，公司股票于5月13日起暂停上市。

四、讨论问题

1.试分析乐视网大股东减持行为的原因。

2.乐视网减持后公司主要财务指标产生了什么变化？

3.乐视网减持行为对中小股东产生什么影响？

4.有人认为乐视网大股东减持融资行为的实质是一种支持行为，试从该角度进行分析。

案例说明

一、教学目的

本案例的教学目的是引导学员进一步关注大股东与中小股东之间的问题，即：一方面，学员可以运用所学知识、查阅相关文献了解我国股权结构方面的知识；另一方面，学员可以进一步探讨大股东减持行为，分析在股权分置改革下大股东减持公司股份的行为，了解其原因以及其行为给中小股东造成的损失。针对这类现象提出建议，进而保护中小股东的利益。

二、案例讨论的准备工作

（一）理论背景

大股东是指在公司中持股比例大的股东。大股东与控股股东是有区别的。控股股东持股比例极高，可以直接影响公司的重大决策和日常经营运作，控股股东分为绝对控股股东（持股比例高于50%）和相对控股股东（持股比例不超过50%，高于20%）。

中小股东是指除大股东之外的其他股东，这些股东持股比例低，只能对公司决策施加极为有限的影响。本案例研究中不包括持股量极少的小散户，因为他们更多的是为了投机，不太可能参与到比较完整的博弈过程中。

（二）行业背景

目前，网络视频已经成为互联网领域主要的娱乐形式。截至2017年，我国网络视频用户总数已经达到了5.65亿人，用户的使用率超过75%，其中手机移动客户端视频用户总数达到5.25亿人，使用率达到73%。手机移动客户端已经成为人们享受互联网视听服务的主要载体，手机视频APP使用频次达到了每天25亿次，日均累计使用时长更是达到186亿分钟，通过手机视频APP看电影、追电视剧、看综艺节目已经成为公众日常娱乐活动的重要组成部分。

在移动互联网时代，早期的优酷、土豆，以及之后的爱奇艺、暴风影音、芒果TV、腾讯视频等多家企业，陆续进入移动视频服务行业，竞争激烈。爱奇艺、腾讯视频、优酷3家占据了行业前三名，成为行业发展第一梯队，乐视网受各方面的影响，目前处于行业发展的第二梯队。

目前，我国从事电影及电视剧制作、发行的公司已经达到1.2万个。2016年，全国电影制作数量为944部，其中上映415部，上映率不足44%，制作电视剧数量超过500部，总集数超过16 000集，电影及电视剧制作量居世界第一。电影、电视剧供应量虽然极为庞大，但是优质内容却极为稀缺，乐视网、爱奇艺、优酷等各大网络视频企业对优质电影、电视剧版权的争夺异常激烈，促使电影、电视剧版权价格急速飙升。在这种情况下，各大企业纷纷开始推进自制网络电影、电视剧及综艺节目，2017年，各大网络视频企业共制作网络剧600部（集数达到7 000集）、网络电影5 710部、网络动画670部、综艺娱乐等节目2 725档，推出了《老九门》《鬼吹灯之精绝古城》《诛仙青云志》《遇见王沥川》等网络电影及电视剧，受到了广大视频用户的热烈欢迎。

对于网络视频企业而言，下游的客户主要为使用APP、网站观看视频的用户，特别是付费会员用户。2017年，网络视频付费用户数高速增长，已超过7 400万人，同比增长35.9%；截至2018年2月底，爱奇艺和腾讯视频的付费会员数目分别为6 010万和6 259万。根据预测分析，到2020年，网络视频付费用户规模将达到1.8亿人次，网络视频付费市场规模将达到646.8亿元。未来网络付费用户市场依然拥有巨大潜力，各大网络视频企业从内容到市场推广都十分注重对付费用户的发展。

（三）制度背景

中国证监会于2005年9月5日发布《上市公司股权分置改革管理办法》，该办法对解除限售股的大股东的减持行为进行约束，即要求“持有、控制公司股份5%以上的原非流通股股东，通过证券交易所挂牌交易出售的股份数量，每达到该公司股份总数1%时，应当在该事实发生之日起两个工作日内做出公告”。

2008年4月20日，证监会发布《上市公司解除限售存量股份转让指导意见》，再次强调：“持有或控制上市公司5%以上股份的股东及其一致行动人减持股份的，应当按照证券交易所的规则及时、准确地履行信息披露义务”，而且“上市公司的控股股东在该公司的年报、半年报公告前30日内不得转让解除限售存量股份”。此外，“持有解除限售存量股份的股东预计未来一个月内公开出售解除限售存量股份的数量超过该公司股份总数1%的，应当通过证券交易所大宗交易系统转让所持股份”，以减轻大量减持对股票市场的影响。

知识链接——一致行动人

三、案例分析要点

问题1.试分析乐视网大股东减持行为的原因。

1.资金压力过大

近几年，乐视网不满足于互联网网站的发展现状，从最初的单一互联网视频业务型公司，逐渐转型为涵盖互联网、影视引进和发布、APP应用等多元化的业务公司，其一直遵循着多元化的发展战略，致力于乐视生态系统的建设，公司的产品也涵盖了线上视频、手机电视等很多不同的领域，而这些转变都是在短短四五年内发生的，如此短的时间内一系列多元化发展的背后肯定需要大量资金的支持。

2013年8月，乐视网公布了第二届董事会第十六次会议决议公告，公司将通过发行公司股票来募集资金，用于购买资产。这次筹集的资金中，除了2.7亿元用于本次发行所需支付的费用之外，剩下的资金都将用于公司业务整合和日常经营开支，从这已经能看出乐视网在当时资金需求急切，资金链压力大。

2015年5月26日，公司董事会决定，乐视网将采用非公开定向增发的方式筹集资金，暂定筹集资金总额为75亿元左右。对于如此多资金的用途，公司表明将主要用于偿还债务，剩下的部分再用于乐视网视频资源库的扩充和乐视生态系统的建设中，同时还需要留一部分资金用于公司日常周转。在这次筹集资金的用途中，乐视网又一次提出补充流动资金，表明乐视网迫切需要大量资金的问题一直存在，乐视网急需大量流动资金来满足日常经营。

2.估值偏高

根据中国证监会2012年发布的《上市公司行业分类指引》，乐视网属于信息传输、软件和信息技术服务业类别中的“互联网和相关服务”行业（编号：I64)。乐视网及行业静态市盈率见表2-11。

通过乐视网及行业静态市盈率折线图（如图2-3所示），可以很清楚地看到乐视网整体的市盈率高于行业市盈率，表明投资者对公司的未来有很强的信心。结合大股东减持的

表2-11 乐视网及行业静态市盈率表①

变动日期	乐视网市盈率（倍）	行业市盈率（倍）
2016.12.31	123.4483	77.17
2016.9.30	119.5946	84.41
2016.6.30	165.3438	80.22
2016.3.31	226.1538	142.61
2015.12.31	189.6774	156.42
2015.9.30	110.4865	118.60
2015.6.30	132.2770	191.19
2015.3.31	211.7009	176.24
2014.12.31	73.7273	113.55
2014.9.30	103.8611	104.70
2014.6.30	122.3864	93.91
2014.3.31	145.1613	97.66
2013.12.31	127.5000	99.19
2013.9.30	86.0541	109.10
2013.6.30	66.5385	70.13
2013.3.31	65.8500	50.08

时机，我们可以发现，2015年上半年，即大股东减持之前，乐视网市盈率显著地高于行业值，并且几乎达到历史最高值，有泡沫风险，这也从侧面反映了乐视网的股价被高估，此时大股东减持也是规避风险的一种选择。

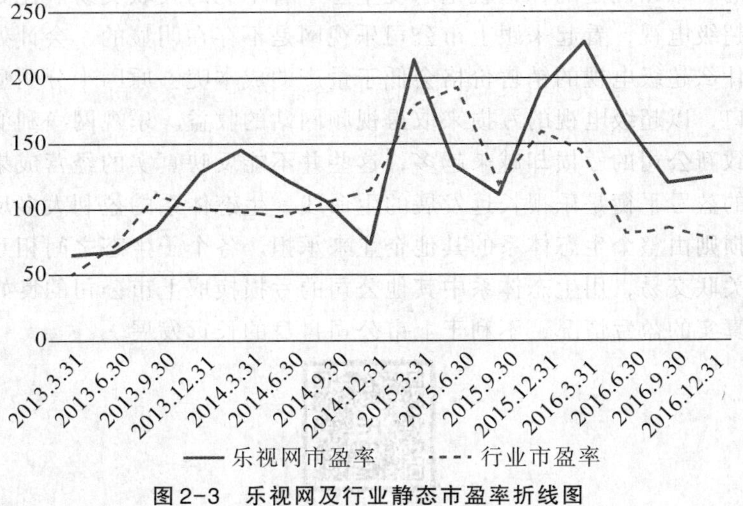

图2-3 乐视网及行业静态市盈率折线图

① 资料来源：凤凰网-财经、中证指数有限公司官网.

3.乐视生态模式架构庞大

乐视生态模式本质上是对产业链上下游资源的一种整合，它的目标是为了实现用户的完美体验。乐视在这种整合上下游的垂直生态模式基础上，以“平台+内容＋终端＋应用”的垂直生态为核心竞争力，又进一步开放生态平台，渗透到其他垂直领域，并深耕其行业领域。随着乐视影业、音乐、体育、云计算的发展，再到超级手机、汽车、农业、金融，乐视从原有的“平台+内容＋终端＋应用”的垂直生态模式，逐渐迈向一个开放的乐视生态帝国。

乐视网的四重盈利模式包括硬件收入、内容收入、广告收入、应用分成收入，乐视的终极目标是能够完全脱离对硬件利润的依赖。但目前，后三种收入还弥补不了硬件的亏损，另外，大量的资本收购也使得乐视处于长期缺乏资金的状况中。虽然贾跃亭将所获的全部减持金额无息借给上市公司，其减持目的是正当的，但是其选择的时机表明了当时公司的股价被高估。而在融资能力受限的状况下，乐视网显然具有强烈的市值管理动机来推动股价的上升，便于获得更多的套现金额来支持如此庞大的生态模式。

4.关联交易不断

如果企业及其关联方能够控制和足够影响某关联企业的经营，并且因此而直接或者间接获得（或失去）权益，实际上就是关联交易。关联交易是一把“双刃剑”，而且在超级生态企业之间变得更加“锋利”。从前述的分析来看，乐视生态体系庞大，各个子生态之间错综复杂，容易产生关联交易，生态体系内的人、财、物、技术等经济要素几乎都涉及关联交易。通过观察可以发现，乐视生态体系内的各个子生态以及各个子公司共同分享平台资源、共享内容资源，似乎每时每刻都在进行着密切、隐秘的关联交易，可见其频繁程度。

乐视云、乐视致新、乐视移动、乐视体育等公司给乐视网提供了近亿的用户和大量的现金流量、网络流量。乐视移动、乐视致新采用亏本定价格、只考虑数量上的规模效应的方式，间接为乐视网的盈利做贡献。乐视体育、乐视音乐等公司起源于乐视网，而后又各自进行融资。贾氏兄妹减持套现78亿元，又全部无息借给乐视网。

乐视生态体系自形成以来，就孕育出一种从未有过的隐形的关联交易，它仿佛是无形的、没有依据的、难以确定的，这就是乐视生态中看不见的关联交易。比如，乐视致新公司生产、销售超级电视，看起来跟上市公司乐视网是不存在明显的、会计处理上的关联交易。但是，为什么超级电视的销售价格会低于量产的成本呢？原因十分明显，就是替乐视网抢夺视频入口，以超级电视的亏损来取得视频网站的收益。乐视网净利润高速递增，与此同时，乐视致新公司的亏损却越来越多，这些并不能反映真实的经营成果。

生态体系的盈亏平衡是乐视长远发展的生命线。生态体系的盈利大多反映在上市公司乐视网上，亏损则由整个生态体系的其他企业来承担。各个子生态之间相互拆借资金、进行各种无形的关联交易，用生态体系中其他公司的亏损换取上市公司的良好表现，这种做法不能反映其真实的盈亏情况，不利于上市公司自身的长远发展。

知识链接——乐视关系网（截止到2018年10月31日）

问题2.乐视网减持后公司主要财务指标产生了什么变化?

下面从公司的盈利能力、偿债能力、营运能力、成长能力四个方面的指标入手来研究贾跃亭减持行为实施完成之后公司的绩效情况，并以此为基础来探讨控股股东转让公司股份后对公司经营业绩层面所产生的影响。

1.盈利能力

一般情况下，我们通过分析某一特定期间内公司的收入指标作为判断公司盈利能力高低的依据，在这里我们主要选取了销售净利率、成本费用利润率、净资产收益率、每股收益等指标来进行分析。现选取乐视网2014—2017年的数据进行分析，见表2-12。

表2-12 乐视网盈利能力分析表[①]

衡量指标	2014年	2015年	2016年	2017年
销售净利率（%）	1.8888	1.668	-1.0109	-258.8434
成本费用利润率（%）	1.0852	0.5747	-1.4947	-127.3047
净资产收益率（%）	1.8888	14.59	5.43	-2 093.26
每股收益（元）	0.44	0.31	0.29	-3.4815

在贾跃亭多次转让所持有的公司股份后，反映公司盈利能力的各项指标值均呈现下降的走势，说明公司的盈利能力有所下降。在控股股东贾跃亭实施具体的减持行为之前，公司的盈利能力向好的方向发展，而在其实施具体的减持行为之后，公司的销售净利率锐减，到了2017年各项指标均为负数。

2.偿债能力

偿债能力指的是公司偿还债务的能力，具体分为长期偿债能力和短期偿债能力两方面。这里主要选取了流动比率、速动比率和产权比率三项指标来分析（见表2-13）。

表2-13 乐视网偿债能力分析表

衡量指标	2014年	2015年	2016年	2017年
流动比率	0.814	1.2226	1.2712	0.546
速动比率	0.6475	1.0698	1.1955	0.5009
产权比率	131.7156	203.2043	147.9496	-2 174.719

从表2-13可以看出，乐视网在2014—2017年流动比率和速动比率呈现波动的趋势，而产权比率在2017年出现极大的负值，说明公司的偿债能力在减持后看似有所增强，但仍未充分利用财务杠杆效应，依然背负着巨大的财务压力。

3.营运能力

从表2-14可以看出，第一，2015年应收账款周转率有所上升，其后一路下滑，表明公司资金回笼出现困难；第二，存货周转率忽大忽小，出现波动，说明公司的库存商品销售不畅，资金周转也可能会出现问题；第三，流动资产周转率、固定资产周转率和总资产周转率逐年下降，说明公司不论是流动资产、固定资产，还是整体资产的营运能力都在减弱。

① 根据同花顺iFinD和乐视网财务报告整理而得。

表 2-14　　乐视网营运能力分析

衡量指标	2014年	2015年	2016年	2017年
应收账款周转率	4.864	5.025	3.695	1.422
存货周转率	13.429	12.034	17.736	12.314
流动资产周转率	2.504	2.051	1.757	0.822
固定资产周转率	26.101	26.782	24.812	8.328
总资产周转率	0.98	1.01	0.89	0.281

4.成长能力

在一般情况下，公司的成长能力也就是预期公司未来的发展状况，在这里我们主要通过表2-15中的四项指标来分析乐视网的成长能力。

表 2-15　　乐视网成长能力分析

衡量指标	2014年	2015年	2016年	2017年
主营业务收入增长率（%）	188.7858	90.8908	68.6365	-67.9958
净利润增长率（%）	-44.5752	68.5735	-202.1996	—
净资产增长率（%）	60.7806	14.1069	174.7414	-106.3586
总资产增长率（%）	76.3038	91.8666	89.81	-44.4756

从表2-15可以看出，公司的主营业务收入一直在下降，其他指标也不是很理想，这表明企业未来的发展状况可能并不明朗。除此之外，反映企业规模扩张速度的指标——净资产增长率也在下降，这传递出企业未来扩张的速度可能会有所下降的信号。这些数据表明公司未来发展能力并不如预期的乐观，成长能力在减持后堪忧。

问题3.乐视网减持行为对中小股东产生什么影响？

2015年乐视网的营业收入为1 301 673万元，比上年同期增长了90.89%，净利润为57 303万元，比上年同期增长了57.41%。在合并利润表中，2015年的净利润只有21 712万亿元左右，乐视网少数股东损益约为-3.56亿元。从乐视网2016年年报中看到，2016年乐视网的营业收入为2 195 095万元，比上年同期增长了68.63%，净利润约为55 475.9万元，比上年同期下降了3.19%，乐视网少数股东损益约为-7.76亿元，见表2-16。

表 2-16　　乐视网营业收入表　　单位：万元

年份	营业收入	净利润	净利润（合并利润表）
2015	1 301 673	57 303	21 712
2016	2 195 095	55 475.9	-22 189

乐视网少数股东损益见表2-17。

表2-17 乐视网少数股东损益表 单位：万元

重要的非全资子公司名称	2016年6月
乐视致新电子科技（天津）有限公司	-2 357
乐视网文化发展（北京）有限公司	-13
乐视云计算	-4 426
乐视电子商务（北京）有限公司	-13 591
乐视体育文化产业发展（北京）有限公司	—
合计	-20 386

以2015年亏损最为严重的乐视致新电子科技（天津）有限公司为例（见表2-18），2015年，乐视致新营业收入约为86.93亿元，但净利润却为-7.3亿元，2016年营业收入为160.82亿元，相比2015年有近一倍的增长，但是净利润却出现了负增长，为-6.36亿元，这十分不合理，营业收入实现了不断增长，但净利润却不断下降，亏损越来越多。看起来，这似乎只不过是少数股东发生了巨亏，其实事实并不是表面这样，这些少数股东的实际控制人均为乐视网控股股东贾跃亭或者是乐视网的关联公司。而这样做的目的则是使上市公司的经营业绩更美观一些，维持公司良好的市场表现，所以，为了隐瞒公司的真实盈利情况，不惜付出少数股东巨亏的惨痛代价。

表2-18 乐视致新公司营业收入 单位：万元

项目 \ 年份	2014	2015	2016
营业收入	410 719	869 282	1 608 157
净利润	-38 684	-73 051	-63 565

在资本市场，大股东适当减持自己的股份，只要按照相关法律法规的要求，行使自己的权利本来是正当的，而且对于一些上市公司来说，适当减持也有利于改善公司的股权结构。但是，在现在的资本市场，很多大股东为了实现高位减持，获得最大化利益，竟然纷纷和机构合伙，利用高送转、业绩变脸等手段抬高股票价格，使股价出现暂时的阶段性高位，以吸引大量中小投资者跟风买入，届时大股东在高位适时地减持抛售，实现高位套现。这种情况下，中小投资者会产生博弈的心态，减持行为实际上是对股价中长期的表现缺乏信心，再加上信息不对称的因素，投资者在其中很难进行取舍，就容易丧失理性，造成损失，损害自身利益。

问题4.有人认为乐视网大股东减持融资行为的实质是一种支持行为，试从该角度进行分析。

乐视网大股东贾跃亭减持股份并全部无息借给上市公司的方案引发了市场上很大的争议。乐视网资金紧张，靠概念炒作推高股价再减持有套现嫌疑。但贾跃亭自乐视网上市5年来都没有进行减持，其此次减持的股份又是自身持有的无限售条件流通股，因此贾跃亭有正当合法的权利进行减持，无息借款给企业更是体现了大股东对上市公司的支持。

从图2-4中我们可以看到，乐视网大股东贾跃亭在减持的整个过程中并未获得实质性的收益。虽然，他通过减持“反哺”的方式将自身所拥有的股权转换成了债权，锁定了股价上扬带来的收益，但是根据乐视网发布的贾跃亭追加承诺公告，这笔借款在还款后，贾跃亭将用来增持乐视网的股票，而且增持相同股份时，增持价格低于减持价格的部分将无偿赠予乐视网。这一过程中，无论是贾跃亭向乐视网提供的免息借款的行为还是借款到期后用于增持乐视网股票的行为都是大股东向上市公司进行利益输送的行为，是一种支持行为。具体来看，乐视网大股东减持“反哺”的支持效应体现在以下两个方面：

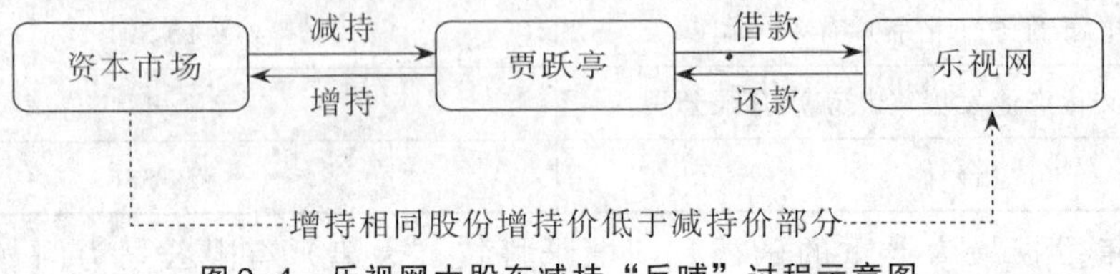

图2-4 乐视网大股东减持“反哺”过程示意图

1.缓解资金需求

乐视网的短期和长期偿债能力不足，财务状况并不良好。而2015年又是网络视频行业不断夯实基础的一年，其定向增发项目中的视频内容资源库建设项目、平台应用技术研发项目、品牌营销体系建设项目都需要投入大量的资金。乐视生态平台的建设加重了乐视网的财务负担，使得乐视网面临更加紧张的资金链状况，甚至导致乐视网陷入财务困境。

在乐视网资金紧张的情况下，贾跃亭仍然坚信乐视生态平台的建成能够为乐视网带来超额的收益，资金问题已经阻碍了乐视生态平台的建设。贾跃亭为解决乐视生态平台建设的资金问题做过不少努力，通过股权质押、定向增发等方式为乐视网筹集了很多资金，但是依旧有资金缺口。当时，我国股市正处于“牛市”之中，创业板的股价涨势更被誉为“神创板”，乐视网的股价在短短5个月内涨幅达到了109.06%，股价存在被高估的风险。因此，贾跃亭权衡了减持带来的控制权收益和未来投资收益，决定通过减持来为上市公司募集资金。贾跃亭虽然收获了减持带来的短期即时性利益，但是他更看中长远利益，即该笔资金投入使用后带来的公司整体经营成果的提升。在这笔借款到期后，如果增持的股价低于减持的股价，贾跃亭将差额部分赠予上市公司则是对上市公司的二次利益输送；如果增持股价高于减持股价，贾跃亭作为乐视网第一大股东，他将获得更多的收益。

2.引入战略投资者

贾跃亭对上市公司的支持不仅仅停留在资金上，他还通过协议转让的方式为乐视网引入了战略投资者。从股权集中度角度来看，降低股权集中度的办法是引入具有战略投资性质的法人投资者。战略股东又是战略投资者，它不仅能够为公司投入资金，更重要的是可为上市公司提供重要的资源支持。乐视网的第三次减持是通过协议转让的方式将股份转让给鑫根基金，转让价格为32元/股，协议签署当日的收盘价为47.85元/股，协议价格远低于市价，贾跃亭为乐视网引进了战略投资者。鑫根基金具有重庆市政府背景，能够为乐视生态平台建设提供帮助。乐视网之前已经与重庆市政府开展了一系列的战略合作，包括联合重庆广电申请内容牌照，在重庆投资产业基地，与重庆市政府在云计算与大数据、大屏智能终端代工生产、金融等多个方面达成深度合作。此次股权合作将进一步加深乐视网与重庆市政府的合作关系，而政府基金股东的引入，也有利于公司政策局面的打开。根据乐视网披露的鑫根基金资料，鑫根基金合伙人之一的尚誉资产是由乐视网及其重要关联方和乐视生态体系众位骨干核心人员共同持有。贾跃亭将自己的部分股权转让给乐视生态体系的核心人员，使其成为公司股东，能够对乐视生态体系的团队建设起到良好的激励和促进作用，为公司更快、更稳定发展奠定了基础。

总而言之，乐视网大股东的减持融资行为是一种支持行为。减持行为为乐视生态平台建设带来了资金，同时也为乐视网引进了战略合作者。资金上的支持能够在短期内为乐视网的流动资金提供保障；鑫根基金作为具有政府背景的机构投资者，其专业水平和资源能够为乐视网的发展提供长期的指导，改善乐视网的治理结构。

四、课堂计划建议

本案例可以作为专门的案例讨论课来进行。以下是按照时间进度提供的课堂计划建议，仅供参考：

整个案例课的课堂时间控制在90分钟。

（一）课前计划

提出启发思考问题，请学生在课前完成阅读和初步思考。建议学生在课前做好以下准备：

1.了解我国的股权分置改革；

2.了解我国公司大股东与中小股东之间存在的矛盾；

3.了解我国公司大股东减持行为的具体情况；

4.查找并了解乐视网相关资料。

分组讨论，提前告知发言要求，要求每小组将意见做成讨论报告（PPT形式）。

（二）课中计划

1.简要的课堂前言，明确主题。（5分钟）

2.小组发言。（每组10分钟）

3.引导全班进一步讨论：乐视网大股东是如何进行减持来实现巨额套现的，带来了什么经济后果，有什么建议，然后进行归纳总结。（25分钟）

（三）课后计划

可以延伸阅读，请学生课后分析贾跃芳第一次减持与贾跃亭之后的减持行为有何不同？跟踪乐视网事件的进展，试对其退市做出评价。

五、参考文献和网址

［1］巨潮资讯网，http：//www.cninfo.com.cn/new/index.

［2］陈菲遐．新浪财经．注册资本增加近20亿　乐视网“保壳”倒计时［EB/OL］．［2018-11-07］．https：//finance.sina.com.cn/stock/s/2018-11-07/doc-ihnprhzv5984005.shtml.

［3］佚名．“乐视事件”给了我们大家怎样的启示？［EB/OL］．［2017-08-16］．https：//www.sohu.com/a/165057339_785128.

［4］李蒙．乐视网发展战略研究［D］．长春：吉林大学，2018.

［5］高燕，杨桐，郑甘甜，等．全流通背景下大股东减持现状及影响因素研究［J］．宏观经济研究，2016（8）：107-115.

[6] 邓鸣茂. 大股东减持时机与定向增发套利行为研究 [J]. 审计与经济研究，2016，31（3）：73-82.

[7] 傅利平，张大勇. 基于股份减持中的大股东隧道行为实证研究 [J]. 财经理论与实践，2011，32（5）：39-43.

[8] 朱茶芬，李志文，陈超. A股市场上大股东减持的时机选择和市场反应研究 [J]. 浙江大学学报：人文社会科学版（预印本），2011（2）：1-11.

第三章 财务分析与业绩评价

案例五

哈佛分析框架下的青岛啤酒财务分析

摘 要

公司的财务报表不仅反映了公司的财务状况，而且全面反映了公司的经营状况，因此，财务报表分析已成为企业评估过去、判断未来、为管理人员提供管理决策和控制的重要工具。但是，财务报表分析的目标是运用财务数据评价公司当前和过去的业绩，具有一定的片面性。哈佛分析框架将定量分析、定性分析结合，能够有效把握财务分析方向，弥补传统财务分析的不足。本案例选取了近年来青岛啤酒股份有限公司的财务数据和相关资料，从战略的高度分析青岛啤酒的财务状况、其外部环境存在的机会和威胁、内部条件的优势和不足，在科学预测的基础上为企业未来的发展指出方向。

关 键 词

财务报表分析；哈佛分析框架；青岛啤酒

知 识 点

1.传统财务分析；

2.哈佛分析框架。

案例正文

一、引言

高效的经营管理有助于企业的健康发展，通过财务分析，我们可以评估公司过去的业务状况和当前的财务状况，还可以验证公司战略目标的适当性，以便进行适当调整来满足市场需求，为企业的投资者和管理者提供决策依据，使公司的管理者能够做出相应的改进措施。

关注公司财务状况的相关者主要通过公司发布的财务报表中的相关数据对公司进行评估，因此，财务报表已成为传统财务分析的基础。但是，公司不是孤立存在的，它不仅受其自身运营和财务政策的影响，还受其经营所涉及的相关产业和宏观经济环境的影响。此外，传统财务报表分析的内容是基于企业已存在的现实，这是对企业过去的评价，忽视了环境不确定性对企业未来的影响。哈佛分析框架在原有的传统财务分析法基础上进行了提升，从企业的经营战略出发，结合会计分析的基本方法，分析企业的财务数据，从而找出企业财务报表中可能存在的问题，提高企业会计信息的质量，预测企业未来的发展前景。

二、行业背景及公司简介

（一）行业背景

1.行业生命周期

行业的生命周期主要包括四个发展阶段：幼稚期、成长期、成熟期、衰退期（如图3-1所示）。成熟期可以划分为成熟前期和成熟后期。在成熟前期，几乎所有行业都具有类似S形的生长曲线，而在成熟后期则大致分为两种类型：第一种类型是行业长期处于成熟期，从而形成稳定型的行业，如图3-1中的曲线1；第二种类型是行业较快地进入衰退期，从而形成迅速衰退的行业，如图3-1中的曲线2。处于不同生命周期的企业具有不同的发展战略和前景。

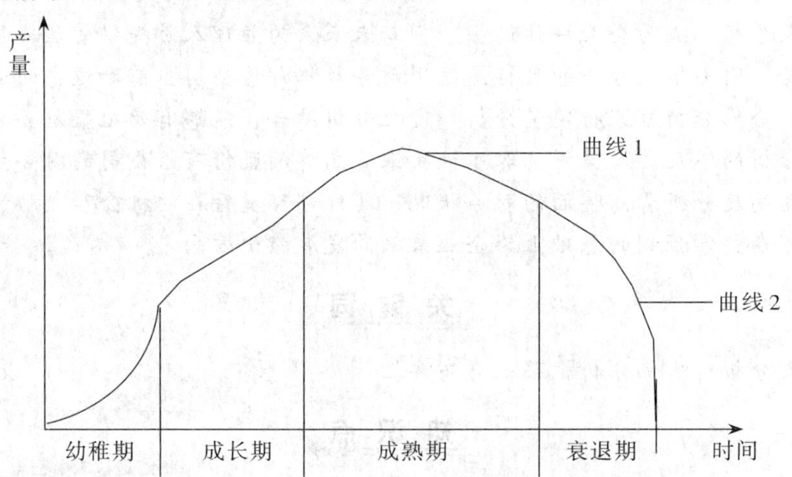

图3-1 行业生命周期图

1979年后，国内的啤酒行业进入了快速发展期，人均消费能力的提升带来了啤酒需求的增加，啤酒生产规模快速扩张。1992—2013年，国内的啤酒行业进入稳定成长期。目前，我国啤酒市场出现需求趋向饱和、销售额增长缓慢、竞争逐渐加剧、产品售价降低、促销费用增加、企业利润下降等现象，这些均表明我国啤酒行业目前正处在成熟期阶段。

2.我国啤酒行业发展特点

（1）规模巨大

我国啤酒生产企业近600家，但总体布局不均衡。一线品牌总是被几家国内啤酒巨头和进口啤酒所占据。二线品牌的市场份额正在逐步下降。空间不断缩小，企业的发展空间变得越来越窄。从国内几大啤酒厂，如青岛啤酒、华润雪花啤酒、百威英博的现状来看，三大国内领先品牌分布在全国各地，燕京啤酒和嘉士伯的一线制造商集中在自己的优势领域并取得了成功。

（2）行业集中度较高

从全国的啤酒势力范围看，华润雪花啤酒是全国铺开，并与百威在东北、华东、华南地区有交叉；青岛啤酒则强势占据山东市场，与燕京啤酒在华北和华中地区交叉；嘉士伯几乎占领整个西部的啤酒市场。

在各地区的啤酒消费方面，前三位是山东、广东和河南；而企业排名前三位的是华润雪花、青岛和百威英博。青岛啤酒在年报中也提到，中国五大啤酒企业已经占据了近80%的市场份额，行业集中度不断提高。

当前我国的啤酒市场以主流及主流高细分产品为主，啤酒企业生产的产品主要针对的是中低端市场。该市场产品以青岛啤酒、燕京啤酒、大理啤酒、哈尔滨啤酒等为主，而具有市场空间大、利润率高等特征的高端市场所占的市场份额较低。

（3）两极分化的现象越来越明显

目前，我国啤酒品牌有许多，但除青岛、燕京、雪花、珠江、百威等名牌外，大多数的品牌都是低档品牌。国内啤酒企业数量虽多，但其中的差异却不明显。由于市场同质化现象非常严重，啤酒企业个性化不足，大都采用成本领先战略，以低价来获取市场，可见我国的啤酒行业急需改善产品结构，提高盈利水平。

（4）成本高

生产啤酒的主要原料之一是大麦，它既有国内生产的，也有从国外进口的。近年来大麦进口价格不断上升，进口原料的总供需情况非常严峻，短期内价格难以下降。由于国内外原料市场的变化，啤酒生产原料供应不稳定，价格和质量控制困难，行业利润水平低。此外，由于国内啤酒原料供过于求，使产业链上游竞争异常激烈。啤酒产品同质化程度高，产品差异化程度低，购买者选择性强。但与其他酒类如白酒、红酒、米酒相比，仅就价格而言，啤酒价格相对较低，更容易满足公众的需求。

知识链接——啤酒概念股

（二）公司简介

青岛啤酒股份有限公司（以下简称“青岛啤酒”）的前身是国营青岛啤酒厂，1903年由英、德两国商人合资开办，是最早的啤酒生产企业之一。青岛啤酒股份有限公司于1993年6月16日成立，1995年12月27日取得按中外合资股份有限公司注册的企业法人营业执照，设立时总股本为482 400 000元。1993年7月15日，青岛啤酒在我国香港交易所主板上市，股票代码0168；同年8月27日，在上海证券交易所上市，股票代码600600，发行后总股本为9亿元，成为中国首家在两地同时上市的公司。

青岛啤酒的经营范围是啤酒制造、销售以及与之相关的业务，是目前国内饮料制造行业销售量最高的一家企业，被评为世界第五大啤酒厂。1998年，青岛啤酒制定了“大名牌”的发展战略，运用合作建厂、兼并以及收购等方式进行大规模扩张。青岛啤酒在国内20多个地区建立了多家啤酒生产基地，拥有了54家全资和控股的啤酒生产企业及12家联营及合营啤酒生产企业。

青岛啤酒在国际评比大赛中多次荣获金奖，作为2008年北京奥运会官方赞助商，已跻身世界品牌500强；2015年9月，获得“世博百年品牌荣誉”称号；在2018中国品牌价值百强榜中，青岛啤酒以423.85亿元的品牌价值排名第41位。

知识链接——“H+A”和“A+H”

三、案例概况

自2015年至今，青岛啤酒进入了能力支撑、品牌驱动的发展阶段，通过差异化品质竞争力、营销运营能力及企业管理能力的提升推动企业有质量的增长。

（一）青岛啤酒经营情况

2017年，中国啤酒市场仍持续下滑，全年完成啤酒产量4 401.5万千升，同比下降0.7%。伴随经济增长和消费结构的改善，啤酒消费需求的多元化不断推动了行业的结构性升级，同时行业发展仍面临较大的增长压力，产能过剩矛盾仍较突出，中高端餐饮消费不振以及外资啤酒和进口啤酒在国内市场加大促销力度均加剧了国内啤酒市场的竞争，原材料价格、物流和人工成本的上涨使企业面临较大的生产经营成本上升压力，市场竞争仍较为激烈。

1.积极推动企业发展方式转型升级

青岛啤酒秉持“能力支撑品牌带动下的发展战略”，抓住机遇，增强运营能力，积极推进企业发展方式的转型升级。青岛啤酒通过外抓市场促增长，以品牌为引领、以创新为驱动，加快产品结构调整优化升级；内抓管理增效益，通过原材料集中采购、网上竞价及智能工厂建设等举措，提高价值链整体运行效率，实现了稳增长、调结构、控费用，巩固和提升了公司市场竞争力，实现了各项主要经营指标的全面增长。2017年，青岛啤酒共实现啤酒销量797万千升，同比增长0.6%；实现营业收入262.77亿元人民币，同比增长0.7%；实现归属于上市公司股东的净利润12.63亿元人民币，同比增长21.0%。

2.积极开拓国内外市场

青岛啤酒以“稳中求进促发展”的方针积极开拓国内外市场，加快建设“沿海沿黄”基地市场战略带，致力构建和完善立体化、结构化、层次化的全国市场战略布局。在传统优势市场及工厂所在地市场，青岛啤酒依托现有生产基地充分发挥产销协同效应，以厂商协同运营为支撑打造具有品牌影响力、盈利能力和市场占有率的基地市场圈；面向新区域市场、新消费群体和新兴消费渠道，根据市场布局聚焦资源投入，借助品牌和产品的组合优势，不断提升市场营销运作和市场掌控能力，开辟新的增量增利空间。

在国际市场方面，青岛啤酒结合国家“一带一路”倡议的推进不断取得新进展。公司充分发挥品牌和品质优势，开展青岛啤酒全球品牌推广活动，以“高品质、高价格和高可见度”的高端品牌定位和产品形象来打造和提升青岛啤酒的知名度。2017年，公司在海外通过赞助演唱会、音乐节、体育赛事及美食营销等多种方式，在42个国家举办了460场次的品牌推广活动，提升了品牌活跃度，为消费者提供最佳的品牌和产品体验；通过利用全球主流社交媒体网络平台扩大品牌传播，开展线下和线上相呼应的推广活动，吸引更多消费者参与互动，并借助品牌势能的释放，辐射周边市场，拉动销量增长。2017年，青岛啤酒已行销全球100多个国家和地区，海外销量同比增长17.5%，品牌国际化步伐不断加快。

3.不断推进和完善营销模式

青岛啤酒不断推进和完善“大客户+微观运营”的营销模式，以利润和市场占有率为导向，围绕“产品、价格、渠道、促销”优化运营策略，依托覆盖全国主要市场的销售网络加大市场拓展和渠道开发力度，积极培育公司的战略经销商，不断完善分销网络，强化终端运营。2017年，青岛啤酒充分发挥品牌等优势，通过产品线结构持续优化，着力提升听装酒及高附加值产品的销售占比；通过加大细分渠道推进力度、拓展渠道发展宽度，快速拓展夜场、KA、桶啤、电商等现代渠道，并下沉到终端，提升了对市场渠道和市场终端的管理能力。同时，青岛啤酒持续优化费用投入，严格管控费用使用、核销及兑付流程，强化市场核查力度，提升了促销费用的有效性管理和营销效率。

2017年，青岛啤酒继续推进实施“青岛啤酒主品牌+崂山啤酒第二品牌”的品牌战略，通过“四位一体”的品牌传播模式，围绕体育营销、音乐营销、事件营销积极拓展与消费者的互动交流渠道，提升了青岛啤酒年轻化、时尚化的品牌新形象。同时，面对啤酒市场消费结构升级的新趋势，实施创新驱动发展，依托国内一流的研发平台加快产品结构优化和战略性新产品、新特产品的研发，近年已成功开发上市了经典1903、全麦白啤、原浆、皮尔森、青岛啤酒IPA等新特产品，为消费者提供了更丰富、多元化的产品体验；青岛啤酒加快了向听装啤酒和精酿产品为代表的高附加值产品的转型升级，以更加完善的产品品类和品种结构组合打造主流产品和新特产品的差异化竞争优势，在推动供给结构和需求结构相适应、引领消费趋势的同时，亦实现了盈利能力的提升。2017年，公司主品牌青岛啤酒共实现销量376.5万千升，其中奥古特、鸿运当头、经典1903、纯生啤酒等高端产品共实现销量162.5万千升，保持了在中高端产品市场的竞争优势。

青岛啤酒积极探索并实践“互联网+”的营销模式创新，在行业内率先构建了“网络零售商+官方旗舰店+分销专营店+官方商城”的电商渠道体系，上线移动端“青岛啤酒官方商城”“青啤快购”，建立起“电商+门店+厂家直销”的立体销售平台，多渠道满足了移动互联网时代消费者的购买需求和消费体验，对公司特色新商业模式的打造及新特产品的发展起到了积极的推动作用。

（二）相关财务报表

为了便于分析，本案例将青岛啤酒2015—2017年的资产负债表（见表3-1）、利润表（见表3-2）、现金流量表（见表3-3）相关财务数据列示如下：

表3-1 **2015—2017年主要资产负债表项目** 单位：元

项 目	2017年	2016年	2015年
货币资金	9 805 485 121	8 572 685 245	8 401 751 637
应收账款	141 397 244	124 647 040	117 990 987
存货	2 393 910 141	2 412 442 780	2 182 435 136

续表

项 目	2017年	2016年	2015年
流动资产合计	14 072 983 367	12 609 564 386	11 887 339 060
固定资产原值	10 911 462 172	19 310 999 871	17 441 560 395
非流动资产合计	16 901 728 412	17 467 594 101	16 613 251 068
资产总计	30 974 711 779	30 077 158 487	28 500 590 128
流动负债合计	10 452 233 305	10 284 786 039	9 752 988 721
非流动负债合计	2 747 973 773	2 913 232 879	2 581 590 357
负债合计	13 200 207 078	13 198 018 918	12 334 579 078
所有者权益合计	17 774 504 701	16 879 139 569	16 166 011 050
负债和所有者权益总计	30 974 711 779	30 077 158 487	28 500 590 128

表3-2 **2015—2017年主要利润表项目** 单位：元

项 目	2017年	2016年	2015年
营业总收入	26 277 051 684	26 106 343 738	27 634 686 040
营业收入	26 277 051 684	26 106 343 738	27 634 686 040
营业总成本	25 341 093 054	24 617 060 614	26 241 935 659
营业成本	15 622 130 867	15 265 279 542	17 192 101 695
销售费用	5 768 943 601	6 029 439 233	5 904 539 236
管理费用	1 244 256 438	1 340 543 211	1 412 435 528
财务费用	370 017 175	-257 408 345	-299 597 521
营业利润	1 992 225 265	1 640 252 856	1 855 163 195
利润总额	2 104 818 639	2 123 441 765	2 274 822 402
所得税费用	722 562 998	1 017 743 313	662 778 888
净利润	1 382 255 641	1 105 698 452	1 612 043 514
归属于母公司所有者的净利润	1 263 017 188	1 043 486 428	1 713 128 882

表3-3 **2015—2017年主要现金流量表项目** 单位：元

财务指标	2017年	2016年	2015年
经营活动产生的现金流量净额	2 223 535 875	2 970 891 204	2 574 565 760
投资活动产生的现金流量净额	-503 669 928	-1 164 015 242	-236 709 369
筹资活动产生的现金流量净额	-533 173 396	-1 470 421 321	-30 677 918
期末现金及现金等价物余额	9 101 908 887	7 929 473 031	7 575 374 183

四、讨论问题

1.基于传统财务分析方法对青岛啤酒进行财务分析，可以得出什么结论？

2.基于哈佛分析框架对青岛啤酒进行财务分析，可以得出什么结论？

3.通过两种分析方法结论的对比可以发现青岛啤酒存在什么问题？

4.针对青岛啤酒存在的问题，可以提出什么建议？

案例说明

一、教学目的

本案例的教学目的是使学生了解财务分析的作用、哈佛分析框架的应用、与传统财务分析先比哈佛分析框架的优势体现在哪里。通过案例学习掌握哈佛分析框架的基本原理。

二、案例讨论的准备工作

（一）理论背景

哈佛分析框架是由哈佛大学佩普、希利和伯纳德提出的，其是将战略分析和财务报表分析相结合，以战略分析为基石，融入会计分析、财务分析及前景分析三个要素对企业进行综合分析。该框架的贡献在于将战略分析引入到财务报表分析当中去，站在战略的高度来分析企业的财务状况，使得分析者注意到不仅要关注企业运营状况还要关注企业发展，使得他们通过战略分析确认企业的利润动因和风险因素，分析企业外部环境的机会与威胁和企业内部条件存在的优势与劣势，从而判断公司当前业绩的可持续性，并在科学预测的基础上为企业未来的发展指明方向。哈佛分析框架流程图如图3-2所示。

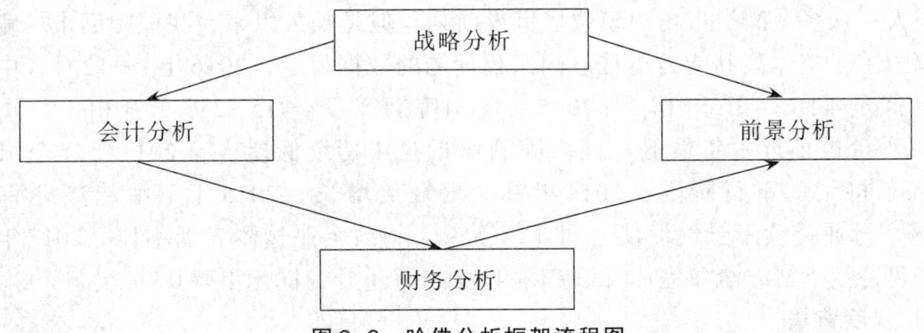

图3-2　哈佛分析框架流程图

1.战略分析

战略分析是哈佛分析框架的出发点，通过战略分析了解企业在所处行业及自身的竞争优势。在战略分析的基础上，企业管理层根据企业自身的经营发展状况确定后续的会计分析和财务分析，战略分析主要通过行业分析和竞争战略分析两方面进行分析。在行业分析方面，可以采用PEST分析法，通过对企业所处行业的整个环境进行分析，全面了解行业的竞争情况。在竞争战略分析方面，可以运用SWOT分析方法，明确企业所具有的主要优势和竞争实力，从而确定企业的竞争战略方向。

2.会计分析

会计分析是通过会计政策和会计估计、会计信息质量两方面来评价企业会计应用是否真实准确。会计信息质量的分析能够评价会计政策和会计估计的选择是否恰当。会计分析的步骤主要分为识别关键会计政策和会计估计，分析会计信息质量。通过会计分析使企业管理层能够辨别企业会计信息是否真实可靠，识别危险信号，提高会计信息质量。

3.财务分析

基于对前述战略分析和会计分析的评价，财务分析是以财务报表中的数据为依据，借助专门的财务分析手段进行分析，一般采用纵向分析和横向分析相结合的方法。财务分析主要从三大报表角度分析企业的财务状况、盈利水平及现金流量，再利用财务比率法综合分析。通过数字可看到企业的真实状况，进一步评价企业的经营业绩水平。

4.前景分析

前景分析是哈佛分析框架的最后一部分，在战略分析、会计分析、财务分析的定性、定量分析基础上，预测企业的发展前景。前景分析着眼于将来，能够了解企业的未来发展潜力，客观地展望企业的财务前景和经营前景，有效识别企业价值创造动因，从而判断企业的可持续发展性和发展能力。

（二）行业背景

2017年，中国经济运行保持了稳中有进、稳中向好的发展态势，经济转型升级加快，新旧动能转换提速，深化供给侧改革成为经济发展的重要动力。啤酒行业是一个充分竞争的传统产业，经过几十年的快速发展，中国连续多年成为世界第一大啤酒消费市场和啤酒产销量第一大国。随着国外啤酒和进口啤酒在国内市场的销售量增加，市场竞争加剧。与此同时，消费市场的整体增长仍然疲软，行业复苏仍然缓慢。面对差异化的竞争，啤酒行业的增长和发展必须依靠运营能力和创新能力的提高。与此同时，消费需求的多样化也带来了消费结构升级的明显趋势。

我国人口众多，酒类市场规模位居世界前列，但是长久以来，我国啤酒市场竞争主要以中低端为主，整体盈利能力不佳。国家统计局的数据显示，2016年1—12月，中国啤酒行业累计产量4 506.4万千升。与2015年中国啤酒产量4 715.72万千升相比，同比下降0.1%，该产量也创近六年最低。国内啤酒业近几年持续低迷，自2011年起全国啤酒销量便进入了持续的下行阶段，2014年首次出现负增长，2015年下滑趋势进一步扩大至-4.97%，行业持续不景气促使公司业绩下滑，啤酒企业整体表现不佳。2017年，中国啤酒市场仍持续下滑，全年完成啤酒产量4 401.5万千升，同比下降0.7%。

（三）制度背景

《中华人民共和国公司法》中对企业财务分析的有关规定。

三、案例分析要点

问题1：基于传统财务分析方法对青岛啤酒进行财务分析，可以得出什么结论？

本案例采用的主要是传统财务分析方法中的趋势分析法，通过对比公司的连续几个会计期间的财务报表，比较各财务项目在这几个会计期间的变化方向及变化幅度，由此分析企业战略目标和未来发展的能力，主要从偿债能力、盈利能力、营运能力和现金流量四个方面来分析。

1.偿债能力

偿债能力是指企业对到期债务的清偿能力。我们对青岛啤酒2015—2017年度数据进行纵向比较，分析其短期偿债能力指标和长期偿债能力指标。所使用的短期偿债能力指标主要有流动比率、速动比率、现金比率，长期偿债能力指标主要包括资产负债率、权益乘数，具体指标见表3-4。

表3-4 2015—2017年偿债能力指标

财务指标	2017年	2016年	2015年
流动比率	1.35	1.23	1.22
速动比率	1.12	0.99	1.00
现金比率	0.94	0.83	0.86
资产负债率	42.62%	43.88%	43.28%
权益乘数	1.74	1.78	1.76

通过表3-4可知，从短期偿债能力指标来看，2015—2017年各项指标都维持在低水平。一般认为企业的流动比率为2较为合理，表3-4中青岛啤酒的流动比率在1.2左右，说明其流动资产对流动负债的保证能力较低。速动比率高于1会比较好，但青岛啤酒2015—2017年的速度比率围绕1上下波动，说明青岛啤酒速动资产的变现能力也不是很强。现金比率维持在0.2以上较好，青岛啤酒现金比率较高，说明其现金及现金等价物对流动负债的保证程度尚可，流动性很强。青岛啤酒的资产负债率一直维持在43%左右，说明其对资产负债结构的控制比较好，权益乘数也维持在1.7左右。综合来说，青岛啤酒的短期偿债能力和长期偿债能力较强，举债经营的风险较小。

2.盈利能力

因啤酒行业特殊，本案例选取销售毛利率、销售净利率、总资产利润率、净资产收益率来分析其盈利能力，具体指标见表3-5。

表3-5 2015—2017年盈利能力指标

财务指标	2017年	2016年	2015年
销售毛利率	40.55%	41.53%	37.79%
销售净利率	5.26%	4.24%	5.83%
总资产利润率	5.57%	1.81%	2.05%
净资产收益率	7.55%	6.43%	10.76%

从表3-5来看，青岛啤酒的销售毛利率在2016年有所上升，2017年又降至40.55%，这与2016年企业的发展策略有关，青岛啤酒为扩大市场，大规模生产，使成本降低，故企业的销售毛利率显著提高。销售净利率、总资产利润率、净资产收益率却在上下浮动，说明其获利能力并不稳定，仍需改善。

3.营运能力

分析青岛啤酒的营业能力指标，主要用到青岛啤酒2015—2017年的应收账款周转率、存货周转率、固定资产周转率及总资产周转率。从表3-6可知，在2015—2016年啤酒行业不景气的情况下，青岛啤酒的各项营运能力指标变化都不是很大，但是在2017年，青岛啤酒各项营运能力指标都大幅上升。

表3-6 2015—2017年营运能力指标

财务指标	2017年	2016年	2015年
应收账款周转率	197.54	53.80	56.77
存货周转率	6.50	2.68	2.81
固定资产周转率	2.34	0.61	0.73
总资产周转率	0.86	0.22	0.25

4.现金流量

青岛啤酒经营活动产生的现金流量净额比率变化的原因主要是报告期内购买商品、接受劳务支付的现金增减变动。投资活动产生的现金流量净额比率持续减少是因为个别子公司取得借款收到的现金增加，以及偿还债务支付的现金减少所致。筹资活动产生的现金流量净额比率的变化则是由报告期内借款收到的现金以及偿还债务支付的现金增减变动所致（见表3-7）。

表3-7 2015—2017年现金流量指标 金额单位：元

财务指标	2017年	2016年	2015年
经营活动产生的现金流量净额	2 223 535 875	2 970 891 204	2 574 565 760
投资活动产生的现金流量净额	-503 669 928	-1 164 015 242	-236 709 369
筹资活动产生的现金流量净额	-533 173 396	-1 470 421 321	-30 677 918
期末现金及现金等价物余额	9 101 908 887	7 929 473 031	7 575 374 183
经营活动产生的现金流量净额比率	21.27%	28.89%	26.40%
投资活动产生的现金流量净额比率	4.81%	11.32%	17.41%
筹资活动产生的现金流量净额比率	4.18%	14.30%	1.25%
期末现金及现金等价物余额比率	87.08%	77.10%	77.67%

问题2：基于哈佛分析框架对青岛啤酒进行财务分析，可以得出什么结论？

1.战略分析

战略分析即通过资料的收集和整理分析组织的内外环境，包括组织诊断和环境分析两个部分。战略分析包括确定企业的使命和目标；了解企业所处的环境变化，这些变化将带来机会还是威胁。

（1）宏观环境分析

这里主要运用PEST分析法对青岛啤酒所面临的宏观环境进行分析。

①从政治因素分析来看，有利的一面是随着中国市场经济体制改革的深入，一些城镇政府对当地啤酒生产企业的地方保护会逐渐弱化，将会推动城镇市场公平竞争秩序的形成，也有助于自然淘汰行业落后产能，进一步促进行业整合。不利的一面是政府限制“三公经费”政策的长期实施及严查“酒驾”等政策，会影响一部分啤酒销量，但某种程度上也会推动啤酒企业通过品牌培育、产品结构优化来顺应消费升级趋势。

②从社会因素分析来看，20～49岁人群是啤酒消费的主力人群，2013年20～49岁主力啤酒消费人群数量达到峰值，随后逐年下滑。仅考虑人口因素，2016年，由于主力啤酒消费人群数量减少拉低行业增速0.8个百分点，至2019年，拉低行业增速达1.4个百分点。在消费结构及消费水平上，啤酒消费的高端化趋势走强。在人口老龄化的背景下，预示着啤酒消费开始结构性下降；年轻消费者倾向于饮用价格更高的啤酒，是促进未来行业高端化的主要力量。

③从技术因素分析来看，移动互联网时代的到来极大地推动了啤酒消费方式的变革，在线渠道和网上零售成为增长最快的渠道。未来快消品企业的销售增长将有一半来自线上，网上零售是啤酒销量增长的有效渠道，2015—2020年，年均复合增长率将达到55%。到2020年，预计将有100万千升啤酒通过在线渠道购买。

（2）行业分析

行业分析能够帮助企业更好地识别商业环境中的机遇与挑战，以及识别纵向交易关系和横向竞争关系中影响业绩的主要因素。根据波特五力理论，一个行业的竞争，不仅仅是同行业现有竞争者之间的竞争，而是面临着五种力量的竞争，即潜在的行业进入者、替代品的威胁、购买方、供应商讨价还价的能力和现有竞争者之间的竞争。这五种基本竞争力量的综合强度，决定着行业的总体竞争激烈程度，从而决定着行业的总体获利水平，影响着资本向本行业的流入规模。

波特五力模型如图3-3所示。

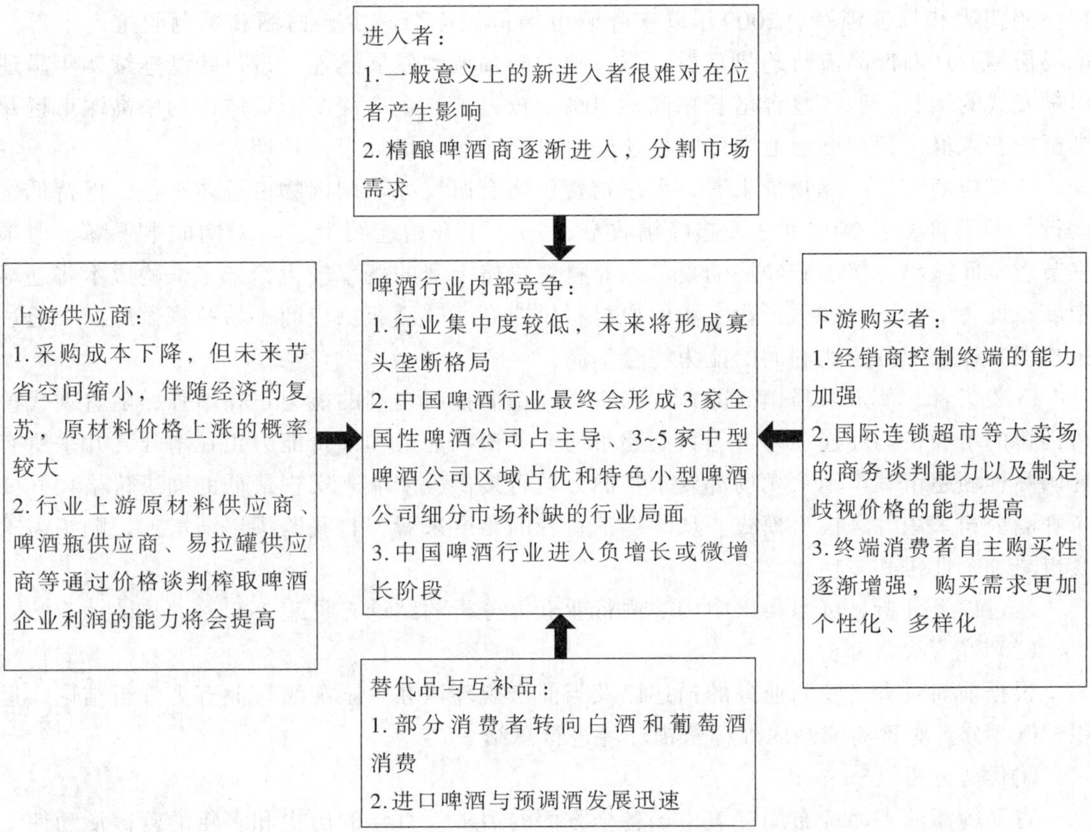

进入者：
1.一般意义上的新进入者很难对在位者产生影响
2.精酿啤酒商逐渐进入，分割市场需求

上游供应商：
1.采购成本下降，但未来节省空间缩小，伴随经济的复苏，原材料价格上涨的概率较大
2.行业上游原材料供应商、啤酒瓶供应商、易拉罐供应商等通过价格谈判榨取啤酒企业利润的能力将会提高

啤酒行业内部竞争：
1.行业集中度较低，未来将形成寡头垄断格局
2.中国啤酒行业最终会形成3家全国性啤酒公司占主导、3~5家中型啤酒公司区域占优和特色小型啤酒公司细分市场补缺的行业局面
3.中国啤酒行业进入负增长或微增长阶段

下游购买者：
1.经销商控制终端的能力加强
2.国际连锁超市等大卖场的商务谈判能力以及制定歧视价格的能力提高
3.终端消费者自主购买性逐渐增强，购买需求更加个性化、多样化

替代品与互补品：
1.部分消费者转向白酒和葡萄酒消费
2.进口啤酒与预调酒发展迅速

图3-3　啤酒行业波特五力分析图

①内部竞争。按照行业整合的一般规律，未来几年中国啤酒行业的整合将会进入另一个时期，中小企业逐步退出市场，寡头垄断的行业格局将形成。中国啤酒行业市场集中度进一步提高，未来3～5年将是行业整合的关键时期。中国啤酒行业最终会形成3家全国性公司占主导、3～5家中型啤酒公司区域占优和特色小型啤酒公司细分市场补缺的行业格局。

与此同时，随着中国啤酒行业进入负增长或微增长阶段，市场上出现许多不同的卖家，大中型、大型集团面临产能过剩问题。作为成熟的技术产品，啤酒的均质化程度高。此外，中国啤酒行业没有合作定价的历史，缺乏价格龙头企业也使得行业的发展面临价格竞争上升的威胁。特别是在产能过剩的情况下，大多数啤酒企业将采用降价措施来降低低端产品的固定成本。

②进入者。在啤酒消费升级的新常态下，啤酒企业的生产技术、产品质量和品牌壁垒都很高，新进入者很难通过占据一定的市场份额来实现最小的经济利益，这将使新进入者面临严重的成本威胁。在个性化和高端消费时代，消费者非常重视品牌声誉，这使得新进入者必须投入大量资金来建立良好的声誉和品牌意识，这不可避免地增加了进入壁垒。可以看出，一般意义上的新进入者很难对现有企业的业务发展产生影响。但是，我们应该警惕"特色化"参与者的威胁。近年来，精酿啤酒越来越受到消费者的青睐。全球有超过10 000家精酿啤酒商，未来发展潜力巨大。

③替代品与互补品。部分消费者转向了白酒和葡萄酒消费，20～29岁的部分消费者转向预调酒和果饮消费，2009年以来啤酒市场份额逐渐减少，白酒和葡萄酒抢占了部分市场份额。从新产品流行趋势来看，进口啤酒与预调酒发展迅速。进口啤酒连续四年呈现出爆发式的增长，四年复合增长率高达70%，抢占了北上广深高消费城市的中高端市场及尝鲜消费人群。预调酒行业整体规模还较小，行业总体仍处于成长期。

④供应商。从国际物价来看，大宗物资价格有所反弹。国内物价总体平稳，保持低位运行，酒类价格自2015年3月起降幅收窄，2016年开始连续上涨。采购成本下降，但未来节省空间缩小，伴随着经济的复苏，原材料价格上涨的概率较大，未来采购成本将逐渐走高。此种形势下，啤酒行业上游的原材料供应商、啤酒瓶供应商、易拉罐供应商等通过价格谈判榨取啤酒企业利润的能力将会提高。

⑤购买者。从下游经销商的角度来看，经销商控制终端的能力正在增强；随着现代渠道销售的增加，国际连锁超市等大型超市的业务谈判能力和议价能力正在增强，几乎所有的国际连锁超市和本地大卖场都要求啤酒公司直接供应产品来实现最低的购买价格，并要求啤酒公司采用赊销销售模式。从终端消费者的角度来看，自我购买逐渐增加，购买需求变得更加个性化和多样化。

通过以上分析，可以得出中国啤酒行业五力分析的结论，见表3-8。

(3) 经营战略分析

根据前面对青岛啤酒业务的描述以及当前宏观环境和中国啤酒行业五力分析结论，运用SWOT分析对青岛啤酒内外部营销环境进行总结。

①优势分析（Strength）

青岛啤酒的多品牌布局覆盖市场各个方面的需求。百年的历史和多年的营销活动使青岛啤酒拥有良好的品牌声誉和口碑。作为2008年北京奥运会官方赞助商，青岛啤酒具有较

表3-8 中国啤酒行业五力分析结论表

力量	当前环境下对利润的威胁程度
内部竞争	强
进入者	弱，但是正在增强
替代品与互补品	中，正在增强
供应商的力量	中
购买者的力量	弱，但是正在增强

高的知名度。青岛啤酒拥有庞大的生产和销售网络，拥有60多家啤酒生产企业，遍布全国20个省、直辖市、自治区。目前，青岛啤酒在6大区域市场齐头并进，并在山东、广东等啤酒消费大省逐渐占据了优势地位。

②劣势分析（Weakness）

青岛啤酒在部分地区的市场占有率较低，如在辽宁、四川、贵州、安徽、江苏等地区，都远低于处于龙头地位的华润雪花的市场份额；在北京、广西、内蒙古等地区，也远低于燕京啤酒的市场份额。青岛啤酒主品牌形象偏低端化。从啤酒企业发展的角度来说，之前市场份额的抢占以价格战为主导，未能在消费者中形成个性化、高端化的品牌形象，这直接导致国内啤酒企业不易向高端化转型。

③机会分析（Opportunity）

啤酒消费向中高端市场过渡的趋势为青岛啤酒的未来发展带来了机会。2010年，中高端啤酒销量占比不到20%，2014年迅速攀升到25%。2010年，中高端啤酒销售额占比为36%，2014年达到45%。根据BCG的预测，随着我国居民收入水平的稳步提升，消费中高端啤酒的能力和意愿都将大幅上升，到2020年，中国中高档和高档啤酒的销售额占比将达到56%。随着消费习惯的变化，听装啤酒市场的高速发展成为未来新的利润增长点。听装化策略能够更好地迎合消费者偏好，利于抢占市场份额，同时提升产品档次，扩大利润增长空间。目前，全球啤酒听装产品占比超过50%，但国内却不足10%，预计未来几年听装啤酒消费有较大的增长潜力。

④威胁分析（Threat）

为保证向消费者提供优质的啤酒产品，青岛啤酒消耗的主料——大麦主要从国外进口。进口大麦的价格波动较大，给青岛啤酒的生产成本带来不确定性，可能会影响竞争力。啤酒消费朝向多样化、个性化方向发展，对啤酒品质的要求更高，健康消费、时尚消费意识增强。这给啤酒企业带来了发展的机会，但如果把握不好，不能适应消费者消费习惯的变化，被竞争者抢占先机，也容易形成威胁。外资品牌也开始进入中国市场，外资品牌本身定位于高端市场，对青岛啤酒的中高端定位产生了一定威胁。

2.会计分析

（1）主要会计项目与会计政策确定

近几年青岛啤酒一直处于扩张状态，其产量大、厂房多，存货和固定资产的管理是其关注的重点。

（2）存货

①存货的会计政策和会计估计

青岛啤酒的存货包括原材料、包装物、在产品和产成品等，按成本与可变现净值孰低计量。存货发出时的成本按加权平均法核算，对存货价值的反映和对利润水平的影响都是比较符合实际的。青岛啤酒的存货规模较大且周转次数多，存货盘存采用永续盘存制。低值易耗品和包装物分别采用一次转销法和分期摊销法进行摊销。因此，从青岛啤酒存货会计政策和会计估计的选择上看还是较为合理的。

②存货的会计科目分析

青岛啤酒存货的关键指标见表3-9。

表3-9 **存货质量分析表**

项 目	2017年	2016年	2015年
主营业务收入（元）	26 277 051 684	26 106 343 738	27 634 686 040
主营业务成本（元）	15 622 130 867	24 617 060 614	26 241 935 659
毛利（元）	10 654 920 817	1 489 283 124	1 392 750 381
销售毛利率	40.55%	6.05%	5.31%
存货余额（元）	2 392 910 141	2 412 442 780	2 182 435 136
存货跌价准备（元）	5 261 408	5 730 10	11 224 693
总资产（元）	30 974 711 779	30 077 158 487	28 500 590 128
存货/总资产	7.73%	8.02%	7.66%
存货周转率	6.50	2.68	2.81
存货周转天数	55.37	134	128

由表3-9可知，2015年至2017年，青岛啤酒的存货呈先升后降的趋势。青岛啤酒的销售毛利率和存货周转率在2017年都大幅度升高，说明盈利能力显著提升。我们观察表3-9中的数据可以发现，存货占总资产比例的变动也不是很大，存货跌价准备的计提金额较少，这是因为啤酒价格变动的弹性低，大幅度跌价的可能性很小。总体来说，青岛啤酒对于存货的管理还是较为严谨的。

知识链接——两种存货盘存制度

（3）固定资产

①固定资产的会计政策和会计估计

青岛啤酒的固定资产包括房屋及建筑物、机器设备、运输工具等。青岛啤酒的固定资产折旧方法为年限平均法。青岛啤酒各类固定资产的预计使用年限、预计净残值率、年折旧率见表3-10。

表3-10 **青岛啤酒固定资产政策表**

项 目	预计使用年限	预计净残值率	年折旧率
房屋及建筑物	20～40年	3%～5%	2.4%～4.9%
机器设备	5～14年	3%～5%	6.8%～19.4%
运输工具	5～12年	3%～5%	7.9%～19.4%
其他设备	5～10年	3%～5%	9.5%～19.4%

②固定资产的会计科目分析

青岛啤酒2015—2017年固定资产情况见表3-11。

表3-11 **固定资产项目质量分析表** 金额单位：元

项目	2017年	2016年	2015年
固定资产原值	19 230 971 642	19 310 999 871	17 441 560 395
累计折旧	7 880 047 706	7 472 195 669	7 131 272 328
固定资产净值	10 991 462 172	11 838 804 202	10 310 288 067
固定资产减值准备	359 461 764	391 192 662	413 382 183
总资产	30 974 711 779	30 077 158 487	28 500 590 128
主营业务收入	26 277 051 684	26 106 343 738	27 634 686 040
总资产增长率	3.00%	5.53%	5.54%
固定资产增长率	0.41%	10.72%	5.12%
固定资产净值/总资产	35.49%	39.36%	36.18%
固定资产净值/收入	41.83%	45.35%	37.31%

由表3-11可知，青岛啤酒的总资产在2015年和2016年都以约为5%的增长率增长，这是由于青岛啤酒在这两年合并了许多小企业，在多地增加厂房和设备，固定资产规模增长迅猛，同时固定资产占收入的比例也在上升。2017年，青岛啤酒的总资产增长率有所下降，但主营业务收入处于上升状态。啤酒作为快销商品，市场已达饱和状态，厂房的大量增加并没有带来与之相匹配的收益。

3.财务分析

见问题1中的传统财务分析方法。

4.前景分析

处于淡季的啤酒行业正在悄然迎来新一轮的价格上涨。这对啤酒公司来说也是一件无奈的事情。啤酒行业是一个低利润的行业，该行业的价格上涨主要是因为成本上升。青岛啤酒宣布，由于包装材料上涨和2018年生产成本上升的压力，公司计划提高部分地区部分产品的价格，来吸收部分不断上涨的成本压力。因此，青岛啤酒应及时调整销售策略，避免因价格上涨而失去市场份额。青岛啤酒可以抓住这个机会来提高价格，创新产品，调整结构，并利用自己的优势占据市场份额。虽然目前的市场不是很乐观，但青岛啤酒的优势在于多品牌覆盖各种需求，以及青岛啤酒的品牌效应强，应有效利用各种优势，力争在价格上涨趋势中走得更远，获得更多目标客户，增加销量。

问题3：通过两种分析方法结论的对比可以发现青岛啤酒存在什么问题？

1.传统财务分析方法下的分析结论

青岛啤酒股份有限公司具有较强的短期偿债能力和长期偿债能力，资产负债比率接近标准值，说明其对资产负债结构的控制比较好，虽然这样的财务风险较小，但同时也显示了公司的财务杠杆还有待提高，可以考虑通过举债来获得更高的财务杠杆效应。近年来，青岛啤酒公司的盈利能力虽然比较稳定，但是盈利水平不高，企业内部的权益资本使用效率不高，应根据自身发展需要和市场需求调整营销战略。青岛啤酒公司的整体经营能力有待改善。流动资产的周转率在2015—2016年处于较低水平，2017年市场经济好转，青岛啤酒的营运能力也大幅上升，但整体水平不稳定，仍然需要改进。

2.哈佛分析框架下的结论

因相关政策的发布，啤酒企业可能会因此导致成本升高，同时也有利于增强企业的安全环保意识和提高精细化生产水平。随着经济进入中低速增长阶段，中国啤酒行业也将转向微增长或负增长，期间或伴随波段上行。在人口老龄化的背景下，啤酒消费趋于高端化，青岛啤酒应该多关注年轻消费者对于饮用价格更高的啤酒的倾向。

啤酒行业内部竞争激烈，啤酒包装材料价格大幅提高和人工成本的持续上涨带来较大的经营压力，新进入者的力量偏弱，消费者的自主购买性逐渐增强，企业应该增加产品的个性化和多样化。青岛啤酒的多品牌布局覆盖市场各个方面需求，庞大的生产和销售网络是它的优势，劣势在于部分地区的市场占有率较低，青岛啤酒主品牌形象偏低端化，与之相对应的机会是啤酒消费趋势正在向中高端市场过渡。所要面临的威胁是生产主料——啤酒大麦的价格波动较大，导致生产成本存在不确定性，竞争力可能会受到影响。

针对青岛啤酒公司发展的特点，会计项目与会计政策主要分析公司的存货质量、固定资产质量，相关指标显示青岛啤酒的存货流转速度快，存货质量高，企业对于存货和固定资产的管理也较为严谨。青岛啤酒具有较强的偿债能力，盈利能力虽然也比较稳定，但是盈利水平不高，营运能力整体水平也不稳定，仍然需要改进。

综上所述，为应对由于大麦进口价格、包装材料价格的上涨而导致的成本增加和保持现有市场份额，青岛啤酒应调整销售策略，调高部分区域的部分产品价格，保持并发挥自身的品牌优势，顺应国内市场的消费升级趋势，继续打造个性化、高端化的品牌形象。

3.哈佛分析框架与传统财务分析方法相比的优点

（1）哈佛分析框架是一个既注重对企业财务数据的分析，也注重非财务信息分析的财务评价体系。传统财务分析方法除了财务指标，并没有引入更多的非财务指标，比如战略目标、发展能力、创新能力、市场份额等。哈佛分析框架则很好地补充了传统财务分析方法的不足，将财务指标与非财务指标相结合，大大提升财务分析的时效性和完整性。

（2）传统财务分析方法往往是以资产负债表、利润表和现金流量表等作为基础报表进行分析，以静态数值为计算基础，反映的是静态的企业发展状况，不能反映企业的动态发展方向及影响因素。而哈佛分析框架是一种动态与静态分析相结合的方法，并适当增加与企业经营活动密切相关的动态指标，比如国内外市场环境、企业竞争力等，更具指导性和实用性。

（3）用战略分析去解释财务数据的变化，用财务分析去确认企业的发展战略，使定性的战略分析与定量的财务分析相互配合，将对行业环境、宏观经济环境等的分析融入单纯的财务数据分析之中，是哈佛分析框架与其他分析方法的主要区别。

因此，哈佛分析框架在一定程度上有效地克服了传统财务分析方法的缺陷和不足，能够从宏观上把握企业的整体经营状况，预测企业未来发展前景，为企业的发展提出建设性建议，为战略决策者提供决策支持。

问题4：针对青岛啤酒存在的问题，可以提出什么建议？

1.对财务分析方面的建议

（1）优化青岛啤酒财务信息系统，加强财务分析的作用

采用系统软件对青岛啤酒进行财务分析时产生误差的影响因素有很多，就目前青岛啤酒的现状而言，最重要的影响因素是青岛啤酒的资本运作非常分散，公司的所有资金没有进行统一管理。为了能够得到更加准确的财务分析数据，应该加强对财务信息系统的进一步优化，从而实现企业全面的资金集中管理，同时也要形成相应的制度规范来保障计划的顺利实施。具体来说，企业负责人可以从系统软件入手，通过系统软件的设置和升级为企业建立统一的信息管理平台，并且将所有资金业务都纳入平台，企业所有人员都必须按照规定好的制度进行管理。

（2）完善企业财务管理制度建设，强化财务分析能力

为了解决企业在财务管理制度建设上存在的问题，企业的高层决策者应该加强对这方面的关注，他们对财务管理的态度也决定着企业财务管理的未来发展。作为公司的高级管理人员，应该充分了解财务信息对整个企业的重要性。财务管理是公司运营流程的核心。由于财务信息的会计和监督功能，企业负责人可以随时了解企业当前的运营状况和未来的发展趋势。具体实施措施可以尝试从多个方面入手，如：加强企业员工对财务管理的理解和学习；引入一些会计方面的高素质人才；借鉴一些被证明有效的财务管理制度等。

2.对管理方法方面的建议

（1）产品升级，提升产品利润率

消费升级必然带来产品升级的需求，通过推出高品质的产品系列并配合成功的营销，可以有效提升产品利润率，丰富产品组合，丰富的产品线也可以提升企业的竞争优势。同时，高品质的产品可以提升企业产品线的毛利，进而避免因利润率低限制了企业的发展。

（2）营销整合与业务创新

首先，充分利用信息技术发展的成果，与线上销售渠道进行战略合作，实现线上渠道（天猫店等）与线下传统的实体店库存共享，整合营销，实现复杂市场环境下企业优势资源共享，整合各渠道平台资源，丰富顾客结构。

其次，充分分析当前啤酒市场顾客需求，细分顾客需求，啤酒企业可以制定符合市场需求及发展的品牌组合，主要进攻高端啤酒市场。

最后，啤酒企业可以尝试跨界合作，通过与时尚行业及科技行业合作，找到啤酒企业发展的新方向。

四、课堂计划建议

本案例可以作为专门的案例讨论课来进行。以下是按照时间进度提供的课堂计划建议，仅供参考：

整个案例课的课堂时间控制在90分钟。

（一）课前计划

提出启发思考问题，请学生在课前完成阅读和初步思考。建议学生在课前做好以下准备：

1.掌握公司财务分析意义及方法；

2.了解哈佛分析框架内容；

3.查找并了解青岛啤酒相关资料。

分组讨论，提前告知发言要求，要求每小组将讨论意见做成讨论报告（PPT形式）。

（二）课中计划

1.简要的课堂前言，明确主题。（5分钟）

2.小组发言。（每组10分钟）

3.引导全班进一步讨论：公司利用传统财务分析方法得出什么结论？为什么要用哈佛分析框架？利用哈佛分析框架进行分析得出什么结论？（25分钟）

（三）课后计划

找一家上市公司，分别用传统财务分析方法和哈佛分析框架对其进行分析，并进行对比，得出结论并给予其发展建议。

五、参考文献和网址

［1］巨潮资讯网，http：//www.cninfo.com.cn/new/index.

［2］前瞻产业研究院．啤酒行业竞争现状及发展趋势分析，行业集中度将进一步提高［EB/OL］．［2018-02-11］．https：//bg.qianzhan.com/trends/detail/506/180211-5a8c0a3f.html.

［3］王清刚，董驰浩．基于哈佛财务分析框架的绩效考评优化研究——以湖北电力公司为例［J］．中国软科学，2018（8）：175-183.

［4］陈艺妮，付韬，张金玲．基于哈佛分析框架下的康恩贝财务分析［J］．财会月刊，2017（13）：100-105.

［5］续潇健．青岛啤酒EVA-BSC绩效评价案例研究［D］．哈尔滨：哈尔滨商业大学，2017.

［6］田钺．青岛啤酒股份有限公司财务能力分析［J］．现代营销，2017（5）：167.

［7］魏明良，王雪，黎精明．哈佛框架下的百货业财务报表分析——以王府井百货（600859）为例［J］．会计之友，2016（7）：82-86.

［8］吴柯华．青岛、燕京啤酒并购整合比较研究［J］．财会通讯，2015（3）：114-118.

［9］魏巍．EVA绩效评价案例研究——以青岛啤酒为例［J］．财会通讯，2014（16）：12-15.

［10］卢霞. 企业财务分析存在的问题及改进措施［J］. 财经界：学术版，2014（17）.

［11］王雪. 青岛啤酒股份有限公司财务分析［D］. 财政部财政科学研究所，2013.

［12］马广奇，廉瑜瑾. 哈佛分析框架下汽车企业财务报表分析——以吉利集团为例［J］. 会计之友，2012（34）：64-66.

案例六

EVA绩效评价方法在宝钢股份的应用

摘　要

如何判断企业的经营优劣是各利益相关者重点关注的问题。就目前来说，“股东财富最大化”理念备受人们关注，在该理念下诞生的经济增加值（EVA）考核一度成为企业界炙手可热的管理工具。EVA是税后净营业利润扣除全部资本成本后得到的经济利润，是企业为股东创造的真正价值。之前我国国有企业以利润为导向的考核机制缺乏资本成本意识，难以全面反映企业的价值创造能力和成果。为解决这一问题，国务院国有资产监督管理委员会（以下简称“国资委”）引入EVA指标，制定了中央企业经营业绩考核体系，严格执行与业绩紧密挂钩的激励约束机制，推广资本机会成本的理念，引导企业优化资本结构，提高资本使用效率。

钢铁产业作为国民经济的重要基础原材料产业，其经营业绩更能直观地体现对企业进行合理绩效评价的优点。本案例以宝钢股份为例，描述其业绩评价体系的转变历程，梳理了企业为提升业绩采取的相关措施，分析在实际应用过程中对不同类型子公司考核应考虑的因素，并对EVA进行了具体的计算，结合其他财务指标计算分析其企业价值，并为后续优化其经营业绩提供相关建议。

关键词

EVA；绩效评价；中央企业

知识点

1.绩效评价；

2.EVA计算。

知识链接——经济利润与会计利润

案例正文

一、引言

1988年，思腾思特咨询公司使用MVA（Market Value Added，市场增加值[①]）工具对美国通用汽车和默克制药公司的经营表现进行了分析。结果发现，通用汽车的股东对公司投入了450亿美元的资本，而默克制药的股东对公司投入的资本仅有50亿美元，但它们的市值都是250亿美元左右。从MVA的角度看，通用汽车实际上损失了200亿美元的股东价值，相反，默克制药则创造了200亿美元的股东价值。股东对企业的任何一项投资，都希望最终实现的价值比其投入的所有资本要多，这才是创造财富。通常意义上的企业规模(可以用市值来表示)、利润已经不能满足分析判断的需要，我们必须找到产生企业价值的真正原因。基于增加值的观点，思腾思特咨询公司开发了经济增加值（Economic Value Added，EVA）工具。其观点是：企业在评价其经营状况时通常采用的会计利润指标存在缺陷，难以正确反映企业的真实经营状况，因为其忽视了股东投入资本的机会成本，企业盈利只有在高于其资本成本（含股权成本和债务成本）时才为股东创造了价值，EVA高的企业才是真正的好企业。

自EVA指标被企业应用以来，备受推崇。1999年《财富》杂志对67家上市公司连续5年的历史业绩进行了调查分析，结果表明，引入EVA指标考核业绩的公司比竞争对手多创造出500.7亿美元的市场价值。2010年，国资委在业绩考核体系中引入EVA指标，推广资本机会成本理念，引导企业优化资本结构，提高资本使用效率，收效显著。

二、案例背景及公司简介

（一）案例背景

1.央企业绩考核发展历程回顾

2003年，国资委颁布了《中央企业负责人经营业绩考核办法》(以下简称《考核办法》)，对所监管的中央企业全面开展经营业绩考核，采用年度利润总额、年度净资产收益率、任期国有资产保值增值率、任期主营业务平均增长率及针对不同企业管理而设置的个性化分类指标，落实企业负责人的经济责任，并把企业负责人的奖惩与考核结果严格挂钩，改变了以往国有企业业绩考核流于形式的不良状况。

基于业绩考核的压力，中央企业比之前更重视经营业绩以及各项考核指标的完成情况，促进了一部分企业的飞速发展。但是，在不少中央企业快速发展的背后，隐藏着一个严重的问题——负债率过高。在以传统财务指标为主的业绩考核体系引导下，一些企业单纯注重账面业绩和经营规模的增长，忽视资本成本，片面追求规模扩张的发展模式，过度依赖借债发展，不在意股东回报，这样的行为并没有实现股东财富最大化，反而在某种程度上损害了股东利益。所以，如何进一步完善和发展业绩考核体系，让中央企业自觉维护股东利益，力争使股东财富最大化，让属于全体中国人民的国有资产真正增值，成为国资

① 市场增加值就是市值与股东投入资本（净资产）的差值，它直接表明了一家企业累计为股东创造了多少财富。

委重点研究的课题。

经过长期调查研究，国资委决定借助EVA考核工具来促使中央企业股东财富最大化。2007年，国资委以企业自愿的原则，积极推行EVA考核的试点。到了2009年，超过70%的企业都自愿采用了EVA考核指标，且收效明显。2010年，中央企业业绩考核体系正式引入EVA指标，用EVA指标代替原先年度考核基本指标中的净资产收益率指标，全面实施EVA考核。可以说，将EVA引入业绩考核体系，堪称中央企业管理的又一次革命。2012年，中央企业业绩考核体系围绕着EVA相关内容进行了修订，在整个考核体系中进一步强化EVA指标的作用，促使中央企业创造真正的价值。

2.央企EVA计算方法

（1）计算公式

经济增加值=税后净营业利润-综合资本成本

=税后净营业利润-加权平均资本成本率×调整后的资本

式中：

税后净营业利润=净利润+（利息支出+研究开发费用调整项）×（1-税率）

另外，《考核办法》规定，在税后净营业利润中扣除三类非经营性收益项目：企业变卖主业优质资产所取得的收益、主业优质资产以外的非流动资产转让收益、其他非经常性收益。

调整后资本=平均负债+平均所有者权益-平均无息流动负债-平均在建工程

（2）EVA会计调整项目的说明

从上述计算公式可以看出，《考核办法》中关于EVA的会计调整项目分为税后净营业利润的调整以及资本成本的调整。税后净营业利润的调整项目包括利息支出、研究开发费用、非经常性收益项目的调整；资本成本的调整包括平均无息流动负债和平均在建工程项目的调整。具体内容如下：

第一，利息支出项目指的是企业财务报表中“财务费用”项下的“利息支出”项目；

第二，研究开发费用调整项目指的是企业财务报表中“管理费用”项下的“研究与开发支出”项目以及当期确认为无形资产的研究开发支出；

第三，无息流动负债指的是由企业日常生产经营所产生的不可避免的负债，按照国资委的规定，无息流动负债包括企业财务报表中的“应付账款”、“应交税费”、“应付票据”、“预收款项”、“应付利息”、“应付职工薪酬”、“应付股利”、“其他应付款”和“其他流动负债（不含其他带息流动负债）”；对于“专项应付款”和“特种储备基金”，可视同无息流动负债扣除。

第四，在建工程调整项目指的是企业财务报表中符合主业规定的“在建工程”。

（二）宝钢股份简介

1.公司基本情况

宝山钢铁股份有限公司（简称“宝钢股份”）创立于2000年2月3日，前身为创建于1978年的宝山钢铁（集团）公司，于2000年12月12日在上海证券交易所上市（股票代码：600019），公司最大的股东为中国宝武钢铁集团有限公司①。经过多年的发展，宝钢股份成为全球领先的特大型钢铁联合企业，是全球碳钢品种最为齐全的钢铁企业之一，其产

① 中国宝武钢铁集团有限公司（BAOWU）是国务院国有资产监督管理委员会监管的国有重要骨干企业。

品应用于汽车、家电、造船、石油天然气输送、压力容器等行业，并远销欧美和东南亚等40多个国家和地区。2017年，宝钢股份发挥宝武整合协同优势，坚持绿色精品智慧发展，持续强化差异化竞争优势，市场竞争地位进一步得到巩固。

宝钢股份的控股股东是宝钢集团。宝钢集团有限公司的实际控制人为国务院国有资产监督管理委员会。宝钢集团经营国务院授权范围内的国有资产，并开展有关投资业务。相关的股权关系如图3-4所示。

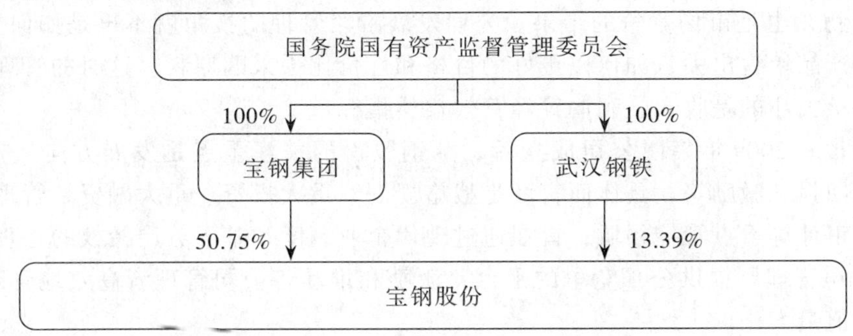

图3-4　宝钢股份股权结构图

由图3-5可知，宝钢股份主要由宝钢集团控股，而宝钢集团乃国资委全资控股企业，2017年合并的武汉钢铁也是央企。

截至2017年12月31日，宝钢股份共有18家子公司——钢铁主业16家子公司及非钢铁行业的子公司2家，经营地区主要分布于亚太地区（见表3-12）。

表3-12　宝钢股份子公司情况

公司名称	地区	业务性质	直接控制	间接控制
烟台鲁宝钢管有限责任公司（"鲁宝钢管"）	中国	制造业	100%	
宝钢股份黄石涂镀板有限公司	中国	制造业	50.63%	
上海宝钢国际经济贸易有限公司	中国	钢铁贸易业	100%	
上海梅山钢铁股份有限公司（"梅钢公司"）	中国	制造业	77.04%	
上海宝信软件股份有限公司（"宝信软件"）	中国	信息技术业	55.5%	
宝钢美洲有限公司（"宝美公司"）	美国	钢铁贸易业	100%	
宝和通商株式会社（"宝和公司"）	日本	钢铁贸易业	100%	
宝钢欧洲有限公司（"宝欧公司"）	德国	钢铁贸易业	100%	
宝钢新加坡有限公司（"宝新公司"）	新加坡	钢铁贸易业	100%	
宝运企业有限公司（"宝运公司"）	中国香港	钢铁贸易业	100%	
上海宝钢化工有限公司（"宝钢化工"）	中国	制造业	100%	
宝钢集团财务有限责任公司（"财务公司"）	中国	金融业	62.1%	
宝钢湛江钢铁有限公司（"湛江钢铁"）	中国	制造业	90%	
宝钢克拉玛依钢管有限公司（"宝玛钢管"）	中国	钢管生产和销售	75%	
宝力钢管（泰国）有限公司（"宝力钢管"）	泰国	钢管加工		51%
BGM株式会社（"BGM"）	韩国	钢铁产品加工和销售		50%
上海宝钢资产管理有限公司（"宝钢资产"）	中国	资产管理	100%	
武汉钢铁有限公司（"武钢有限"）	中国	钢管生产和销售	100%	

2.宝钢股份绩效考核体系发展历程

随着公司的发展，宝钢股份的管理视角也发生了很大的变化，主要经历了三个发展阶段：

第一阶段：从1985年建厂一直到1997年，彼时的宝钢还是一个工厂，市场竞争也不激烈，只需要生产足够多的产品，销售和利润都无须担心，所以管理的重点是现场生产，考核重点是产量、成本、质量、成材率等生产技术类指标。

第二阶段：1998—2008年是宝钢股份的公司化发展阶段。从工厂到公司，这既是公司发展的产物，也是市场竞争的结果。公司发展阶段管理的视角就不再是如何生产产品，而是如何将产品销售出去，如何以更好的价格和性价比去采购原料。这时的管理者是总经理，绩效考核关注的是收入、利润等经营效益类指标。

第三阶段：2009年集团公司成立后，宝钢股份的关注重点是发展方向、资源配置、风险、投资回报、激励等，具体而言就是战略规划、重大投资、重大融资、管理人员、薪酬、预算、审计等重点管控领域；旨在通过现代企业制度和基于分层授权的管理体系的完善，为子公司管理层提供公平竞争的平台，激励和推动各公司管理者高效地管理与经营，促进整体价值最大化。

3.历年业绩

2012年，销售商品坯材2 356.6万吨，实现营业总收入1 915.1亿元、利润总额131.4亿元，继续保持国内同行业最优的经营业绩。

2013年，销售商品坯材2 199.3万吨，实现营业总收入1 900.3亿元、利润总额80.1亿元，全年归属于上市公司股东的扣除非经常性损益的净利润63.2亿元，同比上升43.1%，业绩持续保持国内同业最优。

2014年，宝钢股份克服困难，加大创新力度，推进新产品开发，持续开展成本控制和成本改善，支持公司经营业绩的实现。全年销售商品坯材2 181.7万吨，实现营业总收入1 877.9亿元、利润总额82.8亿元，持续保持国内业界最优。

2015年，宝钢股份克服下游市场需求持续低迷、人民币汇率大幅下跌、内部生产与建设双重运行等因素的影响，通过强化产销协同，提高核心品种制造能力和资源保障能力，加强营运资金管控，开展全体系降本增效工作，以应对严峻的外部环境，全年销售商品坯材2 214.83万吨，实现营业总收入1 641.2亿元、利润总额18.5亿元。

2016年，宝钢股份经营业绩大幅提升。全年实现利润总额115.2亿元，比2015年同期增加553%，在全球产量2 000万吨以上的钢企中利润排名第二，吨钢利润排名第一。

2017年，宝钢股份实现利润总额240.4亿元，保持了国内碳钢板材的领先地位与国内业界最优业绩。宝钢股份换股吸收合并武钢股份后，硅钢产品销售规模已位居全球第一，汽车板销售规模也进入了全球前三。同时，宝钢股份全年实现成本削减61.1亿元，超预期完成年度目标；利润总额创历史新高，同比2016年增加102%；经营活动现金流330.8亿元，同比2016年增加48%。

知识链接——武钢宝钢合并事件

三、案例概况

（一）宝钢股份EVA应用情况

《考核办法》实施后，宝钢股份不断加强和改善成本管控，经济效益连年提高，即使在钢铁行业不景气的情况下，宝钢股份的净利润仍较高，处于国内行业内前列。2012—2017年，宝钢股份资产总额年均增长3%、销售收入年均增长6%、利润年均增长200%，宝钢股份的综合实力和影响力显著提升。

在引入了EVA指标以后，宝钢股份将EVA指标纳入经营体系的考核之中。宝钢股份所在的钢铁行业是一个重资本的行业，特别是近年来，钢铁行业的竞争压力很大，虽然宝钢股份的盈利能力在国际、国内均处于领先地位，如仅用6%的国内行业产量实现了全行业50%的盈利，但是即使在这样的盈利水平下，从资本周转、资本回报的角度看，资产运营效率还是较低。资本和资产规模大、周转慢、效率低是宝钢股份现在面临的瓶颈和短板，这也是宝钢股份在考核中着力使用EVA这个指标的原因，旨在进一步改善EVA，提升资产效率和价值创造能力。

在实际应用中，作为核心指标的EVA在考核权重中占50%。对于子公司的考核，也从多角度结合EVA指标进行应用管理。宝钢集团对子公司经营业绩进行考核时，EVA指标中的资本成本率不再按国资委的考核方式统一采用5.5%，而是区别对待债务成本和权益资本成本，根据各子公司实际有息负债和权益比例、税后债务成本率和权益成本率具体加权平均计算，其中宝钢投入的资本金按5年以上贷款利率为基准设置，而对于发展混合所有制经济过程中引入的战略投资者资金暂不计算资本成本的占用情况。

（二）宝钢股份经营状况

作为钢铁行业供给侧结构性改革的攻坚年份，2017年各项去产能措施持续推进，取缔“地条钢”、释放优质产能等政策陆续出台，对我国钢铁行业的健康发展产生了重要影响。钢铁行业经历了一系列重要变化：去产能取得显著成效，钢铁产量实现增长，消费逐步回暖，钢铁价格震荡上行，钢企盈利水平大幅增长。宝钢股份经营业绩大幅提升。

为便于后面的分析，将相关财务数据列举在表3-13中。

表3-13 宝钢股份2012—2017年主要财务数据[①] 单位：百万元

项 目	2012年	2013年	2014年	2015年	2016年	2017年
在建工程	9 967	15 173	26 759	33 628	9 310	9 975
资产总额	214 357	226 668	228 653	234 123	267 983	350 235
应付票据	3 256	2 430	5 417	4 434	7 768	10 517
应付账款	18 655	18 175	19 910	21 386	26 211	29 156
预收款项	11 195	11 972	11 523	12 468	21 745	23 745
应付职工薪酬	1 565	1 697	1 743	1 672	1 794	2 366
应交税费	1 238	1 781	2 162	1 698	3 729	4 699
应付利息	178	227	281	200	347	582

① 资料来源：宝钢股份2012—2017年年度财务报告.

续表

项 目	2012年	2013年	2014年	2015年	2016年	2017年
应付股利	22	14	12	1	28	51
其他应付款	682	1 225	1 142	2 283	2 802	1 975
负债总额	97 016	106 602	104 448	111 977	136 562	175 762
所有者权益总额	117 342	120 066	124 205	122 146	131 421	174 472
净利润	10 433	6 040	6 091	714	9 205	20 403
非经常性收益	5 673	–502	–2	–73	–28	1 184
财务费用	416	–544	488	2 393	2 186	3 370
研发支出（费用化）	3 807	3 430	3 931	3 449	3 662	5 350
研发支出（资本化）	0	0	0	0	0	0
少数股东权益	47	222	298	–299	240	1 233
投资收益	1 215	684	379	1 038	1 377	3 042
营业外支出	959	556	544	665	515	1 164
营业外收入	10 502	882	1 181	668	439	275

四、讨论问题

1.查阅相关资料，试讨论宝钢股份在EVA的实际应用中，对不同功能的子公司如何进行考核？

2.假设国资委的EVA计算公式可准确计算宝钢股份的EVA，在具体计算过程中，你认为该如何进行具体计算？

3.基于EVA，如何对宝钢股份进行绩效评价分析？

4.基于EVA，对提升宝钢股份业绩有何建议？

案例说明

一、教学目的

本案例的教学目的是使学生掌握EVA的计算方法，了解EVA在企业中如何具体应用，应具体考虑哪些现实因素，如何利用EVA结果评价企业的经营状况和预测企业前景。

二、案例讨论的准备工作

（一）理论背景

1.企业绩效评价体系

企业绩效评价体系是指由一系列与绩效评价相关的评价制度、评价指标体系、评价方法、评价标准以及评价机构等形成的有机整体。绩效评价体系作为企业管理控制系统中一个相对独立的子系统，它一般由以下几个基本要素构成：

（1）评价目标。目标是一切行动的指南，任何企业绩效评价体系的建立必须服从和服务于企业目标。

（2）绩效评价体系要处理好评价系统目标和企业目标之间的依存关系。企业目标的实现需要各方面的共同努力：组建有效的组织结构、建立管理控制系统、制定科学的预算、设计绩效评价体系和激励系统等。

（3）评价对象。绩效评价体系一般有两个评价对象，一是企业，二是经营管理者，两者既有联系又有区别。评价对象的确定是非常重要的。评价的结果对绩效评价对象必然会产生一定影响，并涉及评价对象今后的发展问题。对企业的评价关系到企业的扩张、保持、重组、收缩、转让或退出等行为活动；对经营管理者的评价关系到其奖惩、升降及聘用等问题。

（4）评价指标。绩效评价指标是指对评价对象的哪些方面进行评价。绩效评价体系关心的是评价对象与企业目标的相关方面，即所谓的关键成功因素。关键成功因素既有财务方面的，如投资报酬率、营业利润率、每股收益等；也有非财务方面的，如与客户的关系、售后服务水平、产品质量、创新能力等。因此，作为用来衡量绩效的指标也分为财务指标和非财务指标。如何将关键成功因素准确地体现在各具体指标上，是绩效评价体系设计的重要问题。

（5）评价标准。绩效评价标准是判断评价对象业绩优劣的标杆。选择什么标准作为评价的标杆取决于评价的目的。在企业绩效评价体系中常用的三类标准分别为年度预算标准、历史标准及行业标准。为了全面发挥绩效评价体系的功能，同一个系统中应同时使用这三类不同的标准。在具体选用标准时，应与评价对象密切联系。

（6）评价报告。绩效评价分析报告是绩效评价体系的输出信息，也是绩效评价体系的结论性文件。

2.企业绩效评价方法及其适用情况

（1）杜邦财务分析体系

杜邦财务分析体系因最初由美国杜邦公司成功应用而得名，是利用几种主要的财务比率之间的关系来综合地分析企业的财务状况。具体来说，它是一种用来评价公司盈利能力和股东权益回报水平，从财务角度评价企业绩效的经典方法。

杜邦财务分析体系中的几种主要的财务指标关系为：

净资产收益率=资产净利率（净利润/总资产）×权益乘数（总资产/总权益资本）

杜邦财务分析体系是一种因素分析法，一经问世便风行世界，被通用、松下等众多大型企业竞相采用，并在以后的几十年中成为普遍使用的企业业绩评价系统。但杜邦财务分析体系就财务论财务，对企业的绩效评价和考核没有深入到经营管理的过程中去，不能全面、动态地反映过程中的问题，也不能与企业的战略目标及战略管理手段实现有机融合。另外，由于所产生时代的局限，杜邦财务分析体系是一种重视内部经营管理、忽视外部市场的分析考核体系。

（2）平衡计分卡

平衡计分卡被称作20世纪90年代最重要的管理会计创新，是针对杜邦财务分析体系的缺陷而设计的一种替代指标体系。它包括表明过去行动结果的财务指标，同时用顾客满意度、企业内部运行、组织的创新和学习等方面的业务指标反映未来财务业绩的动因，以补充财务指标，同时从多个方面对企业的业绩进行测评。

平衡计分卡首先是战略管理系统，其次才是业绩评价系统，业绩评价是建立在战略管理与日常管理基础之上的，因此，如果企业的管理水平尚未达到一定要求，就不能使用这一方法。此外其评价体系没有对股东、雇员、顾客以外的利益相关者予以足够的重视。

（3）国有资本金绩效评估体系

我国的《国有资本金效绩评价规则》和《国有资本金效绩评价操作细则》（现都废止）在当时是一套相对完善的国有资本金绩效评估体系，首次把企业的整体素质、内部控制、公众形象、未来潜力四个方面的非财务指标纳入业绩评估系统，并将工商类竞争性企业绩效评估指标体系分为三个层次，还对指标采取了综合评分的方法。该体系的推出和实施，标志着新型企业绩效评估体系和评估制度在中国的初步建立。但该体系也没有将企业雇员、顾客以外的利益相关者纳入绩效考评体系。

（4）经济增加值（EVA）

经济增加值克服了传统指标的上述缺陷，比较准确地反映了企业在一定时期内为股东创造的价值，整个经济增加值系统的目的就是以价值驱动力和资本成本为中心，确定发放激励薪酬的基础，并达成企业内部以及与投资者的良好沟通；应用经济增加值不但符合企业的长期发展利益，而且符合知识经济时代的要求。

但就经济增加值的性质而言仍属财务业绩的综合性评价指标，以其为中心的业绩评价系统具有如下缺点：

第一，只能对全要素生产过程的结果进行反映，过于综合，不利于指导具体的管理行为。

第二，侧重于财务战略，忽视了对战略过程的评价，容易削弱企业创造长期财富的能力。

第三，针对性不强，不能指出具体的非财务业绩动因以及解决问题的方向。

第四，没有充分考虑相关的无形资产和智力资本的使用情况及业绩评价。

第五，调整项目过多，计算困难。在EVA设计之初，为了保持结果的精准性，会计调整时曾经多达164个调整项目，如果每一个企业都进行164项的调整，其花费的时间、人工和经历很可能远大于收益。所以，在实际应用中，根据权变理论，每个企业都要通过考虑自身的产品结构、战略发展以及行业政策的特点，选取必要的项目进行调整，以便简单精准地计算，通常的做法是调整5~10项即可达到一定的准确程度，在一定程度上减少了EVA的计算成本。

（二）行业背景

2017年，全球经济温和复苏，中国经济稳中向好，GDP增速达到6.8%，进出口总额同比增长14.2%，国内基础设施投资和房地产投资维持较高增速，支撑了2017年国内钢材需求的增长，为中国钢铁行业结构调整提供了良好的宏观环境。

在供给侧改革持续推进、钢铁去产能、取缔“地条钢”、环保督查、取暖季限产等一系列因素推动下，大量无效、低效产能退出，钢铁行业供给格局明显改善，2017年粗钢产量8.3亿吨，行业盈利能力大幅提升。

但是中国当前钢铁行业仍面临产能过剩、产能利用率较低、行业集中度低、发展水平参差不齐、产业布局不尽合理、创新能力不足等诸多挑战，中国钢铁行业仍处在长周期的去产能和结构调整阶段。

2017年，宝钢股份发挥宝武整合协同优势，坚持绿色精品智慧发展，持续强化差异化竞争优势，市场竞争地位进一步得到巩固。同年，钢铁行业A股上市公司净利润排名第一的为宝山钢铁股份有限公司，净利润达191.7亿元，保持了国内碳钢板材的领先地位与国内行业最优业绩。宝钢股份换股吸收合并武钢股份后，硅钢产品销售规模已位居全球第一，汽车板销售规模也进入了全球前三。

从整体上看（如图3-5所示），2017年，在钢铁行业A股上市公司中，只有宝钢股份净利润超百亿元。

2017年钢铁行业A股上市公司净利润排行榜

排名	股票代码	股票简称	公司名称	省份	净利润(亿元)
1	600019	宝钢股份	宝山钢铁股份有限公司	上海	191.70
2	000898	鞍钢股份	鞍钢股份有限公司	辽宁	56.05
3	000825	太钢不锈	山西太钢不锈钢股份有限公司	山西	46.22
4	600808	马钢股份	马鞍山钢铁股份有限公司	安徽	41.29
5	000932	*ST华菱	湖南华菱钢铁股份有限公司	湖南	41.21
6	002110	三钢闽光	福建三钢闽光股份有限公司	福建	39.90
7	600282	南钢股份	南京钢铁股份有限公司	江苏	32.00
8	600782	新钢股份	新余钢铁股份有限公司	江西	31.11
9	601003	柳钢股份	柳州钢铁股份有限公司	广西	26.46
10	600507	方大特钢	方大特钢科技股份有限公司	江西	25.40
11	000717	韶钢松山	广东韶钢松山股份有限公司	广东	25.17
12	000959	首钢股份	北京首钢股份有限公司	北京	22.11
13	600010	包钢股份	内蒙古包钢钢联股份有限公司	内蒙古	20.61
14	600022	山东钢铁	山东钢铁股份有限公司	山东	19.24
15	000709	河钢股份	河钢股份有限公司	河北	18.17
16	600126	杭钢股份	杭州钢铁股份有限公司	浙江	17.96
17	600569	安阳钢铁	安阳钢铁股份有限公司	河南	16.01
18	000761	本钢板材	本钢板材股份有限公司	辽宁	16.00
19	600231	凌钢股份	凌源钢铁股份有限公司	辽宁	12.07
20	600581	八一钢铁	新疆八一钢铁股份有限公司	新疆	11.68
21	000778	新兴铸管	新兴铸管股份有限公司	河北	10.93
22	000629	*ST钒钛	攀钢集团钒钛资源股份有限公司	四川	8.63
23	002075	沙钢股份	江苏沙钢股份有限公司	江苏	7.05
24	600307	酒钢宏兴	甘肃酒钢集团宏兴钢铁股份有限公司	甘肃	4.21
25	000708	大冶特钢	大冶特殊钢股份有限公司	湖北	3.95
26	002756	永兴特钢	永兴特种不锈钢股份有限公司	浙江	3.52
27	601005	*ST重钢	重庆钢铁股份有限公司	重庆	3.20
28	002443	金洲管道	浙江金洲管道科技股份有限公司	浙江	1.63
29	002478	常宝股份	江苏常宝钢管股份有限公司	江苏	1.44
30	002318	久立特材	浙江久立特材科技股份有限公司	浙江	1.34
31	603878	武进不锈	江苏武进不锈股份有限公司	江苏	1.28
32	002615	哈尔斯	浙江哈尔斯真空器皿股份有限公司	浙江	1.10
33	600608	*ST沪科	上海宽频科技股份有限公司	上海	0.62
34	600117	西宁特钢	西宁特殊钢股份有限公司	青海	0.60

图3-5　2017年钢铁行业A股上市公司净利润排行榜

资料来源：中商产业研究院．2017年钢铁行业A股上市公司营收排名：宝钢/河钢超千亿元［EB/OL］．［2018-05-04］．http：//www.askci.com/news/chanye/20180504/142716122632.shtml.

（三）制度背景

《中央企业负责人经营业绩考核办法》中对于EVA指标的规定。

三、案例分析要点

问题1：查阅相关资料，试讨论宝钢股份在EVA的实际应用中，对不同功能的子公司如何进行考核？

由于各种原因，宝钢股份的子公司之间有一定的差异，子公司分布于不同行业、不同地区，处于不同发展阶段，固有优势不同，因此在对子公司进行考核时必须考虑到相关因素，合理考核子公司，才能达到有效激励的目的。

从行业的角度来看，宝钢股份的子公司分布于制造业、钢铁贸易业、金融业等，有的行业在建工程基本没有，有的行业研发费用很少，可以根据成本效益原则不予调整。宝钢应根据每个子公司的情况具体问题具体分析，尽量使EVA考核较为合理。同时，对于同一行业的不同子公司，其业绩表现不仅仅取决于管理者的努力程度，还和其他因素相关。在投入资源相同的情况下，一家具有较强固有优势的企业，其固有优势带来的收益水平较高，即使其经营者经营能力有限，也可以轻松获得较高的盈利水平。比如，上海梅山钢铁股份有限公司2017年度实现净利润23.2亿元，而同行业的武汉钢铁有限公司2017年度实现的净利润仅为5.9亿元，不同的资产规模直接导致各子公司盈利优势大为不同，所以在对这些子公司进行考核时，还应参考其具体业务的发展情况。

从不同地区来看，宝钢股份的子公司分布于各个国家，宝钢股份应充分考虑各地区的经济发展水平、发展机遇、政府政策、人力资源等因素，合理评价同一行业内的子公司及不同行业的子公司的业绩。

从不同发展阶段来看，应分别而论。处于发展初期的公司，其EVA不需每年增长，只要保持在一个合理的范围之内；处于成长期的公司，EVA一般每年都会增长；处于成熟阶段的公司，其EVA一般应保持稳定，不低于同行业平均水平。

在实际执行过程中，可根据各子公司的战略定位、业务特点，对子公司进行分类。对各个分类进行准确定位，比如，A类公司定位为创效中心和利润中心，负责母公司经营业绩的持续增长；B类企业定位为创效中心，承担母公司战略性任务的职能，保持自身经营业绩不断增长；C类企业定位为成本中心，以服务集团公司为主要任务。针对不同分类的子公司，突出不同的考核重点，分别设置考核指标体系。

对于同一分类的子公司，应参考不同的因素，设置不同的指标权重。国资委对央企的考核指标主要包括利润总额、营业收入、净资产收益率、经济增加值（EVA）等。对于经营状况不同的子公司，这四项主要指标的权重应结合以上各方面的因素进行设置，并逐年进行调整。对于某些特殊的子公司，亦可适当调整相关指标，例如以研发为主的子公司，EVA的计算对于其效用考核不是很合理，便可进行调整，不用EVA指标对其进行考核，而是替换为相关指标或降低权重。

问题2：假设国资委的EVA计算公式可准确计算宝钢股份的EVA，在具体计算过程中，你认为该如何进行具体计算？

由于宝钢股份未对其EVA计算过程进行详细披露，本计算过程根据国资委规定的EVA计算公式计算，但缺失部分资料，对于内部的调整项数据无法准确获取，故本次计算结果和宝钢股份实际的EVA有一定的差异。

1.EVA计算调整项目[①]

（1）财务费用

EVA的计算包括所有资本成本，而利息支出是属于债务资本成本的，应当包括在净利润中，因此，把当期支出的利息调增税后净营业利润。同时，考虑所得税，需要在净利润的基础上加回利息支出。

（2）研究与开发费用

在一般情况下，一般会计原则把研究与开发费用直接在会计利润中扣除。但是，对于高新技术产业来说，研发支出的费用是很大一笔开支，应当按具体情况把其调整为企业的资产。

（3）营业外收支

会计上核算净利润时，将其包含在内。由于EVA反映了企业的营业状况，因而与经营利润相关，所以应该在税后净营业利润中扣除。

（4）少数股东权益

计算税后净营业利润时，少数股东权益包含在净利润中，不需要调整少数股东权益。

（5）非经常性损益

非经常性损益不能真实反映长期价值创造的能力。在计算EVA时，应当将其剔除。具体调整为：计算企业税后净营业利润时直接扣除。

（6）无息负债

无息负债不具有资本成本，包括了应付票据、预收账款、应交税费等项目，因此，计算EVA时，债务资本总额中要剔除无息负债。

（7）在建工程

根据一般会计准则，要对在建工程进行资本化，那么建设期会增加大量资本成本，与企业的盈利不相匹配，不能体现资本运作产生的价值。所以，按照EVA理论，把在建工程从资本总额中扣除，真实反映资本占用状况。

2.EVA计算过程

EVA的理念在于考虑企业的资本成本，计算方法也围绕这个核心，EVA的计算公式为：

EVA=税后净营业利润-资本总额×加权平均资本成本率

由表达式可知，在EVA的计算中，三个重要的变量为：税后净营业利润、资本总额和加权平均资本成本率。

（1）计算税后净营业利润

税后净营业利润是EVA的核心指标之一，主要反映企业全部资本税后营业利润。根据调整项目的规定，计算公式为：

税后净营业利润=净利润+（财务费用+营业外收支+研发费用）×（1-25%）-非经常性收益

按照税后净营业利润的计算方法，同时对实际报表中的利息支出、研究开发费用和非经常性收益的财务数据进行会计调整，计算出宝钢股份2012—2017年税后净营业利润，

---

① EVA计算调整项目应作为央企EVA考核方案的关键内容，应能充分反映集团战略意图和经营策略。

见表3-14。

表3-14　　宝钢股份2012—2017年税后净营业利润计算过程　　单位：百万元

项 目	2012年	2013年	2014年	2015年	2016年	2017年
净利润	10 433	6 040	6 091	714	9 205	20 403
非经常性收益	5 673	-502	-2	-73	-28	1 184
加：财务费用	416	-544	488	2 393	2 186	3 370
研发支出（费用化）	3 807	3 430	3 931	3 449	3 662	5 350
少数股东权益	47	222	298	-299	240	1 233
投资收益	1 215	684	379	1 038	1 377	3 042
营业外支出	959	556	544	665	515	1 164
减：营业外收入	10 502	882	1 181	668	439	275
研发支出（资本化）	0	0	0	0	0	0
税率	0.25	0.25	0.25	0.25	0.25	0.25
税后净营业利润	-176.5	7 782.5	8 421.75	4 612	12 463.25	23 219.50

（2）计算资本总额

资本总额包括债务资本和权益资本。根据EVA的调整规定，计算资本总额时，要对报表部分进行会计调整，使其真实地反映投资者投入的成本。EVA中资本总额的计算公式为：

资本总额=平均所有者权益+平均负债-平均无息流动负债-平均在建工程

式中：平均无息流动负债=应付票据+应付账款+预收款项+应交税金+应付利息+其他应付款+应付股利+应付职工薪酬

具体计算结果见表3-15。

表3-15　　宝钢股份2012—2017年资本总额计算过程　　单位：百万元

项 目	2012年	2013年	2014年	2015年	2016年	2017年
平均所有者权益	115 406	118 704	122 135	123 176	126 784	152 947
平均负债	107 323	101 809	105 525	108 212	124 269	156 162
平均无息流动负债	37 074	39 550	40 780	48 195	68 338	77 811
平均在建工程	13 125	12 570	20 966	30 194	21 469	9 642
调整后的资本	172 530	168 393	165 914	153 000	161 246	221 656

（3）计算加权平均资本成本率

加权平均资本成本率表示企业整体资金的使用效果，用来衡量企业的投资收益率。加权平均资本成本率是EVA计算过程中的重要部分，其一般表达式为：

加权平均资本成本=债务资本率×债务资本成本率+权益资本率×权益资本成本率

①债务资本成本率

相关研究资料显示，目前在宝钢股份的负债结构中，债务资本主要是以银行贷款为主，此处选取中国人民银行规定的3～5年中长期银行贷款基准利率作为计算加权平均资本成本率时采用的税前债务资本成本率。

②权益资本成本率

此处计算权益资本成本率借用了资本资产定价模型。

权益资本成本率=无风险收益率+β系数[①]×市场风险报酬率

权益资本成本率的计算结果见表3-16。

表3-16　宝钢股份2012—2017年权益资本成本率计算过程

项　目	2012年	2013年	2014年	2015年	2016年	2017年
无风险收益率	5.32%	5.41%	4.75%	5.32%	4.42%	4.75%
β系数	0.9789	0.9789	0.9789	0.9789	0.9789	0.9789
市场风险报酬率	7.15%	7.15%	7.15%	7.15%	7.15%	7.15%
权益资本成本率	12.32%	12.41%	11.75%	12.32%	11.42%	11.75%

③资本结构

在计算加权平均资本成本率之前，要先按照企业资本结构对权益资本和债务资本的项目进行加权计算（见表3-17），具体表达式如下：

债务资本=短期借款+1年内到期长期借款+长期借款+应付债券

债务资本率=债务总额÷资本总额

权益资本=资本总额-债务总额

权益资本比例=权益资本÷资本总额

表3-17　宝钢股份2012—2017年资本结构　金额单位：百万元

项目	2012年	2013年	2014年	2015年	2016年	2017年
总资本	172 530	168 393	165 914	153 000	161 246	221 656
债务资本成本	45 935	54 903	51 883	45 178	42 282	89 656
债务资本/总资本	26.62%	32.60%	31.27%	29.53%	26.22%	40.45%
权益资本成本	126 595	113 490	114 031	107 822	118 964	132 000
权益资本/总资本	73.38%	67.40%	68.73%	70.47%	73.78%	59.55%

④加权平均资本成本率

$$\text{加权平均资本成本率}=\text{债务资本成本率}\times\text{债务资本}\Big/\text{投入资本总额}\times(1-25\%)+\text{权益资本成本率}\times\text{权益资本}\Big/\text{投入资本总额}$$

宝钢股份2012—2017年加权平均资本成本率计算结果见表3-18。

（4）计算EVA

结合以上结果，可计算得出宝钢股份2012—2017年EVA值，具体计算结果见表3-19。

---

① β系数代表单个投资组合对于市场风险的系数，本书将宝钢股份的β系数值定为0.9789。

表3-18 宝钢股份2012—2017年加权平均资本成本率

项目	2012年	2013年	2014年	2015年	2016年	2017年
总资本（百万元）	172 530	168 393	165 914	153 000	161 246	221 656
债务资本/总资本	26.62%	32.60%	31.27%	29.53%	26.22%	40.45%
权益资本/总资本	73.38%	67.40%	68.73%	70.47%	73.78%	59.55%
债务资本成本率	6.65%	6.53%	6.00%	5.63%	4.75%	4.75%
权益资本成本率	12.32%	12.41%	11.75%	12.32%	11.42%	11.75%
加权平均资本成本率	10.37%	9.96%	9.48%	9.93%	9.36%	8.44%

表3-19 宝钢股份2012—2017年经济增加值

项 目	2012年	2013年	2014年	2015年	2016年	2017年
税后净营业利润（百万元）	-170.5	7 782.5	8 421.75	4 612	12 463.25	23 219.50
调整后的资本（百万元）	172 530	168 393	165 914	153 000	161 246	221 656
加权平均资本成本率	10.37%	9.96%	9.48%	9.93%	9.36%	8.44%
EVA（百万元）	-18 067.86	-8 989.49	-7 306.90	-10 580.90	-2 629.38	4 511.73

根据表3-19的计算结果来看，宝钢股份EVA数值在2017年之前都为负数，这个状况表明企业每年处于亏损状态，同企业一直在减少股东的价值，权益资本成本保障程度低。其中，2012年的EVA值最低，低至-180.68亿元，这可能是由于2012年有大量的非经常性损益导致EVA值变动大。总体来说，宝钢股份的EVA处于上升趋势，而且现在钢铁行业处于回春状态，宝钢股份的EVA值未来会持续上涨。

问题3：基于EVA，如何对宝钢股份进行财务绩效评价分析？

基于EVA的财务绩效评价主要体现在与净利润相关的指标进行对比，根据EVA理论和调整原则，结合宝钢股份的实际经营情况，将传统会计指标净利润进行对比分析。由于EVA自身就是一种指标，其大小不仅可以反映经营状况，还可以体现企业价值，通过EVA值进行分析，可以更详细地了解企业价值。

根据宝钢股份年度报告数据，计算得出EVA值后，与同年净利润进行比较（见表3-20），并做出对比变动图（如图3-6所示）。

表3-20 净利润和EVA值对比 单位：百万元

项目	2012年	2013年	2014年	2015年	2016年	2017年
净利润	10 433	6 040	6 091	714	9 205	20 403
EVA	-18 067.86	-8 989.44	-7 306.90	-10 580.90	-2 629.38	4 511.73

总体来说，受世界经济复苏不及预期和国内经济下行压力加大的影响，2012—2016年，宝钢股份的经济增加值均为负值，2012—2014年经历了短暂上升后，2015年又大幅下降。2015年中国钢材价格指数（China Steel Price Index，CSPI）环比上年年均下跌27.3%，62%普氏指数55.50美元，环比上年年均下跌42.7%，钢价下降对收入的影响远超

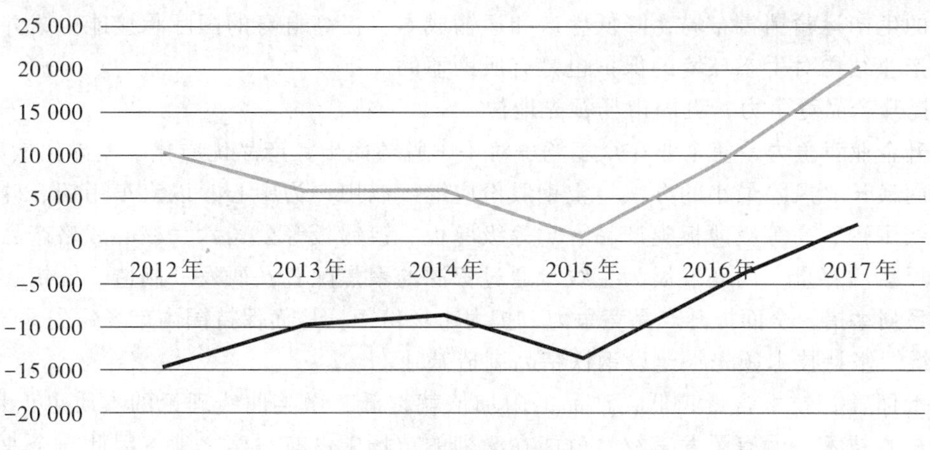

图3-6　EVA值与净利润对比变动图

原料价格下降对成本的影响，公司当年盈利空间持续收窄；再者，钢铁行业供给侧结构性矛盾进一步凸显，钢铁下游行业发展增速均有所放缓，钢材价格延续大幅下跌态势，大中型钢铁企业自改革开放以来首次出现年度总体亏损，2012年宝钢股份EVA为2012年至2017年中的最低值。2016年，宝钢股份积极响应国家改革政策，企业盈利状况回转，企业EVA有所上升。直至2017年，宝钢股份业绩增长迅速，加上成本控制高效，EVA提升至正值。

从图3-6可以看出，宝钢股份2014—2017年EVA指标与净利润指标变化趋势保持相同，说明EVA指标与净利润指标对钢铁企业绩效的评价结果具有趋同性。这是由于净利润是税后净营业利润的最基本和最主要的因素，而税后净营业利润又是EVA的主要决定因素。净利润是企业主营业务所创造的利润，而不是企业偶然性的或不连续的利润，正是主营业务创造的利润形成和反映了企业创造价值的核心竞争力。2012—2017年，宝钢股份的EVA值都明显低于净利润，说明宝钢股份的股权资本大于债务资本，股东权益有所保障。数值低的主要原因是进行EVA计算时，扣减了权益资本成本，而权益资本成本正是在计算净利润时所忽视的，所以EVA值低于净利润是可以理解的。

问题4：基于EVA，对提升宝钢股份业绩有何建议？

1.实施成本削减，提升成本改善能力

钢铁企业的利润空间被压缩，很大一部分是由于企业内部居高不下的成本问题造成的，原材料采购议价能力低、企业成本控制不到位、高额人工成本等都阻碍了宝钢股份实现价值增值。因此，企业要想成功进行制造业服务化的转型，必须通过全员全面全过程的降本，以技术降本、管理降本、协同降本等手段，破解公司高成本的难题，只有成本水平领先于同行，实现对内挖潜、持续全方位降本，才能整合出更多资源，为企业创造收益，增加企业价值。

2.提高行业集中度，优化产业布局

从产业供应链的角度，将企业的经营业务范围向上下游延伸，与国内其他大中型钢铁企业加强联系，形成产业纵深联合，强强联手。由于发达国家的产业重点为高技术含量、高附加值的产品，因此会将一部分产业转移到发展中国家，宝钢股份应抓住时机，合理配置企业的生产运输销售布局，降低生产和运输成本，提高自身的国际承接能力，并且合理有序的产业结构对生态环境的保护也是有所助益的。

3.提升产品竞争力，巩固市场领先地位

提升企业竞争力，使企业在众多竞争对手中脱颖而出，产品优质化、差异化是最有效、持续时间最长、风险最小的办法。宝钢股份应继续以用户为中心，以汽车用钢、硅钢、能源及管线用钢、高等级薄板类产品、高等级厚板、镀锡板等公司六大核心战略产品发展为抓手，以盘活存量、内涵发展为主线，通过资源的聚焦配置及研发、制造、营销、服务等方面的系列举措，全面提升产品竞争力，扩大市场份额，从而保持国内市场领先地位。

4.继续坚持技术领先，建设钢铁精品制造基地

一般而言，技术含量越低，产品的附加值就越低，微笑曲线理论的本质也正是如此，掌握了核心技术，就有了发言权，就能在激烈的市场中占有一席之地，因此，企业应始终坚持技术创新。对宝钢股份而言，技术一直是它的优势与强项，上海基地立足全国、面向全球市场，定位于公司技术开发与运营提升的研发中心及高端与前沿产品的制造中心，以生产高技术含量、高附加值和高市场占有率的产品为主要特征。

知识链接——微笑曲线理论

四、课堂计划建议

本案例可以作为专门的案例讨论课来进行。以下是按照时间进度提供的课堂计划建议，仅供参考：

整个案例课的课堂时间控制在90分钟。

（一）课前计划

1.提出启发思考问题，分组讨论。

（1）绩效评价是什么？企业为何要进行绩效评价？

（2）绩效评价有哪些方法?各在实际运用过程中，有哪些优点和困境？

（3）EVA是什么？为何EVA可应用于绩效评价？

要求每小组将讨论意见做成讨论报告（PPT形式）。

2.布置学员阅读相关文献、制度法规。

（二）课中计划

1.简要的课堂前言，明确主题。（5分钟）

2.小组汇报。（每组10分钟）

3.学员和老师点评和补充，引导全班进一步讨论：国资委要求央企引入EVA考核指标的理由有哪些？各调整项的原理是什么，你认为宝钢股份还应进行哪些调整？对于宝钢股份业绩优化有何建议，并进行总结。（25分钟）

（三）课后计划

如有必要，请学生采用报告形式给出更加具体的解决案例分析报告，包括具体的职责

分工，为学习后续章节内容做好铺垫。

五、参考文献和网址

［1］王婧，王美云. 上市央企EVA评价研究［J］. 统计研究，2014，31（8）：109-112.

［2］刘青，孙陶，张佳宁. 基于EVA评价指标方法下的案例分析——以央企ZSY公司为例［J］. 会计之友，2014（16）：69-71.

［3］郝加加. EVA评价指标在央企绩效管理中的应用［J］. 财会通讯，2013（5）：57-59.

［4］杨艳艳. 央企实施EVA考核的困难与对策［J］. 会计之友，2012（29）：40-41.

［5］杨成炎，刘珍，刘薇. 关于央企考核EVA指标的思考［J］. 财会通讯，2012（17）：57-58.

［6］赵岩，陈金龙. 央企经营业绩的EVA评价有效性研究［J］. 宏观经济研究，2012（6）：92-99.

［7］巨潮资讯网，http：//www.cninfo.com.cn/new/index.

［8］百度百科. 企业绩效评价体系［EB/OL］.［2018-12-20］. https：//baike.baidu.com/item/%E4%BC%81%E4%B8%9A%E7%BB%A9%E6%95%88%E8%AF%84%E4%BB%B7%E4%BD%93%E7%B3%BB/9887894?fr=aladdin.

［9］北极星大气网. 钢铁上市企业谁最赚钱？2017年宝钢股份净利润第一［EB/OL］.［2018-06-01］. http：//huanbao.bjx.com.cn/news/20180601/902485.shtml.

第四章 企业筹资与资本结构

案例七

烽火通信定向增发财务效应

摘 要

随着我国证券市场的发展，上市公司的融资需求日益增长，定向增发已逐渐超过IPO成为证券市场上最主要的再融资工具。相对于银行贷款、IPO等传统融资方式，定向增发具有市场风险小、融资成本低以及发行速度快、对股市压力小等特点，同时定向增发有利于避免关联交易和同业竞争，以及作为一种并购手段对于日后实现整体上市、提高控股股东持股比例、引入战略投资者都有帮助。在定向增发引入资本市场后，凭借其特有的优势在再融资市场卷起一股热潮，深受上市公司和监管层的青睐。本案例主要阐述了烽火通信进行定向增发的市场背景，并通过对烽火通信在2015年进行的两次定向增发的过程介绍，分析烽火通信在定向增发之后对公司治理结构及公司财务效益有何影响。此案例对引导学生了解企业筹资实务具有一定的意义。

关键词

企业融资；定向增发；烽火通信

知识点

1. 企业融资相关理论；
2. 企业定向增发；
3. 企业定向增发的影响。

案例正文

一、引言

2006年，我国开始进行股权分置改革，证监会出台了《上市公司证券发行管理办法》，开始明确构建定向增发再融资行为的法律框架。随着我国资本市场的变革发展以及股权分置改革的深入，通信业凭借其对提升信息传输效率、加速科研开发产业升级的影响，逐渐成为国民经济和市场发展的重要支撑。而通信行业企业面对通信技术的迅猛发展，不得不在经营发展过程中，通过不同的融资方式引入市场中不同需求的投资者，进而充实自身资本金，进行技术更新及固定资产改造，使其应对风险的重要能力得到加强。近年来，在诸多再融资方式中，定向增发成为上市公司再融资的主要工具。

知识链接——上市公司股权再融资方式

二、公司简介

烽火通信科技股份有限公司于1999年12月25日成立，由武汉邮电科学研究院为主发起人，并联合武汉现代通信电器厂、湖南三力通信经贸公司、湖北东南实业开发有限责任公司、华夏国际邮电工程有限公司、中国电信集团江苏省电信公司、北京中京信通信息咨询有限公司、北京科希盟科技产业中心、湖北省化学研究所、浙江南天通讯技术发展有限公司、武汉新能实业发展有限公司10家发起人共同出资，以发起方式设立。注册资金4.1亿元，总股本4.1亿股，主要从事通信系统设备、光纤及线缆、数据网络等产品的生产与销售。2001年8月，烽火通信完成改制后以8 800万股A股股票在上海证券交易所成功上市，股票代码600498。

受国有企业效率的影响，除了烽火通信刚成立的1999年，以及通信行业发展最为迅猛的2010年，烽火通信的净资产增长率从来没有超过10%。而面对海外市场业务的扩张，烽火通信在2011年之前海外市场利润占比并不明显，这和积极拓展海外市场业务的华为、中兴的经营策略来看截然不同，随时可能影响烽火通信此后的国内及海外市场估值，因此在2011年9月，烽火通信宣布内部股东结构调整，以提升科研开发、产业升级的能力，增强企业的市场竞争力（股东结构变动如图4-1所示）。

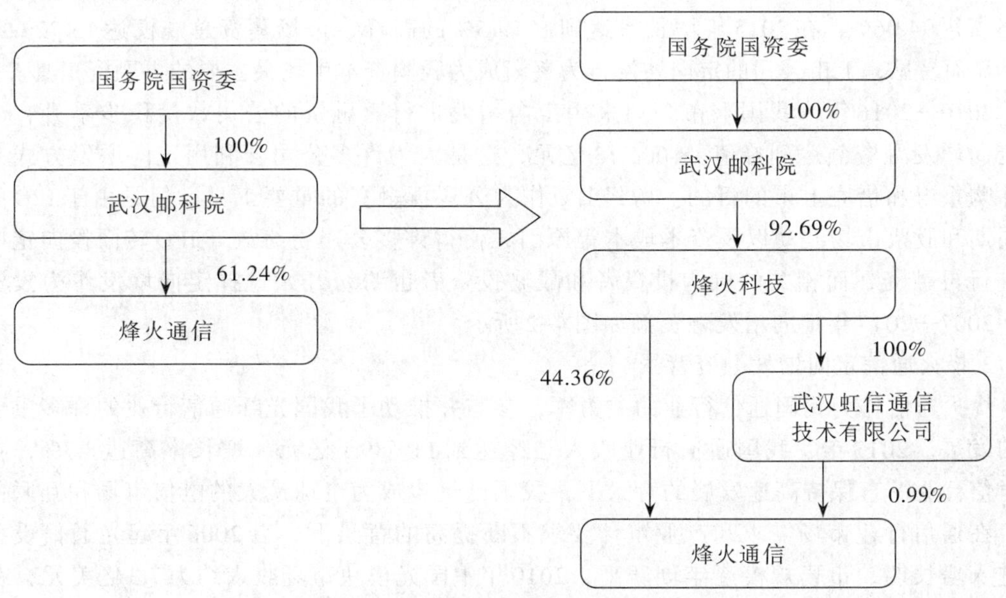

图4-1 烽火通信股东结构变动图

知识链接——股票代码

三、案例概况

（一）烽火通信定向增发背景

1.市场定向增发发展背景

2010—2017年A股上市公司定向增发总体情况见表4-1，在此期间，我国定向增发公司数量、融资金额、A股当年累计融资额、定向增发融资额占比都表现为逐步上升的趋势，定向增发逐渐在我国资本市场上扮演着重要角色。

表4-1　2010—2017年A股上市公司定向增发融资额统计①　金额单位：亿元

项 目	2010年	2011年	2012年	2013年	2014年	2015年	2016年	2017年
公司数量	170	181	162	286	486	857	794	424
融资金额	3 513.43	3 753.62	3 726.76	3 510.34	6 812.15	13 723.11	18 006.13	13 161.50
A股当年累计融资额	9 886.19	6 852.41	4 831.51	3 967.56	7 626.3	15 457.12	19 678.14	16 906.87
定向增发融资额占比	35.54%	54.78%	77.13%	88.48%	89.32%	88.78%	91.50%	77.84%

如表4-1所示，我国A股市场融资额在2010—2017年波动式上升，自2006年我国进行股权分置改革开始，资本市场中定向增发的再融资行为开始萌芽，市场总体表现出较为平稳缓慢的增长趋势。但是自2014年开始，上市公司选择定向增发的再融资行为融资金额增长率高达94.06%，在2015年增长率达到101.45%的高峰，市场募资总规模达13 723.11亿元。显而易见，上市公司的定向增发行为逐渐成为我国资本市场最主要的再融资工具。

2010—2016年，我国上市公司采用定向增发进行再融资的公司数量稳步攀升，2016年定向增发融资额达到峰值18 006.13亿元，这是因为许多公司会利用定向增发方式来达到并购重组和借壳上市的目的。曾经IPO作为公司再融资的重要工具，但是由于IPO的审批周期和股票市场波动以及资本成本等原因，使得许多公司纷纷放弃IPO转而投向定向增发进行再融资，而相关的机构投资者和战略投资者也纷纷开始选择定向增发作为投资渠道。2007—2017年定向增发融资额如图4-2所示。

2.烽火通信定向增发融资背景

烽火通信作为我国通信行业的主力军，参与并推动了我国光纤通信行业的许多重要项目的发展。2013年，我国通信行业收入已经达到11 689.1亿元，增长率高达8.7%，在我国通信行业一直保持高速发展的背景下，我国已逐步成为全球最大的电信市场和互联网市场。在通信行业市场需求和产业审计要求不断提高的背景下，自2006年起光通信设备行业进入增长期，市场规模逐年创新高，2010年中国光模块市场收入约为7.3亿美元，在全

① 资料来源：Wind数据.

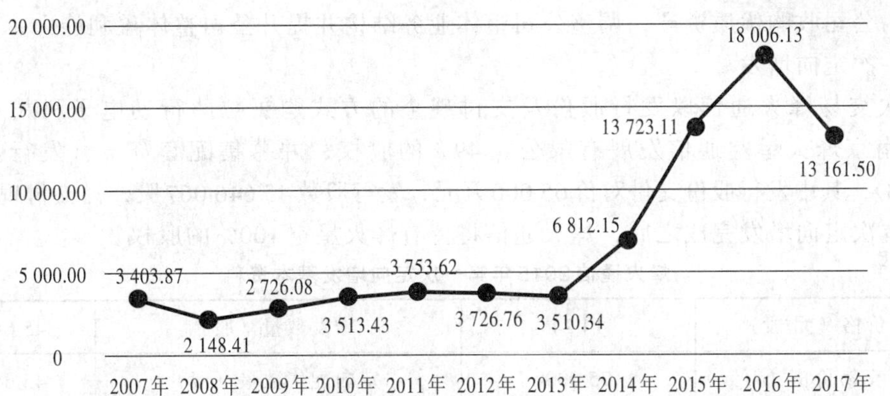

图4-2　2007—2017年定向增发融资额

球光模块市场中的占比约为26%；2015年，中国光模块市场收入已经增长至16.20亿美元，在全球光模块市场上的占比也上升至35.06%，预计2019年中国光模块市场将实现销售收入25亿美元。面对行业迅猛的发展势头和激烈的市场竞争，烽火通信必须保持较好的发展能力。

从表4-2中烽火通信定向增发前的资产负债情况来看，公司的资产负债率一直保持在50%以上的水平，高于行业平均资产负债率，可以看出公司债务较多，财务风险相对较高，可能带来现金流不足的风险，同时，资产负债率高会导致融资成本进一步增加。烽火通信在2015年进行了两次定向增发：第一次是为了购买南京烽火星空通信发展有限公司的股权，这次增发是为了收购优质资产，促进科研开发产业升级能力的提升，调整公司整体业务结构，并使公司整体盈利能力有所提升；第二次是支付购买南京烽火星空通信发展有限公司的部分对价，偿还烽火星空对其最终控制方武汉邮电科学研究院的长期借款。由此可以看出，烽火通信在2015年选择定向增发进行再融资主要是为了购买股权和偿还长期借款，从而改善公司资本结构，提升公司盈利能力，最终实现企业的发展战略目标。

表4-2　2013—2017年烽火通信财务数据情况　金额单位：万元

项　目	2013年	2014年	2015年	2016年	2017年
总资产	1 435 821	1 543 287	1 907 856	2 432 249	2 912 532
总负债	789 576	833 942	1 132 612	1 637 569	1 880 072
股东权益	646 246	709 345	775 244	794 680	1 032 460
资产负债率（%）	54.99	54.04	59.37	67.33	64.55
净利润	51 912	54 017	65 738	76 043	82 496
净资产收益率（%）	9.19	8.71	9.58	10.45	8.66

（二）定向增发方案

1.烽火通信2015年第一次定向增发概况

（1）本次定向增发基本资料

2015年6月6日，为购买南京烽火星空通信发展有限公司的股权，加快公司新业务的发展，为公司收购优质资产，调整公司整体业务结构并提升公司整体盈利能力，烽火通信进行第一次定向增发。

本次交易烽火通信以发行股份及支付现金的方式购买拉萨行动电子科技有限公司持有的南京烽火星空通信发展有限公司49%的股权，并募集配套资金（发行基本情况见表4-3），其中发行股份支付对价65 000万元，发行股数45 646 067股，另支付现金10 000万元。本次定向增发完成之后，烽火通信将持有烽火星空100%的股权。

表4-3 烽火通信2015年第一次定向增发基本资料[①]

增发价格（元/股）	14.24	增发数量（股）	45 646 067
标的资产交易价格（万元）	75 000	定向配售数量（股）	45 646 067
募集资金合计（万元）	65 000	预计募资（实施前测算）（万元）	65 000
定向基准日类型	董事会决议公告日	增发类型	增发A股
发行对象	机构投资者	财务顾问	国金证券

（2）发行前后公司股权结构变动情况

本次发行前烽火通信全部为无限售条件的股份，本次增发后烽火通信股东所持有的有限售条件的股份增加45 646 067股（详细情况见表4-4）。

表4-4 2015年第一次定向增发前后公司股东结构变动表

股东名称	本次交易前		本次交易后	
	持股数量（股）	持股比例（%）	持股数量（股）	持股比例（%）
烽火科技	485 803 956	50.25	485 803 956	46.68
武汉虹信通信技术有限公司	9 610 007	0.99	9 610 007	0.92
拉萨行动	—	—	45 646 067	4.38
其他股东	471 290 587	48.75	499 715 587	48.01
合计	966 704 550	100	1 040 775 617	100

注：数据有四舍五入调整。

2.烽火通信2015年第二次定向增发概况

（1）发行基本资料

2015年7月4日，烽火通信为支付购买南京烽火星空通信发展有限公司的部分对价，偿还烽火星空对其最终控制方武汉邮电科学研究院的长期借款，烽火通信进行第二次定向增发。

本次交易烽火通信以发行股份及支付现金的方式购买拉萨行动电子科技有限公司持有的南京烽火星空通信发展有限公司49%的股权，并募集配套资金（发行基本情况见表4-5）。烽火通信拟以询价方式向不超过10名符合条件的特定对象非公开发行股份募集配套资金，配套资金总额不超过21 500万元，发行股份不超过15 098 314股。本次定向增发完成之后，烽火通信将持有烽火星空100%的股权。

① 资料来源：烽火通信公司公告.

表4-5　　烽火通信2015年第二次定向增发基本资料①

增发价格	35元/股	增发数量（股）	6 142 857
募集资金合计（元）	214 999 995	定向配售数量（股）	6 142 857
募集资金净额（元）	194 692 362	预计募资（实施前测算）（万元）	21 500
预案价下限（元/股）	14.24	实施价格相对基准价格比例（%）	245.79
定向基准日类型	董事会决议公告日	增发类型	增发A股
发行对象	机构投资者	发行费用（万元）	2 030.76

（2）本次定向增发认购对象

本次定向增发认购对象有6家，详见表4-6。

表4-6　　烽火通信本次定向增发认购资料

发行对象	申报价格（元/股）	申报金额（元）	发行价格（元/股）	获配数量（股）	获配金额（元）
浙江浙商证券资产管理有限公司	38.00	60 000 000.00	35.00	1 714 285	59 999 975.00
拉萨经济技术开发区天合宇通投资基金管理有限公司	37.00	25 000 000.00		714 285	24 999 975.00
深圳市国能金汇资产管理有限公司	36.50	40 000 000.00		1 142 857	39 999 995.00
上银瑞金资本管理有限公司	36.00	50 000 000.00		1 428 571	49 999 985.00
博时基金管理有限公司	35.00	43 000 000.00		1 142 859	40 000 065.00
合计				6 142 857	214 999 995.00

（3）发行前后公司股本结构变动情况

本次发行前烽火通信全部为无限售条件的股份，本次增发后公司股东所持有的有限售条件的股份增加6 142 857万股（详细情况见表4-7）。

表4-7　　2015年第二次定向增发前后公司股本结构变动表②　　单位：股

类型		变动前	变动数	变动后
有限售条件的流通股份	1.其他境内法人持有股份	45 646 067	6 142 857	51 788 924
	2.境内自然人持有股份	28 425 000	0	28 425 000
	有限售条件的流通股份合计	74 071 067	6 142 857	80 213 924
无限售条件的流通股份	A股	966 704 550	0	966 704 550
	无限售条件的流通股份合计	966 704 550	0	966 704 550
股份总额		1 040 775 617	6 142 857	1 046 918 474

① 资料来源：烽火通信公司公告.
② 资料来源：烽火通信公司公告.

知识链接——烽火通信募资统计

四、讨论问题

1.上市公司定向增发的动机有哪些？

2.结合案例分析，烽火通信2015年的两次定向增发带来了哪些财务效益？

3.结合案例分析，烽火通信2015年的两次定向增发给财务质量带来了什么影响？

4.结合烽火通信定向增发的案例，分析我国资本市场如何才能更好地实施定向增发？

案例说明

一、教学目的

本案例的教学目的是使学生了解企业筹资过程中要注意的筹资环境的把握、筹资动机、投资方式的选择，以及筹资效益预估等问题，通过案例学习掌握企业筹资的基本原理。

二、案例讨论的准备工作

（一）理论背景

1.定向增发的概念

定向增发，即非公开发行，指上市公司以非公开方式，向多个特定对象发行股票的行为。定向增发是我国资本市场借鉴国外成熟资本市场的先进经验而引入的新型融资方式，相比其他融资方式，定向增发具有融资费用和融资成本低、融资申请及实施程序相对简单、大股东不会丧失控制权等优点。

2.定向增发的分类

（1）引入战略投资者型定向增发

上市企业可以对在经营管理或是科研开发方面有利于公司发展的对象进行定向增发，以优化公司的盈利能力和经营管理能力。每个上市公司根据自身的发展战略不同，所引入战略投资者的类型也大不相同，有的公司是为了优化企业的资本结构，改善企业内部的经营管理环境；有的公司是为了提升科研开发产业升级的能力，从而增强企业的市场竞争力；而有的公司则是为了拓宽融资渠道，获得资金支持，继续保障企业的扩张战略。

当前我国产业结构改造升级加快，许多企业不得不面对国内的竞争环境，还要面对来自国外的竞争压力，因此，国内的许多企业尝试通过引进战略投资者，使上市公司获得先进的生产技术以及专业化的管理经营，以整合上下游产业链资源，产生协同效应。例如，兴业银行在引入国外的战略投资者后，公司的资产规模不断壮大，经营管理水平和行业地位不断提高。

（2）资产注入型定向增发

“资产注入”是大股东将自己所拥有的非上市优质资产注入上市公司。与其他投资者认购股票必须支付现金的方式不同，资产注入型定向增发可以通过以下两种方式来实现：第一种是，上市公司可以采用定向增发的方式向大股东收购其优质资产；第二种是，上市公司可以选择向特定的机构投资者定向增发获得资金以收购大股东的优质资产。现如今，随着股权分置改革的进行，定向增发已经成为我国上市公司最主要的融资方式，而资产注入型定向增发更偏向于强化上市公司和控股股东的经营管理和资本运营的协同效应，避免同业竞争和关联交易的可能性。

（3）项目融资型定向增发

项目融资型定向增发是上市公司为解决现有资金无法满足新项目的需求，或是流动资金不足而影响到企业正常经营的再融资行为。上市公司在面临资金短缺的困境时，一般采用的是金融机构贷款、发行公司债券、IPO等融资方式，而现如今由于定向增发发行效率高、资金成本低、市场风险小、融资周期短，逐渐成为资本市场最主要的融资方式，此类定向增发的对象多为银行、基金等机构投资者。

（4）并购重组型定向增发

随着资本市场的逐渐变革、发展、完善，并购重组型定向增发逐渐成为上市公司资产优化配置的重要方式。当前市场上的并购重组可以分为两种：一种是上市公司通过定向增发发行股票，从而募集风险较低的股权资金支付对价，最终达到并购的目的。另一种是收购方为非上市公司的并购重组。因为我国证券市场实行核准制，如果企业通过IPO上市有周期较长、需要规范的问题较多、面临更严苛的审核等问题，所以许多非上市公司希望可以资产注入濒临退市的上市公司，得到该公司一定的控制权，利用其上市公司的地位，最终实现借壳上市。通过并购重组型定向增发，企业利用募集到的资金对外收购，可以使企业获得优质资产，最终实现上市。

3.定向增发的优缺点

（1）定向增发的优点

①定向增发融资成本低

由于上市公司定向增发新股不需要经过烦琐的审批程序，只是针对不超过10个的特定对象增发新股，且在发行环节不需要刊登招股说明书、一般不需要聘请券商进行承销等一系列股票发行筹备工作，所以发行费用是传统方式的一半左右。上市公司在与股东等机构投资者协商一致的情况下，就可以完成定向增发获得融资，因此定向增发相较于IPO等其他传统再融资方式，融资成本较低。

②无盈利要求，审批效率快

上市公司常用的再融资方式中，无论是IPO还是发行可转换债券，都要求具有稳定、良好的盈利能力，但是定向增发并不是面向所有投资者，管理层对上市公司的盈利能力和业绩承诺没有要求，亏损甚至资不抵债的公司都可以通过定向增发募集资金。因此，很多无法达到业绩承诺或是盈利能力持续性的上市公司，都会选择定向增发的方式进行再融资。同时，从核准条件和发行效率的角度看，由于证监会对定向增发发行方式的核准要求不同于其他再融资方式，根据上市公司提交的方案，由发改委核准后，报证监会审查，只需要半年到一年的时间，审批程序便捷灵活，发行成功率高。

③有助于企业长期战略布局

上市公司通过定向增发进行兼并收购、新项目建设等经营活动，其融资对象一般是二级市场上反应比较积极的上市公司中的特定少数大股东或者战略投资者，而战略投资者的引入会给公司带来丰厚的资金支持，并调整资本结构及优化公司内部的经营管理，更重要的是战略投资者可能给企业带来先进的生产技术和管理理念，为企业注入优质资产，整合上下游企业资源开拓新的市场方向，从而达到促进上市公司业绩增长和长远发展的战略目标。

（2）定向增发的缺点

①易成为大股东利益输送的工具

近年来，许多上市公司偏重于采用定向增发进行再融资，更有大股东和机构通过定向增发赚取巨额收益，进行变相的利益输送或套利。定向增发的定价基准日一般应该选择在增发公告公布一段时间后，市场充分反映了增发信息的某个时点，而上市公司一般会把董事会决议公告日作为定向增发的定价基准日，此时的价格并没有反映其增发预期，反而锁定了较低的增发价格，获得了较高的折价率，这也是导致定向增发定价与发行时即期市场价格偏离较大的主要原因。此外，上市公司的控股股东在定向增发之前，还可能通过隐瞒利润或者释放利空消息等手段打压股价，降低认购成本，最终完成利益输送。

②易导致投资者的盲从跟风行为

一般来说，二级市场上较为积极的机构投资者可以有效地监督上市公司的定向增发，但从我国目前上市公司定向增发的情况来看，存在着投资者盲目跟风投资的现象，而对上市公司的监督缺失，又导致上市公司实施定向增发后公司业绩得不到改善。这种现象的发生主要是由于投资者在参与定向增发后获得丰厚的收益，在高利益的刺激下，定向增发受到投资者盲目追捧。

4.定向增发程序

由于定向增发是已上市公司的一种再融资行为，与企业申请IPO的条件和流程有所不同，上市公司进行定向增发的主要程序如图4-3所示。

（二）行业背景

受网络强国战略、大数据战略、“互联网+”等一系列政策的驱动，在过去几年中我国通信运营商的固定资产投资完成额始终保持在较高的水平。工业和信息化部发布的《信息通信行业发展规划（2016—2020年）》显示：“十二五”期间，我国信息通信基础设施不断完善，自主创新能力大幅提升，城市地区90%以上家庭具备光纤接入能力，行政村通光缆比例超过75%，并建成了全球最大的4G网络，4G基站规模达到177万个，基本实现城市和县城的连续覆盖。另外，工业和信息化部发布的《2016年通信运营业统计公报》显示：2016年，我国电信固定资产投资规模完成4 350亿元，投资完成额比2010年增加1 328亿元，年复合增长率达6.26%。2016—2018年，我国电信固定资产投资完成额均维持在4 000亿元之上，巨大的投资直接带动了程控交换机、光通信设备、光纤光缆、移动通信、数据通信等主要通信设备的旺盛需求。

通信设备制造业属于充分竞争的行业，市场化程度较高，由于客户主要为通信运营商及主设备商，客户行业垄断地位较强。通信运营商在集采过程中占据主导地位，对行业内提供通信设备的企业资质遴选较为严格，目前行业内已有多家具有较强综合竞争力的产品

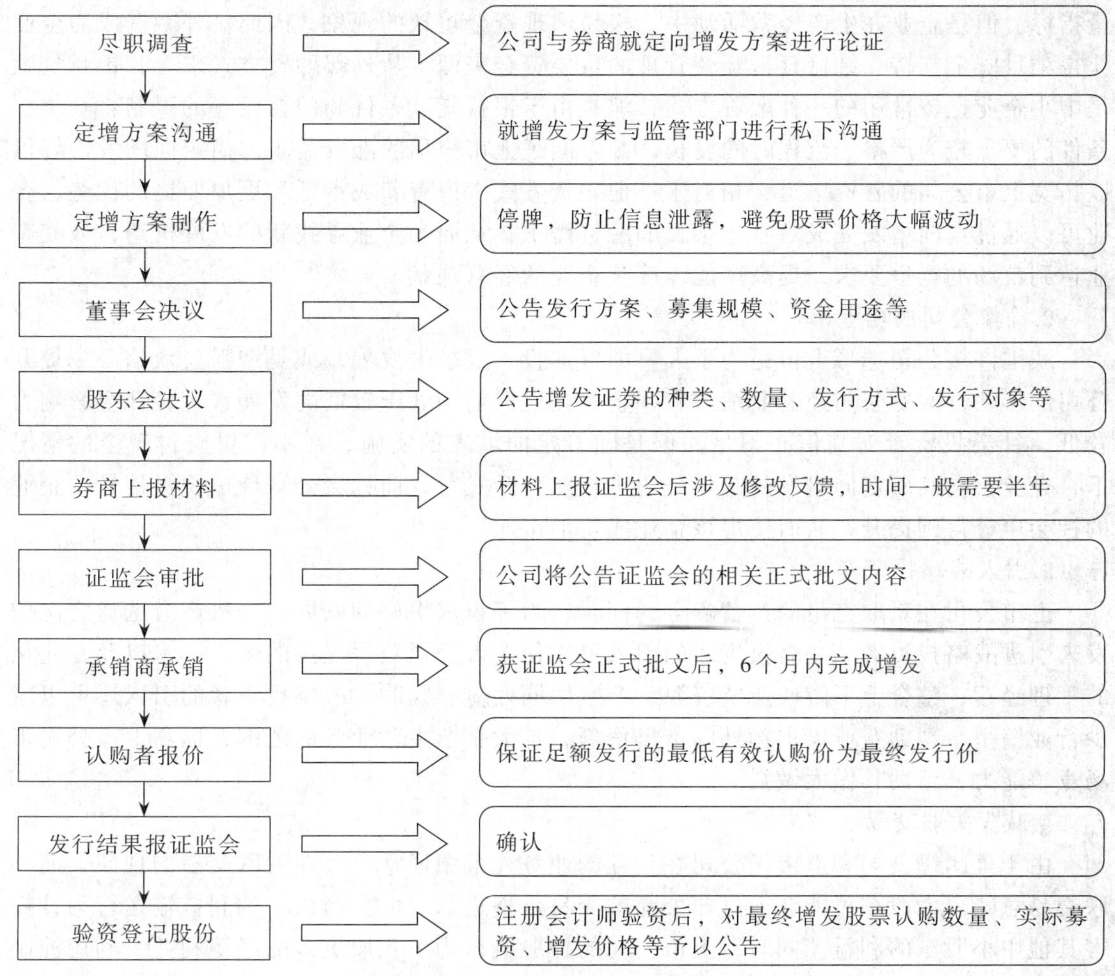

图4-3　上市公司定向增发流程图

供应商。该类供应商大多发展起步早，技术水平在同行业中领先，能够为运营商提供全方位、综合性、一体化解决方案，能按照客户的需求提供产品方案设计、方案比选、方案实施等各种配套服务，因此市场竞争能力比较强。其他单一产品供应商或者从事OEM的设备加工厂商相对规模较小，能够提供的产品和技术支持能力相对有限，能力较弱。目前，在国内通信网络终端及接入应用设备细分市场中，主要有华为技术、中兴通讯、上海贝尔、烽火通信等多家企业。随着运营商对产品质量、标准、价格等各方面要求的不断提高，以及集采规则的不断变化，行业整合趋势越来越明显。

（三）制度背景

《上市公司证券发行管理办法》《上市公司非公开发行股票实施细则》中关于创新创业型中小企业发行双创债的相关规定。

三、案例分析要点

问题1：上市公司定向增发的动机有哪些？

1.获得项目资金支持

企业的新建项目离不开资金的支持，企业日常现金流的产生是企业经营能力的重要衡量指标。但是企业在生产经营活动中，极易出现资金短缺的现象，因此对外融资成为企业获得项目资金支持、维持日常经营管理的重要资金来源。从外部融资方式来看，银行贷款是中小企业比较常用的一种融资方式，但是由于银行贷款条件和门槛设置的限制，且审核条件的要求较为严格、流程时间漫长，都限制了上市公司的融资需求。而定向增发恰好可以拓宽上市公司的融资渠道，相对于其他融资方式来说有着成本低和更加便捷的优势。企业可以通过定向增发完成对新建项目的融资需求，从而为企业寻找新的发展机遇，或使企业达到市场的竞争要求，提高产能，改善企业的经营现状。

2.确保公司成功上市

我国许多公司选择上市是为了大量的资本投入以扩大发展，或是增强公众信心，提升公司的形象，改变公司经营业绩。有些企业在发展前期处于较低的发展水平，社会影响力较低，社会投资者对其信心不足。但是随着定向增发的实施，在不需要支付现金的情况下，企业会向其所定向增发的其他公司进行非公开发行，向社会公众传递积极信号，企业的社会声誉得到提升，从而使得该企业成功上市。

3.引入战略投资者

上市公司在获取充足的经营资金的同时，为了谋求更好的发展，一般还会选择定向增发来引进战略投资者。战略投资者的引入可以使上市公司获得先进的生产技术以及专业化的管理经营，整合上下游产业链资源，产生协同效应。同时，战略投资者的引入还可以减少行业壁垒，帮助企业谋求额外的市场份额，扩大企业主营业务的范围，提高上市公司市场竞争能力，帮助其做大做强。

4.减少关联交易

由于集团母公司和上市子公司在相互的业务往来中通常会存在关联交易的现象，而关联交易意味着大股东可能会通过非公允的交易价格进行“低卖高买”的利益输送行为，损害其他中小股东的利益。同时，上市公司的控股股东为了获取更多的经济利益，利用控制权使得上市公司在竞争过程中与其他公司进行内部交易，从而达到利益输送，这也严重影响了上市公司自身的健康发展。而通过定向增发方式，可以减少企业的关联交易行为，重新整合公司内部资源，增加企业经营的透明度，避免利益输送问题的产生，促进上市公司健康稳定发展。

问题2：结合案例分析，烽火通信2015年的两次定向增发带来了哪些财务效益？

1.盈利能力指标分析

盈利能力是企业在经营过程中创造利润的能力，是企业经营管理成果最直观的体现，此处主要通过销售毛利率、销售净利率、总资产报酬率、净资产收益率等指标来进行分析。

烽火通信在2015年的两次定向增发之前，也曾在2009年和2012年进行过定向增发，此次烽火通信定向增发的主要目的是为公司注入优质资产，调整公司整体业务结构，并偿还武汉邮电科学研究院的长期借款。烽火通信在2015年两次定向增发后盈利能力指标虽有小幅度下降，但总体保持平稳态势，如图4-4所示。

如图4-5所示，2014年，烽火通信销售净利率和同行业其他企业相比，差距较小。但随着2015年烽火通信实施定向增发，企业资产规模急剧扩张，公司股权结构发生调整，其销售净利率与同行业其他企业相比，在2015年和2016年有小幅度下降的现象。

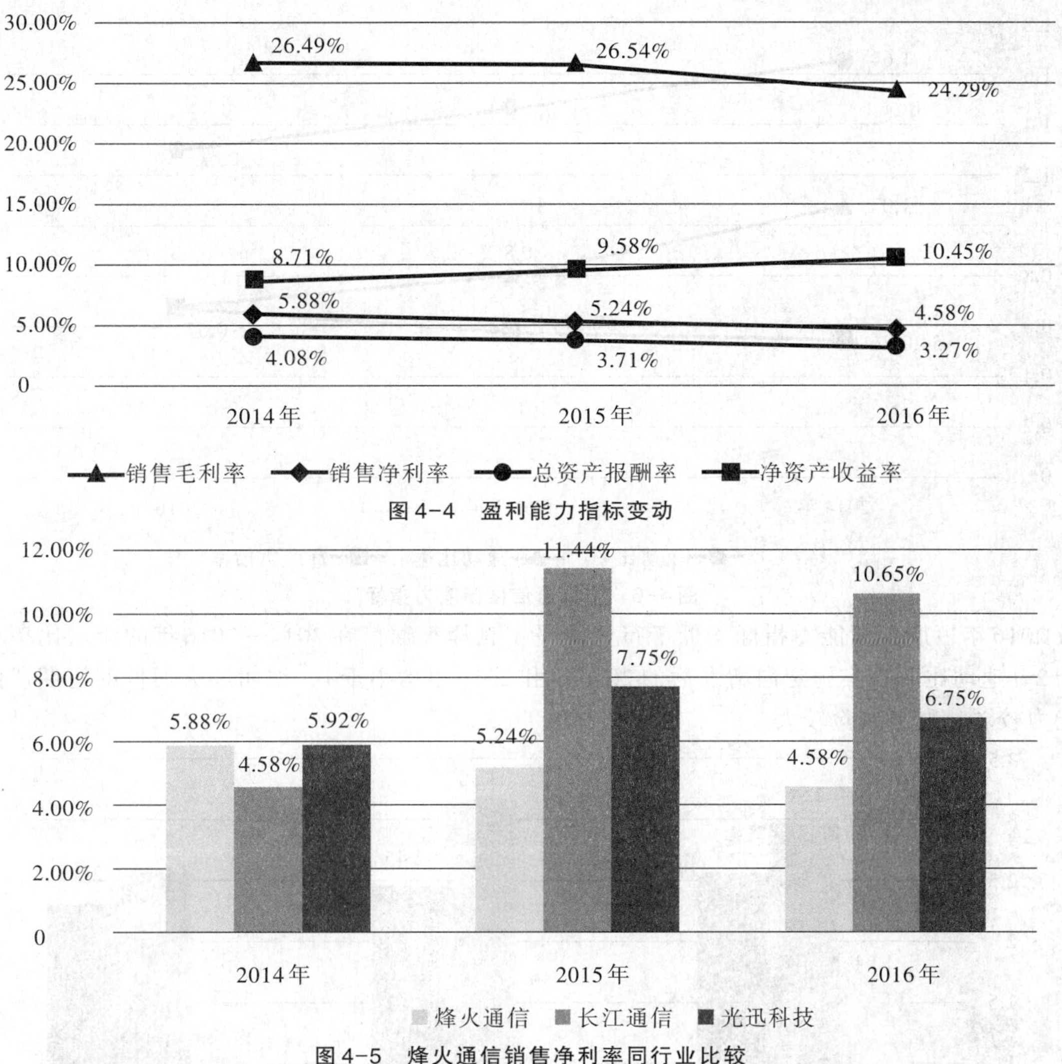

图4-4　盈利能力指标变动

图4-5　烽火通信销售净利率同行业比较

2.偿债能力指标分析

偿债能力分析是对企业偿还长、短期债务能力的分析，是判断企业财务发展现状和反映企业长期发展能力的重要指标。偿债能力的强弱既能反映出企业经营活动创造利润的能力，也能反映出企业对财务风险的承受能力。

由图4-6可见，2014年烽火通信的资产负债率保持在合理范围内，2015年烽火通信开始定向增发，获得大额资本进入，此后企业的资产负债率接连两年持续上升，至2016年已经达到了历史最高点67.33%。这说明烽火通信希望通过定向增发获得再融资，用以开展兼并和收购以及偿还借款，很好地解决了其经营资金不足、企业规模难以扩张的困难，以此来达到资本结构调整、实现企业的长期战略和经营发展的目的。但企业资产负债率的连年增加，进一步说明企业的资金流量出现了问题，且企业的流动比率和速动比率都在下降，说明企业在短期内偿债能力在下降。

如图4-7和图4-8所示，通信类企业在2014—2016年流动比率和速动比率波动基本保持稳定，但是烽火通信在同期的流动比率和速动比率都有所下降，在定向增发当年——2015年

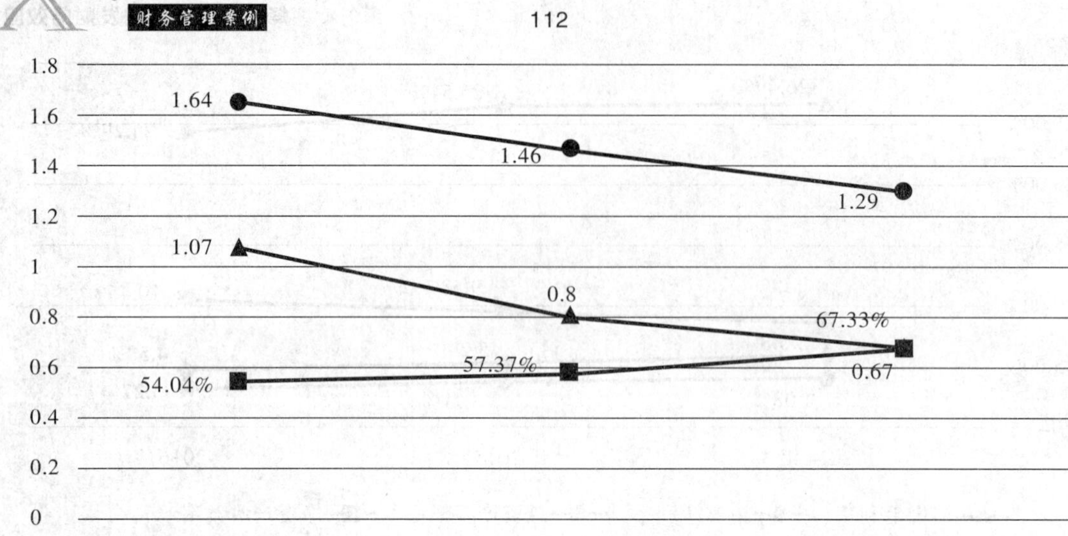

图 4-6 烽火通信偿债能力指标

及2016年短期偿债能力指标均低于行业水平，且烽火通信在2014—2016年的流动比率小于2，速动比率在实施定向增发后的2015年和2016年均小于1，说明烽火通信的短期偿债能力较弱、财务风险较大。

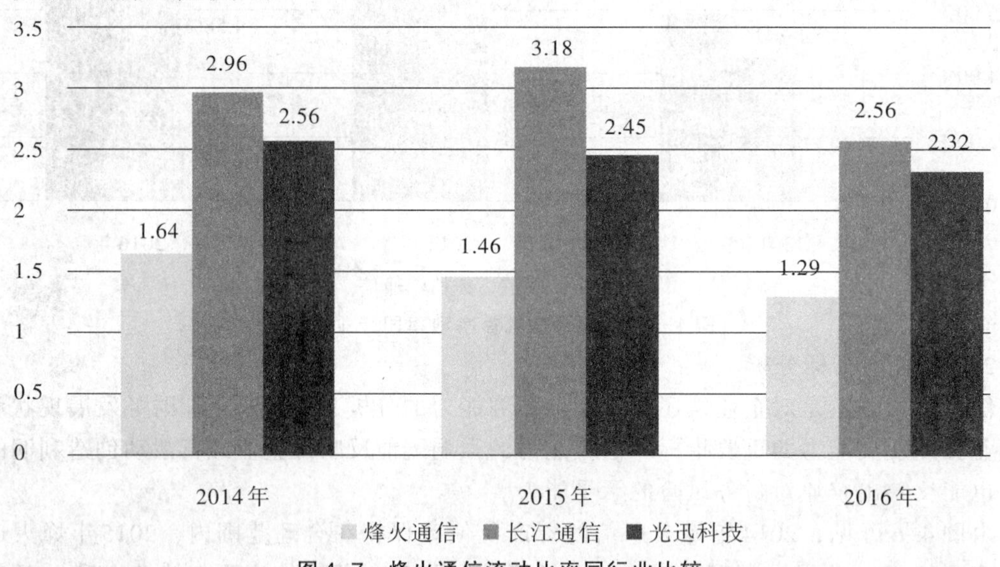

图 4-7 烽火通信流动比率同行业比较

3. 营运能力指标分析

营运能力是企业利用所掌握的经济资源进行投资运作的能力，营运能力的分析可以帮助投资者判断企业财务的安全性、资本运营效率以及收益能力。通常来说，烽火通信在经营活动中资产的使用效率越快，说明烽火通信的营运能力越强，获取利润的能力就越强。

如图 4-9 所示，在2015年烽火通信定向增发后，其存货周转率持续下降，到2016年已经下降到1.52，说明烽火通信存货资金的使用效率在下降。总资产周转率在2014—2016年期间保持较为平稳的状态，说明在2015年实施定向增发后总资产周转率并未有明显变

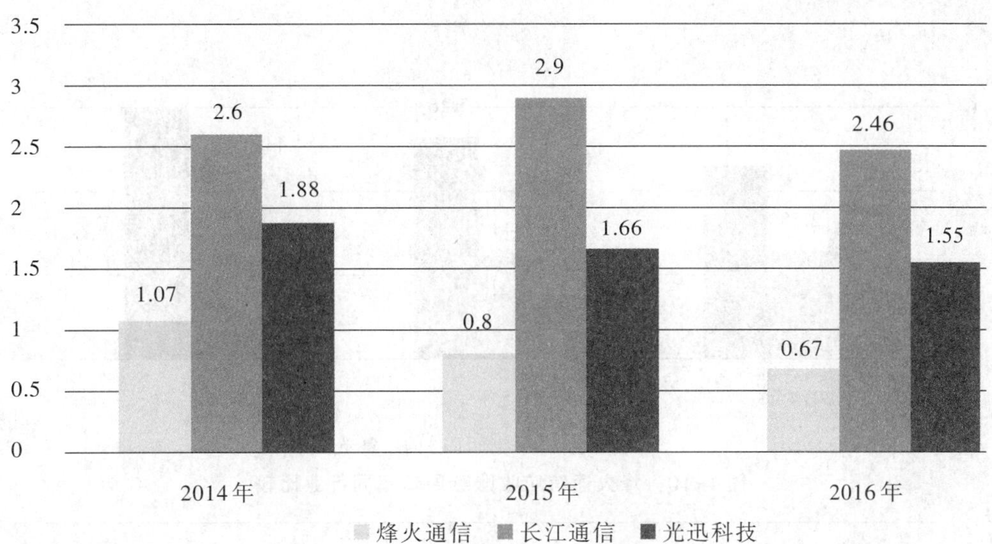

图4-8　烽火通信速动比率同行业比较

化；应收账款周转率保持平稳的上涨趋势。从这里也能看出，烽火通信存在企业的存货管理不到位、营业周期长、存货周转率低等问题。

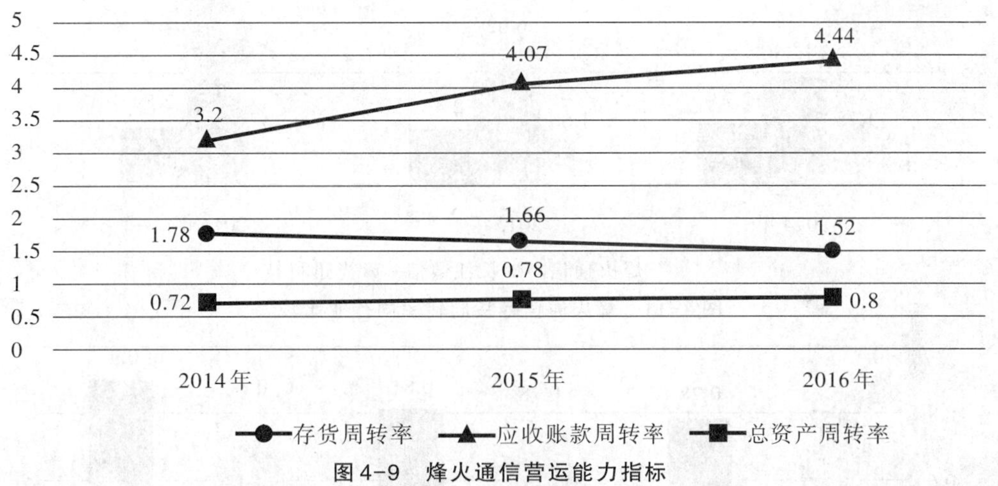

图4-9　烽火通信营运能力指标

如图4-10、图4-11和图4-12所示，在烽火通信与其他同行业企业营运能力指标的对比中可以发现，整个通信行业的总资产周转率均没有较大变化，保持平稳发展态势。应收账款周转率就是企业资金的回款速度，从烽火通信和同行业其他企业的比较可以看出，定向增发促使烽火通信资金获利能力增强，从而应收账款周转率保持较高水平，公司经营状况较好。从存货周转率的角度看，和同行业其他企业相比，烽火通信的存货周转率依旧处于较低的水平，数值基本在1.5左右徘徊且逐年下降，说明烽火通信存货周转速度较慢，存货管理效率较差且占用水平较高，因此，存货转换为现金或应收账款的速度也就越慢，从而影响企业的变现能力。

4.发展能力指标分析

发展能力是企业整体的成长性，是企业通过自身的生产经营活动，不断扩大积累而形成的发展潜能，同时，也反映企业盈利的未来增长能力，包括企业总资产增长率、净利

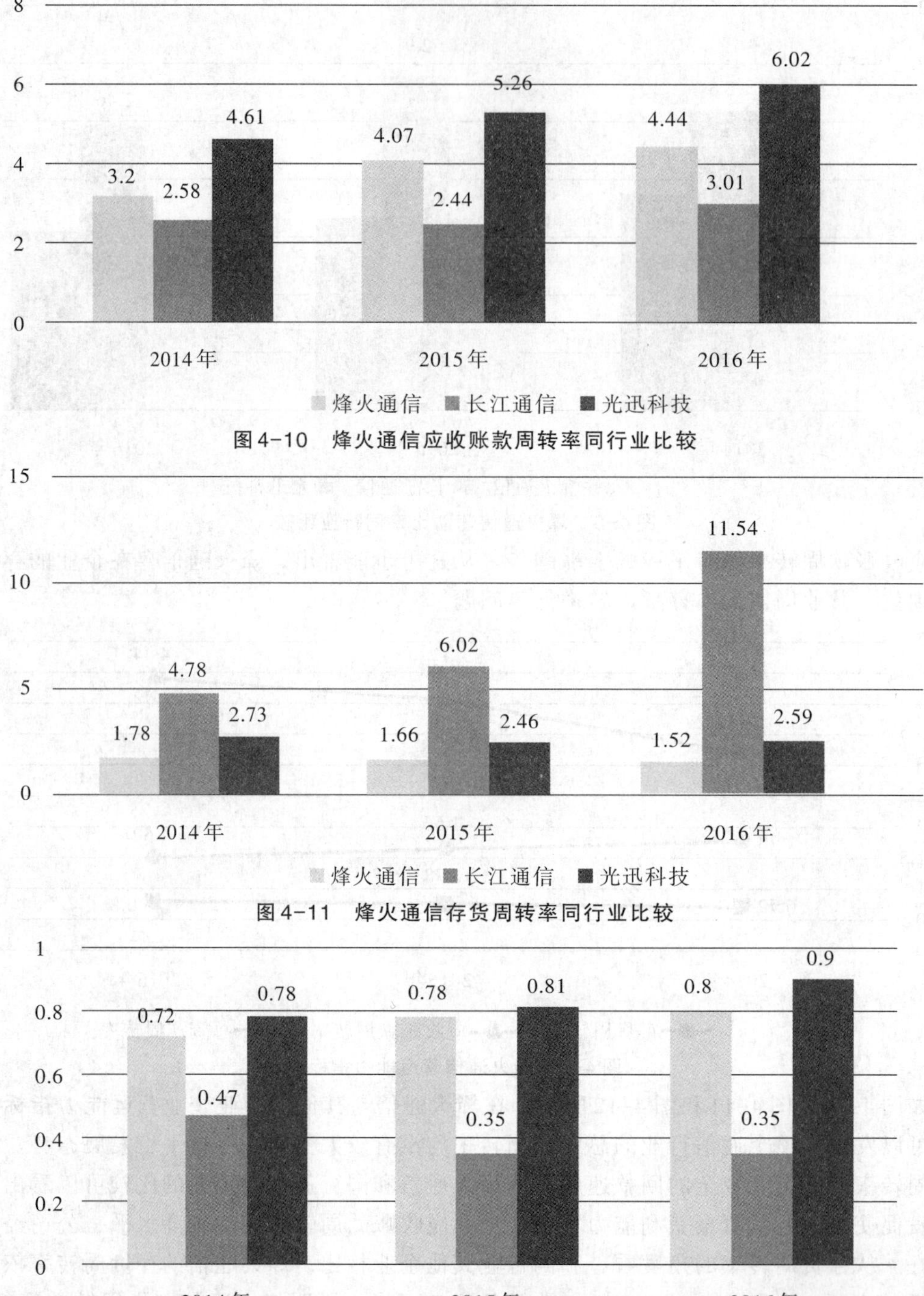

图 4-10　烽火通信应收账款周转率同行业比较

图 4-11　烽火通信存货周转率同行业比较

图 4-12　烽火通信总资产周转率同行业比较

润增长率等发展指标。通过企业发展能力分析有利于投资者了解企业的经营规模和发展状况，以及企业的资产规模和发展水平，从而选择营利性和成长性较好的企业进行投资。

由图 4-13 可知，烽火通信的主营业务收入自 2014 年以来，一直保持持续增长的状态，但是由于公司规模的扩大，定向增发的目的之一也是偿还公司的长期借款，因此企业负债所占比例较大，造成净资产比重较小。烽火通信在2015年实施定向增发后，其净利润增长率和总资产增长率均有大幅度的增长，至2016年，其增长状况良好。

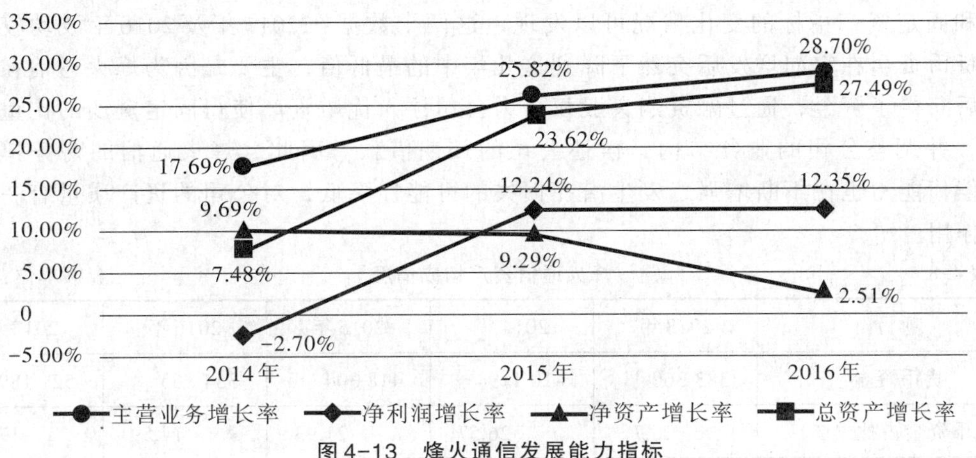

图4-13　烽火通信发展能力指标

由图4-14可知，2014—2016年烽火通信的主营业务增长率与同行业其他公司水平持平，甚至远高于其他公司水平，说明烽火通信收入的增长能力较好，随着公司新产品相继研发问世，公司的销售量大幅提升。在2016年同行业主营业务增长率发展滞缓的水平下，烽火通信的营业收入仍处于高增长的状态，远高于行业平均水平，说明此次定向增发对于烽火通信具有积极的财务效应，未来发展能力较好。

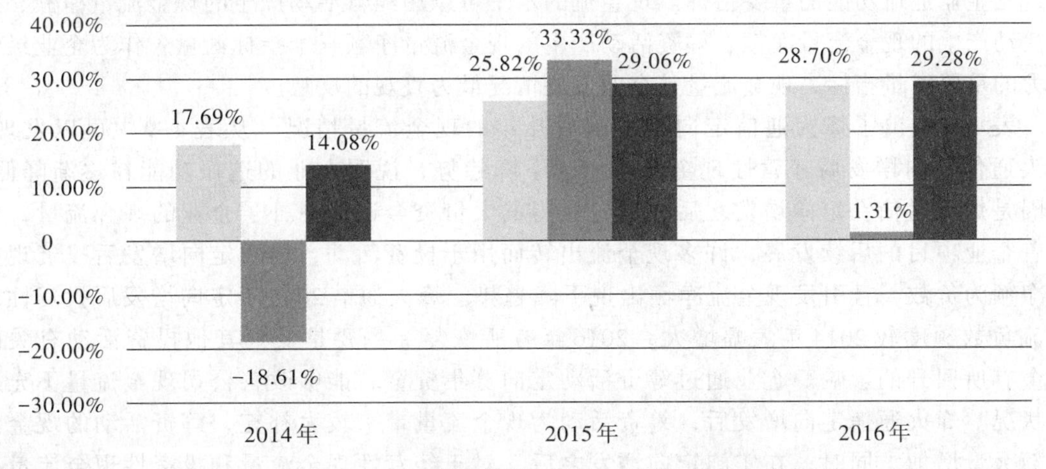

图4-14　烽火通信主营业务增长率同行业比较

问题3：结合案例分析，烽火通信2015年的两次定向增发给财务质量带来了什么影响？

1.资产结构影响

资产结构主要是指公司在投资中各种资产的构成比例，主要是指固定投资和证券投资及流动资金投放的比例。资产结构是反映公司资产质量的重要指标，从盈利性来看，基于流动资产和固定资产盈利能力上的差别，如果企业净营运资金越少，意味着企业将较大份额的资金运用到盈利能力较高的固定资产上，从而使整体盈利水平上升；但从风险性看，企业的营运资金越少，意味着流动资产和流动负债的差额越小，则到期无力偿债的危险也就越大。

表4-8是烽火通信定向增发前后几年资产构成情况和趋势表现。根据表4-8中货币资金和固定资产指标的变化情况可以发现，这两个数据在2015年及2016年波动较为明显。货币资金在定向增发后突然下降到这几年中的最低值，主要是因为烽火通信在定向增发后获得了资金，通过融资购买股权，为公司注入优质资产使得固定资产的比重有所提升，并调整公司的业务结构，偿还公司的长期借款。因此，烽火通信的财务弹性增强，偿债能力也在不断增强，发生潜在损失的可能性降低，对公司的资产质量有一定的提升作用。

表4-8 **烽火通信资产构成情况** 金额单位：万元

项目	2013年	2014年	2015年	2016年	2017年
货币资金	383 360	410 119	418 304	354 863	521 189
货币资金占比（%）	26.7	26.57	21.93	14.59	17.89
固定资产	246 133	239 701	148 913	126 461	102 889
固定资产占比（%）	7.17	8.19	7.81	9.85	8.45

2.现金流量影响

现金流是企业项目在其整个寿命期内所发生的现金流出和现金流入的全部资金收付数量，是企业造血功能的重要指标。现金流的水平可以用经营活动产生的现金流量净额、投资活动产生的现金流量净额、筹资活动产生的现金流量净额三个指标衡量。作为企业经营能力的重要衡量指标，现金流量是企业发展情况最为直观的反映。

表4-9列出了烽火通信定向增发前后几年的现金流量情况。从表4-9中可以发现，烽火通信定向增发后经营性现金流量出现下降趋势，说明企业的造血功能在逐渐降低，原因是烽火通信在定向增发之后，通过获得的大量资金迅速弥补了企业的现金流量，但随着企业项目的后续发展，许多现金流出转而用于投资活动，导致定向增发后投资现金流净额为负数，且引发现金流净额出现下降趋势。烽火通信2015年定向增发后投资性现金流负数额度较2014年大幅增大，2016年有所恢复，主要是受到其他投资活动有关的现金有所回升的影响。企业通过筹资活动定向募集资金，能够改善公司现金流量不充足的状况。烽火通信定向增发后，筹资活动为现金流量带来较大补充，筹资活动的现金流净额大量增加。同时，在实施定向增发之后，对于经营性现金流量和投资性现金流量有了较大补充。

表4-9 **烽火通信现金流量情况** 单位：万元

项目	2013年	2014年	2015年	2016年	2017年
经营活动产生的现金流量净额	55 448	82 107	81 504	34 784	33 600
投资活动产生的现金流量净额	−36 436	−39 885	−92 405	−83 711	−96 671
筹资活动产生的现金流量净额	11 731	−14 916	11 502	−18 346	234 873

问题4：结合烽火通信定向增发的案例，分析我国资本市场如何才能更好地实施定向

增发？

在中国经济结构面临转型升级的大背景下，定向增发因其独特的优势成为上市企业再融资的首选项。烽火通信在2015年选择定向增发的再融资方式，为企业募集了发展所需要的资金，调整了企业整体的资本结构，使企业的业绩总体上也得到了改善。但是对于我国资本市场来说，有关定向增发的政策体制以及市场金融环境发展并不完善。因此，基于上述情况提出一些建议，为我国资本市场定向增发的发展提供些许借鉴。

1.规范定向增发相关资格审查

由于定向增发发行的对象可能是战略投资者、大股东或是机构投资者，但是在大部分的上市公司中，中小投资者投资所占份额仍然较高，因此处于信息匮乏状态下的中小投资者往往容易遭受利益侵害。为了保护中小股东的利益，监管机构必须规范上市公司定向增发行为，加强对定向增发对象的资格和信息审查，构建更加全面的信息披露机制，将上市公司定向增发参与人的信息公开化，增发过程透明化。这种做法既可以保证中小股东的知情权与参与权，降低利益输送的可能性，又可以让上市公司的再融资在市场上得到充分消化，提高股价的公允程度，有助于我国资本市场的健康发展。

2.合理使用定向增发募集资金

目前，我国证监会并没有出台有关文件来对上市公司定向增发所募集的资金做出规模方面的限制，导致一些上市公司虽然通过合法手段实施定向增发，却在募集资金的使用环节出现企业内部大股东利益输送问题。所以，有关部门应加强监管，加强对上市企业定向增发参与方的审查，减少利益输送的可能性。烽火通信通过定向增发所募集的资金都在总资产的15%以内，各项财务指标发展良好，对限制融资规模起到一定的良性作用。所以，合理地使用定向增发募集资金，可降低发生圈钱的可能性，提高企业经营绩效。

3.鼓励上市公司选择合适的战略投资者

许多上市公司陷入资金困境就会以融资为目的，通过定向增发引入资金雄厚的大股东或是战略投资者等民间资本进入，以帮助其降低资本成本，缓解其资金紧张带来的压力，提升其科研开发产业升级的能力。然而，通过定向增发引进的战略投资者并不是随意选择的，如果选择的战略投资者不适合企业的发展战略，甚至存在短缺套利抛售股票的可能性，反而会影响企业的发展。因此，上市公司在选择战略投资者时，要根据自身的发展战略需求与战略投资者的投资动机相比较来进行选择。从上市公司自身发展需要的角度出发，需要技术引进或者开拓市场渠道的，应利用战略投资者的资源来弥补自身的不足，从而建立互补互利的战略伙伴关系，促进企业的健康发展。

四、课堂计划建议

本案例可以作为专门的案例讨论课来进行。以下是按照时间进度提供的课堂计划建议，仅供参考：

整个案例课的课堂时间控制在90分钟。

（一）课前计划

提出启发思考问题，请学生在课前完成阅读和初步思考。建议学生在课前做好以下准备：

1.掌握企业融资原理；

2.了解企业定向增发相关理论知识；

3.查找并了解烽火通信相关资料。

分组讨论，提前告知发言要求，要求每小组将讨论意见做成讨论报告（PPT形式）。

（二）课中计划

1.简要的课堂前言，明确主题。（5分钟）

2.小组发言。（每组10分钟）

3.引导全班进一步讨论：在几种再融资方式中烽火通信为何选择定向增发以及定向增发存在何种优势，定向增发给烽火通信带来了什么样的财务效应，对其他公司有什么建议，然后进行归纳总结。（25分钟）

（三）课后计划

如有必要，请学生采用报告形式给出更加具体的解决案例分析报告，包括具体的职责分工，为后续章节内容做好铺垫。

五、参考文献和网址

［1］夏奉司．创业板定向增发新股对上市公司财务状况的影响分析［J］．中国注册会计师，2017（3）：43-48.

［2］储一昀，仓勇涛，李常安．定向增发中的会计业绩效应与财务分析师信息预示［J］．会计研究，2017（3）：39-45，94.

［3］徐虹，林钟高，彭圆圆．上市公司并购、定向增发与盈余管理［J］．财会通讯，2016（24）：3-10，129.

［4］闫光泉，王晓莹．A股上市公司定向增发财务效应影响因素研究［J］．合作经济与科技，2016（9）：47-50.

［5］俞静，徐斌，王晓亮．大股东投机行为、市场择机与定向增发公告效应研究［J］．中南财经政法大学学报，2015（5）：126-133，141.

［6］许肖肖，杨玉凤，王若琳．定向增发对上市公司经营绩效影响的实证检验［J］．财会月刊，2015（23）：112-116.

［7］张燕，陈石清．定向增发对中小投资者收益影响的研究［J］．财会月刊，2015（12）：18-23.

［8］巨潮资讯网，http：//www.cninfo.com.cn/new/index.

［9］佚名．2017年中国通信设备制造行业发展现状及市场竞争格局分析［EB/OL］．［2017-09-27］．http：//www.chyxx.com/industry/201709/568128.html.

案例八

方林科技发行"双创债"破题融资难

摘　要

近年来我国大力推进"大众创业、万众创新"政策，大批"双创"主体的市场潜能得到释放。为支持创新创业型企业的起步和成长，激发金融市场活力，构建创新创业市场新机制，双创债逐渐成为支持"双创"发展而量身定做的新型融资产品。随着双创债的发行主体数量、发行规模等明显上升，我国双创债在二级市场的交易活跃度日益提高。方林科技作为我国首批成功试点发行双创债的公司，其在双创债融资方面是一个较为有代表性的案例。本案例主要阐述了方林科技在初步试水双创债时的发行背景和发行实践，并通过对具体发行方案内容的描述，分析双创债的发行给方林科技带来了何种经济效益，在其发行过程中出现了哪些问题，以及如何成功发行双创债进行融资。此案例对引导学生了解企业投资实务具有一定的意义。

关键词

双创债；方林科技；发行实践；问题及建议

知识点

1. 双创债市场发展现状；
2. 企业双创债融资；
3. 企业双创债融资评价。

案例正文

一、引言

2015年10月之后，中小企业私募债开始合并为公司债券的范围，已不再具备单独备案的条件，标志着中小企业私募债这个单独债券品种退出历史舞台，随之而来的是中小企业的融资渠道也逐渐进入了"行到水穷处"的瓶颈期。为鼓励中小企业积极参与"大众创业、万众创新"，解决我国创新创业型企业融资问题，2016年6月，证监会成立了"创新创业"债券专项小组，统筹推动"创新创业"债券试点发展，即双创债。双创债的发行在一定程度上缓解了中小企业的资金问题。从目前双创债的发行及预案情况来看，双创债作为支持创新创业而量身定做的新型融资产品，拓宽了中小微高新技术企业的融资渠道，高新技术企业已然成为双创债市场中的发行主力。

知识链接——中小企业融资的现状

二、发行背景及公司简介

(一) 市场发行现状

2015年6月，随着国务院大力推进“大众创业、万众创新”政策，政府有关部门已着手开始构建创新创业平台与金融市场环境，以促进我国双创债市场的逐步启动。

2016年，我国双创债市场的试运行取得突破性进展，全国首批双创债由“16苏方林”、“16普滤得”和“16苏金宏”三单公司债券组成，于本年3月在上海证券交易所发行，发行人分别为苏州方林科技股份有限公司、苏州普滤得净化股份有限公司和苏州金宏气体股份有限公司，发行规模6 000万元，已于2017年3月7日完成兑付兑息（发行详情见表4-10）。

表4-10　2016年我国首批双创债发行情况①

债券代码	债券简称	证券全称	发行总额（万元）	上市日期	债券期限	利率	债项评级	主承销商
135288	16苏方林	苏州方林科技股份有限公司非公开发行2016年公司债券	2 000	2016/03/08	1年	5.35%	无	东吴证券
135287	16普滤得	苏州普滤得净化股份有限公司非公开发行2016年公司债券	1 000	2016/03/08	1年	5.35%	无	东吴证券
135223	16苏金宏	苏州金宏气体股份有限公司非公开发行2016年公司债券	3 000	2016/03/08	1年	5.35%	无	东吴证券

自2016年3月全国首批双创债发行以来，截至2018年6月30日已有32家企业成功发行双创债，发行金额合计69.53亿元，即将突破70亿元。

(二)“16苏方林”发行背景简介

1.政府大力扶持双创型企业发展

在政府大力推动“大众创业、万众创业”的背景下，大量创新创业企业如雨后春笋般涌现。作为支持“双创型”企业发展而量身定做的新型融资产品，自2016年3月首批双创债发行企业在上海证券交易所成功试点发行以来，国务院和证监会陆续出台新举措，统筹推进双创债的试点发展。

2017年7月，国务院发布《关于强化实施创新驱动发展战略进一步推进大众创业万众创新深入发展的意见》，要求健全金融市场债权、股权等融资服务体系，突出强调了创新创业服务性产物——双创债。

① 根据上海证券交易所网站资料整理。

2017年7月4日，证监会发布《中国证监会关于开展创新创业公司债券试点的指导意见》，要求完善双创债的政策供给，有效引导和对接地方政府金融支持政策，双创债陆续得到许多地方政府的重点关注，苏州市、北京中关村、深圳福田区、西安高新区等地区纷纷颁布了一系列财政扶持政策，推动双创债市场发展。

在双创债首批试点地区中，北京中关村出台的相关支持政策使发债企业享受发行成本优势：对成功发行双创债的企业将给予票面利率30%的利息补贴，同时第三方中介机构积极配合中关村企业发债项目，承销商和担保公司主动降低承销费和担保费，保险公司、投资信托公司等机构投资者也都下调资金利率，以吸引投资者对双创债的关注。

2017年6月22日，苏州市政府对成功发行双创债的公司，按实际融资规模给予2%以内、最高100万元的发行费用支持，对在苏州有分支机构的双创债承销机构，按实际融资规模给予1%以内、最高30万元的奖励，并积极推动传统加工制造业向创新技术化转型。

此外，杭州滨江区给予企业融资规模1%～3%、总体补贴不超过200万元的补贴，深圳福田区实行2%的发行规模补贴等利好政策促进了双创债的推广和发展。

2.中小企业私募债黯然退场催生双创债的出现

在双创债这一创新型融资工具出现之前，和其他债券品种相比，中小企业私募债凭借着发行人门槛、审批速度等方面的突出优势，曾是中小企业融资的重要途径。根据证监会发布的《公司债券发行与交易管理办法》，中小企业私募债的发行人主体范围被公司债所覆盖，并且简化审核流程，使得非公开发行的公司债只要发行人和特定投资者达成共识即可备案发行，因此中小企业私募债也丧失了优势，无奈退出历史舞台。

但是，包括方林科技在内的双创型企业仍需解决融资问题，有着大部分“新三板”上市企业都存在的“通病”：企业上市时间较短，缺乏相关债券融资发行经验，相关机构信息披露程度不足，发行主体的经营风险和财务风险均较高，缺少其他融资行为，且公司资产负债率较低，市场估值相对较低，促使方林科技选择尝试新型融资产品——双创债。

（三）公司简介

苏州方林科技股份有限公司成立于2002年11月，注册资金6 760万元人民币，2014年1月成为我国首批新三板挂牌企业，股票代码430432。方林科技属于锂离子电池制造行业，主要以生产笔记本电脑、平板电脑、手机等消费类电子产品的锂电池组件、消费类电子产品相关功能性器件、手机周边配件及其他产品为主，并投资经营信息化等高新技术产业。

方林科技拥有4家全资子公司：苏州创佳电子材料有限公司、重庆方智电子科技有限公司、苏州仁弘美精密机械有限公司、智林科技（香港）有限公司。实际控股人为王国洪、俞文伟、王国伟，分别持有苏州方林科技股份有限公司股权的比例为19.13%、18.78%、9.63%。方林科技于2015年7月采用定向增发非公开方式发行400万股股票，自上市以来累计实际募资净额4 800万元。此后在2016年3月，方林科技又参与到全国首批双创债的发行中来，以“16苏方林”在上海证券交易所上市，成功募集2 000万元资金。

三、案例概况

（一）“16苏方林”发行概况

2015年12月，方林科技聘请东吴证券作为公司首次发行股票的辅导机构，全面开展上市前的辅导工作，在2016年3月8日成为证监会首批试点企业，初次试水发行了“16苏方林”双创债（具体情况见表4-11），债券募集资金将全部用来增强公司的融资能力，改善公司资本结构。

表4-11 “16苏方林”双创债发行方案①

发行主体	苏州方林科技股份有限公司
发行总额	不超过人民币2 000万元
债券期限	本期债券期限为不超过1年
发行利率及确定方式	固定利率债券，票面利率由发行人和承销商根据询价结果按照市场情况确定，在债券存续期内不变
计息方式	附息式固定利率，单利按年计息，不计复利，逾期不另计利息
还本付息方式	到期一次还本付息
证券形式	实名制记账方式发行，由中国证券登记结算有限责任公司提供登记和结算服务
发行价格	本期债券面值100元，平价发行
发行方式	以非公开方式通过上海证券交易所发行，发行对象不超过200人
发行对象及条件	本期债券面向合格投资者以及发行人董事、监事、高级管理人员和持股比例超过5%的股东发行
本息兑付方式	通过本期债券相关登记托管机构办理
承销商	东吴证券股份有限公司

（二）“16苏方林”兑付兑息情况

从2016年3月8日到2017年3月8日，方林科技发行的“16苏方林”双创债已成功募集到人民币2 000万元，并完成兑付兑息（见表4-12），越来越多的试点双创债企业成功发行。

表4-12 “16苏方林”兑付兑息内容②

本次兑付规模	人民币2 000万元
本次兑息规模	人民币107万元
本次付息计息期限	2016年3月8日至2017年3月8日
利率	票面利率5.35%
债权登记日	2017年3月3日
债券付息日	2017年3月8日
还本付息方式	本期债券按年付息，到期一次还本付息，不计复利
兑付兑息方法	与中国证券登记结算有限责任公司签订了《委托代理债券兑付、兑息协议》，进行债券兑付兑息
缴纳公司债券利息所得税说明	个人投资者应缴纳公司债券个人利息所得税，征税税率为利息额的20%，每手“16苏方林”（面值1 000元）实际派发利息人民币42.8元（税后），由各付息网点在持有“16苏方林”的个人支付利息时代付代缴。居民企业股东的债券利息所得税自行缴纳，每手“16苏方林”（面值1 000元）实际派发利息人民币53.5元（含税）

① 根据方林科技股份有限公司公告整理。
② 根据方林科技股份有限公司公告整理。

双创债融资方式逆势而上，在“行到水穷处”的关口，逐渐成为“新三板”中小型企业新的救命稻草，在资金支持和成本费用方面，使得“新三板”中小型企业的资金流得以“绵延留长”，企业发展“生生不息”。

四、讨论问题

1.双创债的发行条件以及发行的具体流程包括哪些？

2.结合案例分析，相对于其他债项，双创债的发行存在哪些优势？

3.结合案例分析，双创债的发行给方林科技带来哪些效益？

4.结合案例分析，双创债在发行过程中存在哪些问题？

5.结合案例分析，双创型企业应如何成功发行双创债进行融资？

案例说明

一、教学目的

本案例的教学目的是使学生关注双创型企业通过双创债融资的相关问题。一方面，可以通过本案例对方林科技发行双创债的发行内容，以及发行成功后的兑付兑息内容的介绍，使学员加深对双创债的理解；另一方面，通过对本案例的学习，引导学生掌握双创债融资的发行条件、发行流程，以及与其他债项相比双创债的突出优势，引发学生对为何选择双创债进行融资以及如何通过成功发行双创债进行融资的思考，使学员能够灵活地将所掌握的理论和实践相结合。

二、案例讨论的准备工作

（一）理论背景

1.企业债券融资

（1）企业债券融资含义

在企业的日常经营活动中，其通过股权融资、债券融资、银行贷款等外部融资方式获得主要的资金来源，但也包括企业内部自由资金和利润留存资金的内部融资方式。

债券融资就是通过发行债券的方式获得资本，债券的发行人可以是国家政府，也可以是金融机构或者企业。企业债券融资有狭义和广义之分。狭义的企业债券融资是指企业按照法定程序发行，并由发改委作为监管部门核准审批的债券。广义的企业债券融资泛指企业为了融资按照法定程序发行，并在规定时间内还本付息的有价证券，其中包括企业债券、公司债券、短期融资券等。

（2）债券融资方式

在进行一般归类时，可以直接将公司债券合并为企业债券，在实际的市场交易中却有些不同：

其一，从发行主体来看，公司债券的发行主体可以是股份有限公司也可以是有限责任公司，但是企业债券的发行主体只能是中央政府部门所属机构、国有独资企业等国有机构，因此企业债券的发债主体范围较为狭窄。

其二，从发债资金用途来看，公司债券主要是依据企业自身的经营发展情况来决定其发行的债券融得资金的用途，主要包括技术设备的更新改造、改善企业资金来源的结构、降低企业财务成本、开展企业并购计划等，而企业债券融得的资金受到国有主体背景的影响，主要用于政府部门审批的项目中的固定资产投资和技术革新改造。

其三，从信用等级来看，受到各个发债公司自身经营发展情况、盈利水平的限制，每个公司债券的信用等级也大不相同，而企业债券因为有“国有”的强大背景，并有行政机构强制落实担保机制，以保证企业债券的信用等级。

可转换债券是一种复杂的金融衍生产品，债券持有人可以在规定的时间范围内按照约定的价格把债券转换成公司的普通股票。可转换债券具有股票和债券的双重属性，无论是继续持有直到偿还期满时收取本金和利息，还是发债公司股票价值提升时债券持有者行使转换权，将债券转换成股票，发债公司都不得拒绝，因此可转换债券可以保证债券持有者的最低收益权，且当期的利息收益比普通股红利高，在清偿顺序上比股票拥有优先求偿权，对投资者来说具有强大的市场吸引力。

短期融资券是指企业在银行间债券市场发行并要求在一年内还本付息的债务融资工具。短期融资券适用于非金融企业发行融资券，由国内各金融机构购买，不向社会发行，主要由机构投资人，如商业银行、保险公司、基金管理公司、证券公司及其他非银行金融机构发行。短期融资券的特点是融资期限较短，一般最长不超过一年期。短期融资券的筹资成本较低，筹资数额较大且利率采取市场化机制，不受限制。但是短期融资券一般都是信用债券，不需要担保，信用评级机制也不完善，存在一定的信用风险。

知识链接——债券融资品种

2.企业双创债融资

（1）双创债的概念

双创债，全称为“创新创业公司债券”，是指符合条件的创新创业公司、创业投资公司，根据相关法律规定发行的公司债券。

（2）双创债重点支持对象

对于创新创业公司，债券承销机构需要就发行人是否具有创新创业特征发表明确意见。

创业投资公司，是指符合《私募投资基金监督管理暂行办法》《创业投资企业管理暂行办法》等有关规定，向创新创业企业进行股权投资的公司制创业投资基金和创业投资基金管理机构。发行创新创业公司债券募集的资金应专项投资于种子期、初创期、成长期的创新创业公司的股权。

目前，创新创业公司和创业投资公司的范围比较广，监管机构在试点前期重点支持以下两类企业发行创新创业公司债券：

一是，注册或主要经营地在国家“双创”示范基地、全面创新改革试验区域、国家综合配套改革试验区、国家高新技术产业园区和国家自主创新示范区等创新创业资源集聚区域内的公司。这些地区虽然有部分重复，但也涵盖了国内大部分经济产出区域。

二是，已纳入全国中小企业股份转让系统（新三板）创新层的挂牌公司。

（二）行业背景

2015年，随着“大众创业、万众创新”政策的逐步落实，政府已着手开始构建创新创业型企业的市场交易平台与金融市场环境，以促进我国双创债市场的稳步启动。自2016年起，我国双创债市场的试运行取得突破性进展：先后有5家双创型企业在上海证券交易所成功发行双创债，发行总额为1.15亿元，已发行的5单双创债分别为“16苏金宏”、“16苏方林”、“16普滤得”、“16龙腾01”和“16德品债”。

目前，双创债的发行主体以民营企业为主，试点的重点行业为节能环保、新一代信息技术、生物技术、新能源、新材料等战略性新兴产业、其他高新技术产业。从发行规模来看，相比于其他债项品种，双创债试点初期的发行规模普遍偏小，均不超过5 000万元。2017年，天图投资、圣泉集团、璞泰来三只债券成为双创债市场的发行主力军，发行规模合计超过6亿元。从盈利方面来看，多数双创债发行主体盈利指标较为良好，其经营净利润可以偿付当期债券的利息支出。总体来看，双创债多为非公开发行且并不强制要求评级，发行主体中多为新三板挂牌企业，这些企业上市时间较短，信息披露水平较低，信用资质较弱，担保偿付能力不强，经营及财务风险较高。

（三）制度背景

《公司债券发行与交易管理办法》、《私募投资基金监督管理暂行办法》、《创业投资企业管理暂行办法》和《中国证监会关于开展创新创业公司债券试点的指导意见》中关于创新创业型中小企业发行双创债的相关规定。

三、案例分析要点

问题1：双创债的发行条件以及发行的具体流程包括哪些？

1. 双创债公开发行的发行条件

（1）股份有限公司的净资产不低于人民币3 000万元，有限责任公司的净资产不低于人民币6 000万元；

（2）累计债券余额不超过公司净资产的40%；

（3）最近三年平均可分配利润足以支付公司债券一年的利息；

（4）筹集的资金投向符合国家产业政策；

（5）债券的利率不超过国务院限定的利率水平；

（6）国务院规定的其他条件。

公开发行公司债券筹集的资金，必须用于核准的用途，不得用于弥补亏损和非生产性支出。

上市公司发行可转换为股票的公司债券，除应当符合上述条件外，还应当符合《中华人民共和国证券法》关于公开发行股票的条件，并报国务院证券监督管理机构核准。

2. 双创债发行的具体流程

根据目前情况，双创债的发行流程和普通债券并无二致，目前发行双创债的公司以新三板为主，公开发行双创债的发行流程具体如图4-15所示。

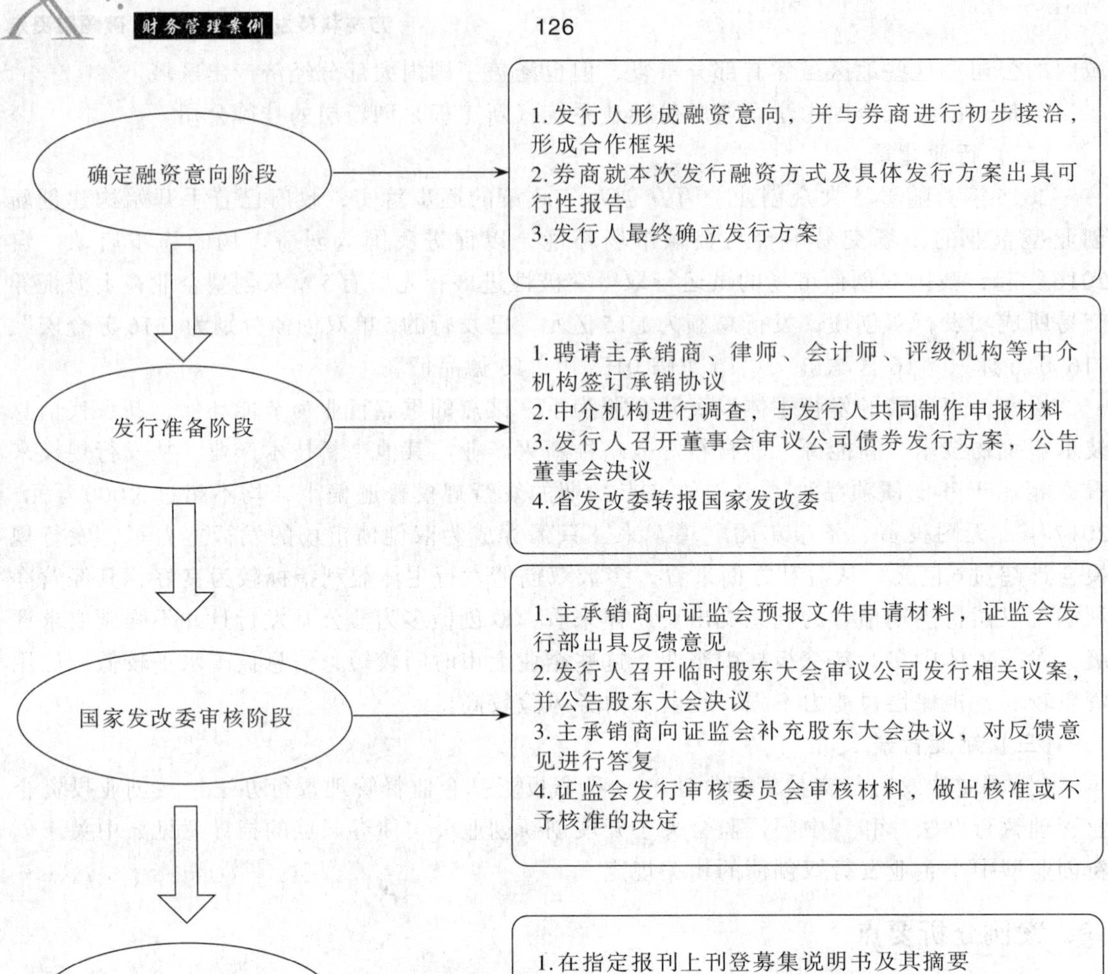

图4-15 公开发行的双创债具体发行流程

问题2：结合案例分析，相对于其他债项，双创债的发行存在哪些优势？

1.外部政策环境方面

（1）各地出台多项政策助力双创债发展

2017年7月，国务院发布《关于强化实施创新驱动发展战略进一步推进大众创业万众创新深入发展的意见》，要求健全金融市场债权、股权等融资服务体系，突出强调了创新创业服务性产物——双创债。2017年7月4日，证监会发布《中国证监会关于开展创新创业公司债券试点的指导意见》，要求完善双创债的政策供给，有效引导和对接地方政府金融支持政策，双创债陆续得到许多地方政府的重点关注，苏州市、北京中关村、深圳福田区、西安高新区等地区纷纷颁布了一系列财政扶持政策，推动双创债市场发展。

在双创债首批试点地区中，北京中关村出台相关支持政策使发债企业享受发行成本优势：对成功发行双创债的企业将给予票面利率30%的利息补贴，同时第三方中介机构积极配合中关村企业发债项目，承销商和担保公司主动降低承销费和担保费，保险公司、投资信托公司等机构投资者也都下调资金利率，以吸引投资者对双创债的关注。

2017年6月22日，苏州市政府对成功发行双创债的公司，按实际融资规模给予2%以内、最高100万元的发行费用支持，对在苏州有分支机构的双创债承销机构，按实际融资规模给予1%以内、最高30万元的奖励，并积极推动传统加工制造业向创新技术化转型。

此外，杭州滨江区给予企业融资规模1%～3%、总体补贴不超过200万元的补贴，深圳福田区实行2%的发行规模补贴等利好政策促进双创债的推广和发展。

（2）政府部门各司其职保障双创债平稳推广

政府部门起主导作用，通过市场化手段预防和分散双创债违约风险，多方面健全抵押、担保、偿付等保障机制，保证发行主体的偿债能力。主动对接辖区内高新技术产业园区，积极推出与各地高新技术产业园区相匹配的科技金融支持政策，培育双创债的机构投资者，加大双创债政策扶持力度，为双创债的发行提供良好的金融环境。

证券交易所应当对创新创业公司债进行统一标识，适时与证券指数编制机构合作，发布创新创业公司债指数。加强创新创业公司关于发债业务的推广和政策培训，提升双创债在市场上的影响力。大力引导商业银行、保险机构、证券公司、证券投资基金等金融机构投资者依法合规投资双创债，并完善相关配套法规和机制，严格把控信息披露质量，完善信用评级。

中国证监会加强统筹协调指导，完善相关政策支持，设立外部奖励机制激励发行机构发行双创债，鼓励通过债券贴息和基金注资等形式引导支持双创债的发行机构。应积极吸取之前中小企业私募债在发行过程中积累的经验，调整企业准入条件，适当地放宽发行主体范围，发行多种不同期限、不同发行规模的收益性项目债券、知识产权收益质押方面的债券等，促进更多创新创业公司加入到双创债市场中来，推动发行主体的多元化。

2.双创债债种自身优势明显

（1）丰富融资渠道，不涉及股权稀释

从本质上看，方林科技发行的“16苏方林”双创债仍属于债权融资。目前，市场上的融资工具主要是债权类融资工具和股权类融资工具，而采用股权类融资工具多半会导致股权稀释，对企业现有控股股东的控股比例造成影响。因此，方林科技通过发行“16苏方林”双创债融资，能够改善企业资本构成及比例，减少额外的财务费用，并且可以防止持股比例进一步下降，影响企业股东权益。

（2）提升资本市场知名度

方林科技是得到相关部门和地方政府的政策支持、经济发展态势良好的新三板创新层的优质公司，通过证券交易所发行债券，进行系统性业务梳理服务，进一步将公司治理等各方面提升到新的高度，并与交易所、证监会逐步建立关系。方林科技发行双创债也是公司盈利能力、偿债能力等综合实力的展现，提升方林科技在资本市场中的知名度，为后续企业融资发展打下坚实基础。

（3）债券期限、利率较为合理

银行信用借款主要采取授信贷款模式，由于政策扶持力度和银行风险评估能力有限，因此很难为企业提供长期贷款。双创债的融资方式则与之不同，近期随着双创债政策的出台，为双创债提供了支持，比如，给予发行规模一定比例的财政资金补贴、给予双创型企业税务优惠等。双创债已逐步成为大型金融机构认可并鼓励的品种，投资者数量不断增多，在一定程度上实现了债券期限的延长和利率的降低。

（4）募集资金用途相对灵活

方林科技作为优质的创新创业公司，在发行双创债时可将募集到的资金用于偿还有息负债、补充流动资金等用途，资金使用与银行贷款相比更为灵活。

（5）审核时间相对较短

目前，双创债处于试点阶段，国家设立专项审核机制对双创债进行受理及审核，“专人对接、专项审核”，适用“即报即审”政策，提高上市审核、挂牌转让条件，提高了工作效率，因而审核时间通常短于一般的公司债券（已获得批文的债券通常审核时间在1个月左右）。

问题3：结合案例分析，双创债的发行给方林科技带来哪些效益？

“16苏方林”双创债的成功发行无疑为方林科技这类创新创业型中小企业打开了一扇新世界的大门。在为公司开拓了新的融资渠道的同时，改善了公司资本结构，降低了财务费用，不稀释股权，不影响公司股权结构，对公司的资信也有一定的提升。

1.“16苏方林”双创债对企业财务绩效的影响

发行双创债进行融资主要影响企业的偿债能力、营运能力及盈利能力等方面，大多是用以下几个指标来反映企业筹资、投资、资产运营等活动的效率（具体见表4-13），下面具体分析方林科技发行双创债对企业财务绩效的影响。

表4-13 方林科技主要财务指标

年份	权益净利率	资产负债率	流动比率	速动比率	应收账款周转率	存货周转率
2016年	10.38%	25.75%	2.81	2.22	2.42	6.19
2015年	21.17%	24.22%	2.90	2.49	2.93	7.89
2014年	25.57%	31.31%	2.33	1.89	3.29	6.06

（1）偿债能力分析

从图4-16中可以看出，方林科技的资产负债率在2015年为24.22%，总体较低，偿债能力较强，财务压力较小。2016年3月，方林科技发行双创债之后资产负债率呈微弱上涨的趋势，上涨至25.75%。这主要是因为相对于资产过亿级体量的创新创业公司，发行2 000万元的双创债相较于资产的占比较小，并不会影响企业整体的资产结构。

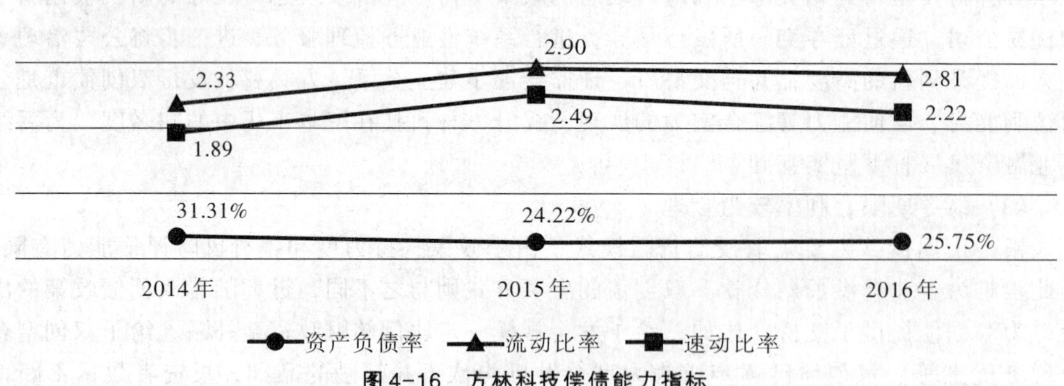

图4-16 方林科技偿债能力指标

就方林科技短期偿债能力来看，流动比率和速动比率较高，2015年比2014年有所提升，2016年流动比率降至2.81。从短期来看，方林科技偿债能力较强，财务结构较为稳健，通过发行双创债的方式在短期内融得大量流动资金，可以增强公司现有资金的流动性，优化公司的资本结构，减少企业财务融资成本，促进研发技术的更新和改造。但是由于2016年发行的2 000万元双创债使方林科技形成短期负债，可能会增加公司流动资产的压力。

（2）营运能力分析

营运能力反映了企业资金的周转状况，而双创债募集的资金将全部用来增加公司的融资能力和改善公司资本结构，对企业的营运能力影响较小。由于受传统笔记本电脑及平板电脑销售量持续下滑的影响，2016年消费电子类锂电池组件销量较2015年下降10.85%，同时智能手机在更新换代、新增功能后导致手机配件消费需求下降，因此2016年手机配件销售较2015年下降45.76%。方林科技主要产品销售量较往期均有所下跌，存货量上涨，导致营业利润下降36.71%，减少2 228万元，因此应收账款周转率和存货周转率有所下降。方林科技营运能力变化如图4-17所示。

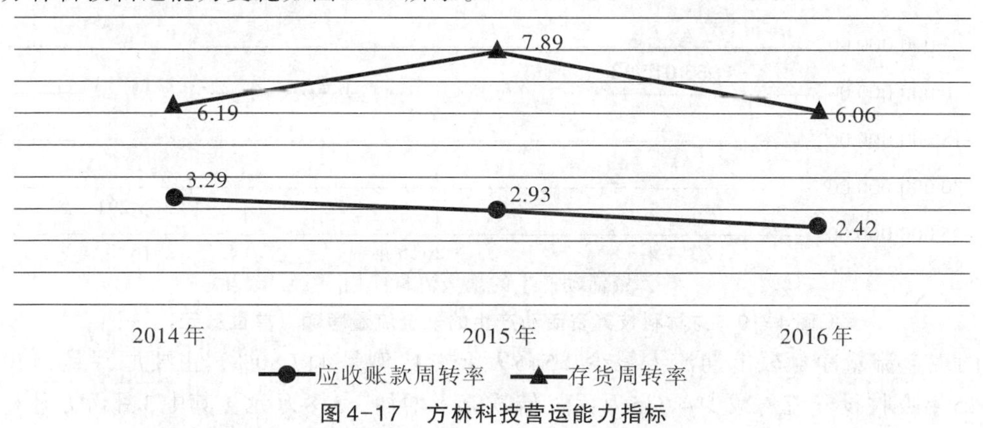

图4-17　方林科技营运能力指标

（3）综合能力分析

权益净利率是一个综合性最强的财务比率，反映所有者投入资本的获利能力，同时反映企业筹资、投资、资产运营等活动的效率。方林科技的权益净利率指标呈逐年下降趋势，虽然方林科技在2016年3月发行了2 000万元的“16苏方林”双创债，负债比率增大，使得权益乘数增大，为企业带来了更多的财务杠杆利益，但是如（2）营运能力分析中所述，2016年方林科技主营业务销售量较2015年有较大幅度的下降，实现营业收入36 024万元，比2015年同期减少4 791万元，同比下降11.74%；营业利润3 842万元，比2015年同期减少2 228万元，同比下降36.71%；净利润3 497万元，比2015年同期下降1 906万元，同比下降35.27%。因此，销售净利率下降，总资产周转率下降。权益乘数的增长幅度小于总资产周转率的下降幅度，因此权益净利率在2016年大幅下降（如图4-18所示）。

2.“16苏方林”双创债对企业现金流量的影响

双创债的发行属于企业的一种融资行为，方林科技发行的“16苏方林”双创债产生的现金流量主要体现在筹资活动产生的现金流量中，如图4-19所示。

在筹资活动产生的现金流量方面，2015年方林科技因发行股票增加现金流量46 445 283.02元，借款减少现金流量22 814 604.44元，分配股利或偿还利息增加现金流出12 052 545.84元，导致筹资活动产生的现金净流量增加11 578 132.74元。而方林科技在2016年筹资活动

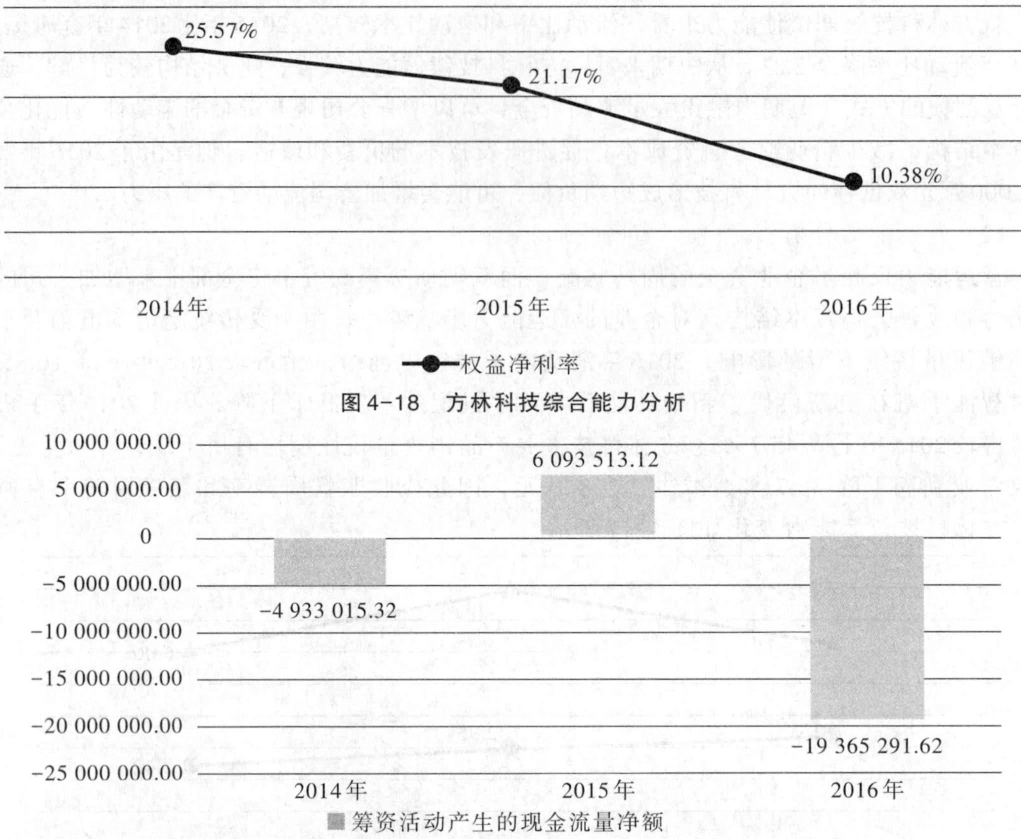

图4-18 方林科技综合能力分析

图4-19 方林科技筹资活动产生的现金流量净额（单位：元）

产生的现金流量净额较上期流入减少2 546万元，比例是417.80%，主要原因是：2016年较2015年吸收投资流入减少4 645万元，借款流入增加3 318万元，其中3月份方林科技通过发行“16苏方林”双创债获得2 000万元融资，分红及利息流出增加1 220万元。因此，2016年，方林科技筹资活动产生的现金流量净额较2015年相比大幅下跌。

问题4：结合案例分析，双创债在发行过程中存在哪些问题？

虽然双创债的发展势头良好，市场运行机制、政策引导正逐步推广开来，但仍然受到政府政策激励缺乏力度、监管部门约束机制不足的制约，发行机构自身的行为规范也存在纰漏，导致双创债的市场参与度依旧处于低水平。因此，双创债在快速发展的同时也存在一些瓶颈，其发展路径和模式还需要不断探索和研究。

1.政府激励政策仍显不足

在国务院、证监会等政府机构的支持下，我国双创债快速起步，双创债的出现又重新打开了双创型企业的融资渠道。然而就目前来看，我国关于双创债的政府政策指引仅限于2017年7月出台的《中国证监会关于开展创新创业公司债券试点的指导意见》，其中有关我国双创债的政策环境只是点到即止地指出证监会统筹指导，第三方机构协调配合，加强政策对接与引导，并未详细阐述政府各部门的分工与举措。其中，相关配套的市场运行机制设置不完善，只是鼓励实行专项审核与激励机制，并未细化到双创债在具体发行实践中的每一环节该如何保障其配套运行。

同时，与普通公司债相比，双创债的区分度不高，且又处于初始起步阶段，发行要求较为严格，规模相对较小，投资者在债券存续期内难以获得超额收益，却承担着较高的信用风险，收益与风险不相匹配，限制了投资者的积极性。政府部门的外部激励政策力度有限，发行时的实质性优惠措施落实不到位，单纯依靠市场自发行为将民间资本投入到双创债中难度较大，都是制约双创债推广发行的主要原因。

2.监管部门缺乏有效监管的约束机制

我国双创债发行主体的信用资质普遍不高，第三方受托管理人及资信评估机构容易受到专业水准和行为操守方面的制约，担保偿付能力也存在较大的不确定性。在目前发行的有关双创债的文件中，规定证监会统筹协调加强监管，证券交易所统一标识防范风险。然而，在实际发行过程中对"双创"资质认定程序的要求并不详尽，只是有融资意愿的企业对自身是否符合发债条件进行自查，有项目储备的承销机构对发债企业是否符合发债条件进行预判，"伪双创"企业仍可以借"双创"之名发债融资，致使双创债最终可能名存实亡。证券交易所在引导第三方机构合法合规进行投资、降低信用违规风险方面，只是笼统地涉及偿债保障措施，很少针对债权人的利益设置保护条款，这不仅会减少双创债的吸引力、加大双创债的融资难度，还不利于防范和分散双创债信用风险。

3.相关发行机构信息披露和增信措施有待完善

双创债多为私募发行，双创债发行主体的专项信息披露并不规范。目前，发行主体只对发行前相关债券的基本信息进行了简要披露，债项存续期和重大事项等资金使用情况的信息披露不足，企业运营及可能产生的财务风险定量描述和定性分析则更显不足。因为在现有的双创债文件中并没有对信息披露加以过多的要求，过多的信息披露反而会增加发行人的额外披露成本，所以导致发行主体往往刻意忽略信息披露的规范性及时效性，影响双创债发行主体的信用评级。

同时，我国评估机构的资质参差不齐，缺乏独立公正的双创型企业评估机构及完整的信用评级体系，信用评级标准在现行的双创债文件中也未得到严格规范，评估机构自身在专业水准方面存在缺陷，导致评估机构出具的评估结果无法得到投资者的信任。在现有的双创债发行市场中，要么发行主体没有债项的信用评级和担保机构，要么即使发行主体聘请了资信评级机构及担保公司作为保障，但由于第三方中介机构的公正独立性问题，担保和评级只是象征性的"表面功夫"。因此，对于具有高风险的双创债来说，投资者亦不敢轻易涉足双创债的投资领域，双创债发行主体的信息披露质量和发行中介机构的信用评级资质等方面都有待完善。

问题5：结合案例分析，双创型企业应如何成功发行双创债进行融资？

1.倡导发行公司自身能力培育

许多双创型企业自身业务能力不成熟、财务业绩不达标是投资者对其发行的双创债望而却步的重要原因之一。双创债的发行公司应当加强专业技术能力的培育，储备优秀的专业人才，提升自身产品竞争力，从源头上获得投资者的青睐，同时应当合理选择发债方式和类型，明晰市场需求和政策红利，提高自身议价能力，推动双创债的利率市场化。国家鼓励金融机构、实力较强的大企业积极发行双创债，通过示范效应带动中小企业的发展，最终提升整个行业产业链的融资环境，促使发行公司自律，强化社会责任，有助于发行公司收获良好的社会声誉，并对推动双创债的发展起到事半功倍的效果。

2.发行公司完善的信息披露

在信息披露方面，双创债的发行公司应注重规范的信息披露程序，在发行前要充分披露债项类别、资金用途、债项所产生的经济效应等；债项存续期内，应定期披露资金使用情况和进展情况，同时注意经常性信息披露和重大事项的信息披露。这有利于投资者随时了解发行主体对募集资金的管理情况，增加其对双创债投资的积极性。

3.第三方中介机构应注重发行过程的规范性

在信用评级方面，双创债的评估机构可以采用多种组织结构形式，以保障双创债评估机构的独立性；提高信用评级机构的专业水准，建立风险赔偿机制，如评级过程中的重大遗漏、虚假记载、误导性陈述侵犯了投资者的合法权益时，要承担赔偿责任，努力提高投资者对评估机构的信任度。双创债发行机构只有采用更为严格可靠的信息披露和信用评级举措，才能激发投资者的市场参与度，带头引导双创债市场的良性发展。

双创债发行公司的经营及财务风险较高，若发行人发生信用危机，无论是个人投资者还是机构投资者都将面对较大的损失，因此，双创债发行公司应该聘请资金实力雄厚、资信状况良好、具有较强担保能力的发行机构，对发行的双创债提供不可撤销的连带责任保证。对于投资双创债可能发生的信用违规风险进行担保，如担保本息的偿付，对投资者具有较强的保障作用，以提高投资者投资双创债的信心。

知识链接——企业筹资风险管理措施

四、课堂计划建议

本案例可以作为专门的案例讨论课来进行。以下是按照时间进度提供的课堂计划建议，仅供参考：

整个案例课的课堂时间控制在90分钟。

（一）课前计划

提出启发思考问题，请学生在课前完成阅读和初步思考。建议学生在课前做好以下准备：

1.掌握双创债的基本概念；

2.了解企业发行双创债的相关理论知识；

3.查找并了解方林科技相关资料。

分组讨论，提前告知发言要求，要求每小组将讨论意见做成讨论报告（PPT形式）。

（二）课中计划

1.简要的课堂前言，明确主题。（5分钟）

2.小组发言。（每组10分钟）

3.引导全班进一步讨论：相比于其他债项，双创债的发行存在哪些优势以及双创债的发行给方林科技带来了什么效益，对其他公司成功发行双创债有什么建议，然后进行归纳总结。（25分钟）

（三）课后计划

如有必要，请学生采用报告形式给出更加具体的解决案例分析报告，包括具体的职责分工，为后续章节内容做好铺垫。

五、参考文献

［1］卢翠平．“双创”背景下双创债的经济效应与风险防范研究［J］．经贸实践，2017（7）：122.

［2］邹媛．双创债发行思考与建议［J］．债券，2017（4）：37-41.

［3］佚名．新三板企业将成“双创债”主力［J］．中国战略新兴产业，2017（35）：45.

［4］王平．“新三板”企业债券融资情况问题与分析［J］．中国市场，2017（13）：58-62.

［5］许擎天梅．11家新三板企业发行12.6亿双创债　覆盖面小亟待推广［N］．证券时报，2017-08-07（A07）.

［6］唐婷．中关村20余家企业试水“双创债”［N］．科技日报，2017-03-20（006）.

［7］王辉．新三板“双创债”扩容在望［N］．中国证券报，2017-08-02（A08）.

第五章　企业投资与项目评估

案例九

阿里投资光线布局“互联网+影视”

摘　要

随着我国经济的快速发展，各行业间的竞争日益激烈，呈现优胜劣汰的局面。上市公司往往会把自己闲散的资金汇集形成资金池进行投资，以便获取主营业务之外的收益。随着我国“十三五”规划的推进，文化产业作为第三产业在我国发展得如火如荼，其中对影视文化强烈的需求极大地促进了我国影视文化产业的迅速发展。阿里巴巴作为国内最大的本地化生活社区平台，其旗下的各类服务带来了更好的用户黏性和口碑，它以生活服务为切入点，广泛涉及收购投资领域。投资影视文化领域一直在阿里巴巴它的战略布局中，但一直不是很顺利，也一直不放弃。阿里巴巴于2015年3月4日投资入股光线传媒，双方签订三年的合作协议，阿里巴巴就此成为光线传媒第二大股东。那么此次阿里巴巴对光线传媒的投资又是为了什么，结果又如何，合约到期阿里巴巴又是基于什么原因不再续约？作者以此为切入点，从阿里巴巴投资光线传媒的背景、目的及结果出发，引入企业投资的知识点，对此次阿里巴巴的投资行为进行分析评估，分析其投资光线传媒是否获利。此案例对引导学生了解企业投资实务具有一定的意义。

关键词

企业投资；投资评估；阿里巴巴；光线传媒

知识点

1. 企业投资定义及方式；
2. 相关企业投资评估理论；
3. 企业投资评估方法。

案例正文

一、引言

电影影视作为文化传媒行业的重要分支，随着消费升级和互联网技术的推动而快速发展，影视产业模式不断升级。以IP为核心的影视产业利用泛娱乐商业生态，使各领域的产业链商业模式日趋成熟，泛娱乐业务正在加速发展。2017年，《文化部“十三五”时期文化产业发展规划》提出：到2020年，实现文化产业成为国民经济支柱性产业的战略目标。该政策的出台，吸引了很多企业进军文化娱乐行业。那么投资方如何选择投资对象，看重的是什么，投资效果如何呢？这些投资企业都要做投资前的分析。

2017年的发展使光线传媒成为中国最大的民营媒体娱乐集团。通过不断改进和创新，光线传媒一直引领着行业的潮流，引人注目的光线传媒“e”形标志已经成为娱乐行业的著名标志之一。2015年3月4日，光线传媒非公开发行28亿元股票，其中杭州阿里创业投资有限公司（以下简称“阿里创投”）认购24亿元，成为光线传媒第二大股东。光线传媒的发展效益如何对阿里巴巴来说尤其重要，直接影响阿里巴巴再次进入影视行业的信心。

知识链接——何谓“IP”？

二、公司简介

（一）投资企业（杭州阿里创业投资有限公司）简介

阿里巴巴集团（美国纽约证券交易所上市，股票代码为“BABA”）是中国最大的网络公司，也是世界第二大网络公司，由马云于1999年创立，是一个企业对企业的在线交易市场平台。在阿里巴巴所采取的“合伙”制度中，合伙人提名董事会的多数董事，而不是根据股份的数量分配董事席位。该集团不仅在商界取得了许多成就，而且一直致力于慈善事业。阿里巴巴具有电商业务部、蚂蚁金融、菜鸟物流、大数据云计算、广告、跨境贸易六大电商服务以及互联网服务。它是目前世界上最大的在线和移动商务公司。

阿里巴巴发展历程中的重大事件如图5-1所示。

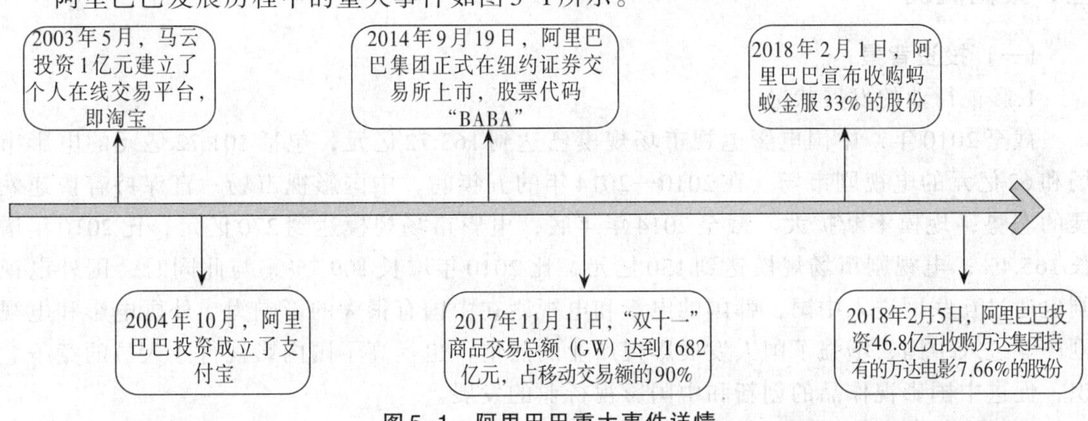

图5-1　阿里巴巴重大事件详情

杭州阿里创业投资有限公司是一家成立于2006年10月10日的私营有限责任公司。马云既是该公司法定代表人又是负责人，注册资本2.6亿元人民币。该公司的一般业务包括咨询业务（证券期货除外）、为初创企业提供创业管理服务（上述业务范围不包括国家法律法规禁止、限制的项目)。

(二)被投资企业(光线传媒)简介

北京光线传媒股份有限公司前身为北京光线广告有限公司，1998年成立，主营业务包括电视节目制作发行，电影投资、制作、宣传，电视剧投资、发行，艺人经纪、新媒体互联网、游戏等。2009年6月，光线传媒改制为股份有限公司。2011年，该公司在创业板挂牌交易，股票代码为300251，共发行109.6亿股。2012—2016年光线传媒资本变动情况见表5-1。

表5-1 2012—2016年光线传媒资本变动情况

项目	2012年	2013年	2014年	2015年	2016年
转增股数(万股)	13 152	26 523	50 635	33 849	146 680
注册资本数(万元)	24 112	50 635	101 270	146 680	293 400

表5-2显示光线传媒2010—2014年的个别财务数据，从表5-2中的数据可以看出该公司一直在朝着有利的方向发展。

表5-2 2010—2014年光线传媒个别财务数据 单元：万元

时间	2010年	2011年	2012年	2013年	2014年
营业收入	47 960	69 793	103 386	90 417	121 807
营业利润	11 914	21 093	37 132	38 502	41 191
净利润	11 282	17 580	31 022	32 794	35 187

光线传媒是在创业板上市的中国最大的民营电视节目制作商和运营商，主要涉及娱乐资讯、综艺节目、生活类节目，拥有覆盖所有地级市的最大的地面电视网络，在民营电影发行公司中排名前三，也是中国最大的演艺活动公司。

光线传媒参与制作或者直接投资的影视作品众多，产生了高额的票房，2012年和2013年共制作发行20部电影，总票房超过40亿元。自创品牌手游“分手大师”已于2014年6月推出。《美人鱼》电影票房33.92亿元，刷新当时中国电影票房纪录。

三、案例概况

(一)投资背景

1.影视行业的发展状况

截至2010年，中国电影电视市场规模已达到163.72亿元，包括101.72亿元的电影市场和62亿元的电视剧市场。在2010—2014年的五年间，中国影视市场一直保持着快速发展的态势，规模不断扩大。截至2014年年底，电影市场规模达到270亿元，比2010年增长165.4%；电视剧市场规模达到130亿元，比2010年增长109.7%，与此同时，国外电视剧也通过互联网进入中国，韩国的电影和电视剧在中国有很大的影响力。外国电影和电视剧产业进入中国，增强了国人发展影视产业的热情，也提高了国内影视行业人员的竞争意识，促进中国影视作品的创新和中国影视行业的发展。

2.阿里巴巴布局娱乐文化产业的战略

马云以一种非常具有情怀的“强大国民思想”来引导其产业布局，从影视、音乐、文学到体育，阿里巴巴的触角正在迅速地延伸到文化娱乐产业的每一个链条。其情怀的背后是巨大的中国文化产业，尤其是影视产业等的爆发式增长，已成为中国经济增长趋势放缓前提下为数不多的高发成长行业。面对“情怀+利益”的双重吸引力，阿里巴巴自然是不会袖手旁观的。因此，阿里巴巴在布局上也做了很多努力，以四大业务为主导，充分利用互联网的大数据用户平台优势，实现在线票务、为影视行业提供技术支持、频繁在影视领域投融资、带来粉丝经济等（如图5-2所示）。

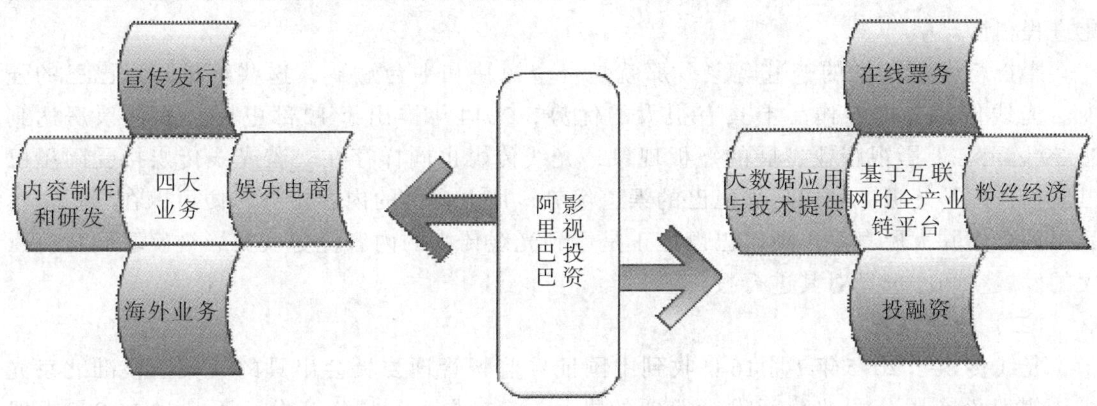

图5-2 阿里巴巴产业布局

2014年3月，阿里巴巴收购港股文化中国并将其更名为阿里巴巴影业集团有限公司（以下简称“阿里影业”）。阿里巴巴此后注入自己孕育的淘宝电影、娱乐宝业务，并以阿里影业为主体，全资收购了影院出票系统提供商之一的粤科软件，参与博纳影业私有化和大地院线投资，旗下的娱乐宝还参与了对向上影业的投资。近年阿里巴巴在影视业的投资情况见表5-3，阿里巴巴正在文化产业领域掀起“画土分疆”之势，“帝国”的版图悄然成形。

表5-3 近年阿里巴巴在影视业的投资情况

板块	公司		形式	时间	备注
电影	阿里影业	华谊兄弟	阿里巴巴和马云共计持股8.03%	2014.01	阿里巴巴+马云=第二大股东
		芭乐传媒	投资，占比不详	2014.08	
		光线传媒	投资，8.78%		第二大股东
		粤科软件	全资子公司	2015.04	
		新片场	投资，20%	2015.09	
		淘宝电影（淘票票）	自有产业注入	2015.11	
		娱乐宝	自有产业注入	2015.11	
		博纳影业	投资，8.29%	2015.12	阿里影业入股
		大地院线	投资，4.76%	2016.05	
视频	华数传媒		20%	2014.04	主体为马云、谢世煌
	优酷土豆		投资，20%	2015.10	
	天猫魔盒		自由业务		

3.光线传媒影视互联网化发展潜力大

2014年，华谊兄弟传媒股份有限公司（以下简称“华谊兄弟”）报表显示其拥有货币资金19.43亿元，但银行借款近14.45亿元和发行短期债券6亿元，债务融资达到20.45

亿元。在如此高负债的财务状况下，华谊兄弟仍处处与网络公司联手，引进腾讯、收购卖座网、与爱奇艺联手，还计划让小米参股。

光线传媒2015年1—9月的短期借款为5.61亿元，货币资金为3.43亿元。与华谊兄弟相比：一方面，光线传媒负债率低，还有很大的筹资空间；另一方面，光线传媒的互联网化进程稍慢。

影视行业发展中的普遍现象，那就是资金短缺和平台短缺，这些正是阿里巴巴的强项。光线传媒在内容作品上具有很大的优势，2014年推出了12部电影，累计票房达到31.39亿元。但影视行业发展的短板现象，光线传媒也同样存在。若光线传媒接受阿里巴巴风投，弥补短板，利用阿里巴巴的渠道优势，加上自己的内容优势，便可以在影视衍生品领域合作并大展身手。阿里巴巴也正是看到光线传媒的内容优势及其影视互联网化有巨大的发展空间才选择对其进行投资。

（二）投资概况

光线传媒于2015年2月16日收到中国证券监督管理委员会出具的《关于核准北京光线传媒股份有限公司非公开发行股票的批复》：核准公司非公开发行不超过14 000万股新股。

根据认购情况，公告显示本次发行价格确定为24.22元/股；认购对象及认购金额为：杭州阿里创业投资有限公司认购24亿元，上海光线投资控股有限公司认购4亿元，其余投资者按照询价方式参与非公开发行，其中阿里创投已经认购了光线传媒约9 909万股，阿里巴巴成为光媒第二大股东。

阿里巴巴和光线传媒正式签订合作协议，协议内容主要包括七大方面：电影投资合作、制作发行合作、IP合作、互联网新媒体渠道发行合作、影视衍生品优先销售或优先首发合作、票务网站合作及其他票务合作等。

协议中明确写明，本协议自双方盖章或签署之日起生效，有效期三年。期限届满后，如双方认可前期合作，可共同协商将期限延长两年。

但在2018年5月29日，光线传媒发出公告，宣布终止与阿里巴巴签署的《战略合作框架协议》。双方并未再进行续约。

知识链接——非公开发行股

（三）投资效益

1.成光线传媒第二大股东

阿里创投认购光线传媒约9 909万股，成为光线传媒的第二大股东，上海光线投资控股有限公司依旧是控股股东。截至2018年5月，光线传媒股权结构显示，阿里巴巴仍然是其第二大股东，见表5-4。与华谊兄弟一样，在这次投资中，阿里巴巴仍然十分重视内容，目的是依靠自己的娱乐宝等优势平台对光线传媒的影视作品进行宣传，在衍生品上进行合作，整合国内影视资源，通过控股或参与大型影视公司的方式将影视与电子商务相结合，打造影视业上下游全产业链。

表 5-4　2018年5月光线传媒十大股东列表

十大流通股东	持有比例（%）	本期持有股（万股）	持股变动数（万股）
上海光线投资控股有限公司	44.06	129 266.19	不变
杭州阿里创业投资有限公司	8.78	25 763.83	不变
北京三快科技有限公司	6.00	17 601.65	不变
杜英莲	3.87	11 354.58	不变
王洪田	1.05	3 080.06	不变
李晓萍	0.95	2 778.59	不变
中国建设银行有限公司——嘉实新消费股票型证券投资基金	0.60	1 757.69	新进
李德来	0.57	1 665.54	不变
香港中央结算有限公司	0.50	1 480.81	新进
兴业银行股份有限公司——兴全趋势投资混合型证券投资基金	0.45	1 311.28	减持 182.09

2. “互联网+影视”模式形成

数据和流量被称为互联网的两把刀，促使互联网进入影视娱乐产业，也意味着互联网公司越来越不甘只扮演一个平台的角色，而是追求从上游内容制作的布局扩展至生态产业链，整合企业资源，促进其可持续发展。传统媒体公司的商业模式是销售内容或渠道，但是，互联网上免费模式的应用使得处理、储存和传播数据的成本变得越来越便宜，内容产业与互联网的结合需要延伸产业链，尽快突破产业链循环。阿里巴巴投资光线传媒，使光线传媒拥有了阿里巴巴庞大的用户数据和流量，这便是“互联网+影视”的最佳形式。

从图5-3中可以看到阿里巴巴与各大影视公司合作后影视板块的运作模式，影视作品的创作、投资制作、发行、票务和放映环节都极大地发挥了各个影视公司的优势，光线传媒在其中发挥着内容优势。2012年和2013年，光线传媒投资制作和发行了20部电影，总票房超过40亿元。光线影业投资的《人再囧途之泰囧》更是成为年度票房市场最大的“黑马”，影片自2012年12月12日上映到2013年一直刷新着国产电影的纪录，截至2013年1月1日，票房统计达到10亿元，观影人数达到3 000万。

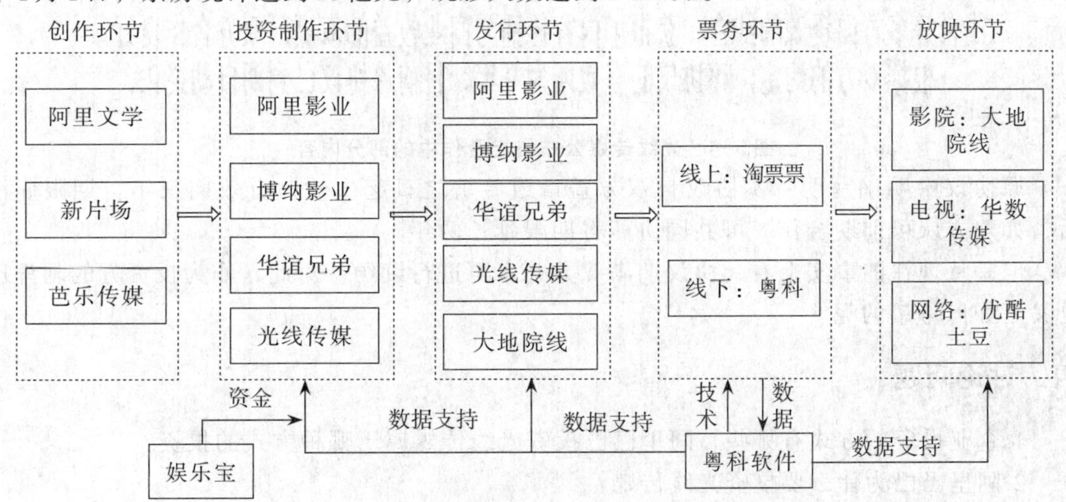

图 5-3　阿里巴巴影视板块运行模式

3.光线传媒的财务效益

光线传媒在接受阿里巴巴投资后，形成“互联网+影视”的商业模式，改善了公司的经营状况，这从光线传媒在接受阿里巴巴投资后主要财务数据的变化中可以看出（见表5-5）。

表5-5　2014—2018年一季度光线传媒主要财务数据　单位：万元

项　目	2014年	2015年	2016年	2017年	2018年一季度
总资产	498 378	818 921	914 951	1 188 446	1 367 238
流动资产	218 344	368 580	327 311	388 509	671 433
存货	45 679	38 719	46 758	115 069	87 042
货币资金	58 082	151 242	152 011	192 354	158 956
负债总额	203 212	121 826	173 692	342 970	323 981
流动负债	85 163	97 882	149 755	137 083	118 022
营业收入	121 807	152 329	173 131	184 345	40 075
营业成本	73 908	101 018	87 520	108 254	29 877
营业利润	41 191	43 331	79 480	67 201	234 497
息税前利润	42 608	45 406	81 567	82 361	235 287
净利润	35 187	41 661	73 995	82 121	199 263
股东权益总额	324 686	697 095	711 739	845 476	1 043 257
每股收益（元/股）	0.33	0.28	0.25	0.28	0.68

（四）协议到期

2018年5月29日，光线传媒发布公告称：与阿里巴巴于2015年5月28日就双方战略合作事宜签订的协议到期，现宣布协议终止，并表示该协议到期不会对公司的发展战略及生产经营造成不利影响（如图5-4所示）。

二、协议的进展情况

此次战略合作，公司依托大量影视作品等优势内容，在影视衍生品销售、线上票务销售等方面与阿里巴巴达成了合作，实现了与其数字娱乐产业、电子商务平台等多方面资源的结合，获得了内容传播与商业收益的双赢，双方合作良好。

根据双方的约定，该协议的有效期为三年，目前该协议已到期自动终止。

图5-4　光线传媒公布终止合作中的部分内容

原协议中明确写明：本协议自双方盖章或签署之日起生效，有效期三年。期限届满后，如双方认可前期合作，可共同协商将期限延长两年。

但是从现在的事实上看，协议期满双方并未再进行续约。对此，作为投资方的阿里巴巴又是如何考量的呢？

四、讨论问题

1.企业投资的方式有哪些，阿里巴巴投资光线传媒属于哪种方式的投资？

2.阿里巴巴为什么要投资光线传媒？

3.影视投资有哪些风险？

4.“互联网+影视”的优势是什么？

5.从项目评估的八个内容角度出发，对阿里巴巴投资光线传媒进行评估。

6.作为投资方，阿里巴巴基于什么原因没有再与光线传媒续约合作？

案例说明

一、教学目的

本案例的教学目的是使学生了解企业投资中股权投资项目的评估，学会分析项目投资的必要性、可行性、合理性，同时学会对效益、费用进行审核和评价。通过案例学习掌握股权投资项目评估的基本原理。

二、案例讨论的准备工作

（一）理论背景

1.企业投资

投资是特定经济主体为了在未来可预见的时期内获得收益或是资金增值，在一定时期内向一定领域投放足够数额的资金或实物的货币等价物的经济行为。投资不仅是企业为了获得相应的收益而将资金投入到某一特定对象中的一种经济行为，也是一种有利于企业多元化的优化资本配置的行为。企业的投资形式多种多样，企业要根据自身财务状况合理选择投资方式，其分类详见表5-6。

表5-6 企业投资方式类别分类

分类标准	定义
生产经营关系	直接投资：将资本直接投入到生产经营中去，直接或间接地控制企业经营、管理活动，主要方式有控制股份公司一定比例具有表决权的股份数、合作经营、设立独资企业
	间接投资：只购买债券或股票，定期收入股息和利息，不直接参与企业经营管理
投资回收时间	短期投资：是指能够并且也准备在一年以内收回的投资
	长期投资：是指一年以上才能收回的投资
投资方向	对内投资：又称内部投资，是指把资金投在企业内部，购置各种生产经营用资产的投资
	对外投资：是指企业以现金、实物、无形资产等方式或者以购买股票、债券等有价证券方式向其他单位投资

2.企业投资评估的内容

企业投资评估是在全面可行性研究的基础上，从整个企业的角度对投资行为及项目的计划、设计、实施等进行全面的技术经济论证和评价，以确定该项投资的未来发展前景。该论证与评价为决策者在选择项目和实施方案时提供了宝贵的意见，力求客观、准确地收集和呈现与投资实施相关的资源、技术、市场、金融、经济、社会等方面的数据和实况给决策者，让决策者既可以从实际出发做出正确而恰当的决策，又可以为投资的实施和全面评估打下良好的基础。企业投资评估主要评估八个方面的内容，详见表5-7。

表5-7 企业投资评估的八大主要内容

评估内容	具体评估
投资必要性	包括投资项目是否符合行业规划、对产品市场供需情况及产品竞争力进行分析比较、对投资项目在企业发展中的作用进行评估、拟投资规模经济性分析
建设条件	建设条件即建设的资源优势。工程地质、水文地质是否适合投资建厂；原材料等供应是否有可靠来源，是否有供货协议；交通运输是否有保证；协作配套项目是否落实；环境保护是否有治理方案；投资厂址选择是否合理等
技术	投资建设项目采用的技术、设备是否适用，是否符合国家相关的技术发展政策；购进的技术和设备是否符合投资实际；投资项目所采用的新工艺、新技术、新设备是否经过科学的试验和鉴定；产品方案和资源利用是否合理，产品生产纲领和工艺、设备选择是否协调；技术方案的综合评价
项目投资经济数据估算	包括生产规模及产品方案数据、各项技术经济指标、产品生产成本估算、销售收入及税金估算、利润预测
投资项目财务评估	包含项目财务数据的评估、项目的财务盈利能力、项目的清偿能力分析、项目资金流量和有无项目对比分析
国民经济效益评价	国民经济盈利能力分析；经济外汇效果分析；辅助经济效益分析；对环境保护做一般评估
不确定性分析	分别从企业经济评估和国民经济评估两个方面进行
总体评估	在以上各项评估基础上，结合投资对象国的政治、经济和社会状况对投资项目进行总体评价

3.企业投资评估方法

投资可行性分析是对被投资企业财务预测分析及投资公司投资项目可操作性的分析。

被投资企业财务预测分析：利润情况、现金流预测以及其他；投资收益包括市盈率估值和投资收益预测分析两部分；投资风险分析包括被投资企业破产风险、管理风险和经营风险分析三部分。

投资公司投资项目可操作性的分析主要有两方面：其一是净现值法，当NPV>0，项目盈利，方案可行；NPV<0，项目亏损，则方案不可行。其二是内含报酬率。当内含报酬率>项目必要报酬率，方案可行；反之，则方案不可行。

（二）行业背景

传统影视市场的存量是有限的，没有起到长尾效应，存在着不经济的规模，因此，传统影视产业正在逐渐消退。未来将是影视产业和互联网产业相融合的发展模式，同时也会从经济不规模发展到经济规模化。消费互联网阶段向产业互联网阶段的发展也正是从“影视+互联网”到“互联网+影视”的跨越，未来的趋势是将迈进“互联网生态+影视”阶段。

统计数据显示，2016年互联网自制内容总投资比2015年增长125%，制作集数增加近42%。爱奇艺的内容总监表示，2015年，“互联网第一、平台第二”的电视剧数量增加了230%。2016年，中国网络视频市场规模已达到609亿元，同比增长56%。企鹅影业CEO

表示，2016年，腾讯视频网络自制内容流量增长近300%，项目储备数量已超过100个，在线视频活跃用户增加32%，日均观看时间增加4%。由于观看习惯的变化和年轻一代的追捧，使自制剧在网络视频网站上大受欢迎，网络视频网站对自制内容的关注度越来越高。

在用户规模方面，视频用户和影院观众的数量是相似的，而且网络视频PC终端用户的增长已逐渐放缓；来自视频网站的用户、影院端口的增量只是单个用户的增量，将会被转化到消费模式、消费频率、消费渠道方面的综合增长，2016年用户超过2 000万，同比增长100%以上。

知识链接——长尾效应

（三）制度背景

《中华人民共和国公司法》中关于企业投资管理的有关规定。《上市公司重大资产重组管理办法》的有关规定。影视行业相关法律法规。

三、案例分析要点

问题1：企业投资的方式有哪些，阿里巴巴投资光线传媒属于哪种方式的投资？

根据前文的分析以及对投资方式理论的界定，阿里巴巴投资光线传媒后成为其第二大股东，直接或间接地控制光线传媒的经营、管理活动，主要投资方式为控制股份公司一定比例具有表决权的股份数，即属于直接投资；从投资回报率来看，其投资又属于长期投资；阿里巴巴以购买股票的方式向光线传媒（其他单位）的投资并非是企业内部的投资，因此这项投资又属于对外投资。

问题2：阿里巴巴为什么要投资光线传媒？

1.影视行业的发展向好

截至2010年，中国电影电视市场规模已达到163.72亿元，包括101.72亿元的电影市场和62亿元的电视剧市场。在过去的几年里，中国的影视市场一直保持着快速发展的态势，规模不断扩大。截至2014年底，电影市场规模达到270亿元，比2010年增长165.4%；电视剧市场规模达到130亿元，比2010年增长109.7%。从以上数据中我们可以看出，中国的影视产业正在迅速发展，网络是一个重要的推动力。与此同时，国外电视剧也通过互联网进入中国，韩国的电影和电视剧在中国有很大的影响力。外国电影和电视剧产业进入中国，增强了国人发展影视产业的热情，也提高了国内影视行业人员的竞争意识，这将使中国影视作品更注重创新，质量必会提高，最终促进中国影视行业的发展。

2.阿里巴巴布局娱乐文化产业战略的需要

具有充裕资金做投资保证的阿里巴巴以“强大国民思想”的情怀来引导其产业布局，从影视、音乐、文学到体育，阿里巴巴的触角正在迅速地延伸到文化娱乐产业的每一个链条。在其情怀的背后是巨大的中国文化产业，尤其是影视产业等的爆发式增长，已成为中国经济增长趋势放缓前提下为数不多的高发成长行业。面对“情怀+利益”的双重吸引力，阿里巴巴自然是不会袖手旁观。因此，阿里巴巴在布局上也做了很多努力，以四大业务为主导，充分利用互联网的大数据用户平台优势，实现在线票务、为影视行业提供技术支持、频繁在影视领域投融资、带来粉丝经济等。2014年3月，阿里巴巴收购港股文化中国并将其更名为阿里影业。阿里巴巴此后注入自己孕育的淘宝电影、娱乐宝业务，并以阿里影业为主体，全资收购了影院出票系统提供商之一的粤科软件，参与博纳影业私有化和大地院线投资，旗下的娱乐宝还参与了对向上影业的投资。阿里巴巴正在文化产业领域掀起“画土分疆”之势，“帝国”的版图悄然成形。

3.光线传媒影视互联网化发展潜力大

影视行业巨头之一的华谊兄弟，2017年财报显示其拥有货币资金19.43亿元，但银行借款近14.45亿元、发行的短期债券6亿元，债务融资达到20.45亿元。2015年1—9月，光线传媒短期借款5.61亿元，货币资金3.43亿元。与华谊兄弟相比，光线传媒负债率低，还有很大的筹资空间。但华谊兄弟与网络公司联手的战略更胜一筹，如引进腾讯、收购卖座网、与爱奇艺联手，还计划让小米参股。光线传媒的互联网化进程稍慢。光线传媒接受阿里巴巴风投后可以利用阿里巴巴的渠道优势，在影视衍生品领域进行合作。2014年，内容占优势的光线传媒发行了12部电影，累计票房31.39亿元，但影视行业普遍存在资金短缺和平台短板问题，这正是阿里巴巴的强项，光线传媒影视互联网化发展有巨大的空间。

问题3：影视投资有哪些风险？

1.无资产抵押

影视投资属轻资产高杠杆投资，基本上没有任何实物资产的抵押品。与传统的债权人质押风控标准相比，信托公司缺乏风控经验，只限于对票房的期望。

2.投资标的不明确

影视信托多以影视基金的形式存在，即基金经理根据行业经验进行投资，导致投资不确定性增加，毕竟近年来，著名导演、演员的封杀和意外新闻事件层出不穷，风险不可低估。

3.投资成本难以控制

电影的拍摄时间长，道具、演员等的成本增加，在有些情况下难以控制，如果没有好的票房弥补，那么损失是难以想象的。

问题4：“互联网+影视”的优势是什么？

如今的互联网对影视行业产生了颠覆性的影响，众筹、大数据、在线票务三大方面正在重塑着影视产业链，对中国影视产业体系的成熟起到重要作用。

1.众筹

众筹是一种优先以预售票、团购票的销售方式向消费者提前筹集项目资金的方式。在电影产业领域，制片人以为投资者提供门票、海报、DVD等一系列产品的方式众筹电影项目资金，其优点主要有：第一，众筹的作用是在电影制作中筹集资金，能够测试市场热度，做合理投资；了解观众属性，指导制作和发行。第二，在电影营销领域，众筹可以引起媒体的关注；把投资者变成观众，能吸引他们的长期关注，增强观众的参与感，使他们能够利用互联网积极传播电影信息。第三，众筹可以引发衍生品，比如捆绑海报及电影DVD版本等的销售。

2.大数据

在电影和电视剧领域，利用大数据投拍电影、进行项目决策、选择主要团队、进行影片制作指导和宣传等已成为电影和电视剧行业的一种新模式。大数据在"互联网+影视"中的优势有四个：第一，大数据在电影产品的制作中可以辅助项目决策，确定类型、主创、情节；进行包括受众定位、受众观看行为等在内的受众分析；通过预测票房的方式吸引投资。第二，电影上映后，大数据可以分析观众的分布，进行合理的资源配置。第三，在营销阶段，大数据可以帮助锁定观众，定位准确的营销方向；通过对舆论的分析来引导口碑。第四，电影上映时，大数据可以分析市场热度，以供制片公司制作设计作品时参考。

3.在线票务

目前，基于O2O模式的垂直电影票销售平台不仅可以提供电影票预售、在线快速选座服务，还可以提供热门影院、人气电影折扣、影院布局等在线信息服务。随着电影在线票务的日益普及，各大票务网站不仅引入了低成本的票务模式，而且经常举办一些如准时抢购、特殊定制、电影票预订等活动。在线票务对影视行业的影响体现在电影产品发行、营销、放映、衍生四个阶段：第一，在发行阶段，在线票务是一种创新的发行模式，将观众和影院座位连接起来，提高了影院资源的使用效率；根据在线票务情况，指导发行方合理配置资源。第二，在营销阶段，电影营销物料的一大块将可以直接转化为票房。第三，在放映阶段，直接连接用户，根据用户需求安排放映时间。第四，垂直于电影产业链，是衍生品销售的主渠道。

问题5：从项目评估的八个内容角度出发，对阿里巴巴投资光线传媒进行评估。

1.投资必要性的评估

（1）是否符合行业规划

在我国，跨行业并购屡见不鲜，跨行业投资更是常态。随着我国互联网的发展，人们的生活离不开互联网，互联网也给我们带来了很多便利，"互联网+"是目前发展的趋势。根据行业发展趋势，阿里巴巴投资光线传媒符合互联网行业及影视行业的规划。影视产业作为文化传媒行业的重要分支，在经济发展、消费升级及互联网技术的推动作用下得到快速发展，产业模式不断升级。以IP为核心打造的影视产业搭乘泛娱乐商业生态之风，使整个产业链的商业模式变得越来越成熟，泛娱乐业务也越来越受欢迎。

（2）产品市场供需情况

截至2010年，中国的影视市场已经是一个拥有163.72亿元的大规模的市场，其中包括101.72亿元的电影市场和62亿元的电视剧市场。近几年来，中国的电影电视剧市场保持着高速发展的状态，规模不断扩大。据报道，2014年年底，其总规模为400亿元，与2010年相比，增长了144.3%。电影市场上升到270亿元，与2010年相比增长165.4%；电视剧市场达到130亿元，与2010年相比增长了109.7%。

（3）产品竞争力的分析与比较

光线传媒业务涵盖娱乐资讯、综艺节目、生活类节目，拥有覆盖所有地级市的最大的地面电视网络，在民营电影发行公司中排名前三，是我国内地最大的民营电视制作公司，也是中国最大的演艺活动公司之一。2012年和2013年，光线传媒共制作发行20部电影，总票房超过40亿美元。2014年6月，光线传媒成功推出私人品牌手游——"分手大师"。光线传媒制作的电影《美人鱼》票房33.92亿元，刷新了当时中国电影最高票房纪录。

2.建设条件和技术评估

光线传媒是中国影视行业的领导者和创新者，因为它有对新导演、剧本和演员的独特视角，更重要的是，光线传媒拥有自己的电视媒体节目、活动部门，有一批实力派演员，有遍布全国的发行系统，有自己的内容制作和宣传部门。同时，光线传媒建设了目前北京最大的演播中心。2013年，光线传媒拥有600名员工、10 000平方米的办公空间，是中国最具观赏性的传媒娱乐集团总部，几乎每天都有明星来访。光线传媒的这些优势都是行业所独有的。

3.项目经济数据的评估和财务评估

（1）出品产品及效果

①电影业务方面

北京光线影业有限公司（以下简称“光线影业”）推出的《导火线》和《铁三角》在上映期间都取得了不错的票房成绩。2008年，光线影业投资发行了6部以上的电影，从2009年到2011年，光线影业每年至少投资和发行15部主流电影。2012年和2013年，光线影业投资制作和发行了20部电影，总票房超过40亿元。

2012年，光线影业投资的《人再囧途之泰囧》成为最大的“黑马”，影片自2012年12月12日上映到2013年一直刷新着国产电影的纪录，截至2013年1月1日，票房累计达到10亿元，观影人数达到3 000万。在电影投资方面，光线影业的目标是成为“中国第一家原创电影公司”，其坚持的投资三大原则：只做商业类型的电影，参与国际合作，参与推广和发行。

光线影业以电影《爸爸去哪儿大电影》和《同桌的你》作为2014年的开场，获得票房近12亿元。随后《分手大师》《秦时明月》《四大名捕大结局》《亲爱的》《我就是我》《我的情敌是超人》《我叫MT》《港囧》《钟馗伏魔》《鬼吹灯之寻龙诀》《左耳》《古剑奇谭》《改头换面》《全民危机》《大鱼海棠》《水果大逃亡》《谁的青春不迷茫》《从你的全世界路过》《致我们突如其来的爱情》等影片陆续上映。

②大型活动方面

光线传媒旗下的大型娱乐品牌“嘉华丽音”是中国第一个演艺品牌，承接各种大型、高水平、难度大、国际知名的活动。北京嘉华丽音国际文化发展有限公司（以下简称“嘉华丽音”）是中国最专业的电影首映组织者之一，承办了许多奖项的颁奖活动，如“华表奖”“金鸡奖”“百花奖”等；也是国内最专业的电影首映式承办机构之一；另外还举办了大量高水平的娱乐活动，如《电影之歌》《同一首歌》，以及各种大型商业音乐会、地方政府活动等。

③电视剧业务方面

由于种种原因，电视剧收入在光线传媒总收入中所占的比例一直相对较小，但自2006年以来，光线传媒投资了近20部电视剧。光线传媒已推出剧集总数超过600集的《暴雨梨花》《新上海滩》《房前屋后》等多部人气电视剧，成功跻身中国电视剧行业前10名。2014年，光线传媒继续实施联盟战略，与影视行业的优秀电视制作公司合作，投资质量更好的电视剧，也主导一些电视剧的制作，实现影视方面的从“销售”到“生产+投资+销售”的开拓。

（2）营业收入及税金估算、利润预测

2014—2018年第一季度，光线传媒的净利润呈增长趋势，营业收入在2018年有所下降，所纳税金呈波动变化，2017年所纳税金降到240万元，见表5-8。

表5-8　　2014—2018年第一季度营业收入表[①]　　单位：万元

项目	2014年	2015年	2016年	2017年	2018年第一季度
营业收入	121 807	152 329	173 131	184 345	149 153
税金	7 422	3 745	7 572	240	56 583
净利润	35 187	41 661	73 995	82 121	136 612

光线传媒财务资料显示，2018年1—12月属于上市公司股东的净利润为1 409 666 358.01元，与上年同期相比变动幅度为72.93%。2018年净利润呈现大幅增加趋势，主要是由于公司于报告期内出售所持有的新丽传媒股份有限公司的股份，处置资产的投资收益较上年同期大幅增长。2018年上半年，公司参与了9部电影的投资、发行，累计票房收入48.4亿元（不含服务费），其中2017年上映的7部电影的票房收入中有两部的收入被转移到本期的报表中，包括《圣诞奇妙公司》和《心理罪之城市之光》。与2017年同期相比，电影业务利润下降，主要原因是2018年上半年的电影收入较上年同期有所下降。

（3）财务效益评估

因为资金投资在短期内对企业盈利能力和偿债能力影响较大，因此，财务效益评估主要分析光线传媒的盈利能力和偿债能力，具体分析如下：

①盈利能力

企业盈利能力的变化主要体现在企业的营业利润率、净资产收益率和总资产收益率上，当这三者的值越大时，企业的盈利能力越强。基于阿里巴巴投资光线传媒前后的财务数据，计算了光线传媒的这三个比率。如图5-5和图5-6所示，在光线传媒接受阿里巴巴投资之后，营业利润率、净资产收益率和总资产收益率都不同程度地呈增长趋势。

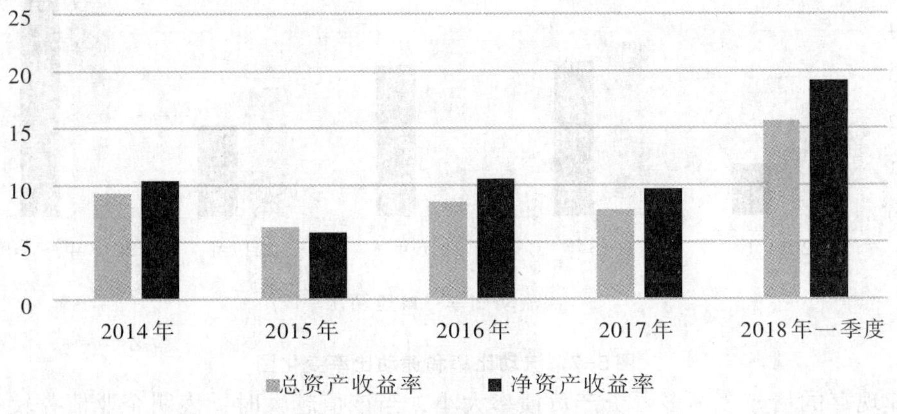

图5-5　相关盈利指标变化趋势

① 根据光线传媒2014—2018年财务报告数据整理而得。

图5-6　营业利润率指标变化趋势

根据光线传媒公布的2014—2018年第一季度的利润表，得到该公司净利润情况（见表5-8），表5-8中显示，2014年的净利润明显比之后几年要低，而在接受阿里巴巴投资后的2015年直到2018年第一季度，净利润持续增长，并且增幅很大，2018年第一季度净利润达136 612万元，是2014年的3.88倍。

②偿债能力

企业的偿债能力表现为是否能及时偿还债务，以及是否有足够的现金流来偿还。偿债能力按时间可以分为短期偿债能力和长期偿债能力。流动比率和速动比率是用来反映企业短期偿债能力的指标。一般来说，流动资产越多，流动资本就越多，流动比率也就越大，那么企业的短期偿债能力就越强。计算企业的速动比率需要除掉存货，所以速动比率比流动比率更能客观地体现短期偿债能力。图5-7展现出来的流动比率和速动比率发生了较大的变化，两者的值在接受阿里巴巴投资后都增大了，都呈上升趋势，说明光线传媒的短期偿债能力在接受阿里巴巴投资后提升了。

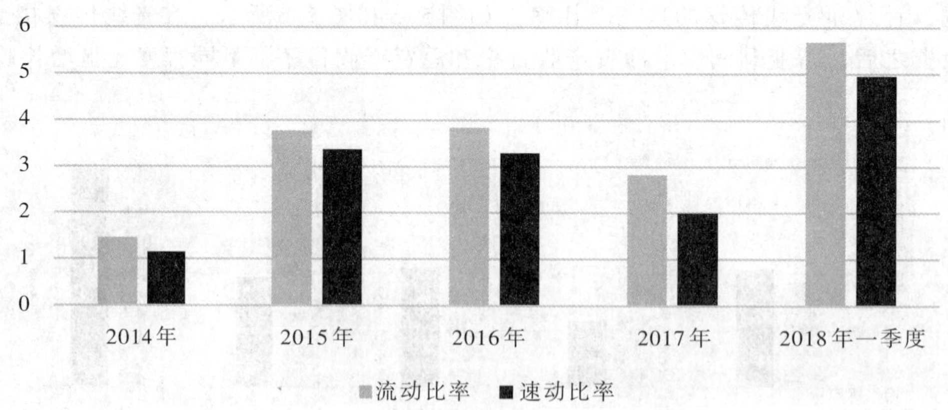

图5-7　流动比率和速动比率变化图

企业现存的债务多不多看资产负债率大小，当该值越大时，表明企业债务较多，企业应该提高警觉，要避免因还款而带来的财务风险。同时，该比率也表明企业的借款能力比较强，能利用杠杆原理占用别人的资金进行举债经营，正常的资产负债率为55%～65%。现金比率考察企业的变现能力。

如表5-9所示，资产负债率在波动性减少，说明企业的债务在减少；而现金比率的波动比较大，在2015年后企业存留的现金在不断增加，说明企业的偿债能力也随之增强。企业的债务在减少，同时企业留存的现金在增加，因此，企业整体的偿债能力在不断增强。

表5-9 2014—2018年第一季度净利润表

项目	2014年	2015年	2016年	2017年	2018年第一季度
现金比率	38.78	154.51	178.50	140.32	134.68
资产负债率	34.85	14.88	22.21	28.86	23.70

4.国民经济效益评价

国民经济效益评价是基于国民经济和社会的长期发展目标的考虑，分析投资项目的投入及其对国民经济的产出贡献，评估项目投资行为在宏观经济中是否具有合理性。国民经济效益评价主要是针对国家（政府）对公共基础设施、国有企业等方面的投资进行分析。其作用包括：第一，国民经济效益是在宏观经济层面上合理配置有限的国民资源的需要；第二，国民经济效益的评价需要真实反映项目对国民经济的净贡献；第三，评价国民经济效益是科学投资决策的需要。通过上述三点，我们总结得出：阿里巴巴投资光线传媒符合国民经济发展趋势，通过“互联网+影视”商业模式合理利用科技资源，刺激经济内需，创造更多就业机会，增加经济财富。

5.不确定性分析

影视投资具有一定的不确定性。首先，影视投资是无资产抵押贷款。电影和电视属于轻资产，它们的投资具有高杠杆性，基本上没有任何实物资产抵押，有的只是对票房的较好预期，信托缺乏风控经验。其次，投资目标不明确。影视基金是影视信托存在的主要形式，但其投资是根据基金经理的行业经验进行的，导致投资具有很大的不确定性。最后，投资成本难以控制。因此，电影信托投资是一种高风险、高回报的投资，具有很大的不确定性风险。

6.总体评估

本案例通过对阿里巴巴投资光线传媒的投资必要性、建设条件、技术、项目经济数据、投资项目财务、国民经济效益的评估和不确定性分析，分析了影视产业的发展及光线传媒的互联网发展空间，通过投资前后光线传媒的财务指标对比，我们再次确定阿里巴巴投资光线传媒是互联网、大数据和影视作品之间的互利互赢之举，给双方公司都带来了经济利益。

问题6：作为投资方，阿里巴巴基于什么原因没有再与光线传媒续约合作？

作为以盈利为目的的企业来说，实现利润最大化便是一切企业活动的目标，对于此次投资活动的投资方阿里巴巴来说更是如此，无利可图便是浪费资源。我们根据查找到的资料分析出阿里巴巴不再续约的四点可能原因：

1.光线传媒制作与发行水平下降

2016年，光线传媒计入票房收入的15部影片实现总票房64.2亿元，其中《美人鱼》票房收入33.9亿元，贡献超过半数。但是，进入2017年，由于缺少爆款支持，加上部分影片保底发行失利，光线传媒出品及发行能力持续减弱，共有15部影片参投并确认收入，实现总票房33亿元，相比2016年下滑近一半。

2.光线传媒电影收入持续在下降

光线传媒2018年第一季度的财务报表显示，其电视剧业务收入2.17亿元，游戏业务收入1 332万元。另外，由于2018年第一季度其子公司浙江齐聚科技有限公司、北京捷通无限科技有限公司不再纳入合并报表范围，视频直播及影票收入也不纳入收入，因此，除去电视剧和游戏业务收入之外的所有收入都是电影收入，这样看来，2018年第一季度光线传媒的电影业务收入仅有1.7亿元，较2017年同期的4.59亿元，下降约63%，光线传媒历年收入明细变化详情如图5-8所示。

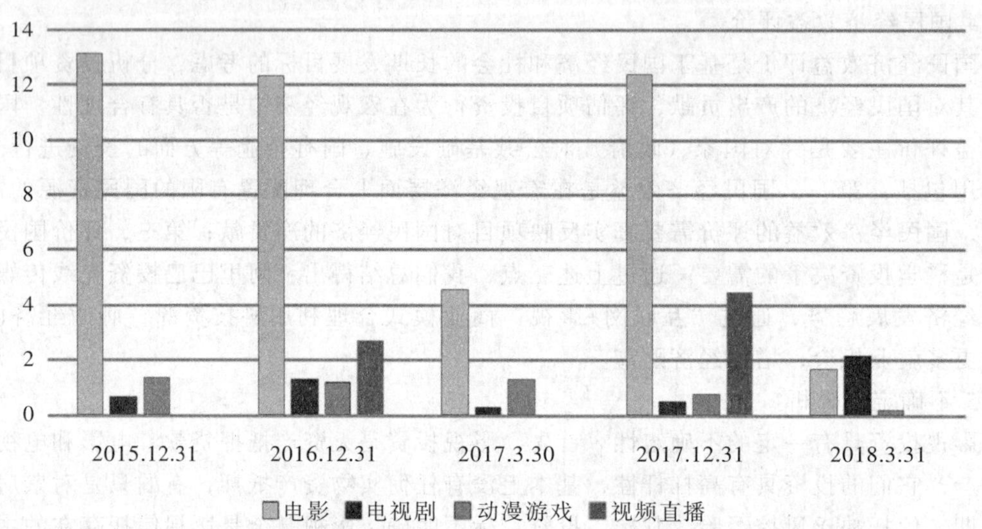

图5-8　光线传媒历年收入明细图（单位：亿元）

3.光线传媒发展重点的转移

从目前光线传媒的发展来看，其重心不在影视作品的制作和发行上，而是转移到投资领域了。2018年3月11日，光线传媒发布公告称，将持有的新丽传媒27.64%的股份以33.17亿元转给林芝腾讯科技有限公司，在这次交易中，光线传媒直接获得投资收益超过22亿元。

4.在线票务业务双方成竞争对手

自2017年下半年，光线传媒旗下的猫眼合并微影时代旗下的在线票务平台“娱票儿”以来，在线票务平台市场正式结束了“三国杀”时代，猫眼电影及阿里巴巴旗下的淘票票是目前市场上的两大竞争平台，这样光线传媒与阿里巴巴在在线票务上成为最直接的竞争对手。

四、课堂计划建议

本案例预计课堂时间控制在90分钟，意在帮助同学们能够更加系统完善地掌握企业投资的内容，将理论知识与实务有机联系，提高利用理论知识解决实际工作的能力，通过完成案例分析的形式达到预期目标。具体建议如下：

（一）课前计划

提出启发思考问题，请学生在课前完成阅读和初步思考。建议学生在课前做好以下准备：

1.掌握企业投资原理；

2.了解投资项目评估相关理论知识；

3.查找并了解阿里巴巴投资光线传媒形成的“互联网+影视”商业模式相关资料。

分组讨论，提前告知发言要求，要求每小组将讨论意见做成讨论报告（PPT形式）。

（二）课中计划

1.教学方式

（1）老师提出知识重点，学生预习案例并通过查阅资料找出解决问题；

（2）利用小组讨论的学习方式，当小组代表发表观点时，其他成员针对其观点提出自己的见解或者进行反驳，使学生在讨论中重参与、各抒己见。

2.具体课程时间安排

（1）简要的课堂前言，老师引出案例，明确主题。（5分钟）

（2）小组发言，引导全班讨论：阿里巴巴为什么选择投资光线传媒以及“互联网+影视”模式给光线传媒带来了什么效益，如何将“互联网+影视”商业模式做大做强。采用一组发言完后，其他组对其进行补充或者反驳的形式。（每组10分钟）

（3）进行归纳总结。（15分钟）

（三）课后计划

通过课堂上老师及其他组提出的建议，各组完善自己的观点并采用报告形式给出更加具体的关于阿里巴巴投资光线传媒的项目评估报告。

五、参考文献

［1］腾讯科技.阿里24亿元入股光线传媒 成其第二大股东［EB/OL］.［2015-03-04］. http：//tech.qq.com/a/20150304/042916.htm.

［2］荀俊钦．“互联网+”背景下影视业的发展前景［J］．传媒，2016（16）：56-57.

［3］陶学恺．“互联网+”影视制作运营模式探讨［J］．传播力研究，2018，2（20）：73.

［4］苑志杰，魏法杰，毕翠霞．国有企业股权投资项目后评价若干问题研究［J］.项目管理技术，2014，12（3）：15-19.

［5］张斌．投资项目评估方法刍议［J］．现代商业，2018（25）：104-105.

［6］樊珂．高新技术产业项目投资决策研究——基于AHP-模糊综合评价法视角［J］．财会通讯，2017（11）：7-10.

［7］胡支军，彭飞，李志霞．风险项目投资组合决策的贝叶斯评价与选择策略［J］．中国管理科学，2017，25（2）：30-39.

［8］刘学权，李军．投资项目财务评价体系构建与模型实现［J］．工业技术经济，2007（2）：134-137.

案例十

莲花县地块酒店式公寓投资的困惑

摘　要

随着国人追求原生态旅游、休闲的兴起，一些偏远地区的酒店式公寓的需求量水涨船高。江西莲花县有较为丰富的旅游资源和天然绿色资源，当地的Y房地产开发有限责任公司通过环境分析，认为在莲花县附近开发酒店式公寓具有广大市场前景。三位合伙人根据聘请的小型咨询机构得出的投资利润率指标，认为项目可行。为客观评价，合伙人聘请了另一地产咨询公司进行项目评估，发现原评价很有问题，只对项目文化等定性研究定位较好，但许多数据推测不合理，对酒店式公寓管理缺乏了解，缺少投资风险的分析。本案例将评估过程情景重现，通过项目环境分析、项目SWOT分析、项目利润分析、敏感性分析等的过程描述，引导学员预测投资风险。试图给学员一个项目投资分析的清晰框架，拓宽学员项目投资决策的思考路径。

关键词

项目投资决策；项目文化；酒店式公寓经营模式；项目投资风险

知识点

1.项目投资决策方法；

2.项目可行性分析指标；

3.项目风险投资决策。

案例正文

一、案例背景[①]

江西Y房地产开发有限责任公司（以下简称“Y公司”）坐落于萍乡市，成立于2007年1月，注册资金11 800万元，由赵先生、李先生、刘女士合伙创立，各占67.25%、27.5%、5.25%的股份。2017年底，Y公司总资产19 606万元，净资产13 424万元，当年实现盈利。Y公司主要从事房地产开发与经营，道路、庭院和园林绿化，物业管理、房地产中介服务、建筑、装潢材料的批发零售等。Y公司具有二级房地产开发资质。2018年，Y公司有员工60余人，下设综合部、财务部、工程部、营销部、预算部和规划设计部。

Y公司成立初期，房地产开发业务较少，2012年成功开发了萍乡市的一个小型楼盘，

① 因企业要求，文中企业名称、人名等皆为化名；部分数据和部分项目信息做了必要性修饰或删除。

使公司现金流增加。但由于Y公司规模较小，只能在当地经营，而且难以与知名房地产企业争夺纯商品房市场，合伙人希望寻找新的利润增长点。随着国人经济水平提高，文化休闲要求也提高，在忙碌的工作中，反而追求“慢生活”。酒店式公寓可满足一家人住宿的要求，能享受家一般的舒适和体验当地人的生活，价格却比酒店便宜一半左右。萍乡市不少高管、成功人士拥有大量资金，酒店式公寓既可以作为他们的投资对象，又可以作为他们休闲养生、放松大脑的好去处。如果宣传到位，吸引外地游客入住也不是难事。

既然难以到更大的城市争夺市场，2014年初，Y公司便把目光投向本市的莲花县。该县风景优美，气候宜人，经常有公司组团来度假、休闲。是否可以开发一个酒店式公寓呢?

知识链接——酒店式公寓

二、第一轮项目评估

Y公司的三位合伙人做了前期准备后，立即聘请了当地一家小型评估机构——S公司进行市场调研、项目可行性分析。

（一）项目自然和人文环境

S公司首先概括了莲花县的自然环境：莲花县是萍乡市下辖的一个县，地处江西省西部，东邻安福，南毗永新，西与湖南茶陵、攸县接壤，北与芦溪、湘东相连。莲花县历史悠久，人才辈出，素有“泸潇理学，碧云文章”之美誉。境内自然资源丰富，是全国重点产煤县之一。莲花县是井冈山根据地的重要组成部分，境内有莲花一枝枪纪念馆、莲花革命烈士纪念馆、列宁学校（花塘官厅）、甘祖昌将军墓地等红色旅游景点，还有玉壶山风景区、高洲水云山风景区、荷塘白竹瀑布群、石门山森林公园、河江水库等自然景观。莲花县距离武功山国家级风景名胜区80千米左右，自驾或乘公交前往都非常方便。

莲花县有荷花博览园，占地约5 000亩，是全国连片种植面积最大、品种最丰富的荷花主题景区。景区分8个功能区，分别是荷花观赏区、户外宿营区、休闲区、度假区、培育区、农耕体验区、后期开发区及入口服务区。种植的品种有花莲、子莲和藕莲。整个园区绝大部分是开放式观赏，其中度假区部分为有偿观赏和度假。观赏格局为立体式，分为水上、水中、水下三个层次。荷花博览园是国家4A级景区，是莲花县建设成萍乡后花园的重大项目，对拉动旅游产业及莲产业发展有着重大作用。目前，荷花博览园内已经建成农家乐和三星级宾馆，莲江湿地处已建成休闲沙滩、亲水区域。按照“一花一世界、一叶一如来”设计主题建成的精品荷花池文化景观，采用366格分开种植，种植376种荷花品种，已全面对外开放。

酒店式公寓拟建于半山上，周边没有建筑物，仅有一条公路蜿蜒而过。酒店式公寓地块植被丰富，东面视野开阔，西面、北面和南面有矮山，山体树林茂密，有一小溪自西向东贯穿而过，山水相得益彰，自然风景优美和谐。

S公司建议该酒店式公寓项目名称为：华沙·荷郡（以下简称“荷郡”）。华沙是钢琴家肖邦的出生地，肖邦的作品具有浓郁的浪漫气息。能在此进行消费的入住者，大多是事业上的成功者，年龄均在40岁以上，他们有着丰富的社会经验与阅览，为人老练，处事沉稳，不骄不躁。他们居住在远离闹市的寂静区，坐在自家的竹藤椅上，沏上一杯茶，静静地听着优雅的钢琴曲，望着远处优美的山峦，将给入住者带来成功的喜悦、恬静的意境。从公寓处远眺，能看见千亩荷花，望着远方，聆听那幽美的琴韵，是肖邦的波兰舞曲，还是贝多芬的月光奏鸣曲？抑或是舒伯特的小夜曲？呼吸着一丝丝清新的空气，听着荷塘中的沙沙声，享受生活的甜美。

（二）项目SWOT分析

1.优势

项目三面环山，森林资源丰富；自西而东有一条小溪潺潺流过，东面不远就是千亩荷花博览园，自然环境优美，空气清新；远离闹市，周边没有人居住，也没有工业厂房，寂静安详，环境保持了原生态。

2.劣势

项目交通不便，没有公交车辆通行，通往公寓的公路只有两条车道，较为狭窄；项目周边没有商业区和工业区，投资者和承租者距离都较远；项目占地面积太小，可容纳物业形态有限，从而导致娱乐设施难以齐全；项目体量太小，建成后，将会略显紧凑，难以给居住者带来大气的感觉。

3.机会

项目所处的景区区域已严格控制土地的转让，景区的土地资源将成为稀缺品；目前市场上供应的独隐于森林环抱、四周寂静、视野开阔的酒店式公寓产品很少，三面环山、山地与项目地块位差较大、不远有千亩荷塘、正立面视野开阔的项目更是少而又少。

4.威胁

荷花博览园内的农家乐和三星级宾馆会与其近距离竞争短时旅游的入住者，而本项目与其他项目相比而言，体量明显偏小。未来娱乐设施配套与市面上其他酒店式公寓相比，难有比较优势；项目所处区域不远有村民住宅，难以满足入住者安全与高品位的心理诉求。

（三）项目地块开发前景

1.总体思想

根据本项目的优势和劣势，面临的市场机会与威胁，以及与竞争对手相比而言所存在的优点和缺点，项目从何处着手才能创造竞争优势？如何才能创造独具特色的客户价值？又凭什么策略来获取生存的空间？

S公司建议，应采用差异化战略参与市场竞争，通过深度挖掘项目的优势，充分利用项目所面临的市场机遇，创造市场上独具特色的产品，吸引特定的目标客户群体。

首先，中国人向来喜爱荷花，荷花也赢得古今众多文人墨客的喜爱和称颂。在项目的策划过程中，需充分挖掘荷花的文化底蕴，利用荷花博览园创造本项目的文化内涵，凸显入住者的尊贵与闲情逸致的生活，给入住者带去远离闹市享受寂静恬然的生活情调。

其次，荷郡三面环山，虽然山不高，但在项目的设计过程中，可深度挖掘山的大气及其给居住者带来的意境，并结合荷郡的山势，营造尊贵、富有、养息的居住体验。

荷郡项目与区域性竞争楼盘相比有明显的差异性，这就决定了荷郡的目标客户群与其他楼盘的目标客户群在心理诉求上存在明显的差异。荷郡项目应注重这些差异，否则，荷郡将难以获取竞争优势，在竞争激烈的市场中将会被淘汰。

S公司建议针对特定的目标客户群体，进行量体裁衣式的产品设计，视产品为第一要素，通过产品的营造，强化产品的唯一性与差异性，配合营销手段来打造产品的核心竞争力。

2.环境、景观设计建议

荷郡的景观设计应更多地着眼于度假休闲气氛的营造上，设计主题上强调以荷花博览园、山水和绿色为主题，突出荷花博览园、山水相互和谐的景观点。

景观的营造更多采用中国古典园林的营造手法，特别是江南园林的手法，注重整体的融合与自然，并在景观上赋予与荷花和山水特别是荷花相应的人文价值。

荷郡可利用现有的流水坡度建成具有一定落差和流水效应的溪流，充分利用南、北、西面的山峰，特别是西面沿小道攀登的山峰，并通过一定的景观营造手段，建成具有旅游价值并让入住本酒店式公寓的客户能随意攀登的附加值产品。这对于提升本产品的价值具有重要的战略意义。

在施工过程中，尽可能保持和利用现有植被，通过一定的方法，快速形成景观规模，以后再通过间苗等手段获得更完美的景观效果。

3.配套设施建议

第一，设立会所。会所以高标准高规格进行建设，满足入住者对生活品位的高追求。会所配套设施建议见表5-10。

表5-10 会所配套设施表

功 能	具体内容
服务类	以提供打字、传真、复印、票务及小型会务服务为主的商务中心，提供日常服务的超市，美容美发形象设计中心，洗衣房等
运动类	室内温水游泳池、桑拿浴室、健身房、棋牌室、乒乓球房、台球房、壁球馆、羽毛球馆、多功能室等
餐饮类	餐厅、咖啡屋、酒吧、西餐厅等
其他	阅览室、保健诊疗室等

在持续管理过程中，可完善文化馆建设，包括茶、园艺、雕刻、书法绘画、钢琴练习室、荷文化欣赏室等。对于运动类设施，可增加网球场、纤体中心等。还可增加娱乐类设施，如酒吧、卡拉OK、麻将房等。

第二，在物业管理方面，要有24小时保安监控；对有特殊要求的入住户提供老人、儿童特别看护与关照；临时家政服务；24小时订餐上门服务等。

4.价格建议

根据本项目的市场定位，建议荷郡酒店式公寓2014年下半年对外销售价格为6 000元/平方米。

（四）项目经济效益分析

1.经济效益分析假定

（1）根据Y公司提供的资料，假定荷郡土地转让面积3.26亩。

（2）根据周边土地出让价格情况，并考虑到未来荷花博览园风景区土地资源的稀缺性，假定荷郡土地出让价格为50万元/亩。

（3）根据Y公司提供的资料，假定荷郡建筑面积为3 400平方米，为方便起见，用一栋建筑面积为500平方米的多层公寓为例来计算，土地费用按建筑面积比例来分摊，销售均价为6 000元/平方米。

（4）根据荷郡的建筑体量，假定本项目建设期为一年，并在动工建设半年后开始对外销售，销售期为半年。因此，总的运营期为一年，时间很短。根据财务管理分析要点，项目的经济效益对资金的时间价值不敏感。所以在分析过程中，不做动态分析，不计算项目净现值和内部收益率；仅做静态分析，计算项目的净利润、投资收益率。

2.项目可行性分析

以一栋建筑面积为500平方米的公寓楼为例。

（1）投资总额

参照萍乡市建筑市场价格并依据工作人员的经验判断，本项目一栋公寓楼总投资243.108万元，投资估算见附表1。

（2）分项投资明细

土地费用：根据所掌握的资料，假定土地出让单价为50万元/亩，则土地总费用为171.15万元，本栋承担$\frac{500}{3\ 400}$，为25.169万元。

前期工程费用：主要包括地质勘查测量费、规划设计费、可行性研究费等，预估为4.75万元。

建筑安装工程费用：依据江西省现行建筑工程及萍乡市定额估算，建筑安装工程费用总计为145.00万元。

基础设施和公共配套费用：依据江西省现行建筑工程和萍乡市定额以及S公司所掌握的市场资料，公共配套费用预估为44.95万元。

开发成本：以上四项合计，为219.869万元。

其他费用：根据萍乡市不同项目的规费定额，预估总值为15.544万元。

不可预见费：按开发成本的1.5%预估，预估总值为3.298万元。

组织、管理开发项目费用：管理项目的费用按开发成本的2%计算，预估总值为4.397万元。

（3）资金筹措及运用[①]

该项目投资假定主要来自于自有资金和销售收入以及施工企业垫付款。在投资分析中，由于投资时间较短，故不做资金来源种类区分，均假设来自于销售收入，具体见附表2。

（4）项目经济效益分析

一栋公寓楼税前利润总额为38.892万元，税后利润为29.169万元。

$$\text{税前投资利润率}=\frac{\text{利润总额}}{\text{项目总投资}}\times100\%=\frac{38.892}{243.108}\times100\%=16.00\%$$

$$\text{税后投资利润率}=\frac{\text{税后利润总额}}{\text{项目总投资}}\times100\%=\frac{29.169}{243.108}\times100\%=12.00\%$$

从投资利润率来看，税前、税后投资利润率分别为16.00%和12.00%，表明项目投资

① 因企业要求，部分数字修饰后给出，管理费用、销售费用需删除。本案例并未给出管理费用和销售费用的估计数字，学员可进行市场调查，了解相关行情，加入这些项目，对项目投资做进一步评估。

收益状况非常一般。项目预计损益见附表3。

听完S公司的汇报，Y公司三位合伙人很失落，可立即觉得这份报告有些不对劲，好像没听说过用一栋楼来推测总体的项目投资分析，而且报告似乎意犹未尽，难道未来市场不会有变化？合伙人决定再聘请另一个团队来做项目评估，请来H房地产估价咨询有限公司的注册土地估价师、注册房地产估价师组成的团队再次对荷郡进行投资可行性分析。

三、第二轮项目评估

H公司团队认为，S公司对荷郡做的地块分析、SWOT分析、市场定位、景观设计建议、配套设施建议都很客观，不考虑时间价值，在此项目上是可行的。但若深入考虑未来的酒店式公寓的管理，该假设也不合理，表现为：对价格建议不合理；荷郡土地转让面积有误；土地出让价格更是参照了商品房的价格，且对通货膨胀估计过大，从而相差太大；建筑安装工程费用严重高估；同时导致土地增值额为负数，这种情况在实际中不太常见；在项目经济效益分析中，部分假设依据不足，而且酒店式公寓的经济价值不能以独栋来分析；没有进行风险性分析。

（一）价格建议

萍乡市酒店式公寓重点竞争项目市场情况见表5-11。

表5-11 萍乡市酒店式公寓重点竞争项目市场情况表

项目	占地面积（亩）	建筑面积（万平方米）	建筑形态	配套设施	销售均价（元/平方米）
1	135	8	酒店式公寓	完善	4 300
2	845.9	24.7	度假酒店、会所、度假公寓、连排别墅及单栋别墅	较好	5 800
3	225	5.8	公寓	一般	5 500
本案	3.4	0.34	酒店式公寓	目前较好，经营中完善	4 500

表5-11是2014年及此前萍乡市的代表性项目，荷郡地处莲花县，与萍乡市不可同比；但随着房地产价格飞涨，采用市场比较法进行本项目市场价格的定位，认为荷郡酒店式公寓对外销售价格为4 500元/平方米比较合理。

（二）项目经济效益分析

1.经济效益分析假设

（1）根据委托方Y公司提供的资料，假定荷郡酒店式公寓土地转让面积3.4亩。

（2）根据周边土地出让价格情况，并考虑到未来荷花博览园风景区土地资源的稀缺性，假定荷郡土地出让价格为35万元/亩。

（3）根据委托方Y公司提供的资料，假定荷郡建筑面积为3 400平方米，销售均价为4 500元/平方米。

（4）根据本案的建筑体量，假定本项目建设期为一年，并在动工建设半年后开始对外销售，销售期为半年。因此，总的运营期为一年，时间很短。项目的经济效益对资金的时间价值不敏感。所以在分析过程中，不做动态分析，不计算财务净现值和内部收益率；仅做静态分析，计算项目的净利润、投资收益率。

（5）在项目的风险性分析过程中，假定风险性因素为销售均价、销售比例和投资成本。

2.投资总额

参照萍乡市建筑市场价格并依据工作人员的经验判断，本项目总投资945.91万元，投资估算见附表4。

土地费用：根据所掌握的资料，假定土地出让单价为35万元/亩，则土地总费用为124.95万元。

前期工程费用：主要包括地质勘查测量费、规划设计费、可行性研究费等，预估为35.50万元。

建筑安装工程费用：依据江西省现行建筑工程及萍乡市定额估算，建筑安装工程费用总计为544.00万元。

基础设施和公共配套费用：依据江西省现行建筑工程和萍乡市定额以及我们所掌握的市场资料，公共配套费用预估为152.32万元。

开发成本：以上四项合计，为856.77元。

其他费用：根据萍乡市不同项目的规费定额，预估总值为59.15万元。

不可预见费：按开发成本的1.5%预估，预估总值为12.85万元。

组织、管理开发项目费用：管理项目的费用按开发成本的2%计算，预估总值为17.14万元。

3.资金筹措及运用

该项目投资假定主要来自于自有资金和销售收入以及施工企业垫付款。在投资分析中，由于投资时间较短，故不做资金来源种类区分，均假设来自于销售收入，见附表5。

4.项目经济效益分析

税前利润总额为401.36万元，税后利润为301.02万元。

$$税前投资利润率=\frac{利润总额}{项目总投资}\times100\%=\frac{401.36}{945.91}\times100\%=42.43\%$$

$$税后投资利润率=\frac{税后利润总额}{项目总投资}\times100\%=\frac{301.02}{945.91}\times100\%=31.82\%$$

从投资利润率来看，税前、税后投资利润率分别为42.31%和31.82%，表明项目投资收益状况较好。项目预计损益见附表6。

5.敏感性分析

（1）销售价格波动分析

假定，销售价格以±20%的幅度波动，则其经济指标分析结果见表5-12。

表5-12 **销售价格波动分析表**

项　目	−20%	−10%	10%	20%
销售价格（元/平方米）	3 600	4 050	4 950	5 400
税前投资利润率（%）	21.14	31.79	53.07	63.72
税后投资利润率（%）	15.85	23.84	39.81	53.90
净利润（万元）	149.9532	225.5147	376.5237	452.0292

（2）项目总投资波动分析

假定，项目总投资以±20%的幅度波动，则其经济指标分析结果见表5-13。

表5-13 项目总投资波动分析表

项 目	−20%	−10%	10%	20%
总投资（万元）	756.728	851.319	1 040.501	1 135.092
税前投资利润率（%）	69.04	54.26	33.73	24.69
税后投资利润率（%）	51.78	40.69	24.57	18.52
净利润（万元）	391.8256	346.4219	255.6145	210.2108

（3）建筑面积波动分析

假定，项目建筑面积以±20%的幅度波动，则其经济指标分析结果见表5-14。

表5-14 建筑面积波动分析表

项 目	−20%	−10%	10%	20%
建筑面积（平方米）①	2 700	3 100	3 700	4 100
税前投资利润率（%）	20.52	33.04	51.82	64.34
税后投资利润率（%）	15.39	27.78	38.87	48.26
净利润（万元）	145.5657	234.3957	367.6407	456.4707

知识链接——敏感性分析法

6.敏感性因素识别

根据以上敏感性分析可知，项目受销售价格影响最大，总投资次之，建筑面积影响最小，因此，项目在建设与销售过程中，应注意避免价格战，注重营销策略，以达到投资目的。

四、决策

听完H公司的汇报，Y公司合伙人比较满意，似乎看到了荷郡人潮涌动的盛景。但是，H公司团队认为，若能实现荷花与山的结合，并找准客户群，项目才有可能取得竞争优势，在竞争激烈的市场上获取超额利润。但这需要优秀的项目管理团队进行良好的沟通与协调，并进行高效而又科学的市场化运作。而事实是，这两者的结合并非易事，特别是对中小企业而言。

若不能实现产品战略，则和区域性竞争对手相比，难以获取竞争优势，甚至被竞争对手所淘汰，则投资者难以达到投资收益目的，甚至将难以收回投资成本，至少在短期内是这样。

总之，荷郡风险与收益并存，而且根据项目现状，风险大于收益。H公司结合酒店式公寓的经营模式，粗略解释荷郡的可行性分析，并加入更多风险元素，合伙人听后笑容不再了。

H公司团队成员看到合伙人都很失落的样子，安抚道："莲花县外来人流量少，目前

① 按行业习惯，可行性研究时，建筑面积取百位整数。

来说，酒店式公寓是行不通的。条条大路通罗马，可以做别的热门项目啊。萍乡市的新型老年公寓供不应求，我们公司已经为一些新型老年公寓做过规划，你们要是有兴趣，我们可以为你们做老年公寓的项目评估服务。据我们了解，湘东区做的老年公寓都很有前景。”

“不安分”的合伙人一听顾问们的建议，转忧为乐，立即决定将老年公寓的项目投资研究纳入最近日程。

五、讨论问题

1.在案例第一轮和第二轮的项目评估中，S公司和H公司都根据荷郡的建筑体量，假定总的运营期为一年，时间很短，仅做静态分析。这是基于什么样的酒店式公寓经营模式？你认为此假设合理吗？

2.对案例里S公司和H公司做的投资评价进行优缺点分析。你会采用什么投资评价方法？采用你推荐的评价方法，需要搜集哪些信息？

3.对投资项目进行决策，除了项目可行性的财务分析外，你认为一个项目是否可行，实务中通常还会综合考虑哪些定性和定量的因素？

4.本案例假设资金筹措无限制。但一般来说，如何为项目筹措资金？是否有融资约束？如何突破融资障碍？

六、附录

附录1：第一轮项目评估相关表格

附表1　**一栋开发总成本估算表**　单位：万元

序号	项目名称	数量	单位	总价	备注
1	土地费用			25.169	见附表1-1
2	前期工程费用			4.75	见附表1-2
3	建筑安装工程费用			145.00	见附表1-3
4	基础设施和公共配套费用			44.95	见附表1-4
	开发成本小计			219.869	
5	其他费用			15.544	见附表1-5
6	不可预见费			3.298	开发成本×1.5%
7	组织、管理开发项目费用			4.397	开发成本×2%
8	一栋总投资			243.108	

附表1-1　**土地费用估算表**　单位：万元

序号	项目	金额	估算说明
1	土地交易价	163.00	50×3.26
2	交易服务费	1.63	
3	契税	6.52	
合计		171.15	
本栋费用		25.169	500÷3 400×171.15

附表1-2 **前期工程费用估算表** 单位：万元

序号	项目	金额	估算说明
1	地质勘查测量费	1.00	20元/平方米
2	规划设计费	1.50	30元/平方米
3	可行性研究费	1.00	
4	三通一平	1.25	25元/平方米
合计		4.75	

附表1-3 **建筑安装工程费用估算表** 单位：万元

序号	项目	金额	估算说明
1	土建工程费	45.00	900元/平方米
2	安装工程费	100.00	2 000元/平方米
合计		145.00	

附表1-4 **基础设施和公共配套费用估算表** 单位：万元

序号	项目	金额	估算说明
1	水电配套费	7.50	150元/平方米
2	消防工程	5.00	100元/平方米
3	通信工程	0.50	10元/平方米
4	喷泉、绿化及场地费	30.00	600元/平方米
5	智能系统	1.50	30元/平方米
6	其他	0.45	土建工程费×1%
合计		44.95	

附表1-5 **其他费用估算表** 单位：万元

序号	项目	金额	估算说明
1	工程监理费	2.90	建筑安装工程费用×2%
2	白蚁防治费	0.075	1.5元/平方米
3	气象防雷费	0.075	1.5元/平方米
4	人防工程费	4.35	建设安装工程费用×3%
5	工程附加费	7.25	建设安装工程费用×5%
6	散装水泥费	0.075	1.5元/平方米
7	预算定额管理费	0.145	建筑安装工程费用×1‰
8	工程质量监督费	0.363	建筑安装工程费用×2.5‰
9	施工安全监督费	0.261	建筑安装工程费用×1.8‰
10	消防费	0.05	1元/平方米
合计		15.544	

附表2 **资金来源与运用** 单位：万元

序号	项目	合计	备注
一	资金来源		
1	销售收入	300.00	假设企业无借款和资本金，所需资金均来自销售收入
2	建设投资借款	0.00	
3	资本金	0.00	
4	小计		
二	资金运用		
1	建设资金	243.108	
2	营业税	15.00	销售收入的5%
3	城建税	0.75	营业税的5%
4	教育费附加	0.75	营业税的5%
5	印花税	1.5	销售收入的5‰
6	土地增值税	0	增值额=300－（243.108＋243.108×20%＋15＋0.75＋0.75＋1.5）=300－309.7296=－9.7296
7	所得税	9.723	所得税税率25%
8	偿还借款	0.00	
9	回收资本	0.00	

附表3 **一栋预计损益表** 单位：万元

序号	项目名称	
1	经营收入	300.00
1.1	销售收入	300.00
1.2	出租收入	
1.3	自营收入	
2	经营支出	243.108
2.1	项目总投资	243.108
3	营业税	15.00
4	城建税	0.75
5	教育费附加	0.75
6	印花税	1.5
7	土地增值税	0
8	管理费用	
9	修理费用	
10	利润总额	38.892
11	税前弥补亏损	
12	累积利润总额	38.892
13	所得税	9.723
14	税后利润	29.169

附录2：第二轮项目评估相关表格

附表4 **项目开发总成本估算表** 单位：万元

序号	项目名称	数量	单位	总价	备注
1	土地费用			124.95	见附表4-1
2	前期工程费用			35.50	见附表4-2
3	建筑安装工程费用			544.00	见附表4-3
4	基础设施和公共配套费用			152.32	见附表4-4
	开发成本小计			856.77	
5	其他费用			59.15	见附表4-5
6	不可预见费			12.85	开发成本×1.5%
7	组织、管理开发项目费用			17.14	开发成本×2%
8	项目总投资			945.91	

附表4-1 **土地费用估算表** 单位：万元

序号	项目	金额	估算说明
1	土地交易价	119.00	
2	交易服务费	1.19	
3	契税	4.76	土地交易价×4%
合计		124.95	

附表4-2 **前期工程费用估算表** 单位：万元

序号	项目	金额	估算说明
1	地质勘查测量费	6.80	20元/平方米
2	规划设计费	10.20	30元/平方米
3	可行性研究费	10.00	
4	三通一平	8.50	25元/平方米
合计		35.50	

附表4-3 **建筑安装工程费用估算表** 单位：万元

序号	项目	金额	估算说明
1	土建工程费	272.00	800元/平方米
2	安装工程费	272.00	800元/平方米
合计		544.00	

附表4-4 **基础设施和公共配套费用估算表** 单位：万元

序号	项目	金额	估算说明
1	水电配套费	17.00	50元/平方米
2	消防工程	17.00	50元/平方米
3	通信工程	6.80	20元/平方米
4	喷泉、绿化及场地费	102.00	300元/平方米
5	智能系统	6.80	20元/平方米
6	其他	2.72	土建工程费×1%
合计		152.32	

附表4-5 **其他费用估算表** 单位：万元

序号	项目	金额	估算说明
1	工程监理费	10.88	建筑安装工程费用×2%
2	白蚁防治费	0.51	1.5元/平方米
3	气象防雷费	0.51	1.5元/平方米
4	人防工程费	16.32	建设安装工程费用×3%
5	工程附加费	27.20	建设安装工程费用×5%
6	散装水泥费	0.51	1.5元/平方米
7	预算定额管理费	0.54	建筑安装工程费用×1‰
8	工程质量监督费	1.36	建筑安装工程费用×2.5‰
9	施工安全监督费	0.98	建筑安装工程费用×1.8‰
10	消防费	0.34	1元/平方米
合计		59.15	

附表5 **资金来源与运用** 单位：万元

序号	项目	合计	备注
一	资金来源		
1	销售收入	1 530.00	假设企业无借款和资本金，所需资金均来自销售收入
2	建设投资借款	0.00	
3	资本金	0.00	
4	小计	1 530.00	
二	资金运用		
1	建设资金	945.91	
2	营业税	76.50	销售收入的5%
3	城建税	3.825	营业税的5%
4	教育费附加	3.825	营业税的5%
5	印花税	7.65	销售收入的5‰
6	土地增值税	90.93	增值额：1 530－（945.91＋945.91×20%＋76.5＋3.825＋3.825＋7.65）＝1 530－1 226.892＝303.108 未超过扣除项目金额50%，土地增值税额＝增值额×30%
7	所得税	100.34	所得税税率25%
8	偿还借款	0.00	
9	回收资本	0.00	
三	盈余资金	301.02	

附表6 **项目预计损益表** 单位：万元

序号	项目名称	
1	经营收入	1 530.00
1.1	销售收入	1 530.00
1.2	出租收入	
1.3	自营收入	
2	经营支出	945.91
2.1	项目总投资	945.91
3	营业税	76.50
4	城建税	3.825
5	教育费附加	3.825
6	印花税	7.65
7	土地增值税	90.93
7	管理费用	
8	修理费用	
9	利润总额	401.36
10	税前弥补亏损	
	累积利润总额	401.36
11	所得税	100.34
12	税后利润	301.02

案例说明

一、教学目的

本案例选择了一家小型房地产开发企业对一个酒店式公寓是否投资开发的项目投资评价，希望通过较为真实的场景，给学员提供项目评估实验材料。第一，学员可以对S公司和H公司进行的项目可行性分析做出评价，掌握投资决策分析的不同方法，分析不同方法的优缺点；第二，了解酒店式公寓的不同经营方式给项目带来的不确定性；第三，掌握投资项目敏感性分析；第四，除了掌握正常的财务可行性分析外，引导学员思考投资风险，思考投资决策还需要考虑的各种定性、定量因素，并能分析这些因素对项目可行性的影响；第五，拓宽实务中项目投资决策的思路。

二、案例讨论的准备工作

为了更好地实现本案例目标，学员应该具备下列相关知识背景：

（一）理论背景

1.企业投资管理的原则和投资过程

企业投资管理的原则是：认真进行市场调查，及时捕捉投资机会；建立科学的投资决策程序，认真进行投资项目的可行性分析；及时足额地筹集资金，保证投资项目的资金供应；认真分析风险和报酬的关系，适当控制企业的投资风险。

企业投资过程：（1）投资项目的提出，投资项目的评价，投资项目的决策；（2）投资项目的实施与监控：为投资方案筹集资金，按照拟订的投资方案有计划、分步骤地实施投资项目，实施过程中的控制与监督，投资项目的后续分析；（3）投资项目的事后审计与评价。

其中，投资项目的评价（或本案例所称的“项目可行性分析”）包括：（1）将提出的投资项目进行分类；（2）估计各个项目每一期的现金流量状况；（3）按照某个评价指标对各投资项目进行分析并排序；（4）考虑资本限额等约束因素，编写评价报告，并做出相应的投资预算。

知识链接——传统投资决策理论

2.酒店式公寓经营管理模式

酒店式公寓是一种提供酒店式管理服务的公寓，集住宅、酒店、会所多功能于一体，具有“自用”和“投资”两大功效，但其本质仍然是公寓。酒店式公寓既吸收了星级酒店的服务功能和管理模式，又吸收了信息时代写字楼的特点，拥有良好的通信条件，可针对性地提供秘书、信息、翻译等商务服务。购买者拥有单元产权，既可以自住、出租，也可以转售，是一种既提供酒店专业服务又拥有私人公寓秘密性和生活风格的综合物业。相关的业态包括服务式公寓、白领公寓、创业公寓、青年SOHO、青年客栈等。

酒店式公寓的管理模式主要有三种：

（1）酒店托管

与酒店合作进行全方面托管，开发商不参与经营，酒店负责全面的经营管理。业主收楼后，自行装修，达到酒店要求标准后交付给酒店，由酒店负责所有的运营支出。业主和酒店按照营业额进行七三分成，签约期3年。引进第三方管理模式能有效地规避一定的投资风险，可基于第三方平台进行返点或代租。

（2）保点返租

由项目物业进行管理，业主收楼后，可与其签订一定点数的返租协议，一般3~5年固定点数返还。交楼后由物业公司统一进行装修，客户支付费用，交付物业公司管理经营，自负盈亏。采用这种方式虽然投资人承担一定风险，但客户接受度较高，大部分客户倾向于保点返租模式。

（3）物业代租

由物业公司进行经营管理，业主收楼后，在不自用的情况下，可委托物业公司代为放租，但必须按物业规定标准进行装修交付。此模式无风险，但市场接受度不高。

（二）行业背景

2014年，江西省房地产开发投资共1 322.49亿元，增长12.6%，同比回落8.5个百分点，全年开发资金保持增长趋势，但增速呈现两头低、中间高的较大波动。2014年，江西省商品房销售额总共实现1 621.76亿元，与2013年相比低了46.5个百分点。全年房地产业对GDP增长的贡献率为1.4%，比2013年下降了2.4个百分点，见有5-15。

表5-15　　**江西省房地产开发与经营主要指标**　　金额单位：万元

指 标	2000年	2005年	2010年	2014年	2015年
企业个数（个）	539	1 824	2 141	2 077	2 187
房地产开发投资	423 705	3 010 982	7 068 222	13 224 909	15 200 985
按登记注册类型分					
内资	319 440	2 596 827	6 355 494	12 528 103	14 579 617
国有	143 139	201 199	378 676	164 216	270 560
集体	39 137	33 198	20 283	2 503	
股份合作	16 395	49 932	31 746	5 565	21 623
联营	627	4 280	10 683		
有限责任公司	29 918	1 053 487	3 037 481	7 068 110	8 750 866
股份有限公司	16 114	333 554	779 993	696 300	585 573
私营	73 810	854 028	2 033 226	4 575 744	4 927 575
其他	300	67 149	63 406	15 665	23 420
港澳台商投资	63 317	243 112	552 561	546 515	545 447
外商投资	40 948	171 043	160 167	150 291	75 921
按构成分					
建筑工程	294 410	2 089 989	4 920 441	9 411 069	10 448 626
安装工程	10 658	97 839	422 486	1 241 277	1 821 665
设备工器具购置	2 704	23 842	135 226	176 563	231 538
其他费用	115 933	799 312	1 590 069	2 396 000	2 699 156
土地购置费	66 281	593 283	1 098 952	1 796 430	2 105 429
按工程用途分					
住宅	264 555	2 081 628	5 447 742	9 719 227	11 130 924
别墅、高档公寓	14 316	55 694	181 581	338 386	333 958
办公楼	14 324	44 861	110 064	539 721	521 100
商业营业用房	67 984	456 512	781 411	1 986 456	2 393 860
其他	76 842	427 981	729 005	979 505	1 155 101
本年新增固定资产	294 124	1 486 566	3 898 732	6 043 879	6 676 396
土地开发（万平方米）					
本年购置土地面积	287.81	1 517.92	777.15	918.20	542.89
资金来源					
本年资金来源小计	444 086	3 295 995	10 081 606	19 458 480	21 013 298
国内贷款	71 414	460 301	1 464 036	2 559 744	2 308 154
银行贷款		449 328	1 412 902	2 327 578	2 063 823
非银行金融机构贷款		10 973	51 134	232 166	244 331
利用外资	33 925	38 527	28979	3 885	61 412
外商直接投资	32 997	25 605	28979	3 885	61 412
自筹资金	134 697	1 448 201	3 912 925	6 065 001	7 307 833
自有资金	68 906	969 826	1 688 924	2 223 512	2 639 608
其他资金来源	202 730	1 348 966	4 675 666	10 829 850	11 335 899
定金及预付款	164 019	1 091 048	2 542 706	5 494 382	5 852 983
个人按揭贷款		43 322	1 460 827	3 554 048	4 479 961
房屋施工、竣工和销售、出租情况（万平方米）					
房屋施工面积	896.62	4508.16	7 229.94	13 332.64	15 293.60
新开工面积	490.92	2 490.82	2 344.98	3 348.42	3 704.87
房屋竣工面积	402.80	1 561.54	1 817.74	1 871.79	1 907.89
商品房销售面积	286.69	1 650.12	2 469.73	3 067.16	3 478.23
商品房销售额	272 008	2 522 496	7 764 058	16 217 649	18 636 712
商品房出租面积	4.67	168.94	23.66	13.66	5.96
商品房待售面积	102.90	228.89	357.99	1 179.99	1 496.06

资料来源：江西省统计局网站.

2018年1—6月，江西省房地产开发投资973.0亿元，同比增长7.3%，增速比第一季度加快2.4个百分点，比上年同期回落10.7个百分点。商品房销售面积2 721.8万平方米，增长21.3%，其中，住宅销售面积2 376.4万平方米，增长22.6%。商品房销售额1 817.9亿元，增长35.3%，其中，住宅销售额1 496.2亿元，增长38.1%。6月末，商品房待售面积1 013.0万平方米，同比下降23.8%，比上月末减少7.6万平方米。

（三）制度背景

《江西省房地产开发企业资质管理实施细则》《江西省城市房地产开发管理条例》中的有关规定。

三、案例分析要点

（一）需要学员识别的关键问题

1.对S公司进行的项目可行性分析做出评价，掌握投资决策分析的不同方法，分析不同方法的优缺点。

2.酒店式公寓的不同经营模式给项目带来的不确定性。

3.投资项目敏感性分析。

4.除了正常的财务可行性分析，投资决策还需要考虑各种定性、定量因素，并分析这些因素对项目可行性的影响。

（二）阅读引导

在阅读案例正文各部分时，可围绕案例教学目的引导学生边读边思考。

在Y公司简介部分，可引导学员思考地方中小型房地产企业的竞争优劣势和发展壮大的途径。通过对Y公司聘请S公司，特别是S公司后来的表现，了解一下房地产评估市场的层次和乱象。

第一轮项目评估中，对S公司简洁的SWOT分析，还需结合哪些因素予以丰富？

第二轮项目评估中，案例未给出H公司的风险投资决策过程和结果，引导学员结合思考题，做出自己的风险评价过程。

引导学员通过网络搜索信息或实地调研老年公寓的发展情况，写篇小论文，对未来老年公寓的发展做个展望。

（三）推荐解决问题的方案

问题1：在案例第一轮和第二轮的项目评估中，S公司和H公司都根据荷郡的建筑体量，假定总的运营期为一年，时间很短，仅做静态分析。这是基于什么样的酒店式公寓经营模式？你认为此假设合理吗？

酒店式公寓的管理模式主要有三种：酒店托管，保点返租，物业代租。简言之，主要有两种：直接出售，后续增值服务销售。静态分析是基于“直接出售”模式进行的。

酒店式公寓销售情况如何，取决于很多因素。莲花县相对偏远，人流量很少，卖点主要是荷文化、入住者享受原生态的慢生活。有资金实力的客户基本不会在偏远地方常住，荷郡要具有投资价值才会促进销售。投资价值不仅取决于良好的地段、高端的硬件配套，更重要的是取决于是否能真正提供酒店式的服务、专业的经营管理，使项目受到市场长期的青睐，保持良好的出租率。如直接出售，荷郡销售给客户后与Y公司无关，从荷郡项目上再没有现金流入。保点返租是很多客户愿意接受的方式，Y公司业务范围包括物业管理，可承担项目物业角色，物业经营酒店式公寓带来的租金纯收入是荷郡项目给Y公司带来的重要后续现金流，也是荷郡价值体现之一。

若想从荷郡获得最大利益，应采用"后续增值服务销售"模式。所以，此假设不合理。S公司假设半年荷郡售罄，这也不合理。从事实来看，莲花县地块开发房地产价值不大，边酒店式经营边销售可行性更强。

问题2：对案例里S公司和H公司做的投资评价进行优缺点分析。你会采用什么投资评价方法？采用你推荐的评价方法，需要搜集哪些信息？

S公司和H公司的投资评价方法通俗易懂，但没有考虑资金时间价值，对风险预测很含糊。

根据荷郡地块位置及经验判断，难以半年售完；同时，要弄清楚荷郡的经营模式，才能进行项目评价。

在海南，酒店式公寓管理常见的条款有：(1) 头两年返5万元，后三七分成，业主每年15天免费居住；(2) 头3年返5个点，若业主自住返3个点，后三七分成；(3) 3年每年按销售金额的8%进行返租，返回方式是一次性在销售价格中汇总扣除；(4) 自租与代租三七分成，3年返租总房价的8%，业主可免费入住3天；(5) 代租三七分成。

实务中，比如，某栋酒店式公寓用酒店经营形式进行管理，其常见的管理方案有：(1) 整栋全部保留，开发商保留产权，作为酒店进行经营。优点是：产权统一，便于全权委托给酒店管理公司经营。缺点是：开发商不能回收资金，经营压力大。(2) 部分公寓保留产权，其余销售，可代业主租管，作为酒店经营。优点是：能回收部分资金，资金压力小。缺点是：产权分散，经营压力大。(3) 整栋销售并提供返租，业主与开发商成立的酒店管理子公司签订返租协议。优点是：促进项目销售。缺点是：政策风险高，返租金额高、税收高，经营压力大，存在返租现金给付问题和整个项目销售协调问题。(4) 限定部分单位销售带返租（根据酒店经营规模需要确定套数）。优点是：只能解决少部分单位的销售问题，返租金额、经营压力稍小。缺点是：政策风险，经营压力大，税收高，存在返租现金给付问题及整个项目销售协调问题。

考虑到荷郡难以全部短期销售出去的风险，选择方案 (2) 更合适。缺点是，物业经营收益有限，资金回笼速度慢。

Y公司保留的部分公寓可以作为公司经营性资产的一部分。如果酒店经营状况不理想，或买房者较多，保留的部分公寓后续依然可以销售。

问题3：对投资项目进行决策，除了项目可行性的财务分析外，你认为一个项目是否可行，实务中通常还会综合考虑哪些定性和定量的因素？

项目是否可行，实务中通常还会综合考虑以下因素：项目所需资金是否能及时足额筹措到；公司治理问题，对民营非上市公司来说，是否按公司章程而非控制人利益进行项目管理；项目投资风险是否能够把控；政府关系和社会资本；项目投资和区域经济发展相结合状况。

本案例中，考虑国家宏观政策影响，最明显的是"营改增"方案。早在2011年，经国务院批准，财政部、国家税务总局联合下发营业税改征增值税试点方案；2012年开始在上海试行，2016年5月开始全国推行。Y公司做荷郡投资项目评价时，应考虑到"营改增"对其成本控制的影响，在房地产的开发、销售、后期管理等经营管理方面"营改增"

都有不同程度的影响。理论上，"营改增"对房地产企业会有税负减免的好处，增加企业的现金流和净利润。

问题4：本案例假设资金筹措无限制。但一般来说，如何为项目筹措资金？是否有融资约束？如何突破融资障碍？

总体来说，地方中小房地产开发企业资金融通渠道较为单一，主要是内部融资；也会有大量银行借款，但风险大。若进行民间融资，成本很高。房地产调控不断深入推进，房地产开发企业通过资本市场融资趋紧。国家实施了一系列紧缩的货币政策和银行信贷政策，金融机构对房地产企业存在信用歧视，都采取谨慎房贷原则或要求抵押资产，并保证有较高的额外费用以控制风险，房地产企业资金链条紧张，贷款难度加大。

中小房地产开发企业的资源、品牌和销售渠道均不占优势，面临严重的资金压力。中小房地产开发企业缺乏大型企业那样完善的内部管理机制和企业质量结构，且融资受地域限制较大。从外部环境来说，国家要大力发展房地产金融中介服务机制。中小房地产开发企业自身首先要树立正面形象，建立完善的资金管控模式，关注政策走向，降低融资成本，做好项目前期规划，缩短融资周期。

四、课堂计划建议

（一）问题清单及提问顺序、资料发放顺序

根据前文提出的问题，列好问题清单，提前发放给学员，以便学员了解问题，为后续案例的学习打好基础。问题清单如下：

1.在案例第一轮和第二轮的项目评估中，S公司和H公司都根据荷郡的建筑体量，假定总的运营期为一年，时间很短，仅做静态分析。这是基于什么样的酒店式公寓经营模式？你认为此假设合理吗？

2.对案例里S公司和H公司做的投资评价进行优缺点分析。你会采用什么投资评价方法？采用你推荐的评价方法，需要做出哪些信息的收集？

3.对投资项目进行决策，除了项目可行性的财务分析外，你认为一个项目是否可行，实务中通常还会综合考虑哪些定性和定量的因素？

4.本案例假设资金筹措无限制。但一般来说，如何为项目筹措资金？是否有融资约束？如何突破融资障碍？

案例正文后所附表，房地产开发企业开发地产、酒店式公寓经营等有关公开资料，在开始课堂教学之前，要求学员自己先搜索了解。

（二）课时分配

1.课后自行阅读资料：约3小时；

2.小组讨论并提交分析报告提纲：约3小时；

3.课堂小组代表发言，主题辩论：约2小时；

4.课堂讨论总结：约0.5小时。

（三）讨论方式

对于客观问题，如投资评价流程和理论方法，采用小组式进行讨论。

对于主观问题，可辅以课外调研、搜集资料。比如，案例称"H公司结合酒店式公寓的经营模式，粗略解释荷郡的可行性分析，并加入更多风险元素，合伙人听后笑容不再

了”，可引导学员完成H公司的解释过程，即就Y公司未来可能采取的不同的酒店式公寓经营管理方式，分别进行未来现金流的预测；并结合市场利率，预测Y公司对酒店式公寓的必要报酬率，然后计算不同经营管理方式下的该投资项目的净现值。

问题4是放宽无财务费用的假设，可引导学员在此基础上，加上管理费用、销售费用，重新计算土地增值税，重新计算利润总额、净利润，再预测新的投资报酬率。

各小组就项目新的投资报酬率、预测的净现值课堂采用主题辩论式讨论，完善项目投资的评价分析。

（四）课堂讨论总结

课堂讨论总结的关键是：归纳发言者的主要观点；重申其重点及亮点；提醒大家对焦点问题或有争议观点进行进一步思考；建议大家对案例素材进行扩展研究和深入分析。

五、参考文献

［1］刘厚良，朱要武. 酒店式服务公寓发展的困境与对策——以上海市酒店式服务公寓发展现状为例［J］. 现代物业，2003（10）：52-54.

［2］钟尚哲. 商住公寓投资黄金时代——北京商住公寓及酒店式公寓市场发展趋势［J］. 房地产导刊，2005（9）：31-33.

［3］胡本宇. 解读酒店（式）公寓［J］. 北京房地产，2005（2）：92-94.

［4］房芳. 酒店式公寓设计研究［D］. 广州：广东工业大学，2014.

［5］李开芝. 商住酒店式公寓投资风险分析［J］. 山西建筑，2013，39（29）：218-219.

［6］证券时报记者 陈春雨. 投资酒店式公寓：理想很丰满 真相很骨感［N］. 证券时报，2013-08-17（A04）.

［7］建荣. 投资酒店式公寓，隐形风险不可忽视［J］. 大众投资指南，2013（4）：69.

［8］杨光辉. 浅析酒店式公寓的价值与投资策略［J］. 旅游纵览，2013（1）：68，70.

［9］吴彬彬. 珠三角地区酒店式公寓的发展现状与对策［J］. 现代营销：学苑版，2012（7）：212-213.

［10］林建荣. 投资酒店式公寓［J］. 光彩，2012（11）：58-59.

第六章 营运资金管理

案例十一

ZARA极速供应链下的库存管理

摘 要

随着经济全球化及电子商务的迅猛发展，服装企业面临着更大的机遇和挑战，同时严重的库存问题越来越成为制约企业健康成长的桎梏。存货作为企业流动资产中重要的一部分，在保证企业生产、经营需求的情况下，保持合理的库存水平有利于企业减少成本，加速流动资金的周转速度。相反，大量不合理的库存会成为企业的负担，不但造成企业资金周转不良等问题，还会给社会经济资源造成不必要的浪费。在市场不景气的情况下，服装业界的标杆企业——西班牙的ZARA凭借其优异的供应链库存管理方法，创造了服装业的奇迹。本文通过ZARA公司极速供应链下的库存管理案例，分析在其极速供应链模式下优异的库存管理方式，以期为我国服装企业的库存管理提供一些借鉴意义。

关 键 词

ZARA公司；供应链管理；库存管理

知 识 点

1. 企业库存管理的相关理论；
2. 供应链管理与库存管理；
3. 企业的库存管理策略。

案例正文

一、引言

近年来，随着全球经济停滞不前和贸易保护主义的进一步深入，全球市场需求受到严重影响，进而出现许多企业产能过剩、库存压力大等问题。对我国而言，服装行业产能过剩的问题尤其严峻，众多服装公司都面临着库存数额居高不下，无法销售形成现金回流，同时库存还占用大量营运资金，可能导致资金流断裂的压力。如此一来，亟须找到一条力挽企业于危难之中的路径。放眼世界，不难发现，在服装行业的寒冬仍然出现一朵“奇葩”——ZARA。就我国来看，国内服装企业整体“沦陷”，关店潮的阴霾环绕，而ZARA等国际快时尚品牌却在内地大肆扩张，其中缘由值得深究。

二、公司简介

ZARA（飒拉）1975年成立于西班牙，其母公司为Inditex集团。Inditex集团是来自于西班牙的世界四大时装零售集团之一（其他三个为美国的休闲时装巨头GAP、瑞典的时装巨头H&M、荷兰的平价服装连锁巨头C&A），近年来凭借旗下ZARA的风靡流行与全球扩张，逐渐超越H&M、GAP等时装零售巨头，成为世界最大的时装集团公司。Inditex集团旗下拥有ZARA、Pull & Bear、Massimo Dutti、Bershka、Stradivarius、Oysho、Uterqüe、ZARA HOME八大服装品牌，ZARA是其中最成功的，被认为是欧洲最具研究价值的品牌之一。2018年7月19日，《财富》世界500强排行榜发布，Inditex集团位列第408位。

ZARA既是服装品牌，也是专营ZARA品牌服装的连锁零售品牌。2013年，ZARA品牌年销售额突破100亿欧元，截至2016年，ZARA销售额达到154亿欧元，折合人民币约1 213亿元。2017年，ZARA通过不断扩张门店，使得其在全球的门店数量超过2 000个，占集团总门店数的28.5%。《2017年BrandZ最具价值全球品牌100强》公布，ZARA服饰以251.35亿美元的品牌价值在百强榜排名34，高于其他快时尚品牌。尽管ZARA拥有的门店数量不到母公司的1/3，但其销售额在母公司的占比高达65%（见表6-1）。

表6-1　　ZARA的2014及2015年度财务指标

年 度	2014	2015
销售额（亿欧元）	116.48	136.28
销售额增长率	7.1%	17.5%
品牌贡献度	64%	65%

三、案例概况

自公司创立以来，ZARA便以反应快速著称于流行服饰业界。ZARA的战略定位是：为顾客提供“买得起的快速时装”。ZARA的灵敏供应链系统，大大提高了ZARA的前导时间（前导时间是指从设计到把成衣摆在柜台上出售的时间）。中国服装业前导时间一般为6～9个月，国际名牌一般可达到120天，而ZARA最厉害时最短只有7天，一般为12天。这是具有决定意义的12天。ZARA一年中大约推出12 000种时装，而每一款时装的量一般不大。即使是畅销款式，ZARA也只供应有限的数量，常常在一家专卖店中一个款式只有两件，卖完了也不补货。就像邮票的限量发行提升了集邮品的价值一样，ZARA通过这种“制造短缺”的方式，培养了一大批忠实的追随者。“多款式、小批量”，ZARA实现了经济规模的突破。

ZARA的极速表现很大程度上要归功于其独特的供应链管理——强大的供应链管理系统及IT系统的支撑，这使其成为全球服装行业中响应速度与弹性管理的标杆企业，被业内赞为时装行业中的“戴尔电脑”。ZARA的供应链主要由四个关键环节组成：设计开发、生产制造、物流配送及店铺销售（见表6-2）。

表6-2 ZARA供应链运作流程

业务流程	设计开发	生产制造	物流配送	店铺销售
时间	<15天		<3天，平均每周两次	
作业关键词	三位一体的设计	垂直整合的合作	掌握最后1 000米	一站式服务
	1.准确收集产品信息，确保产品时尚	1.20多家自由大型自动化印染、裁剪工厂	1.欧洲及亚洲工厂，72小时配送入京沪豫物流中心	1.店铺完全自由经营
	2.按需设计，减少风险，丰富产品类型	2.260多家原材料供应商，每家供货量不超过4%	2.物流公司分区域工作，互相竞争	2.与主要业主签订战略合作
	3.设计、销售、买手联合设计	3.3 500多家终端工厂	3.与主要物流公司如国航进行长期战略合作	3.与业主签订框架合同，租金返点比率低
	4.每年推出超过12 000件新品			

（一）设计开发

在欧洲，ZARA走红的不二法门是“一流的设计、二流的面料、三流的价格”，瞄准的是那些买不起顶级品牌却又喜欢时尚设计的年轻人的消费需求，而保障其紧跟时尚潮流的方式就是“三位一体”的设计模式。这“三位”分别是“设计师”“市场专家”“进货专家”，三者一起来设计和确定设计款式，具体来说分为三个步骤：

第一步，由设计师和时尚买手收集时尚信息，设计师根据这些信息进行分析、整理和归类，然后手绘出设计草图。通常而言，服装企业一般都会开发原创产品来支撑自己的发展模式，而ZARA却十分注重复制与模仿其他企业的优秀产品与风格，通过将流行的或者火爆的服装款式进行再设计与创造，形成自己的服装产品。因此，ZARA的设计师们会通过国际时装展览会和时尚产品发布会来获取最新的时装信息，他们将所发布服装的样式记录下来，迅速进行重新构思设计，然后进行生产并面世。如此一来，ZARA就能很快地生产出最时髦的产品进行出售。ZARA将设计师团队设在总部，并且使设计部门的运行尽可能独立开来，赋予设计师们充足的自主决定权，结合不同地区和特色的信息来有针对性地设计不同的服装风格和样式。

第二步，买手们和市场专家及进货专家组成商务团队一起就草图进行讨论，让所有产品都能在总体上保持ZARA的风格，同时对设计方案进行修改、细化和完善。

第三步，商务团队根据数据库中的信息确定什么时候投入生产、使用什么面料、什么颜色、生产多少、成本与市售价等具体的要求，并将这些要求交付生产部门。对信息的收集主要依靠ZARA在世界范围内的门店里安装的信息收集系统，通过门店的经理对信息进行编辑并发送到总部，再由有经验的市场专家对信息进行转换、整理和存储后提供给设计师团队，为设计师们提供设计依据。服装样式的设计过程由各方共同参与，充分考虑市场专家、设计师、采购专员的意见和建议，做出最合理的生产时间和生产规模的决策。

利用标准化的信息系统，所有的时尚信息都被界定清晰、分门别类后，存储于总部数据库的各个模块中，这个数据库又与其原料仓储数据库相连接。通过数据的标准化，使ZARA的设计师们可以相对轻松地在掌握数以千计的布料品种、各种规格的装饰品、设计清单和库存商品信息的同时，完成任意一款服装的设计。

这种运作方式由三个角色分别从各自的角度准确收集产品信息，确保产品的时尚度；设计、销售、买手联合设计；按需设计，减少风险，丰富产品类型。ZARA每年推出超过12 000件新品。通过三角权衡的模式设计产品，不仅大大缩短了前导时间，同时也能够贴合顾客需求，按照行业内标准新品服装上架前库存量一般是压缩到50%，ZARA则可以压缩到15%。

（二）生产制造

在生产制造环节，ZARA保留部分生产能力，将大部分生产外包，既保留了自己的竞争力，也避免了产品生产力不足的风险。

ZARA的产品名目繁多、更新换代速度快，而消费者层次和需求众多，因此必须从前端，也就是原材料的采购环节就开始考虑这些问题。ZARA奉行JIT的零库存管理方式，其根据具体的情况来灵活地确定产品是由公司自己生产还是交给其他公司代工。ZARA采购遵循的主要原则是就近原则，以缩短运输时间，加快原材料存货的周转。ZARA有260多家原材料供应商，每家的供货量小于4%，这样可以降低对原材料供应商的依赖，激励供应商使其形成更迅速的反应机制，更可以灵活地应对市场状况。如果是自己公司生产，其原材料通过集团内部的供应商渠道进行采购，能够降低一半的成本。

一般情况下，Inditex集团内部的工厂不会预先大规模地生产服装产品，对于下个季度的预期销量最多生产其中的一小部分，如此便能避免产品滞销带来的风险，更能保存能力对当季畅销产品进行货源补充，提升效益。Inditex集团的20多家自由大型自动化印染、裁剪工厂，3 500多家终端工厂保障了ZARA的多批次小批量限量生产模式。

ZARA将大部分的生产放在欧洲进行，服装生产是自家工厂和关联供应商各占一半，而行业内的许多企业是将生产迁移到世界范围内成本低的国家。在企业总部周边有许多的中小型服装配套加工厂，为ZARA提供了不同的配套生产服务。

此外，ZARA在生产基地下面建立了地下的传送系统以连接附近的企业，从而能够在最短的时间内实现生产加工。

知识链接——零库存（JIT）的实现方式

（三）物流配送

ZARA奉行“速度第一，成本第二”的理念，从创建开始追求的就是要达到最小库存，为了达到最小库存，ZARA的配送模式与行业内许多企业都不同，产品到达配送中心之后并不经过仓库，而是直接进入最后的订单配送环节。所有的专卖店都不会配备专门的库存区，库存实行集中管理、统一配送的方式。也就是说，配送中心扮演的主要是节点周转的作用。这样一来使得服装不会在运输中出现库存的大量积压，与其他的行业内企业相比，缩减了大量的仓库和起卸环节，从而大大减少了停留的时间和成本。

因为没有专门的库存区，专卖店的库存一直保持在只能满足紧迫需求的水平，最多不超过一个月，服装旺季的时候只有两周。所以专卖店的经理每两周就要下一次新的订单，甚至可以达到一周下两次订单的频率，一般的下单时间是周三和周六的下午，而配送时间顺延到周五及周一的早上。

ZARA拥有非常先进的配送系统，可以在接到订单的24小时以内把货物运送到欧洲的门店，在48小时以内把货物送到美国的门店，在72小时以内把货物送到世界的任何一个角落。由于各地存在时间差，ZARA能够实现最新款产品同时在世界各地上新。配送速度得以保障的途径就是与主要物流公司如国航的长期战略合作，物流公司分区域工作，互相竞争。ZARA对配送中的相关细节都有明确的规定和要求，比如运输工具必须按照要求的固定时刻来运作，各地的零售店铺也必须按照严格的时刻发出订单。一般来说，ZARA在欧洲区域主要通过卡车来运输，而其他地区则主要通过两个步骤来运输，分别是空运和所在地第三方物流系统。

在ZARA引以为荣的物流环节，ZARA中国已经建立起了京、沪、豫三个全国性物流仓库，每周两次接收欧洲货物并陆运至各个店铺。在这个环节，ZARA分区域每年选定几家物流公司合作，既保证了时效性，也能通过每年的竞标保证自身的议价能力。

（四）店铺销售

在终端零售店铺方面，ZARA与主要商业地产公司结成战略联盟，在保证黄金铺位的同时避免了高昂的租金。对于其他商业地产公司，ZARA基本是按照极低的销售返点来计算租金，进一步赢得了议价权。ZARA店铺完全自由经营，与主要业主签订战略合作协议，极大地刺激了业主的积极性。

ZARA的2 000多家门店每天都会整理销售和库存等经营信息并将其反馈给总部，同时各个门店根据各自的不同情况来预测未来一段时间内的销售量，然后向总部下单。根据总部的规定，下单时间必须严格按照规定和要求来进行，每一个订单必须准确、及时。

ZARA总部在收到世界各地的订单信息之后对其进行整理和分类，分析产品是属滞销的还是畅销的，通过这种分类来有针对性地进行生产，从而避免产品过剩，降低风险。通常情况下，一种产品从上市开始不会大量地生产而是小规模地进行，并且在零售店的销售时间短，避免出现库存积压。如果产品是爆款，凭借ZARA发达的供应链系统，其完全可以迅速地补充货源。如果出现滞销的产品，ZARA便会将产品集中到一些地区进行清仓。

当出现某种爆款产品时，如果企业内库存原料充足，ZARA便会顺应市场需求进行生产供货。如果缺乏足够生产所需的面料，ZARA也不会贸然决定采购原料来生产，通常情况下即使是因出现爆款产品而补货，也不会多于两次。这是为了使产品能够保持足够的时鲜性，防止出现过多的相同款式，还能够造成产品供不应求的假象，增强人们的购买欲望，促使人们立即做出购买的决定。

对ZARA来说，所有的产品上市后其库存都低于行业内其他企业，也正是如此，每到换季时节ZARA不会出现大量产品打折促销的情况。即使是出现部分商品打折促销的情况，也不是简单地持续降价，降价幅度也会低于同行业的一般水平。

四、讨论问题

1.ZARA库存管理的成功之道体现在哪些方面？

2.ZARA的库存管理对我国服装行业有何启示？

案例说明

一、教学目的

本案例的教学目的是让学生全面了解供应链环节中的库存管理，认识存货从设计、采购、生产、配送直至销售环节是如何管理的。通过对案例的学习，掌握企业进行库存管理的方法和理论。

二、案例讨论的准备工作

（一）理论背景

1.供应链环境下库存管理与传统库存管理的区别

在传统企业的库存管理中，企业之间不会进行存货信息的共享，更不会使存货在企业之间流通和协调配置，而是结合自身实际制订出符合实际情况的库存计划，对库存的管理局限在企业的自身范围之内。这一库存管理的目标仅是企业利润的最大化。

与传统企业的库存管理相比，供应链下的库存管理则大不相同。它从整体层面考虑，在供应链的环境下将企业连接在同一条供应链上，使得企业之间能够实现存货信息的共享和合作。这种共同库存管理的模式能够实现资金、物资和信息流的优化，注重的是市场的实际需求情况，并不仅仅是自身利益的最大化。其目的是削减供应链的成本，提升供应链的价值。

2.供应链环境下的库存管理模式

供应链环境下的库存管理模式主要有以下几种：

（1）零库存管理（Just in Time，JIT）

这是一种多品种小批量、实行全面质量管理、尽力降低消耗的准时生产方式。这种库存管理方式旨在按需生产，追求极致的库存生产方式。除此之外，它注重质量管理的全面性，尽可能地剔除掉不符合标准的产品，避免所有的妨碍产品质量提升的因素存在。

（2）供应商管理存货（Vendor Managed Inventory，VMI）

供应商、批发商和零售商都有自己的库存，在供应链的各环节之中各方都有自己的库存管理方法和模式。由于各环节的方法存在不同性且信息相对闭塞，从而影响了需求的准确性，使得需求偏离了实际的情况，供应商难以了解其客户的需要。VMI方式通过对各环节之间障碍的清理使得企业能抓住不断变化的市场需求情况，符合供应链的集中管理思想。

（3）联合库存管理（Jointly Managed Inventory，JMI）

联合库存管理采用的是分销中心的销售方式，不需要各地的零售商有过多的存货，大部分的库存都容纳在大区的分销中心，换句话说，就是由分销中心来管理各个零售商的库存，这样可以很大程度上减轻零售商在库存方面的压力，分销中心扮演着联合库存管理的角色。这是一种库存管理者风险共担的模式，意味着需求的集中和稳定，能够增强存货的安全性。

(4) 共同预测、计划与补给 (Collaborative Planning, Forecasting and Replenishment, CPFR)

作为一种供应链库存管理模式，CPFR具有良好的协同性，不仅能够起到削减库存量的作用，更有利于销量的提升。这种模式能准确预测销量变动的优势，可以帮助销售方和供应商提前预测并做好充分的准备，取得先发优势。CPFR着眼于大局，将目标和管理方式连接到一起，服务于库存管理这个中心，促进各方合作的深入发展。

(二) 行业背景

对服装行业而言，过去的20年是其飞速发展的“黄金时代”，在国内尤其是沿海的长三角、珠三角一带服装业规模化和工业化程度飞速提高，涌现出了一大批品牌服装生产企业。而2008年全球性金融危机后需求收缩、市场遇冷，传统的低端成衣市场存货积压，品牌服装企业也不得不用高库存为之前的疯狂扩张买单。一时间，库存过剩成为行业性难题。2008年以前，服装行业的库存数量基本保持在较低水平，2008—2011年呈现直线增长趋势。由于市场景气度下滑和前几年行业大肆扩张留下的诸多低效终端，品牌服装企业不得不把去库存工作提上日程并予以高度重视，有的扩大与电商的合作，有的开始做渠道下沉，也有的选择特卖和开辟新市场。各企业各显神通，然而所采取的措施没有从源头上解决不合理库存问题，产品库存量依然居高不下。

1.存货大量积压

近年来，由于市场需求的持续下降导致了库存的积压，使得企业负担沉重，经营压力增大。具体到各企业来看（见表6-3），2016年存货总量最大的服装企业是海澜之家，为94.10亿元，而其净利润只有24.10亿元，存货是净利润的近4倍，在流动资产中占比为41%。除此之外，海澜之家的门店数量当年增加了652家，达到4 642家，据海澜之家预计其未来的门店数量还会保持上升的态势，这也就是说其库存减少的可能性极其渺小。

表6-3 **我国服装企业2016年相关财务数据**

公司名称	净利润（亿元）	净资产收益率	存货（亿元）	存货周转率	存货周转天数（天）
海澜之家	24.10	27.32%	94.10	1.03	354.08
森马服饰	10.00	10.71%	24.80	2.89	125.48
拉夏贝尔	6.00	19.38%	13.00	1.02	357.84
特步国际	7.00	13.06%	4.60	3.33	110.00
七匹狼	1.69	3.34%	9.85	1.58	231.53
报喜鸟	-1.01	-3.68%	10.09	0.77	472.72
摩登大道	-6.07	-4.50%	4.91	0.67	546.63
星期六	1.75	1.05%	14.9	0.48	762.75

2.惊人的存货周转天数和存货周转率

从表6-3还可以看出，除存货积压外，另一个问题是超长的存货周转天数和微小的存货周转率。ZARA的年报显示，ZARA的存货周转天数为37天，而海澜之家、拉夏贝尔、报喜鸟这些品牌的存货周转天数超过了300天。这意味着，即使这些品牌未来的很长一段时间内停止产出服装，仅凭现有的存货量完全可以满足市场销售。从整体来看，行业内普遍出现这种情况，摩登大道的存货周转天数最多，达到了547天。就算是行业内经营状况良好的企业，其周转天数也超过100天。

三、案例分析要点

问题1：ZARA库存管理的成功之道体现在哪些方面？

ZARA的成功归结于其将库存管理的理念运用于整个供应链的每个环节中，整条供应链的每一个节点都相互协作，有着共同目标，为共同利益而努力，依靠对整个供应链的精准控制，实现供应链管理的“成本最低、库存最小”的目标。整条供应链具体可以分为产品设计环节、采购与生产环节、物流运输环节、销售环节几大部分。下面就从这几大部分具体分析其库存管理的优势。

1.产品设计缩短前导时间

ZARA的前导时间，也就是服装从设计到零售商销售之间的时间十分短暂。国际上通常的前导时间可以缩短到3个月，在我国通常为七八个月，对比来看，ZARA可以缩短到一个星期。这种极其短暂的前导时间使得ZARA的存货周转率得到很好的优化，存货量得到大幅度的削减。

当然，ZARA拥有如此短暂的前导时间的一个重要因素就是设计环节的特点。ZARA对流行趋势有着自己独特的理解，尽管产品可能是基于对其他产品的模仿，但是其设计出来的产品往往具备自己所特有的灵感，对潮流有着自己的把握，而不是完全模仿，但也不是完全的创造。ZARA设计的灵感来源并不唯一，是来自于世界范围内各个国家。除此之外，随着互联网技术的发展，设计师们也会通过互联网对世界范围内的服装潮流进行把握，这种方式也使得设计师能够在非常短暂的时间里将潮流元素融入自己的设计中去，这就是前导时间缩短的奥妙之一。

2.采购与生产——后向一体化

（1）全球采购与自主生产相结合

ZARA的采购环节主要分为两部分，主要部分是通过其母公司采购，还有一小部分的原料根据就近原则从其他国家采购而来。这种方式机动灵活，减少运输时间。

ZARA大部分的原料来自其母公司旗下的企业。这种把原材料的生产环节归入自己生产的方式，使得企业有足够的灵活性应对市场和需求的变化，可以有效地解决原材料采购和运输的时间问题，还可以使企业能够在与其他的合作方合作中居于有利的地位，从而减少成本。

（2）采购环节的延时策略

采购是生产过程中可能不被特别重视的环节，然而它确实是最基础的部分。因为一旦设计部门设计出了相应的样式，却没有足够的原材料用来进行生产，这将给企业带来巨大的损失。另外，服装市场的流行趋势变化莫测，ZARA每半个月就要对流行的产品进行更新，有四成的原材料要根据市场的变化来进行调整，在这种情况下为了避免库存的缺乏，ZARA采取的是延时策略。也就是说，购进的原料中有一半是没有加工的最初级原材料，这样就能够根据需要来生产所需的二级原料。这种延时策略使得企业能够在同等的库存条件下灵活地应对市场需求的不同情况，还能够避免对原材料供应商的过度依赖，从而可以保持自身的优势，给供应商增加压力，提升采购效率。

3.JIT精益生产模式

ZARA的大多数产品是从自家工厂里产出的，这些工厂都引进了先进的生产方式——

精益生产（JIT）。这种生产方式的理念在公司的各个层面都能体现出来。

（1）以需求为导向

ZARA的生产理念在工厂里就是依据市场消费者的需求情况进行生产，这其中至关重要的就是专卖店经理。因为他们战斗在销售一线，能够对顾客和市场的偏好情况进行分析和收集，然后以半个月一次的频率将销售和存货的情况发送到总部的相关部门，这些都能体现顾客最真实的偏好，这个偏好能够引导正确的生产，有利于零库存效果的实现。

（2）精益求精、全面质量管理

这种生产理念能够从企业的各个层面体现出来，如布料的裁剪。在生产开始之前，服装相关的数据资料就会从设计部门直接投递到生产部门，根据设置的流程行事。如此一来，可以实现材料的充分利用，不会过多地浪费原材料，在机器的控制下能够充分实现色差准确度，即使是存在一定的瑕疵，也能够尽可能地控制瑕疵的范围，从而降低不合格率。

（3）多批次小批量生产

ZARA采取多批次小批量的生产模式，可以使企业不落后于服装时尚潮流，大幅度减少企业的成本，进一步实现零库存的目标。一般企业并没有十分注重产品的丰富性，而ZARA在产品的多样性方面投入了更多的关注，其半个月更新一次，超过这个时间范围没有销售出去的产品就会被运回总部。同时，向总部发送接下来需要销售的订单，便于严格把控时间进行及时的库存调整，从而实现库存的零积压。通过其工厂的小批量流水线式的生产方式，进行短期内的精益生产，实现精准、柔性和迅速的生产，保证产品能够达标并按时产出。

4.物流——零库存越库配送

ZARA一贯奉行零库存的理念，为了实现这一目标，ZARA将库存集中起来统一进行管理并配送。这样一来，具有一个强大高效的配送系统显得十分必要，正是这样一个物流系统的存在，才使得ZARA能够在市场竞争中取得胜利，是其取胜的法宝。

（1）令对手望尘莫及的周转速度

由于ZARA没有设置专门的库存区，所以每个店铺的货物存储量比较小，只能满足临时性的需求，可以维持不超过一个月的时间，但是每年的产品销售旺季只有15天，所以每个门店的管理人员必须频繁地下单，这就要求物流的效率必须与这种节奏相匹配。ZARA建立起来的高效的物流系统能在订单到达的一天之内将货物运送到欧洲各个地方的店铺，在三天内可以将货物运送到世界上任何一个城市、地区的门店。

（2）贯穿整个供应链的物流系统

ZARA的物流系统除了能够将企业的产品运送到各个店铺之外，还可以运送所需要的原材料和调动折扣产品。也就是说，ZARA将这套物流系统应用到整个供应链系统之中。采购部门获得原材料之后，将会交给物流系统管理中心，通过相对应的订单需求运送至各地。除此之外，物流中心还会承担起各个零售店之间产品调动的配送工作，起到连接各个专卖店的作用。

5.销售——前向一体化

在整个供应链中，最末端也是最重要的一环就是门店。ZARA的产品销售与同行其他企业不大相同，其中差异最大的是将自主产品放入其品牌的零售店进行出售。

（1）低价策略

ZARA的产品价格十分低，不到同行高档品牌价格的25%。总体来说，这是ZARA生产和销售的自主化管理所带来的。一方面，生产的精益化、质量管理的全面性使得企业的废弃产品大大减少，从而节约生产成本。另一方面，ZARA对产品的设计讲求简简单单和实用的舒适性。相对于华丽的品牌产品而言，这就大大减少了设计的费用和生产的流程，简化了生产。其对于产品质量也没有过高的要求，讲求原料的合适性。这一系列的因素都给ZARA的成本降低贡献了非常大的力量。

（2）饥饿营销策略

ZARA的饥饿营销策略体现在产品更新换代的速度和对门店产品的补充上。其生产量始终保持在一个较低的水平，是预测量的一成到两成，相比而言，其他的行业内企业则是达到了五成的高水平。除此之外，ZARA对超过半个月未销售的滞销产品会进行退回处理，而且有些产品不会进行补货，即使是补货也不会超过三次，严格按照制度要求执行，不会出现拖延。这种饥饿营销策略给企业的库存带来了很大的好处，避免了库存量过大和货物的积压，同时提升了市场产品的差异化程度，能够加强产品对消费者的吸引力，增强消费者的购买需求。这种措施使得ZARA的销售业绩远远优于行业的平均水平。

（3）销售反馈

在供应链的各个环节中，零售店作为最后一个环节，也是产品和消费者对接的环节，消费者的意见和建议对企业产品生产的调整具有突出的作用。门店的管理人员对店铺的责任不仅仅是销售业绩，除了基本的职责之外，还要对店铺的风格特色进行统一。另外，门店的管理者还要对存货进行管理，一旦出现存货过量，造成损失的管理人员需要承担责任。门店经理每天都会将相关的资料和信息提交给总部相关机构，这些信息至关重要，决定着库存的多少。除此之外，还包括顾客的反馈、店铺工作人员的意见，这些信息通过收集和整理后送到设计师的手上，成为下一代产品生产的关键依据。

知识链接——沃尔玛供应链管理

知识链接——饥饿营销成功案例

问题2：ZARA库存管理对我国服装行业有何启示？

ZARA的满足消费者多元化需求的能力成为其在行业内取得竞争优势的主要因素。其依靠具有超强实力的设计部门、便捷完善的信息系统，将供应链末端关于顾客的诉求最大可能地收集起来，针对需求进行设计和生产。在生产过程中采用精益生产的方式，尽可能减少货物的库存，提升灵活性。产品生产出来之后，进入其专业化的物流系统，迅速地送到市场中。在整个经营过程中，ZARA对供应链的各个环节和细节进行准确的把控，追求极致的低成本、低库存的目标。ZARA的这种供应链环境下的库存管理模式给我国服装企业的经营带来诸多的启发。

1.建立垂直整合的供应链管理模式

ZARA通过新型的供应链管理模式，构建了一条垂直整合的供应链，企业的所有生产和运营环节都由公司把控。这样一来，企业就能够获得最新的市场需求等相关数据，根据这些数据企业可以精准生产，机动灵活。为了同一个目标和相同的利益，在供应链的各端都可以进行相互协作；在供应链内实现资源配置的优化，尽可能地降低库存管理的成本，避免过多的闲置资源的存在。

2.采用延迟策略

ZARA能够获得成功的关键因素之一就是在采购环节的延时策略，这一点对于我国的服装企业十分重要，应当进行学习借鉴。这种延时策略指的是将能体现消费者差异性的需求环节后移，从而为其他的环节留出更富余的时间，使企业在对市场需求有准确定位时进行最后一步的产品组装。ZARA采购的布料大多是纯色的原胚布，这样就能充分地考虑和调整计划来进行生产。这样做的好处是能够在不增加库存压力的条件下实现对生产需求的灵活变动，还能够避免供应商的单一性，从而促进供应商之间的竞争，形成买方优势。

3.实行精益生产

ZARA在生产过程中贯穿着精益生产的理念。其根据实际的需求进行生产，对每个生产环节进行细化，从而极大地提升合格率，削减生产成本，提升生产周转的速度，能在短时间内满足市场的需求，避免出现产品的滞销而带来库存积压。ZARA的服装产品中只有一到两成需要进行打折出售，而我国一般的服装企业每年至少有五成的量需要通过促销进行销售，其中存在的差异巨大。我国的服装企业应当认识到这一点，可以借鉴ZARA精细化的生产方式，抛弃落后的粗放型生产模式，进行精细化、集约化生产，提升机械化水平。如此一来，不仅可以削减生产成本，还可以通过对存货的管理实现低存货成本的目标。

4.建立极速高效的物流系统

ZARA建立了极速而高效的物流系统，并将之贯穿在整个供应链之中。ZARA实行库存集中管理、统一运送，物流系统在企业和各个零售店之间起着纽带作用，实现了产品三天到达世界各地的难以想象的高效率。

经济社会的不断发展使得我国物流产业日益强大，流程体系也越来越成熟。因此，我国服装企业应当利用好这一优越的条件，可以充分借鉴ZARA的模式，并根据自身差异和经济社会的条件来构建自身的高效物流体系。

5.重视销售环节

销售环节作为产品到消费者的最重要的一环，也是供应链系统中最后的一个环节，具有重要的意义。我国服装企业的销售水平参差不齐，比如销售人员的综合素质普遍不高，而销售的成本普遍较高，在库存量高的情况下，其不得不通过降低价格的手段来进行销售。而ZARA秉承的直接销售模式，通过专卖店将消费者和产品进行对接，同时获得市场和消费者对产品的需求意见。我国企业可以借鉴ZARA对产品的销售理念和方法，通过不断提升销售产品的员工的综合素质、运用不同的营销方法，扩大销售量，削减产品滞销的库存量。

6.利用信息系统建立快速响应机制

目前而言，我国的服装企业信息系统的特点是不完善，这样企业就无法切切实实地了解到市场消费者的真实需求及实际的数据。这种不完善的机制使得市场的实际需求信息经过层层的传递、不断的误差，制订的生产计划不尽科学，最终导致企业产生许多的滞销存货。反观ZARA，正是其完善的信息系统使得其信息共享能够发挥最大的作用，供应链的各个环节都能够在最有效的时间内洞悉市场的实际情况，从而能够加快存货周转，尽可能减少企业仓库产品的存量。

所以，我国的服装企业也可以学习和借鉴ZARA的信息系统机制，结合自身的实际特点和情况来打造出自己的信息系统机制，重视数据的收集整理和信息共享，尽最大可能生产市场青睐的产品，并在最短的时间内将产品打入市场。

四、课堂计划建议

本案例可以作为专门的案例讨论课来进行。以下是按照时间进度提供的课堂计划建议，仅供参考：

整个案例课的课堂时间控制在90分钟。

（一）课前计划

1.要求学生关注ZARA公司基本情况并了解企业库存管理的相关理论知识。

2.围绕发言要求，各组模拟企业运营，作为企业相关岗位（如财务总监、采购专员、库存管理员）从自己的角度提出观点。

3.根据讨论情况，每小组形成发言大纲。

（二）课中计划

1.简要的课堂前言，明确并引导主题。（5分钟）

2.小组发言探讨。（每组10分钟）

3.引导全班进一步讨论：企业库存管理的必要性以及结合我国服装企业特点探讨如何进行企业的库存管理？（20分钟）

4.梳理基本的观点并进行评价总结。（5分钟）

（三）课后计划

请学生采用报告形式给出更具体的解决案例分析报告，或者撰写与主题相关的小论文从不同的角度进行展示。

五、参考文献

[1] 任昊源，董明放，程彩燕．基于阿米巴模式的企业存货管理［J］．财会月刊，2018（5）：88-93

[2] 李晶．中小企业最优存货管理探析［J］．商业会计，2018（6）：61-63.

[3] 梁峰．美特斯邦威经营发展的分析——基于ZARA的极速供应链［J］．科技经济市场，2014（11）：15-16.

[4] 许华杰．基于模式选择的服装企业存货管理探析［J］．经济师，2018（5）：273，275.

[5] 廖东声，梁本光．沃尔玛存货成本管理问题研究［J］．会计之友，2017（22）：

32-36.

［6］秦天芝. ZARA品牌的运营模式分析及对中国服装业的启示［D］. 海口：海南大学，2015.

［7］朱丽，杨馨怡，卢闯. 海澜之家逆势增长的秘诀与启示［J］. 财务与会计，2016（12）：30-31.

［8］杨继生，阳建辉，吴相俊. 通胀周期、金融抑制与企业存货的动态调整［J］. 中国管理科学，2015，23（9）：55-64.

［9］邵争艳. 新常态下常熟服装业财务行为与绩效差异分析［J］. 会计之友，2016（9）：81-86.

［10］刘小红. 基于产品组合策略的服装季度订货模型的构建与应用［J］. 浙江理工大学学报，2014，32（10）：393-397.

［11］原兴倩，陈建伟. 快时尚产品库存产生原因及应对措施［J］. 山东纺织科技，2014，55（3）：44-46.

［12］张才志，陈红强. 服装企业库存管理探讨［J］. 开发研究，2013（4）：121-124.

［13］周惠宁. 赶超ZARA？新一季财报说你大概想多了［EB/OL］.［2017-06-17］. http：//www.ebrun.com/20170617/235713.shtml.

［14］佚名. ZARA母公司发布财务报告，业绩甩国内服企几条街［EB/OL］.［2016-03-11］. http：//hebei.winshang.com/news-567411.html.

案例十二

中铁工业的应收账款管理

摘　要

面对激烈的市场竞争，企业常常运用信用销售来扩大市场份额，但是在销售增长的同时，企业应收账款亦随之增加，相应地增加了应收账款管理成本。基建行业是典型的劳动密集型行业，应收账款规模大。过高的应收账款将影响企业营运资金的周转，增加企业的资金风险，加大坏账的可能性，影响公司业绩，甚至影响公司运作或是引起资金风险。本案例主要从应收账款的来源、规模和管理措施方面对中铁工业应收账款管理进行分析，发现其应收账款管理不到位、销售质量和资产质量较差、信用政策不完善等问题突出，导致中铁工业应收账款居高不下。针对中铁工业应收账款管理问题，思考如何管理企业应收账款，为基建行业应收账款管理提供一定的借鉴。

关键词

应收账款；应收账款管理；信用销售

知识点

1. 应收账款及坏账；
2. 企业应收账款管理；
3. 信用政策。

案例正文

一、引言

基建行业是典型的劳动密集型行业，受国家宏观政策影响较大。由于工程量大、占用资金多、工程计量复杂等因素影响，工程资金结算和支付周期通常较长，企业普遍存在资金周转困难现象，融资需求较强。尤其是2011年以来，受国家实行适度从紧的货币政策的影响，房地产投资增速下滑，而建造成本不断上涨，使得建筑施工企业的现金流减少、流动资金周转不畅的现象进一步加剧。从2017年年报的统计数据来看，应收账款排名前5名的上市公司中，基建行业占3家，中国中铁、中国铁建位列第一、二名，中国中冶位居第四。2017年已公布年报的16家基建行业企业平均应收账款天数为90.21天。过高的应收账款将影响企业营运资金的周转，增加企业的资金风险，加大坏账的可能性，影响公司业绩，甚至影响公司运作或是引起资金风险。

随着中央提出加强“一带一路”建设，推进京津冀协同发展和长江经济带发展，坚定不移推进西部开发、东北振兴、中部崛起、东部率先等四大板块发展，将会有更多的基础设施建设和房地产投资机会。对于基建类企业来说，如何管理好应收账款以更好地抓住时机发展，是个值得研究的课题。

二、公司简介

中铁工业全称为中铁高新工业股份有限公司，原名中铁二局股份有限公司。中铁工业在1999年9月24日正式成立，2001年5月28日在上海证券交易所挂牌上市，股票代码600528，总股本41 000万股，可流通股本11 000万股，截至2017年12月31日，公司股本总额合计为人民币2 221 551 588.00元。

中铁工业在2015年9月发出重大事项停牌公告，于2015年12月4日正式发布资产重组预案，本次交易置出中铁二局全部资产和负债，并置入中国中铁股份有限公司（以下简称“中国中铁”）持有的中铁山桥、中铁宝桥、中铁科工、中铁装备四家公司的全部资产和负债。2017年3月2日，“中铁二局”正式更名为“中铁工业”，并在上海证券交易所敲锣上市，用了400多天完成了资产重组，中铁山桥、中铁宝桥、中铁科工与中铁装备被注入上市平台。中国中铁董事长表示这次资产置换重组能够解决同业竞争问题，可以为本公司的优势业务如道岔、钢梁钢结构和盾构制造等提供独立上市的机会。

中铁工业在这次重组前的主要业务有建筑工程施工、房地产开发和物资销售，这与中国中铁的业务范围有所重合，但是重组后的中铁工业的主要业务为道岔、隧道掘进设备、钢结构、工程机械等研发、制造相关业务。目前，中铁工业及其子公司从事的业务有各类型工业、能源、交通、民用等工程项目施工的承包，工程材料与设备采购（含铁路专用设备），工程技术开发与咨询，机械租赁，铁路简支梁生产，仓储业务，房地产综合开发等，属于制造业-专用设备制造业。

中铁工业积极参与“一带一路”建设，通过“一带一路”建设将自己的产品推向海外市场，努力扩展海外业务，到2020年预计其海外业务占比将从目前的9.12%增长到10%~15%。中铁工业不仅将自己的产品进行海外销售，同时还计划将制造工厂建在海外，目前计划将工厂建在欧洲，建设低成本制造工厂为“中国设计、世界制造”创造有利条件。

知识链接——“一带一路”

三、案例概况

华丽亮相的中铁工业有了全新的身份，在搭乘“一带一路”这辆快车努力开展海外业务的同时，其应收账款开始剧增。

（一）相关财务数据及会计政策

2012—2016年，中铁工业的营业收入及应收款项情况见表6-4。

表6-4　　**2012—2016年相关财务数据**　　单位：万元

项目	2012年	2013年	2014年	2015年	2016年
营业收入	6 661 103.38	7 956 690.57	7 151 263.90	5 778 744.17	5 124 156.92
应收票据	30 466	17 284.04	15 986.26	45 724.30	144 691.28
应收账款	1 122 516.90	1 478 977.71	1 818 888.10	1 570 334.41	1 537 289.15
预付账款	657 472.26	755 730.40	945 516.60	1 133 001.10	1 258 341.08
其他应收款	236 530.31	365 204.55	374 490.34	360 648.88	319 750.72

中铁工业的主要产品是道岔、钢结构、隧道掘进设备及大型工程施工机械等，主要面向交通基建行业工程施工类客户。受我国交通基建行业投资主体特点的影响，下游销售客户比较集中，主要为中国铁路总公司及其下属的各铁路局，各省、自治区、直辖市轨道交通建设和运营公司、地铁公司、交通建设管理局，以及大型交通基建施工类企业等，故中铁工业形成的应收账款也主要集中在上述客户。

2012—2016年中铁工业应收账款金额前几名客户情况[①]见表6-5。

表6-5　　**中铁工业2012—2016年应收账款金额前几名客户表**[②]　　金额单位：万元

项　目	2012年	2013年	2014年	2015年	2016年
中国中铁股份有限公司	156 215.34	131 446.66	156 784.67	211 811.58	164 215.47
中铁建设投资集团有限公司	0.00	99 451.36	124 036.86	95 844.44	88 287.59
中铁交通投资集团有限公司	0.00	0.00	116 414.43	26 407.14	0.00
客户1	76 165.34	0.00	0.00	0.00	0.00
客户2	42 696.13	59 832.35	0.00	73 683.10	72 716.60
客户3	28 389.24	51 300.63	84 876.84	31 496.85	32 002.41
客户4	27 176.05	44 336.00	37 054.48	0.00	31 729.14
合计	330 642.10	386 367.01	519 167.29	439 243.11	388 951.21
占应收账款总额比例	29.04%	25.80%	28.04%	27.42%	24.74%

中铁工业的坏账准备政策：

（1）单项金额重大并单项计提坏账准备的应收款项

中铁工业将金额为人民币5 000万元以上的应收款项认定为单项金额重大的应收款项，对其进行单项减值测试。单项测试未发生减值的应收款项，包括在具有类似信用风险特征的应收款项组合中进行减值测试。单项测试已确认减值损失的应收款项，不再包括在

①　除关联方中国中铁股份有限公司、中铁建设投资集团有限公司、中铁交通投资集团有限公司在年报中披露客户信息外，对于非关联方企业形成的应收账款中铁工业公司均以客户代替。同时，在年报中中铁工业披露应收账款主要由应收工程款与物资销售款两部分构成。

②　根据中铁工业2012—2016年年度财务报告整理所得。

具有类似信用风险特征的应收款项组合中进行减值测试。

（2）按信用风险特征组合计提坏账准备的应收款项

中铁工业按信用风险特征组合计提坏账准备，计提方法包括：账龄分析法、余额百分比法、其他方法。

组合1为应收质保金及本集团内部借款，计提方法为个别认定法；组合2为除应收质保金及本集团内部借款外的应收款项，计提方法为账龄分析法。

账龄分析法的计提标准见表6-6。

表6-6 **账龄分析法计提标准**

账龄	应收账款计提比例	其他应收款计提比例
1年以内（含1年）	0.50%	0.50%
1~2年	5.00%	5.00%
2~3年	10.00%	10.00%
3~4年	30.00%	30.00%
4~5年	30.00%	30.00%
5年以上	50.00%	50.00%

（3）单项金额不重大但单独计提坏账准备的应收款项

单独计提坏账准备的理由：当有确凿证据表明应收款项无法收回时。坏账准备的计提方法：个别认定法。

（二）应收账款规模

1.应收账款占流动资产比重

应收账款的规模是重要的考量指标，规模越大，说明企业被占用的资金越多，给企业正常的生产经营带来的压力越大。由于应收账款规模在很大程度上取决于企业的销售规模，如表6-7和图6-1所示，因此以应收账款与流动资产的比值作为分析对象。

表6-7 **2012—2016年应收账款占流动资产比例表**[①]

项目	2012年	2013年	2014年	2015年	2016年
应收账款（亿元）	112	148	182	157	154
流动资产（亿元）	393	462	542	517	516
应收账款/流动资产	28.50%	32.03%	33.58%	30.37%	29.84%

应收账款是流动资产的重要组成部分，从图6-1中可以看出，中铁工业应收账款占流动资产的比重较大，该比例总体上呈现先上升后下降的趋势，2012年该比例最低，而2014年该比例最高，而且从2013年开始到2016年该比例一直保持在30%上下浮动。

① 根据中铁工业2012—2016年年度财务报告整理所得。

图6-1 应收账款占流动资产比例变动图

2.应收账款增速

中铁工业应收账款的增长速度较快，甚至高出了营业收入的增长速度，如表6-8和图6-2所示。

表6-8 **应收账款和营业收入对比情况表**①

项 目	2012年	2013年	2014年	2015年	2016年
应收账款（亿元）	112	148	182	157	154
营业收入（亿元）	666	796	715	578	512
应收账款增长速度	0.90%	32.14%	22.97%	-13.74%	-1.91%
营业收入增长速度	11.93%	19.52%	-10.18%	-19.16%	-11.42%
应收账款/营业收入	16.82%	18.59%	25.45%	27.16%	30.08%

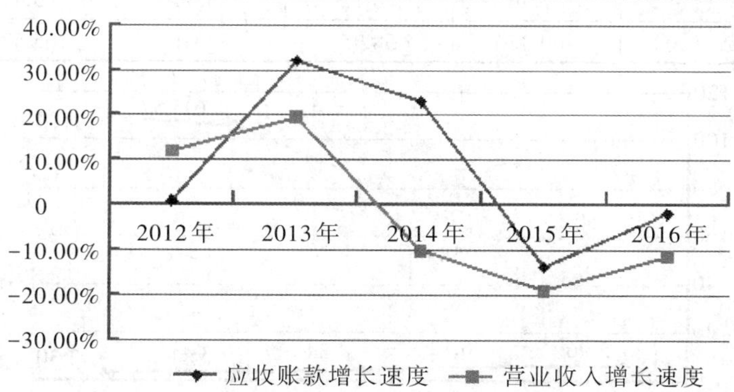

图6-2 应收账款和营业收入增速对比图

从表6-8和图6-2可以发现，应收账款和营业收入的增长速度总体趋势一致，都是先上升后下降之后再上升，但是应收账款的增长速度总体上高于营业收入的增长速度。具体情况是2012—2013年应收账款和营业收入的增长速度先上升，2014—2015年保持下降状态，到了2016年又突然上升，尤其应收账款的增长速度从2012年的0.90%激增到了2013年的32.14%。2014年应收账款的增长速度与营业收入的增长速度差距达到最大，2015年和2016年的应收账款增速为负，而营业收入的增长速度在2014年已经开始为负数。

① 根据中铁工业2012—2016年年度财务报告整理所得。

中铁工业应收账款占营业收入比重情况如图6-3所示。

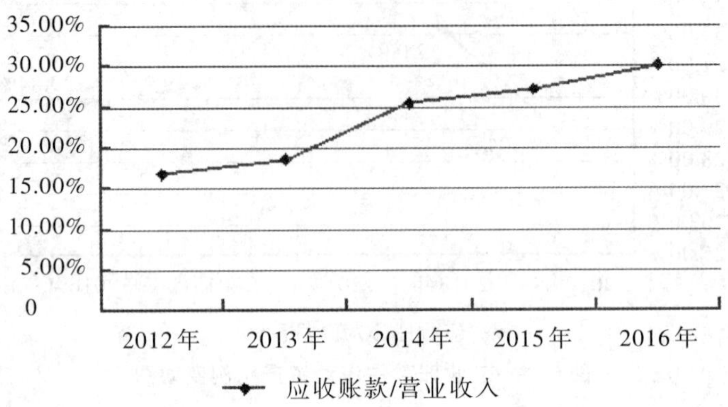

图6-3 应收账款占营业收入比重变化图

从应收账款占营业收入比重可以看出一个企业的销售质量，从图6-3可以看出，从2012年开始直到2016年，中铁工业应收账款占营业收入比重一直保持上升态势，该比重从2012年的16.82%一直上升到了2016年的30.08%，2016年的比重约是2012年的2倍。

3.应收账款周转速度

应收账款周转速度是衡量应收账款转化为现金的速度，它是指一定时期内应收账款转化为现金的平均次数，用销售收入/平均应收账款余额得到。应收账款周转率越高，平均收账期越短，说明应收账款的收回越快。中铁工业近年来的应收账款出现了周转速度连续下降的情况，如表6-9和图6-4所示。

表6-9 **应收账款周转情况表**[①]

项 目	2012年	2013年	2014年	2015年	2016年
应收账款周转率（次）	5.96	6.12	4.34	3.41	3.30
应收账款周转天数（天）	60.37	58.85	83.01	105.57	109.16

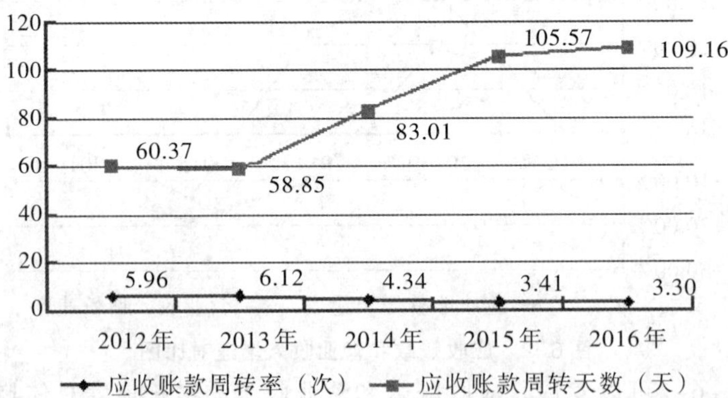

图6-4 应收账款周转速度变动图

从表6-9可以看出，近年来中铁工业的应收账款周转情况越来越差，并且通过图6-4我们可以明显得知，应收账款的周转天数总体上呈现上升趋势，仅在2013年略有下降，而且应收账款周转天数的增长速度较快，2016年的应收账款周转天数约是2012年的2倍。相反，应收账款周转率除了2013年略有上升外，整体上保持持续下降的趋势。

① 资料来源：东方财富网.

（三）应收账款管理措施

中铁工业年度财务报告附注中其他重要事项的信用风险披露：“为降低信用风险，本集团成立专门部门负责确定信用额度、进行信用审批，并执行其他监控程序以确保采取必要的措施回收过期债权。此外，本集团于每个资产负债表日审核每一单项应收款的回收情况，以确保就无法回收的款项计提充分的坏账准备。”

四、讨论问题

1.是什么原因造成基建行业应收账款过高？

2.结合案例讨论中铁工业应收账款管理存在的问题。

3.针对案例中中铁工业的问题提出相关措施。

案例说明

一、教学目的

本案例的教学目的是使学生了解上市公司应收账款管理问题，并通过相关问题给出合理的解决措施。通过案例学习掌握企业进行应收账款管理的方法和理论。

二、案例讨论的准备工作

（一）理论背景

1.应收账款管理

企业对应收账款管理主要倡导全程信用管理模式，强调从事前控制、事中控制到事后控制的全过程重点流程控制。

（1）事前控制

此环节首先涉及客户资信调查和客户信用评价。企业通过直接调查和间接调查取得客户偿债能力、获利能力、经营情况及行业背景等相关信息，整理客户信用状况等资料档案，对客户信用能力进行合理评估。其次，制定合理的信用政策。企业应结合公司目前的发展战略和整体销售政策来制定合理的信用政策。最后，此环节还包括制定完整的内部控制制度，使相关部门岗位权责分明，实现岗位分离。

（2）事中控制

客户信用动态追踪是事中控制的主要内容之一，强化相关人员对客户进行跟踪与监督，及时反映回款情况，调整信用策略；应收账款动态监控也是事中控制的重要内容之一，财务部门负责对企业应收账款进行动态监控，并及时制作账龄分析表，更新坏账计提情况并制定差异化的催款策略；此外，对于应收账款的坏账风险做好债权保障和风险转移措施是有效防范风险事件发生、企业遭受巨额损失的重要步骤。

（3）事后控制

事后控制就是建立应收账款坏账准备金制度。及时评估公司逾期账款情况，合理安排坏账预估；建立应收账款催收制度；建立账款催收小组，根据逾期账款的不同情况制定差异化的催款策略，尽可能减少企业逾期账款无法收回的损失。

2.信用政策

信用政策即应收账款政策，是指企业对应收账款进行规划与控制而确立的基本原则和行为规范，是企业财务政策的重要组成部分，它主要由信用标准、信用条件和收账政策三个方面组成。

（1）信用标准

信用标准是企业同意向顾客提供商业信用的最低条件，通常以坏账损失率表示，它是公司评价客户信用质量的基本准则。具备了信用标准，管理人员才能判断是否给予客户信用和给予多大程度的信用。

（2）信用条件

公司的信用条件包括给予客户的信用期限、现金折扣率和折扣期限。每个公司都规定有一般性的授予大部分客户的信用条件，尤其是没有与公司签订长期购销合同的客户。经常使用的信用条件是“2／10，n／30”，其内容为“从发票开出次日算起，折扣期10天内付款，可以享受2%的现金折扣率，超过折扣期付全额，最迟30天付款，即信用期”。对于签有长期合同的客户，公司经常提供多个价格和信用条件的组合，制定信用条件时，要进行相应的成本效益分析，因为不同的信用条件会产生不同的效益和成本。

（3）收账政策

在正常情况下，客户应按信用条件的规定，到期及时付款，履行其责任。但是，由于种种原因，有的客户会拖欠货款。收账政策就是指对于逾期的欠款公司应采取的收账策略。企业对信用质量不同的客户要采取不同的收账政策。对于信用质量高的客户，可以采用宽松的收账政策；对于信用质量差的客户，应采取积极的、严格的收账政策。

（二）行业背景

基建行业目前发展较好，国家加大对基建行业建设力度，国家政策性银行发行万亿专项金融债以支持基建行业发展。未来基建行业将迎来大好，从“十三五”现代综合交通运输体系规划来看，2020年要实现贫困地区国家高速公路主线基本贯通，综合交通网总里程达到540万公里，其中铁路营业里程达15万公里，五年CAGR4.39%（高铁预计3万公里，CAGR9.57%）；公路营运里程500万公里，五年CAGR1.77%（高速公路预计16.9万公里，CAGR16.13%）；轨交营运里程6 000公里，五年CAGR12.70%。高速公路、轨交、高铁等高端品质的基础设施仍是建设重点。

对于“一带一路”的沿线国家而言，无论是从国内需求还是未来区域经济合作的角度来看，这些国家对基础设施建设的需求极其旺盛，我国基建企业走出去的步伐将大幅加快，高铁作为我国最具代表性的高端装备必将加快走出国门的步伐。全球轨交市场规模巨大，需求旺盛，仅东南亚市场轨交项目总投资规模就接近9 800亿元，在亚洲基建发展基金、金砖四国发展基金等多种金融投资的支持下，需求将快速得到释放。

知识链接——年均复合增长率（CAGR）

三、案例分析要点

问题1：是什么原因造成基建行业应收账款过高？

由于市场竞争的加剧及基建行业经营的独特性，一方面施工企业为了抢占市场，拓展生存空间，往往在项目招投标谈判中对工程垫资或进度款支付提出的要求较低；另一方面受行业经营独特性的影响，施工过程中所形成的劳务支出与收款时间上存在着时间差，造成了施工企业应收账款居高不下的现状。

1.应收账款长期挂账

根据菲迪克条款的相关规定，施工企业应在签订建设工程承包合同之前向甲方业主交付一定比例（通常为项目工程结算价款的5%）的工程质量保证金，用于保障工程项目在缺陷责任期内出现的问题。缺陷责任期一般为项目竣工验收合格后的1~2年，在此期间施工企业交付业主的工程质量保证金不得收回，作为应收账款反映在企业的资产负债表内。

2.时间差

在工程款结算方面，企业从工程项目完工到收到结算款之间通常会有一段时间差。在这段时间内，甲方业主会派相关人员对完工的工程项目进行审核，审查合格后，还要接受专业的审计单位对完工项目进行审计，拉长了项目的清算周期，在一定程度上延长了企业的应收账款收回时间。

3.资金回收意识薄弱

基建类企业缺乏资金回收的意识也是造成企业应收账款增多的原因之一。大多数的施工企业只注重产值的高低，而忽略了应收账款能否回收的问题。据统计，应收账款账龄超过半年收回的成功率是57.8%，账龄超过1年收回的成功率是26.6%，账龄超过2年收回的成功率是13.6%。可见，加强应收账款的回收对提升基建类企业资产流动性，增加企业的资本金起到非常重要的作用。

知识链接——菲迪克条款

问题2：结合案例讨论中铁工业应收账款管理存在的问题。

1.应收账款管理不到位

中铁工业应收账款规模较大，应收账款的规模及增长率呈现上涨态势，应收账款增幅高于营业收入增幅，占营业收入比例高，资金周转受到限制，并且由于应收账款的大幅增加，导致中铁工业公司的应收账款质量下降。另外，从应收账款周转率来看，中铁工业公司应收账款周转率在下降，账款的回收速度在减慢，同时，应收账款账龄主要集中在信用期1年内和逾期1年两段，账龄1年内应收账款占比在2015—2016年不断上升，沦为坏账的可能性极大，丧失流动性；中铁工业公司应收账款的债务集中程度较高，坏账损失率高，回款效率偏低。总之，中铁工业公司应收账款质量欠佳，还有进一步提升的空间。中铁工业应收账款账龄占比表如表6-10和图6-5所示。

表6-10 应收账款账龄占比表[①]

项 目	2012年	2013年	2014年	2015年	2016年
1年以内	67.34%	78.74%	78.19%	85.21%	84.64%
1～2年	14.75%	9.72%	17.66%	5.84%	6.39%
2～3年	10.73%	7.52%	2.40%	5.81%	4.35%
3～4年	5.56%	1.90%	1.44%	2.30%	2.12%
4～5年	1.15%	1.80%	0.18%	0.51%	1.71%
5年以上	0.47%	0.32%	0.13%	0.33%	0.77%

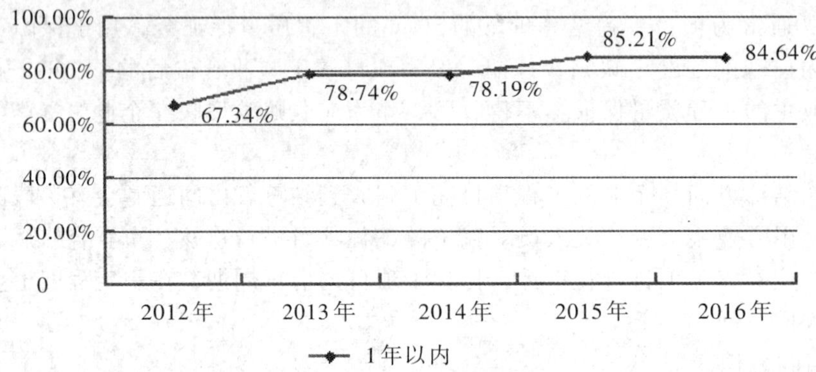

图6-5 1年内应收账款波动图

一个企业应收账款是否能够顺利收回与账龄的长短有极大的关系，收回所欠货款的可能性随着时间的增加而逐渐变小。从表6-10和图6-5可看出，中铁工业1年内的应收账款从2012年开始出现小幅度变动，大体平缓微增，账龄5年以上应收账款从2015年开始上升，并且增速也在变快，尤其是2016年账龄在5年以上的应收账款比例达到这几年的最大值，是2014年该比例的近6倍。中铁工业2012—2016年不同账龄的应收账款占比变化情况显示，由于中铁工业2012—2016年新增的应收账款呈现上涨趋势，而且账龄较长的账款回款情况不佳，所以中铁工业应收账款的管理质量有待提高。

2.销售质量和资产质量较差

由于中铁工业的销售情况受到应收账款的影响，所以销售质量较差，如表6-11和图6-6所示。

表6-11 应收账款占营业收入和流动资本比重变化表[②]

项目	2012年	2013年	2014年	2015年	2016年
应收账款（亿元）	112	148	182	157	154
营业收入（亿元）	666	796	715	578	512
流动资产（亿元）	393	462	542	517	499
应收账款/营业收入	16.82%	18.59%	25.45%	27.16%	30.08%
应收账款/流动资产	28.50%	32.03%	33.58%	30.37%	30.86%

① 根据中铁工业2012—2016年年度财务报告整理所得。
② 根据中铁工业2012—2016年年度财务报告整理所得。

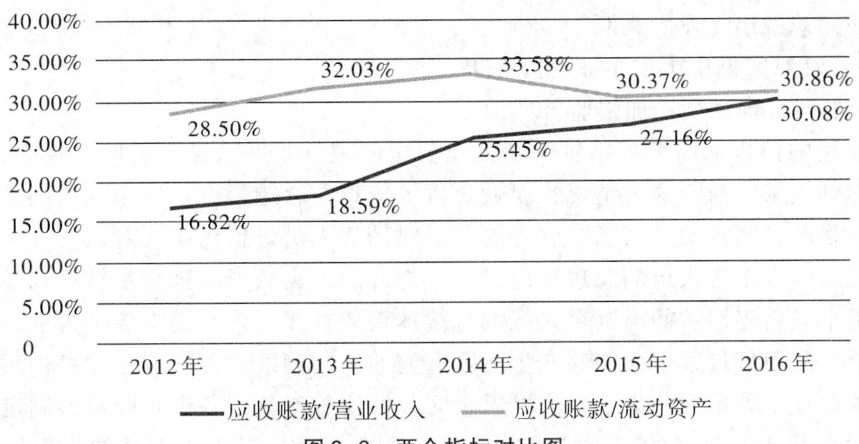

图6-6　两个指标对比图

从表6-11和图6-6显示的信息可看出，从2012年到2016年应收账款占营业收入的比重不断增加，这表明中铁工业的销售质量近年来一直在下滑。虽然货物销售出去了，资产负债表上体现的是该项资产从存货转移到了应收账款，在利润表上体现为营业收入总额增加，但是将产品销售出去却没有收到货款，而且赊销行为所占的比重越来越高，这并不是一个好的征兆。可见，中铁工业的信用政策出了问题，只顾着追求销售数量却没有注意到销售的质量，中铁工业的销售质量较差。

中铁工业的资产因受到应收账款的影响，质量较差，如图6-7所示。

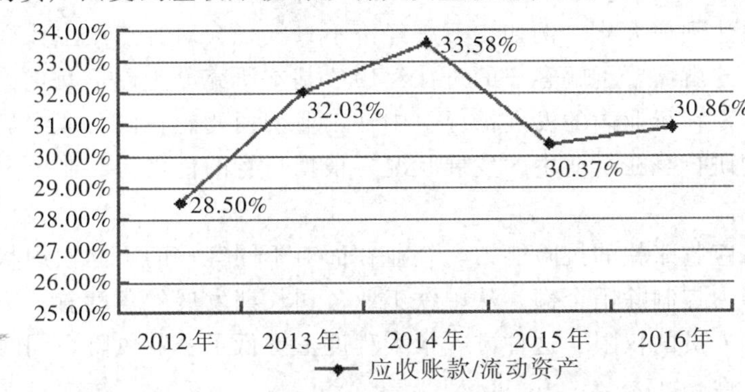

图6-7　2012—2016年应收账款占流动资产比重波动图

应收账款占流动资产比重的大小与流动资产的质量好坏有着重要的关系，该指标越大，说明资产的流动性越低。如图6-7所示，中铁工业应收账款占流动资产的比例先升后降又微升，但是该比率一直在30%上下浮动，也就是意味着中铁工业的流动资产中约有1/3来自于应收账款，而应收账款并不能保证一定能够收回，并且中铁工业应收账款占流动资产的比重在行业里较高，因此，中铁工业的流动资产质量属于较差情况。

3.信用政策不完善

中铁工业应收账款过高的原因之一就是信用政策不完善，其没有建立一个有效的、科学的信用体系，公司信用管理水平不高。对于判断客户是否为高信用客户时，应全面调查客户的信用信息，不只是财务信息，还应该包括客户的运营信息等。在和客户交易的同时，如何确定客户的信用额度、信用期、折扣期和现金折扣率等也都是比较重要的问题，这就需要科学的信用体系和完善的信用政策，使信用管理部门的工作人员根据信用政策并利用专业的知识做出专业的判断。

问题3：针对案例中中铁工业的问题提出相关措施。

1.完善公司管理制度，加强监督

很多公司的销售部门为了销售额度无视公司的规章制度，导致后期应收账款难回笼，甚至于收不到欠款。对于这种情况，企业负责人应该结合销售人员所出现的问题，在原有制度上加以整改，制定出一套新的管理制度，对销售人员进行约束。对销售人员的销售模式加以创新，改变销售人员的思想观念，让其把思想重点从产品销售量转移到销售回款额上，并采用个人销售回款额与其个人工资直接挂钩的方式。什么是有效销售额，简单来说就是在整个产品销售过程中，能够产生实际利润的销售额，包含应收账款增加额，而应收账款增加额存在不确定性，为了保证可以及时收回应收账款，各个企业需要制定相关的规章制度，对公司人员进行约束。公司内部实行惩罚制度，对销售人员的收款情况进行统计，对长期收不回应收账款的销售人员实行经济处罚，并直接与销售人员的工资挂钩。

2.制定合理的信用政策

对于国内众多企业应收账款难以收回的现象，综合各种研究不难看出，企业必须制定出完善的信用政策，销售人员在销售、回收应收账款时才能有据可依、有规可循。

（1）信用标准

信用标准是指企业在同客户进行赊销交易时所能承受的最低信用值，简单地说，就是代表企业愿意承担最大的风险金额，所以，企业一般会从多方面对客户进行综合性调查分析，以使企业利益达到最大化。例如，万一经济不景气，会对客户产生什么样的影响，客户会如何处理等，这就需要了解客户的过往经历。基本研究分为以下几点：

第一，调研客户在行业内的发展情况。中铁工业公司要想在同行业中显现出自身的竞争优势，就必须调研自身在行业中的发展状况，根据自身的优劣势，制定出适合企业进一步发展的信用标准。

第二，企业对应收账款的抗险能力。企业在面对不同客户的不同信用状况时，可以结合自身的抗风险能力控制赊销金额。从中铁工业公司长期发展的角度看，应明确固定信用标准，以约束销售人员的权限。这种方式很大程度上降低了企业风险，同时增强了企业在选择客户时的有效性。

第三，客户信用状况。在面对信誉良好的老客户时，由于他们的风险性很大程度上低于新客户，因而可适当地放低信用标准；对于信誉度差、违约风险性高的客户，建议财务部门在制定信用标准时严格把关，使风险降到最低，避免企业受到经济损失。

中铁工业公司应建立完善的信用风险评估机制，由销售人员收集客户的基本信息，转交给财务部门，财务部门通过银行的企业信用风险评估系统调查客户的信用状况，综合各个客户的信用状况将客户以“A”“B”“C”“D”四个等级进行划分，根据不同等级的客户确立不同的信用条件，这样做可以有效地降低应收账款回收风险，大大地提高应收账款的质量。

（2）资信衡量途径

为了对客户的资信状况进行全面的了解和准确的评估，中铁工业公司需要建立完善的客户信用评估机制，建立客户信用评估机制可以通过下几种方法获取资料：

①客户的财务报告。财务报告是对一个企业的经营状况、资金走向、产品销售收

入、企业可流动资金量的直接反映，企业可以有效地利用客户的财务报告，根据客户的总资产、负债情况、企业运营状况、可流动资金量等数据综合评估其支付能力，这对信用评估有极大的促进作用。但事事都存在不确定性，企业要对客户提供的财务报告持怀疑态度，部分客户在企业经营不利的情况下，为通过信用审核常会对财务报告进行造假，使其各种财务数据不准确。为避免数据不真实造成审核判断失误，企业在审核时应慎重进行。

②利用客户的信用评级报告。利用关于客户的信用评级报告也是一个有效的方法，中铁工业公司可以通过各种途径详细地了解客户在以往交易中的信誉情况，并关注其是否有不良记录，以此对客户的资信品质进行衡量，但是，一般情况下，公司很难从上述渠道了解到相关资料。

（3）信用评估方法

对于客户的信用审核，通常采用三种信用评估方法：综合评估法、定性评估法、定量评估法。由于仅使用一种评估方法常导致对客户的信用评估有偏差，其真实可靠性不高，因此财务部门应同时采用多种评估方法对客户信用状况进行综合性评估，以保障应收账款收回的稳定性。

（4）制定信用条件

信用条件是指企业为将债权变现对客户做出的优惠性行为，这些优惠性行为最常用的就是放宽应收账款归还日期。在详细地分析自身在行业中的优劣势及公司情况后，中铁工业应对不同的客户实行不同的信用条件，对于信誉度好的客户，放宽标准，提升合作空间，对于信誉度差的客户，严格控制信用条件，避免长期收不回应收账款，以此来保证后期公司可有效地收回赊销款。中铁工业公司在制定信用条件的同时，应该综合考虑如何增加企业利益、提高产品销售收入、降低企业运营成本。

众所周知，良好的信用条件可以招揽大量的客户，提高企业产品销售量。在企业降低信用条件的同时，企业利益相应地也会受到损失。

中铁工业可根据表6-12评估客户的信用等级。

表6-12　　**客户资信条件类别评定标准**

指标项目	良好	中等	下等
信用等级	A（70~100分）	B（50~10分）	C（50分以下）
以往付款记录	全部在折扣期内付款	大部分在折扣期内付款	很少在折扣期内付款
流动比率	2.2以上	2±0.2	1.8以下
速动比率	1.2以上	1±0.2	0.8以下
现金比率	0.3以上	0.2±0.1	0.1以下
负债比率	30%以下	50%±20%	70%以上
营运资金（元）	150万~200万	50万~150万	50万以下
库存周转	15次以上	8±5	3次以下

3.积极处理逾期应收账款

目前，中铁工业尚未制定欠款政策和相应的催讨流程，催收管理工作也待完善，具体可以从如下方面展开相关工作：

（1）明确账款催收责任主体

中铁工业公司对于出现呆账或坏账的现象，必须究其根源对企业内部的应收账款管理制度加以完善，方可减少应收账款变成坏账。销售人员是应收账款形成的关键性人员，有义务对企业坏账负责。

在实际操作中，企业管理部门必须根据实际调查到的竞争环境、行业状况、客户信用资料等来确认客户的信用等级、信用政策，对客户可能发生违约的风险向营销部门及营销人员进行预警；财务部门应定期对应收账款进行整理，将大量的应收账款分为已收回、收回可能性大、呆账、坏账，并将存在的呆坏账整理转发给销售人员，销售人员应及时做好应收账款收回工作。

根据市场营销部门在应收账款催收任务中所负有的职责，公司相关部门要进行固定期间或随机的抽查，对相关部门所应该承担的责任进行详细的评估，依靠评估结果对相应人员进行奖惩。

（2）合理选择催收方式

结合中铁工业公司出现大量应收账款的现象，本案例列出了三种解决措施：企业市场营销催收、借助专业催收机构力量、使用法律武器催收。

就中铁工业公司现状来看，大部分应收账款可通过企业销售人员收回，只是时间问题。部分应收账款可能需要通过法律途径解决，但这种方式存在大量弊端，严重影响其今后的客户量。

因此，企业在收回应收账款时技巧要巧妙，在尽量不影响与客户关系的前提下把应收账款收回，以期与客户保持长久的合作。

（3）规范应收账款催收程序

为了规范逾期欠款催收程序，提高催收效率，减少坏账损失，同时维护公司与客户之前的长期稳定关系，中铁工业公司在制定应收账款催收程序时可考虑按照表6-13执行。

表6-13 **逾期应收账款催收程序**

步骤	催讨途径	阶段	逾期天数
一	传真	第一次提醒	10
二		第二次提醒	15
三		第一次正式催收	20
四		第二次正式催收	25
五	电话或拜访	压迫式沟通	30
六		第一次经理通话	40
七		第二次经理通话	50
八	挂号函件	最后通知	60
九	移交法律部	专业途径清欠	90
十	委托律师	法律诉讼	120

四、课堂计划建议

本案例可以作为专门的案例讨论课来进行。以下是按照时间进度提供的课堂计划建议，仅供参考：

整个案例课的课堂时间控制在90分钟。

（一）课前计划

提出启发思考问题，请学生在课前完成阅读和初步思考。建议学生在课前做好以下准备：

1.掌握营运资金管理概念；

2.了解应收账款管理的相关理论知识；

3.查找并了解中铁高新工业股份有限公司相关资料。

分组讨论，提前告知发言要求，要求每小组将讨论意见做成讨论报告（PPT形式）。

（二）课中计划

1.简要的课堂前言，明确并引导主题。（5分钟）

2.小组发言探讨。（每组10分钟）

3.引导全班进一步讨论：企业应收账款管理的必要性以及结合我国基建类上市公司特点探讨如何进行企业的应收账款管理？（20分钟）

4.梳理基本的观点并进行评价总结。（5分钟）

（三）课后计划

如有必要，请学生采用报告形式给出更加具体的解决案例分析报告。

五、参考文献和网址

［1］中铁高新工业股份有限公司官网，http：//www.crhic.cn/.

［2］新浪财经，http：//finance.sina.com.cn/.

［3］东方财富，http：//stock.eastmoney.com/.

［4］徐德顺，马军海．企业应收账款类信用资产管理研究［J］．宏观经济研究，2018（1）：129-145，155.

［5］丁金彦．账龄分析法的账龄划分和评估坏账损失［J］．广西会计，2009（9）：19-21.

［6］耿军华．供应链应收账款融资信用风险评价体系构建［J］．财会通讯，2018（11）：111-116.

［7］郭建荣．应收账款周转率作为考核指标的科学性研究［J］．山西财经大学学报，2018，40（S1）：37-38.

［8］任永平，韩昳荻，任赛德．账龄分析视角下的应收账款坏账计提研究——基于沪深A股上市公司数据［J］．财会通讯，2018（28）：23-26，129.

［9］乔鹤．基于中铁二局的应收账款管理的案例分析［J］．投资理财，2016：48-49.

［10］矫月．基建类央企应收账款居榜首 多为中铁总公司项目［EB/OL］．［2015-09-11］．http：//money.163.com/15/0911/05/B378H8KG00253B0H.html.

［11］佚名．基建行业商业保理业务探索［EB/OL］．［2018-05-03］．http：//www.sohu.com/a/230242382_818225.

第七章 股利分配与员工激励

案例十三

五粮液的股利分配政策

摘 要

与企业的筹资渠道、融资成本和资本结构息息相关的股利分配政策，是企业的三大财务决策之一，对一个企业具有非常重要的意义，合适的股利分配政策有利于稳定公司的股权结构，促进公司健康发展以及财务管理目标的实现。五粮液作为中国白酒行业的标志性企业，一直处于中国高端白酒行业的前列。2010年前，五粮液的现金股利政策呈现水平较低、稳定性较差、波动性较大的特点，2010年后其现金股利逐渐稳定上升。本案例以五粮液股份上市以来的历年股利分配情况为研究对象，对其股利分配政策的波动进行分析，总结影响公司股利分配政策的因素，企业如何结合自身的发展特征制定适合自身的股利政策。

关键词

股利分配政策；现金股利；五粮液

知识点

1.股利政策相关理论；
2.企业分配相关理论；
3.股利分配政策的影响因素。

案例正文

一、引言

随着国家相继推出“八项规定”“六项禁令”等一系列限制“三公经费”的政策，严格禁止公款消费高档酒，极大影响了高档白酒的销售。2014年以来，高端白酒企业逐步调整经营策略，开始抢占中档白酒市场，导致中档白酒市场的竞争进一步加剧。2017年以来，白酒市场整体呈现量价齐升的局面，中高端白酒市场复苏回暖较为显著。与其他行业相比，由于白酒行业处于成熟期，行业内部的上市公司的财务状况及盈利状况等具有较好的稳定性，行业内的企业都倾向于选择现金股利的形式，多家公司的股利分配政策都具有连续性和稳定性，且很多公司在一年内都只是采取单一的现金股利的形式，而很少采用多种形式相结合的方式。作为白酒行业龙头企业的五粮液，前期的股利分配方式主要以送股、转股为主，呈现出波动性较大、稳定性较差、支付水平较低的特点，后期增加分配金额、提高支付水平，增强了股利分配政策的稳定性。那么，影响五粮液股利分配政策变动的因素是什么？五粮液公司是基于哪些方面的考虑制定股利分配政策的呢？

二、公司简介

宜宾五粮液股份有限公司的前身是20世纪50年代初几家古传酿酒作坊联合组建而成的“中国专卖公司四川省宜宾酒厂”；1959年，正式命名为“宜宾五粮液酒厂”；1997年8月19日，经四川省人民政府以川府函（1997）295号文批准，由四川省宜宾五粮液酒厂独家发起，采取募集方式设立五粮液公司；1998年4月27日，在深圳证券交易所上市，股票代码000858，注册资本32 000万元，总股本32 000万股。截至2017年12月31日，五粮液公司总流通股股本3 795 966.72万股，前十大股东所持股份为64.2%，其中第一大股东宜宾市国有资产经营有限公司持有1 366 548 020股，占总股本的36%，股东性质为国有法人股。与第一大股东的性质相同，作为第二大股东的四川省宜宾五粮液集团有限公司持有761 823 343股，持股比例为20.07%（见表7-1）。

表7-1 2017年12月31日五粮液公司十大股东持股情况

名次	股东名称	持股数（股）	占总股本持股比例
1	宜宾市国有资产经营有限公司	1 366 548 020	36%
2	四川省宜宾五粮液集团有限公司	761 823 343	20.07%
3	香港中央结算有限公司	114 500 437	3.02%
4	中国证券金融股份有限公司	64 872 997	1.71%
5	中央汇金资产管理有限责任公司	40 192 100	1.06%
6	UBS AG	21 693 337	0.57%
7	国泰君安-建行-香港上海汇丰银行有限公司	17 802 823	0.47%
8	中信证券国际投资管理（香港）有限公司-自有资金	17 467 000	0.46%
9	中国农业银行股份有限公司-易方达消费行业股票型证券投资基金	16 164 841	0.43%
10	中国人寿保险股份有限公司-万能-个险万能	15 620 725	0.41%

五粮液的经营范围主要是五粮液及其系列产品的生产和销售，公司系统研制开发了五粮春、五粮神、五粮醇、福满盛世、金玉满堂、六和液、长三角、两湖春、现代人、金六福、浏阳河、老作坊等几十种不同档次、不同口味，满足不同区域、不同文化背景、不同层次消费者需求的系列产品。自从公司上市以来，五粮液公司已连续多年获得中国最有价值品牌食品行业第一的荣誉，其采用的销售策略在以量取胜的同时也注重产品的质量和多元化，并取得了巨大胜利。

三、案例概况

（一）五粮液经营发展状况

按照留存收益率法，五粮液公司的经营发展可分为三个阶段：第一阶段为五粮液的初创阶段（1998—2005年），这一阶段企业保留较多的留存收益，留存收益率基本为100%；第二阶段为发展阶段（2006—2012年），这期间留存收益率波动较大，企业有较好的投资机会，但仍然保留较高的留存收益；第三阶段为成熟阶段（2013—2017年），此期间企业的留存收益有降低的趋势，但2017年有所反弹（见表7-2）。

表7-2　2006—2017年五粮液公司盈利状况表　单位：亿元

年份	营业收入	净利润	未分配利润	经营活动现金流量净额	留存收益
1998	28.14	5.53	1.52	3.60	1.58
1999	33.08	6.49	7.04	8.99	6.49
2000	39.54	7.68	13.57	12.95	7.68
2001	47.42	8.11	16.68	10.73	7.02
2002	57.07	6.13	22.07	10.53	6.13
2003	63.33	7.03	24.90	10.45	4.32
2004	62.98	8.30	17.15	8.22	8.30
2005	64.19	7.99	22.72	12.53	5.25
2006	73.97	11.77	29.42	13.16	10.13
2007	73.29	14.73	30.16	16.66	14.73
2008	79.3	18.3	46.46	19.73	16.38
2009	111	34.7	72.07	60.54	28.61
2010	155	45.6	105.9	77.03	33.79
2011	204	63.9	150	95.33	44.21
2012	272	103.4	220.5	87.5	71.79
2013	247	83.22	256.6	14.59	55.48
2014	210	60.58	276.1	7.946	36.91
2015	217	64.1	304.1	66.91	32.58
2016	245	70.57	329.8	117	35.03
2017	302	100.9	376.8	97.66	65.26

1.初创阶段（1998—2005年）

1998—2005年，五粮液的营业收入呈上升的趋势，除2004年的营业收入较2003年有所下降之外，其余年份的营业收入都比其上年度的营业收入高。与营业收入上升的总趋势相同，五粮液的净利润在1998年至2005年间波动增长，增长缓慢。在这期间，五粮液由经营活动产生的现金流量净额除在1998年较低外，从1999年至2005年保持在10亿元左右。未分配利润与净利润保持一致的增长趋势。总体来说，五粮液公司在初创阶段的经营状况呈现良好的上升态势，增长较为缓慢。

2.发展阶段（2006—2012年）

五粮液在2006年到2012年间的营业收入逐年上升。2008年，受金融危机的影响，对公司进行资源整合后，公司的营业收入不断上升，2012年企业的经营收入已经是2006年的3.7倍。另外，净利润在2006年至2012年间持续上升，2012年的净利润达到103.4亿元，是2006年的8.8倍。五粮液公司的未分配利润在2006年至2012年间高速增长，且增长幅度趋于稳定，基本都在40%左右。以上都表明五粮液公司在这期间的经营发展迅速，收入和净利润都在快速上涨中。

3.成熟阶段（2013—2017年）

在经历迅速成长的发展期后，五粮液公司进入发展的成熟期。2013年，受“八项规定”出台的影响，营业收入有小幅的下降，2015年恢复增长，截至2017年，五粮液的营业收入超过2012年，达到302亿元。净利润在2013年后随营业收入的减少而减少，于2015年恢复增长，五粮液的净利润在2017年达到100.9亿元。与营业收入和净利润不同的是，自2013年开始，五粮液的未分配利润依旧在增加，但增速放缓。在这期间未分配利润并没有减少，而是一直在增多，说明五粮液的资本累积一直在增加，可分配的资源充足。

经营活动现金流量净额是指一个企业在经营活动后留存在企业的现金额，可用于衡量企业偿债和支付现金股利的能力。一个企业的现金留存越多，其短期偿债能力越强，可用于支付股东现金红利的能力越强。从表7-2中可以看出，在初创阶段，由于企业发展需要较多的资金，五粮液公司的经营活动现金流量净额都比较少，增长速度较为缓慢。而在后期，无论是发展阶段还是成熟阶段，除了2013—2014年，由于五粮液的营业收入减少导致现金流量净额较少之外，这两个期间的经营活动现金流量净额都较多，且保持较快的增速，这期间企业有足够的资本实力应付风险和维持未来的持续发展，也有充足的资金给股东发放现金股利。

知识链接——留存收益率

（二）公司股权结构变化

我国企业中主要有三种类型的股东，分别是国有股股东、法人股东和公众股股东，当前两类的股东所持有的股份较多时，经营者常不会按照所有者的要求来进行管理，会较多地将盈利留存在企业，实行较低的现金股利分配政策；反之，则会实行高股利分配政策。

从1998年至2005年，宜宾市国资委一直是五粮液公司的第一大股东，属于国有独资公司。1998—2000年，宜宾市国资委持有五粮液公司75%的股份；2001—2005年，其持有五粮液公司71.83%的股份，对五粮液公司有绝对控股权。至2005年末，宜宾市国资委作为第一大股东拥有五粮液公司71.83%的股份，第二大股东为丰和价值证券投资基金，持股0.81%，如图7-1所示。

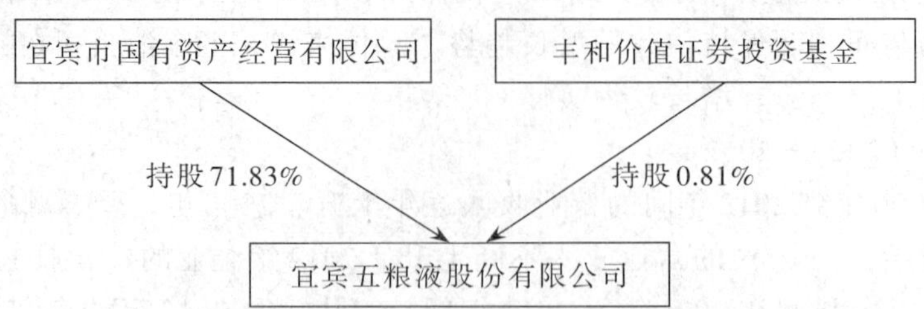

图7-1　2005年末五粮液股权结构图

2006年，因股权分置改革，在股本未发生变化的情况下，五粮液公司股权结构发生改变，宜宾市国有资产经营有限公司于2006年3月30日因股权分置改革向流通股股东送股129 841 920股，其持股比例下降到56.06%。在2006年至2011年末期间，第一大股东持有股份56.06%，第二大股东持有0.87%的股份，宜宾市国有资产经营有限公司仍对五粮液公司拥有绝对控股权。2011年末五粮液股权结构图如图7-2所示。

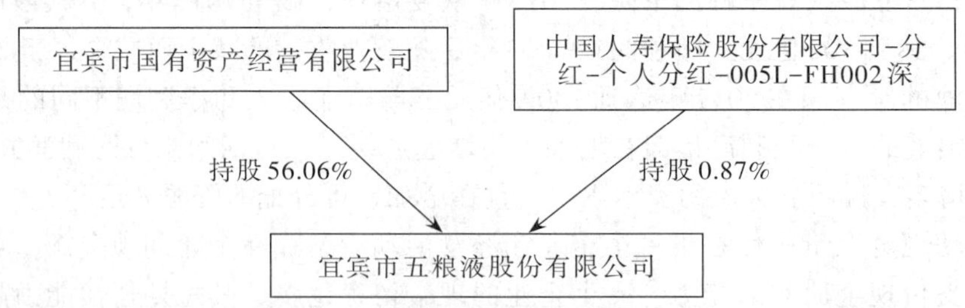

图7-2　2011年末五粮液股权结构图

2012年末，五粮液公司的第一大股东宜宾国资委持股比例为36%，第二大股东五粮液集团持20.07%（如图7-3所示）。这是由于宜宾市国有资产经营有限公司于2012年10月10日将其持有的761 823 343股股份无偿划转给四川省宜宾五粮液集团有限公司，实行完这个转划后，第二大股东在一定程度上对第一大股东有制约作用。另外，在宜宾市国有资产经营有限公司将其持有的五粮液20.07%的股份无偿转让给四川省五粮液集团有限公司后，五粮液集团作为实际控制人可以通过股利分配政策获取利益，能有效地抑制由于关联企业的关联交易而侵蚀公司的利润，可获得更多的利润。在2013年至2017年间，即五粮液发展的成熟阶段，一直维持了这种股权结构。

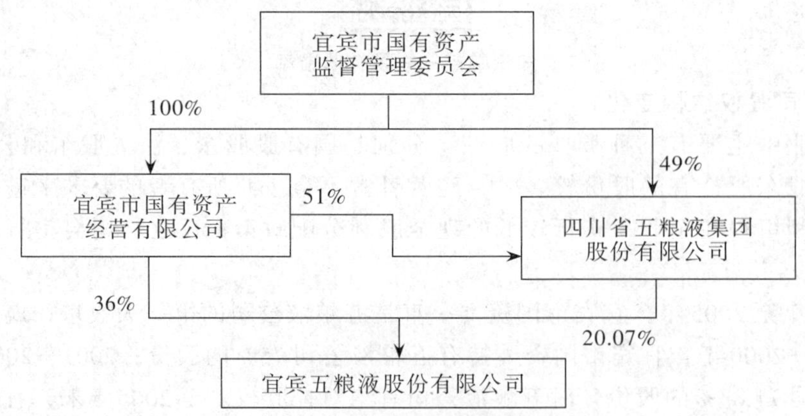

图7-3　2012年末五粮液股权结构图

（三）五粮液的股利分配政策

五粮液公司作为国内白酒行业的标志性企业，其业绩向来优秀，公司前期整体倾向于保留现金盈余、低股利支付，后期股利分配政策稳定，现金股利金额较低。表7-3为五粮液历年来的股利分配情况。

表7-3 五粮液历年来的股利分配情况表

年份	股利分配方案	每股收益（元）	股利支付率（%）
1998	每10股派发12.5元	1.749	71.47
1999	每10股转增5股	1.352	0
2000	不分配不转增	1.60	0
2001	每10股送1股转增2股派0.25元	0.94	13.44
2002	每10股转增2股	0.54	0
2003	每10股送8股转增2股派2元	0.52	38.57
2004	不分配不转增	0.30	0
2005	每10股派发1元	0.29	34.26
2006	每10股送4股派0.6元	0.432	13.9
2007	不分配不转增	0.387	0
2008	每10股派发0.5元	0.477	10.48
2009	每10股派发1.5元	0.855	17.55
2010	每10股派发3元	1.171	25.91
2011	每10股派发5元	1.622	30.82
2012	每10股派发8元	2.617	30.57
2013	每10股派发7元	2.1	33.33
2014	每10股派发6元	1.537	39.07
2015	每10股派发8元	1.627	49.17
2016	每10股派发9元	1.787	50.36
2017	每10股派发9元	2.548	35.32

1.初创阶段的股利分配政策

从表7-3可以看出，自五粮液公司上市以来，总共发放现金股利15次。1998—2005年，五粮液的股利分配方式主要是以转股和送股为主，股利发放无规律可循，股利无连续性，除了在1998年上市时发放了一次较高的纯现金股利外，其余个别年份发放了较低的现金股利，为保证企业成长及发展的需要，将高额的留存收益保留在企业内部。初创阶段五粮液并不重视现金股利，派现数额不均匀，也有2000年、2002年、2004年没有进行股利分配的情况。另外，2001—2009年的每股收益一直低于1，股利支付率波动大，无规律性可寻。

2.发展阶段的股利分配政策

2006年，五粮液公司的股利分配政策为每10股送4股派0.6元，而2007年则为不分配。从2008年开始，五粮液公司连续5年分配现金股利，现金股利分配金额开始呈上升趋势，股利支付率逐渐上升，但分配的股利份额依旧较低。发展阶段前期的股利分配比较不稳定，在发展阶段后期连续性加强，逐渐稳定。

3.成熟阶段的股利分配政策

2013年后，五粮液公司的股利政策得到规范，2013—2017年均采用了现金股利政策，股利金额相较于发展阶段有了较大的提高，由2011年每股发放0.05元到至2013年每股发放0.7元，股利支付率提高2.51%。2013—2017年的分配方式为现金股利，每股现金股利金额增大，分配方式逐渐稳定。

知识链接——白酒概念股

四、讨论问题

1.五粮液公司前期实行低现金股利政策的动因是什么？后导致其改变股利分配政策的原因是什么？

2.请查阅同行数据，分析五粮液公司股利分配政策存在什么问题？有何建议？

3.结合五粮液公司案例分析，低现金股利政策对利益相关者的影响及如何保护中小投资者的利益？

案例说明

一、教学目的

本案例的教学目的是通过案例的学习理解企业分配的基本原理，掌握股利分配的相关问题，并且可以进一步发现上市公司股利分配政策中存在的问题，根据这些问题产生的原因进行分析，提出相关建议。

二、案例讨论准备工作

（一）理论背景

1.股利无关论

股利无关论又称MM理论，在1961年首次被提出。该理论认为在完全资本市场中，在不存在个人或公司所得税、公司存在既定不变的投资政策、投资者拥有相同的信息并能够进行理性投资，并且能有把握地预计未来的投资机会和收益的假定下，公司的股利分配与筹资行为使得公司所产生的经济效益与成本相互抵销，盈利和价值的变动完全取决于投资，和筹资无关，和股利发放水平无关，股票价格和股利分配政策没有任何关联，只与投资获得的收益相关联。股利无关论认为，无论股利分配政策如何都无法完全满足股东对股利发放的期望，所以企业根本不需要对股东的意愿进行过多考虑。

2.股利相关理论

（1）“一鸟在手”理论

该理论最早是由 Williams 根据现金股利折现模型提出的，后来戈登进行了改进，并在以前研究的基础上提出了“戈登模型”，从而把“一鸟在手”理论发展到巅峰。该理论假设投资者都是风险厌恶者，因此，较高的现金股利相比于未来的不确定收益对投资者更具吸引力。如果公司提高其股利支付率，投资者要求的必要报酬率也会随之降低，根据戈登模型，公司价值和股票价格会上升。“一鸟在手”说明企业应该通过提高股利支付率来获得较高的企业价值和利益，但是该理论也过分放大了股利政策带来的影响，没有明确地区分企业价值受到经营决策与股利分配政策的不同影响。

知识链接——一鸟在手

（2）代理成本理论

代理成本就是由代理关系产生的成本，主要包括股东对管理层的监督产生的成本、对管理层的激励成本、因监督制约而产生的丧失投资机会成本。该理论最早提出了债权人和股东、股东和管理者两种代理关系，该理论认为企业管理者在追求自身的利益时，可能会偏离公司财务管理的目标，侵犯股东的权益。该理论认为发放股利是降低代理成本的最有效途径之一，通过这种方式不仅维护了股东的基本利益，而且公司在投资需求较大时会通过外部筹资的方式来弥补闲置资金的减少，也限制了管理经营者对现金流的随意支配，加强了对公司治理情况的监管。

（3）信号传递理论

基于信息不对称，外部投资者通过股利政策内含的信息了解企业的真实经营状况，对公司的盈利水平做出合理的判断。信号传递理论认为，公司分配现金股利是向外界市场传达公司将来良好的发展前景这一信息；当企业的经营者觉得企业将来发展前景不乐观时，经营者往往会缩减股利分配比例，把更多留存收益放在企业内部，从而会降低股利的支付程度，这就会向市场传达企业经营不好的信息。总之，股利分配政策通过股利支付水平的变化向市场传递信息，根据股利分配政策具有信号传递的功能，企业在制定股利分配政策时，有必要谨慎地向外界传达信息。

（4）股利税差理论

股利税差理论是指在追求股东价值最大化时，企业不应该发放现金股利。在存在税收因素的情况下，公司选择不同的股利支付方式会对公司的市场价值产生不同的影响，会使公司产生的税收负担有差异。在税率相同的情况下，相对于现金股利发放后需要缴税而言，资本利得只有在实现时才缴纳资本利得税，具有延迟纳税的好处。该理论强调投资者由于避税需要而对股票股利更加偏好，强调高股息收益率伴随高投资收益率的收益率效应。另外，股票的价格与股利支付比例成反比，权益资本费用与股利支付比例成正比，企业支付较低的股利，对实现企业价值最大化是有利的。

（二）行业背景

1.行业发展状况

白酒行业属于中国传统工业，该行业的主要上市公司基本都有着悠久的历史和比较强的品牌效应，盈利能力相对较强。我国的白酒行业近年来发展逐渐稳定，市场增长率和企业的盈利能力也较稳定，但出现明显的产能过剩问题。实际上，白酒市场上的价格差异很大，少数品牌企业占据高端市场，低端市场上有大量的厂家进行竞争，且白酒市场存在着严重的供大于求问题，因此，市场竞争十分激烈。

如图7-4所示，2010—2017年，白酒行业的销售收入整体上呈上升趋势，累计增长率为9.52%，但增速逐渐变慢，呈下降趋势，到2017年我国的白酒行业销售收入达到5 654.42亿元，同2016年相比减少471.32亿元，呈现负增长，这表示2017年我国白酒行业收入和净利润减少。资料显示，2011年我国的白酒产量已经达到1 038.6万千升，同比增长35.70%，这已经远超过原预定的产量，而净利润的增长却跟不上产量，这说明了我国白酒行业出现了严重的产能过剩问题。

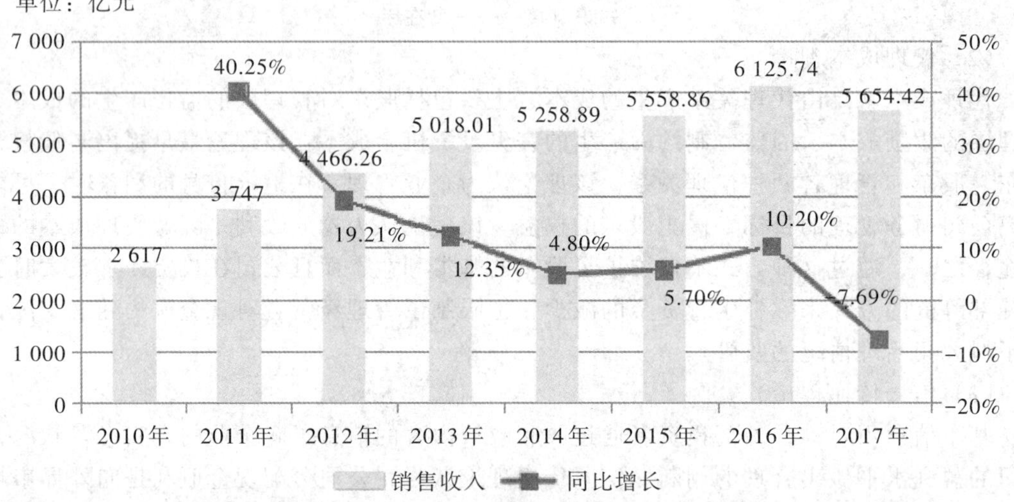

图7-4　2010—2017年我国白酒行业销售收入增长情况

2012年，我国国民经济增速变缓，国家实行紧缩政策，同时我国政府出台了限制“三公经费”和“禁酒令”等政策，而行业内部被曝出高端白酒“塑化剂”事件，这些导致白酒行业的销量严重下降，白酒行业增长速度有所减缓，行业的整体盈利水平有所下降，对白酒行业企业的股利分配政策产生影响。2013年，白酒行业进入深度调整，许多白酒制造企业为了寻找出路开始进军中低端产品市场，而有的企业则选择了调整自身的组织架构或市场策略等。2014年，国内宏观经济转型、结构调整、增长方式转变，经济发展进入新常态。全国白酒行业规模以上企业酿酒总产量、销售收入较上年同期增速均出现了回落，且利润较上年同期有所下降，与此同时，由于利润空间缩小，白酒行业市场内部的竞争不断加剧，使消费市场和结构发生变化，行业发展回归理性。2017年，受白酒质量安全事故、政府加强惩治贪污腐败的影响，白酒行业的增速放缓，出现负增长，另外，受企业实行的“限量”和“提价”政策的影响，白酒行业发展被限制。

2.白酒行业上市公司股权结构现状

我国白酒行业的主要上市公司基本上都是国有背景和国有控股，股权集中度相对较高，大股东会利用自身的控股地位对上市公司的相关决策形成重大影响，甚至影响相关决策过程。

我国白酒行业上市公司中非流通股的所占比例较大。最初为了保证公有制占主体地位，国有股和法人股不能在市场中流通，因此在2012年股改以前，非流通股占上市公司总股本一半以上的比例，但是随着2012年股权分置改革的进行，非流通股的比例逐年降低。

3.白酒行业上市公司股利分配政策现状

白酒行业是较为成熟的行业，行业内企业盈利较为稳定，同时白酒行业的成本较低、利润高，行业整体的利润率高，因此，白酒行业的主要上市公司的决策者对其公司的股利分配政策连续多年基本上都选择了较高的现金分配政策（固定股利支付率战略、稳定或持续增加的股利战略），保持了较高的股利支付水平。近年来，证监会对上市公司的现金股利分配政策有了进一步的规定，但是白酒行业的股利分配依旧以较高的现金分配为主。

另外，上市公司分派股利的形式多样，白酒行业的上市公司倾向于采用连续稳定的股利分配政策，其中多数企业采用现金股利分配方式。与其他行业的上市公司不同的是，我国白酒行业的股利支付率较高。这是因为白酒行业的上市公司具有一定的现金股利支付能力，行业内部的上市公司的财务状况及盈利状况等具有较好的稳定性。另外，多家公司的股利分配政策都具有连续性和稳定性，较少公司采用多种形式相结合的方式，相对于其他行业的上市公司来说，这也是白酒行业的上市公司所具有的比较独特的特点。

三、案例分析要点

问题1：五粮液公司前期实行低现金股利政策的动因是什么？后导致其改变股利分配政策的原因是什么？

1.五粮液公司前期实行低现金股利政策的动因

（1）公司成长能力较强

从五粮液公司制定的总体战略可以看出，在经过起步阶段之后，企业发展进入正轨，在20世纪90年代后期，五粮液公司开始规模化运作，在21世纪初期一直推行多元化战略。五粮液公司致力于实现规模经济和多元化经济，在10年内成功发展成行业内的优秀企业，足以说明五粮液的成长能力强、发展状况好，也说明五粮液需要较多的资金推行企业的经营战略，以扩大规模。

从表7-4中可以看出，1998—2012年，五粮液公司的营业收入增长率波动性十分大，1998—2004年的营业收入增长率呈下滑趋势，在2005年之后营业收入状况逐渐变好，一方面，由于在初期阶段，企业仍然处在逐渐摸索中。另一方面，由于企业正在进行规模扩张，使得企业的营业收入减少，这点从五粮液公司的净资产增长率可以看出。在前期其资产不断增加，说明五粮液公司的发展战略奏效，逐渐实现规模经济，使营业收入上涨，发展能力增强，企业规模扩大。同时，从净利润增长率可以看出五粮液的销售前景广阔，每年的净利润保持着较高的增长率，说明企业的利润在增加。总体而言，表7-4中的这些数据表明，在前期五粮液公司的销售能力不断增强，收入上涨，企业规模扩大。

表7-4 五粮液历年成长能力指标比较

年份	营业收入增长率	净利润增长率	净资产增长率
1998年	27.66%	64.21%	114.1%
1999年	17.66%	15.95%	42.78%
2000年	19.48%	18.35%	17.41%
2001年	19.91%	6%	47%
2002年	20.36%	25%	13%
2003年	10.97%	16%	13%
2004年	-0.56%	18%	9%
2005年	1.95%	4%	12%
2006年	15.25%	47.31%	12%
2007年	-0.93%	25.14%	16%
2008年	8.25%	23%	19%
2009年	40.29%	79.2%	25%
2010年	39.64%	35.46%	27%
2011年	30.95%	40.09%	28%
2012年	33.66%	61.35%	35%

公司的成长能力较好，投资机会较多，同时五粮液公司也一直谋求规模化、多元化的发展，且公司要想有更大的发展空间，也必须通过多元化的道路来获得更多的利润。规模化、多元化的发展需要大量的资金作为支撑，而采取低股利政策则正好满足了这一需求。

（2）盈利稳定性较差

公司盈利的稳定性对公司的股利分配政策的稳定性有很大的影响，公司的盈利能力强且具有一定的稳定性，则说明公司有较好的股利支付能力。从图7-5看出，1998—2012年，五粮液公司的收益波动性较大，总的趋势较平稳，盈利水平上涨幅度不大。另外，主营业务利润率是衡量企业盈利能力的主要指标，五粮液公司的主营业务利润率呈现较大的波动，企业的盈利波动较大说明五粮液公司的盈利稳定性较差。

稳定的利润增长水平是制定稳定的股利分配政策的先决条件，盈利的稳定才能促进公司保持较高的股利支付率。对于一直在盈利方面处于劣势的五粮液来说，如果为了维持股利分配政策的稳定性而提高现金股利支付水平，只会给企业的未来带来更大的分红压力，为了保持企业在行业中的地位，提高企业的竞争力，五粮液公司在前期只能在获利水平不稳定、股本却多于贵州茅台的条件下，更多地使用低现金股利分配政策，控制现金的流出，舍弃较为稳定的股利分配政策。

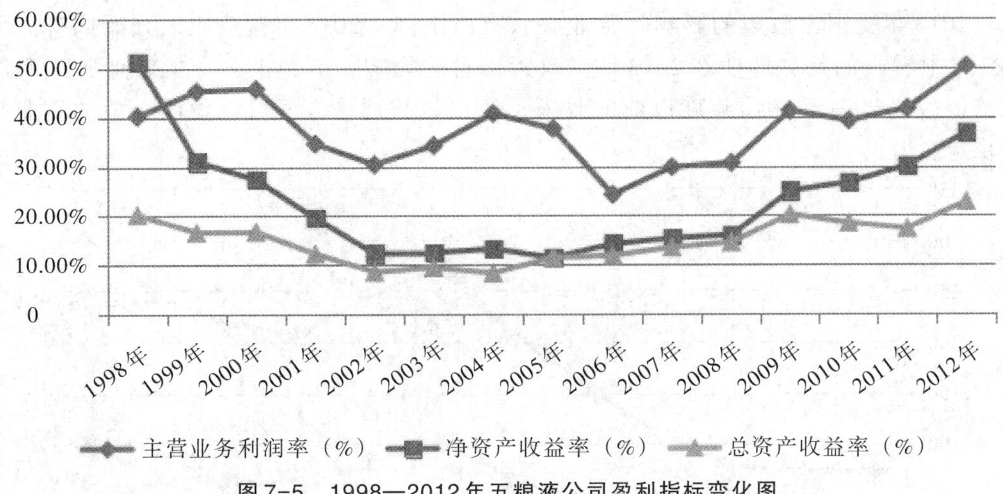

图7-5 1998—2012年五粮液公司盈利指标变化图

（3）企业股权集中度较高

五粮液公司是由国有企业改制而来，2000—2017年，其第一大股东一直是宜宾市国有资产经营有限公司，股东性质为国有独资企业，而经营主体依然是五粮液公司。至2011年末，宜宾市国有资产经营有限公司持有的股份比例为56.07%，排名第二的股东仅拥有0.87%的股份，第一大股东持有的股份比例较大，使公司出现“一股独大”的现象。

2012年，宜宾市国有资产经营有限公司无偿将20.07%的股份划给四川省宜宾五粮液集团有限公司，持股比例降为36%，第二大股东持有20.07%，从持股比例来看，第二大股东对第一大股东有了制约作用，但是从股利支付率来看，并没有实际上改变“一股独大”的现象，在长期的合作和公司制定各项重大决策的过程中已经形成了一种被全体董事会成员接纳的控制格局。第一大股东拥有长期对企业的控制权，股利政策仍然受到第一大股东的影响，公司仍然存在第一大股东控股严重的现象。

公司的控股股东出于对控制权的考虑，如果派发较多的现金股利，会减少保留的盈余，造成公司的可用资金减少。另外，公司如果通过发放新股募集资金会造成股权的稀释，不利于大股东对公司的控制，所以五粮液公司采用低现金股利混合送股和转股的股利政策。

2.改变股利分配政策的原因

一个企业的股利分配政策受政治、资本、现金充裕能力、投资机会和偿债能力等因素的影响，五粮液公司在前期实行的是较低的现金股利分配政策，主要是由于在成长期间，投资机会多，需要较多的资金。在2010年后，五粮液的股利分配政策逐渐上升并且趋于稳定的原因有：

（1）企业营业收入逐渐稳定

企业的营业收入是影响该企业股利分配政策最主要的因素。企业收入稳定、经营状况良好即可实行较稳定的股利分配政策，在2010年后，五粮液营业收入逐渐稳定，这为它实行稳定的股利分配政策提供了较好的经济基础。

从图7-6可以看出，五粮液公司在2010年后的营业收入增长迅速，净利润也相应地上涨；2013年受国家政策的影响，营业收入有所下降；2015年营业收入开始回升。可以从图7-6中看出的是，即使在2013年受政策出台的影响，五粮液公司的营业收入和净利润也依旧较高，高于2010年度以前的收入，所以，从这一方面可以说明企业的营业收入逐渐稳定。

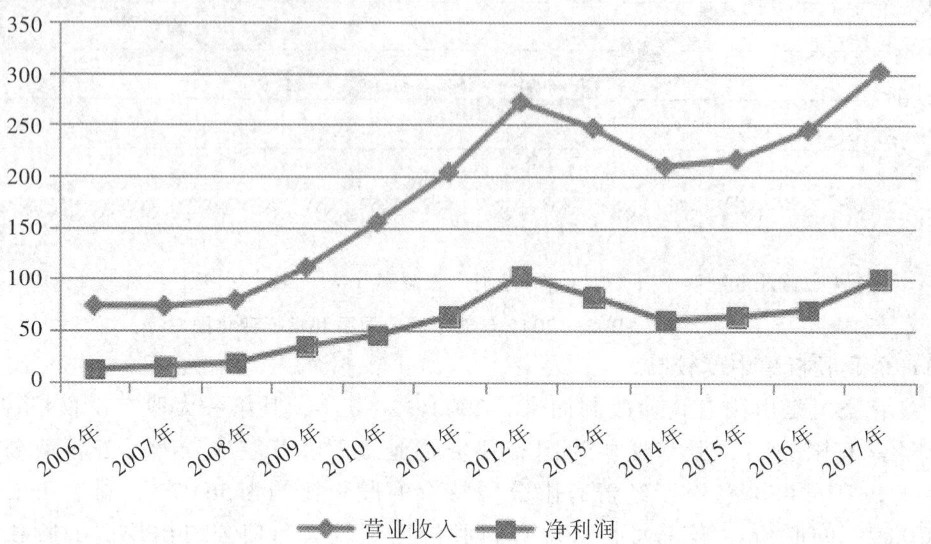

图7-6　2006—2017年五粮液公司营业收入与净利润变化图（单位：亿元）

（2）政府政策强制规定

我国证监会于2008年10月9日发布了《关于修改上市公司现金分红若干规定的决定》，其中规定：在《上市公司章程指引（2006年修订）》第一百五十五条增加一款，作为第二款："注释：公司应当在章程中明确现金分红政策，利润分配政策应保持连续性和稳定性。"这一决定的颁布引起了市场的积极反应，保证了普通投资者享受的分红权。这项规定要求上市公司每个报告期都必须发放现金股利，并保持稳定性。五粮液公司作为上市公司自然也受规定的约束，从五粮液历年来的股利分配政策可以看出（表7-3），自2008年开始，五粮液每年均发放了现金股利，且现金股利金额逐渐上升。

另外，2011年11月9日，证监会主席郭树清强推现金分红政策，强调"完善分红政策及其决策机制"需要真切落实到拟IPO上市公司的招股说明书上，且不得随意改变。这一政策要求上市公司明确分红回报规划，包括现金分红政策和分配决策机制，公告其现金股利分配政策，在申报稿的"重大事项提示"栏对分红政策要做特别强调的说明，同时把相关执行状况列为监管内容。这一规定也使得五粮液必须每年发放现金股利，回报投资者。

（3）用稳定的现金股利吸引投资者

在2010年以前，五粮液公司一直采用低现金股利分配政策，主要为满足其投资需求，加上企业处于成长期，因此留存了较多的资金，这种方式无疑损害了很多中小投资者的利益，引发了他们的不满，使他们不再持有五粮液公司的股票，从而使五粮液在一定程度上流失了不少资金。企业步入成熟阶段后，经营状况逐渐稳定，企业不再需要过多的扩张，有能力回报更多的投资者。

另外，在2013年受政府的"八项规定"的影响，五粮液公司作为白酒行业的优秀企业也受到了较大的影响，导致营业利润下降，为保持企业的正常经营和获利，五粮液公司需要引进更多的资金。五粮液公司稳定的现金股利政策可以在股民心中树立良好形象，吸引更多的投资者进行投资。

问题2：请查阅同行数据，分析五粮液公司股利分配政策存在什么问题？有何建议？

1.与同行相比

贵州茅台先后被评为国家一级企业、国家特大型企业、国家优秀企业及全国质量效益先进企业，是白酒行业的翘楚，同时，贵州茅台在全国白酒行业拥有独一无二的技术、高规格的企业标准和巨大的品牌价值。这样的企业与同为白酒行业的标志企业五粮液具有相当的可比性，具有一定的代表性，因此，下面将五粮液与贵州茅台的股利分配政策进行对比。另外，由于初期时间较为久远，相比较的意义不大，本案例从2006年的发展阶段开始对两家公司进行比较。

（1）股利分配政策的比较

国内白酒行业的标志企业五粮液在存在很多未分配利润的前提下，其股利支付水平一直较低，与贵州茅台相比，股利分配政策存在较大差异。

从表7-5可以看出，贵州茅台在优良的业绩下，其现金股利分配金额具有逐年上升的趋势，且发放的金额保持在较高的水平，将投资收益回报给众多的投资者，这种良好的股利分配政策给外界市场传递了较好的企业发展信息，投资者往往会对公司将来的经营、盈利及发展前景持有乐观的预期。与之相比较，虽然五粮液公司现金股利的金额在逐年上升，但其现金股利金额较低，每股发放的金额较少。

表7-5 **五粮液与贵州茅台股利分配比较**

年份	五粮液	贵州茅台
2006年	每10股送4股派0.6元	每10股派发7元
2007年	不分配不转增	每10股派发8.36元
2008年	每10股派发0.5元	每10股派发11.56元
2009年	每10股派发1.5元	每10股派发11.85元
2010年	每10股派发3元	每10股送1股派发23元
2011年	每10股派发5元	每10股派发39.97元
2012年	每10股派发8元	每10股派发64.19元
2013年	每10股派发7元	每10股送1股派发43.74元
2014年	每10股派发6元	每10股送1股派发43.74元
2015年	每10股派发8元	每10股派发61.71元
2016年	每10股派发9元	每10股派发67.87元
2017年	每10股派发9元	每10股派发109.99元

同时，从表7-5可以看出，五粮液和贵州茅台的股利分配政策的相同之处有：首先，

两家公司都偏向于选择以现金股利的分配方式分发股利；其次，这两家公司都采用了现金股利和送股相结合的方式；最后，自2008年证监会规定强制分红以来，两家公司的股利分配政策近年来都比较稳定。

（2）股利支付率的比较

这两家公司的股利分配政策有相同之处，但从股利支付率来看，两者还存在较大的差距。

从表7-6可以看出，2006—2012年，贵州茅台的股利支付水平远远高于五粮液，而五粮液公司受2008年强制分红规定的影响，从2008年开始才呈现稳步上升趋势。受2013年"八项规定"的影响，贵州茅台作为国内白酒的第一品牌受到的冲击大于五粮液，因此其股利支付率低于五粮液，但是其每股派发的现金股利依旧大于五粮液。

表7-6 五粮液与贵州茅台2006—2017年股利支付率比较表

年份	五粮液	贵州茅台
2006	13.90%	78.87%
2007	0	27.87%
2008	10.48%	28.72%
2009	17.55%	25.93%
2010	25.91%	42.97%
2011	30.82%	47.35%
2012	30.57%	50.08%
2013	33.33%	30%
2014	39.03%	32.54%
2015	49.17%	50%
2016	50.36%	51%
2017	35.48%	31.48%

（3）盈利能力比较

企业的盈利能力是影响其股利分配政策的重要因素，对其股利发放水平有重要影响，表7-7为五粮液与贵州茅台盈利指标的对比情况一览表，通过对两家公司的盈利能力的比较，可更好地对五粮液公司的股利分配政策做出分析。

通过盈利指标的对比可以发现，贵州茅台的各项指标基本都高于五粮液，2006—2017年，其主营业务利润率均高于五粮液10%以上，主要趋势为波动上升。在净资产收益率方面，2006—2019年，两家公司的指标数值相差较大，五粮液一直低于贵州茅台，但相对于贵州茅台的波动上升，在这期间五粮液的净资产收益率一直保持稳定上升趋势；2010—2012年，两家公司的差距缩小，2013年后保持10%左右的差距。和五粮液的净资产收益率的波动趋势相同，贵州茅台的净资产收益率在2009—2017年的主要趋势是波动式的下降。在总资产净利率方面，两家公司的发展趋势大体相同。

表7-7　　五粮液与茅台2006—2017年盈利指标的对比情况一览表

年份	五粮液			贵州茅台		
	主营业务利润率（%）	净资产收益率（%）	总资产净利率（%）	主营业务利润率（%）	净资产收益率（%）	总资产净利率（%）
2006年	15.91%	14.17%	11.8%	32.95%	26.2%	18.33%
2007年	20.09%	15.30%	13.44%	40.98%	35.44%	29.58%
2008年	23.06%	15.96%	14.44%	48.54%	34.8%	30.51%
2009年	31.15%	24.95%	20.19%	47.08%	33.55%	25.63%
2010年	29.35%	26.68%	18.42%	45.9%	30.91%	23.55%
2011年	31.42%	30.01%	19.5%	50.27%	40.39%	30.59%
2012年	38%	36.82%	25.16%	50.5%	31.96%	26.82%
2013年	33.67%	23.71%	18.62%	51.38%	39.43%	31.79%
2014年	28.83%	15.42%	13.38%	50.5%	31.96%	26.82%
2015年	29.6%	14.93%	12.96%	49.2%	26.23%	21.63%
2016年	28.75%	15.01%	12.3%	44.65%	24.44%	18%
2017年	33.41%	19.38%	15.16%	47.5%	32.95%	23.44%

2.五粮液公司的股利分配政策存在的问题

（1）现金股利支付水平较低

作为投资者获得收益的途径之一，现金股利支付水平是投资者们很关注的一个问题，然而，五粮液公司并不是很注重现金股利的分配，这个问题可以从它的每股收益和每股派现的变化看出，如图7-7所示。

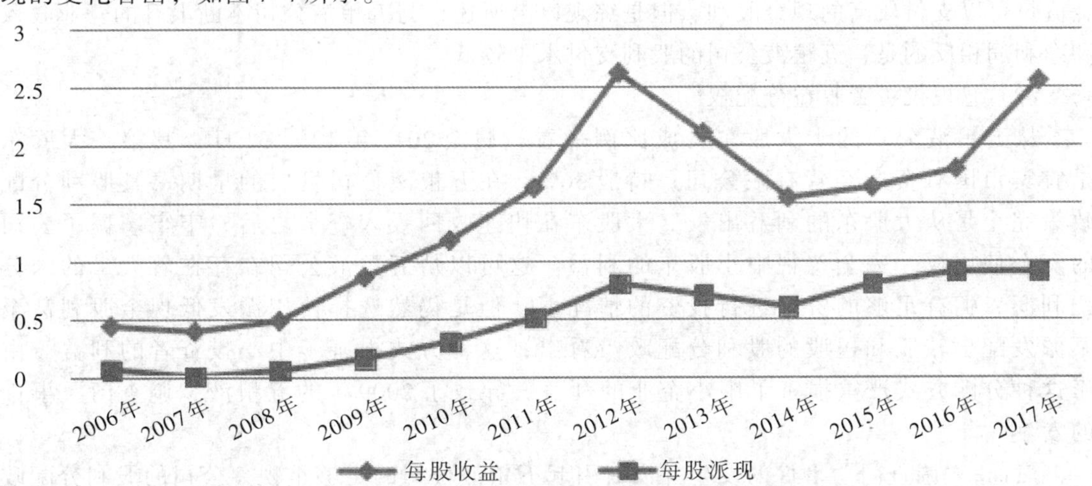

图7-7　五粮液公司2006—2017年每股收益与每股派现变化图（单位：元）

从图7-7可以看出，在2008年前，五粮液派发现金股利的情况较少，甚至存在不派发现金股利的现象。2006—2017年，五粮液公司的现金股利派发金额也较低。另外，五粮液的每股派现远低于公司的每股收益，且差距越来越大，这表明公司将较多的收益留存于企业或者是用于投资，而将较少的收益用于发放现金股利。在2008年以后，五粮液的每股股利水平在逐渐提高，整体呈现上升的趋势，但是，即使提高了股利支付金额，五粮液的股利支付水平依旧低于贵州茅台，如图7-8所示。

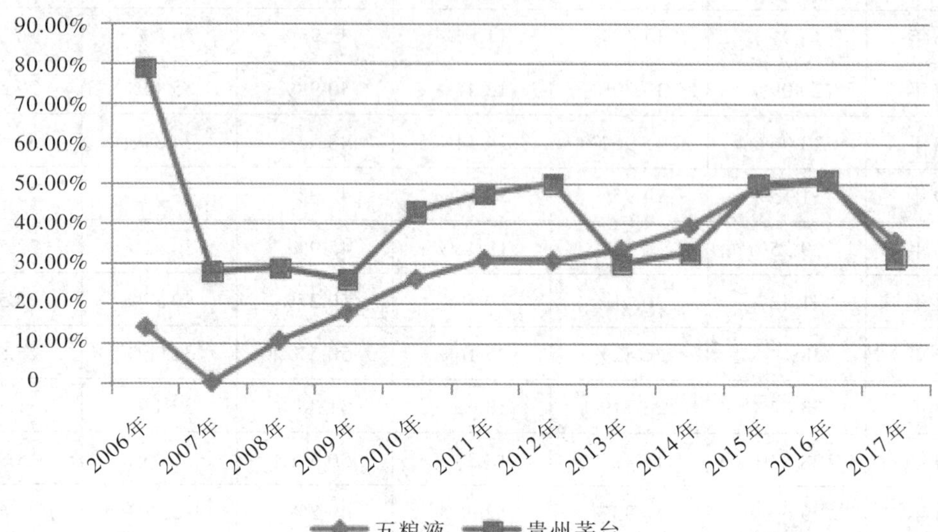

图7-8　五粮液与贵州茅台股利支付率比较图

从图7-8看出，五粮液自2008年起，其股利支付率水平一直在上升，但是除了2013年和2014年，其余大多数的股利支付率都低于贵州茅台的股利支付率。五粮液的股利平均支付率为32.83%，而贵州茅台的股利平均支付率为42.97%，由此可以看出，和贵州茅台相比，五粮液的股利支付水平有着较大的差距，支付水平较低。

从总体来说，一个企业的营业状况越好，则其可负担更高的现金分红，五粮液公司不断增加的未分配利润和营业现金流量净额都可以表明，五粮液的资本积累在不断增加，现金流量可以支付较高的现金股利，但是综观以上所述，与五粮液公司不断上升的营业收入和净利润相反的是，五粮液公司的股利支付水平较低。

（2）忽视投资者收益分配权

从五粮液公司的十大股东构成比例来看，截至2017年12月31日，其第一大股东是宜宾市国有资产经营有限公司，持股36%。在五粮液公司发展的早期，其股利分配政策完全是从大股东的利益出发，大股东在快速收回投入资金之后，牢牢掌握了公司的资金使用权，完全忽视中小股东的利益。这可以从五粮液公司在存在着大量的未分配利润，拥有足够的资金进行投资的情况下，但是仍然选择使用派发低现金股利甚至不派发配合转股和送股的股利分配政策看出，这种方式损害了中小投资者的利益。由于这种分配方式严重损害了中小企业的利益，导致了2009年的五粮液“调查门”事件的发生。

然而，“调查门”事件的发生并没有引起五粮液公司的足够重视，公司的股利分配政策依旧忽略中小投资者的利益，现金股利并没有增加，且缺乏连续性，直到2008年后，五粮液的股利分配政策才趋于稳定，每股的支付水平上升，但水平依旧较低。这种股利分配方式在很大程度上减弱了中小股东的热情，在权益无法得到保障的时候，他们就会将所持有的股票抛弃，对五粮液股票的流动性产生了较大的影响。

（3）股利分配政策缺乏长期规划

股利分配政策是公司在一定盈利的基础上进行的，进行长期的现金股利分配会导致现金流出企业，进而影响企业的运营、投资等，因此，在制定股利分配政策时应该进行长期股利分配政策规划。通过五粮液历年来的股利分配政策可以看出，其股利分配政策易受外部相关因素的影响，缺乏长期的规划。2013年，上海证券交易所发布了《上海证券交易所上市公司现金分红指引》，对具体的现金分红做出了明确规定，五粮液公司2014年对《公司章程》中的相关规定做出了修改。而近几年来五粮液公司的股利支付率较高的最大原因是来自于证监会对再融资条件的规定，即现金分红比例不低于最近三年净利润的30%。这说明五粮液公司的股利分配政策缺乏长期规划，未来需要综合考虑企业自身的经营状况、发展战略、盈利水平等，制定出长期性、稳定性的股利分配政策。

3.对五粮液公司股利政策分配的建议

（1）提高股利支付水平

根据前文分析，五粮液自上市以来从未出现过亏损，几乎每年都保持较高的增长率，营业收入保持稳定上升，净利润与未分配利润持续升高，公司效益十分乐观，五粮液完全有能力进行较高的股利分配。但是其股利分配政策缺乏稳定性，已经影响到了五粮液的整体市值，虽然近年五粮液已经意识到了股利分配的问题，并适当提高股利分红水平，但是股利金额依旧不高，与同行业的贵州茅台相比有一定的差距。所以，五粮液应该提高股利发放水平，防止股利分配大起大落，并维持股利分配政策的延续性与稳定性。

首先，根据传统的信号传递理论，企业的股利分配政策是向股东们传递经营情况与发展前景的有效方式，持续而稳定的股利分配政策能够向市场传递良好信息。然而，五粮液的股利分配政策与其持续稳定增长的营业收入和净利润相比变化较大，缺乏稳定性。五粮液应该提高股利分配的稳定性，向外界传达正确有效的信息。

其次，"一鸟在手"理论认为，和其他股利分配方式相比，股东更加倾向于现金股利。在中国也不例外，许多中小股东在评价收益时把现金股利看作是第一要素。所以，五粮液应该满足中小股东的意愿，通过提高现金股利支付比率树立良好的企业形象，不仅会产生一定的社会效应，提升自己的声誉，而且有利于提高市盈率，增加公司价值。

最后，代理成本理论认为，股利的支付能够有效地降低代理成本。曾经五粮液控股与五粮液集团之间存在大量的关联交易，不仅损害了公司股权结构，也不利于树立良好的企业形象。为此，五粮液应该提高现金股利支付比率，减少保留在公司内部的未分配利润，降低经营者损害股东利益行为的发生概率。

（2）完善公司股权结构

在股权分置改革后，我国股权的流动性提高，股权结构得到了优化，中小股东的利益逐渐得到更多的重视。五粮液股权结构中的"一股独大"现象使得对其投资的中小股东的利益受到损失，导致一些资金流失，不利于企业的发展，更加剧了股权集中的现象，因此，必须对五粮液的股权结构进行优化。另外，在使股权结构符合市场规则和法律法规的过程中，要不断地调整和循序渐进，一蹴而就是不可能的，需要不断探索。

首先，要尽快地降低控股股东的比重，优化股权结构，加强对中小股东的重视，保证他们的知情权和参与权。其次，上市公司必须结合自身的发展以及公司的经营状况来决定分红政策，考察分红政策的合理性，制定合理的现金股利政策回报投资者。最后，增加公司的投资者可以降低控股股东比例，增强投资者对公司的信心和热情。

根据《中华人民共和国公司法》，要进一步保护中小股东的收益回报权、知情权、参与权，让中小股东代表能够进入到监事会或董事会中并承担职责，保证他们在董事会具有发言权，并让他们提出保障中小股东权益的意见，从而起到制约大股东的作用，并逐渐削弱大股东对股东大会以及董事会的控制权，更好地维护中小股东的利益。如果中小股东的代表人能够在监事会担任职务，便可以履行监督的职能，对股东大会和董事会进行监督，使企业更加健康发展。

（3）根据自身实际情况选择合适的发展战略

多元化战略是指一个公司的生产经营同时涉及两个或两个以上的行业，并且生产或提供两种以上的不同用途的产品或服务。多元化战略能够根据公司自身的品牌、声誉、销售途径、市场等优势，实现企业资源共享，为公司创造更多的经济增长点。在某一行业出现市场萧条时，通过其他行业的收益进行弥补，避免受到较大的影响，避免公司经营业绩因某一领域不景气而低迷，在公司遇到经营危机时，可以起到分散风险的作用。即使多元化战略具有一定的优势和作用，但是如果公司不根据自身情况而盲目多元化，不但不利于公司健康发展，也是对广大股东利益的侵害。

五粮液的经营范围除了生产和销售白酒之外，还有日化、高分子材料、集成电路，甚至有医药品产业、纺织服装，涉及的行业范围十分广泛。虽说多元化经营可以创造新的利润增长点，但是五粮液的投资结果与获得高报酬相背离，除了与酒业相关的产业获得了盈利之外，其他的投资大多数都以失败告终，投入的资金基本上都打了水漂，所以，在经历过多次的失败后，五粮液也应该慎重考虑这种多元化战略，结合自身的发展状况，把握好投资方向，才能获得更多的盈利，而不是用主营业务的盈利去填补那些副业方面的损失。

问题3：结合五粮液公司案例分析，低现金股利政策对利益相关者的影响及如何保护中小投资者的利益？

1.股利分配政策对利益相关者的影响

（1）对中小投资者的影响

五粮液公司采取低股利分配政策的主要原因是为了保持较理想的资本结构，加上企业的发展能力较强，因此保留较多的现金在企业内部。然而，这样的低股利分配政策严重地打击了中小投资者的投资热情，使他们对这只股票产生了不满情绪。大多数中小投资者投资五粮液的原因是看好五粮液的业绩，期望从中分一杯羹，而从历年的股利分配政策来看，尽管有较为优良的业绩，但是五粮液依然采取较低的现金股利分配政策，这令广大的中小投资者失望。尽管2008年之后，五粮液公司的现金股利金额在上涨，股利支付水平在上升，但是相对来说依旧是比较低的，这虽然会在一定程度上增强这些中小股东的信心，甚至会吸引一部分对五粮液公司未来发展持乐观态度的中小投资者，但是随着公司进入成熟阶段，中小股东对回报的要求提高，股利的提高幅度无法满足他们的要求，加上其他股票采取的高股利分配政策，会使得他们转向投资其他业绩较好、股利分配较多的公司。

（2）对大股东的影响

不同于中小投资者，低股利分配政策可以使企业保留较多的现金，因此，大股东可以通过各种合法方式转移资金，实现更多的收益，使大股东利益最大化。派发低现金股利加上较少的股票股利，保证了大股东对企业经营的话语权和决策权，也实现了较大的股东收益。

（3）对企业经营经理者的影响

对企业经营管理者来说，在公司内部留存较多的现金可以使他们有足够的资金来投资看好的项目，不用受资金的限制而放弃除最理想项目外收益也不错的项目。另外，根据代理成本理论，留有较多的现金可以提高企业经营管理者个人的收益，但也会增加公司的代理成本。

2.保护中小投资者利益的措施

保护中小投资者利益的措施是提高股权制衡程度，引入股权制衡治理结构。我国企业现在实行的是集中股权结构，虽然这对保护投资者利益有很好的作用，但是随着市场的不断发展，集中股权结构暴露了一些弊端，会损害大多数中小投资者的利益，形成“一股独大”的情况。因此，我国要站在投资者利益保护的视角，一方面，提高股权制衡程度，增加股东大会的权力，构建董事会，监督大股东的行为；另一方面，推进股权分置改革，削弱“一股独大”现象，实现股权的多元化发展，同时，在监管方面，有规划性地针对一些符合特定条件的公司实行“同股不同权”。

3.强化中小股东行权的便利性

通过构建中小股东行权可以实现对中小股东的事前保护，可从以下几方面强化中小股东行权的便利性：首先，要增强中小股东联合的便利性，如上市公司为中小股东的异地提案等提供便利条件。其次，提高中小股东在董事提名、提案中的话语权，降低提案最低股份比例要求，使更多的中小投资者可充分参与到其中。另外，还要进一步完善相关股东表决回避制度，例如当出现涉及中小股东利益的事项时，可以要求相关利益关系人回避。当然，保障中小股东的利益还需要从提高法律支持力度和降低法律成本两个方面入手。

四、课堂计划建议

本案例可以作为专门的案例讨论课来进行。以下是按照时间进度提供的课堂计划建议，仅供参考：

整个案例课的课堂时间控制在90分钟。

（一）课前计划

提出启发思考问题，请学生在课前完成阅读和初步思考。建议学生在课前做好以下准备：

1.掌握股利分配的相关理论；

2.查找并了解五粮液公司的相关资料并分组讨论，提前告知发言要求，要求每小组将讨论意见做成讨论报告（PPT形式）。

（二）课中计划

1.简要的课堂前言，明确主题。（5分钟）

2.小组发言。（每组10分钟）

3.引导全班进一步讨论：五粮液公司在股利分配政策中出现了什么问题，产生这些问题的原因什么，并且提出建议，以作为其他上市公司的参考，然后进行归纳总结。（25分钟）

（三）课后计划

如有必要，请学生采用报告形式给出更加具体的解决案例分析报告，包括具体的职责分工，为后续章节内容做好铺垫。

五、参考文献和网址

［1］陈辉，顾乃康，邓剑兰，等. 中国上市公司股利政策变化的原因分析：时间序列的视角［J］. 金融经济学研究，2014（6）：117-228.

［2］刘星，陈名芹，李宁. 货币政策、再融资管制与现金股利分配［J］. 中国会计评论，2015（3）：285-305.

［3］雷光勇，王文忠. 政治不确定性、股利政策调整与市场效应［J］. 会计研究，2015（4）：33-39.

［4］财政部注册会计师考试委员会. 财务成本管理［M］. 北京：中国财政经济出版社，2015.

［5］罗琦，吴哲栋. 控股股东代理问题与公司现金股利［J］. 管理科学，2016（3）：112-122.

［6］陈艳，李鑫，李孟顺. 现金股利迎合、再融资需求与企业融资.会计研究［J］. 2015（11）：69-75.

［7］董普，郭宇，王琳. 深沪上市公司股利政策动态研究——基于生命周期理论［J］. 财会月刊，2015（11）：123-129.

［8］巨潮资讯网，http：//www.cninfo.com.cn/new/index.

案例十四

员工持股的领头羊：中国平安

摘　要

作为股票期权、限制性股票之外的第三种员工激励工具——员工持股计划——主要目的是增加员工福利，提高员工忠诚度，将员工利益与公司未来发展进行利益的绑定。上市公司实施员工持股计划试点，有利于建立和完善劳动者与所有者的利益共享机制，改善公司治理水平，提高职工的凝聚力和公司竞争力，使社会资金通过资本市场实现优化配置。本案例以中国平安实施员工持股计划的激励方式为主要研究内容，分析其实施员工持股计划的动因及其效果。本案例有助于学生了解设计股权激励需要考虑的因素，如何优化企业的员工激励机制。

关键词

中国平安；员工激励；持股计划

知识点

1.员工股权激励的理念；
2.公司员工激励的模式；
3.股权激励的方案设计。

案例正文

一、引言

早在20世纪50年代，Louis Kelso首先提出员工持股计划的概念，主要目的为增加员工福利，提高员工忠诚度，将员工利益与公司未来发展进行利益的绑定。1992年，我国初步尝试上市公司员工持股计划，但由于当时市场监管制度的不完善，导致员工持股成为一种短期的员工福利，甚至出现利益输送的现象。1998年，监管部门叫停上市公司员工持股计划。2014年6月20日，暂停16年之后，证监会发布《关于上市公司实施员工持股计划试点的指导意见》，重启了员工持股计划，上市公司员工持股计划从而成为资本市场热点之一。

中国平安作为我国保险行业的领军企业，在员工持股方面是国内企业的领头羊，20世纪末曾借鉴国外经验，在1992年推出员工持股计划，并取得了一定的效果。到了2010年，中国平安员工持有的股份开始解禁，大量员工陆续退出并实现收益，预示着第一次员工持股计划的激励效果基本丧失。其后，在人力资源和行业市场竞争激烈的背景下，中国平安从2015年起陆续实施了四次员工持股计划，目的是希望该计划能帮助公司建立一套切实可行的员工长期激励机制，通过增加员工的离职成本，降低员工流失率，调动所有员工（包括管理层在内）的主动性、积极性，以保证人力资源的稳定。

二、公司简介

中国平安的全称为中国平安保险（集团）股份有限公司，1988年成立于深圳蛇口，是中国第一家股份制保险公司，至今已经发展成为金融保险、银行、投资等金融业务为一体的整合、紧密、多元的综合金融服务集团。中国平安先后于2004年6月和2007年3月在香港联合交易所（证券代码：2318）和上海证券交易所（证券代码：601318）上市。2017年度营业收入8 908.82亿元，截至2017年12月31日，总资产64 930.75亿元；在职员工342 550人，其中管理与行政人员69 297人，占20.23%；业务人员194 991人，占56.92%；技术人员43327人，占12.65%；其他人员34 935人，占10.20%。

2017年6月，《2017年BrandZ最具价值全球品牌100强》公布，中国平安排名第61位；7月31日，《财富》中国500强排行榜发布，中国平安保险（集团）股份有限公司排名第五。2018年，中国平安保险（集团）股份有限公司在《财富》中国500强中排名第四，比2017年又上升了两位。

中国平安业务范围已基本实现了对中国中小城市的全面覆盖，员工规模非常大，仅保险销售人员就超过了100万。面对如此庞大的员工队伍，管理难度可想而知。为了管理如此庞大的团队，中国平安在20世纪末聘请了一家国际知名的管理公司对公司内部管理结构进行了梳理并转型，取得了良好的效果。21世纪初，中国平安更换了人力资源总监，旨在有效建立健全的人才管理机制，为发展带来新的机遇。随着市场经济的到来，人力资源的竞争越来越激烈，缺乏人才是保险业的一个非常严重的问题。中国平安总结了其在人力资源开发和管理方面的经验，结合国内外保险业成熟的管理体系，制定了符合自身特点的人力资源管理体系。

三、案例概况

（一）中国平安员工持股计划的“前世”

作为国内保险的领军企业，中国平安不断吸取国内外先进管理经验，于1992年进行员工持股信托的首次尝试，当时也称“员工受益所有权计划”。1992年12月31号，经中国人民银行深圳经济特区出具的《关于同意以“平安职工合股基金”名义申请法人注册的批复》批准，中国平安增资引入的股东平安职工合股基金[①]获得法人地位。

1996年，股东平安职工合股基金变更为“深圳市新豪时投资发展有限公司”（以下简称“新豪时投资”），股东为中国平安保险（集团）股份有限公司工会工作委员会及深圳市正直方实业发展有限公司，分别持有新豪时投资95%、5%的股权。

2006年11月，深圳市正直方实业发展有限公司将所持有新豪时投资5%的股权转让给深圳市景傲实业发展有限公司，转让后的新豪时投资的股东变更为中国平安保险（集团）

---

① 平安职工合股基金，即员工投资集合的前身，是经中国人民银行深圳经济特区分行批准设立的集体所有制企业。

股份有限公司工会工作委员会和深圳市景傲实业发展有限公司，两者分别占比95%和5%；其中，深圳市景傲实业发展有限公司的股东为平安证券有限责任公司工会委员会（80%）和平安信托投资有限责任公司工会委员会（20%），如图7-9所示。

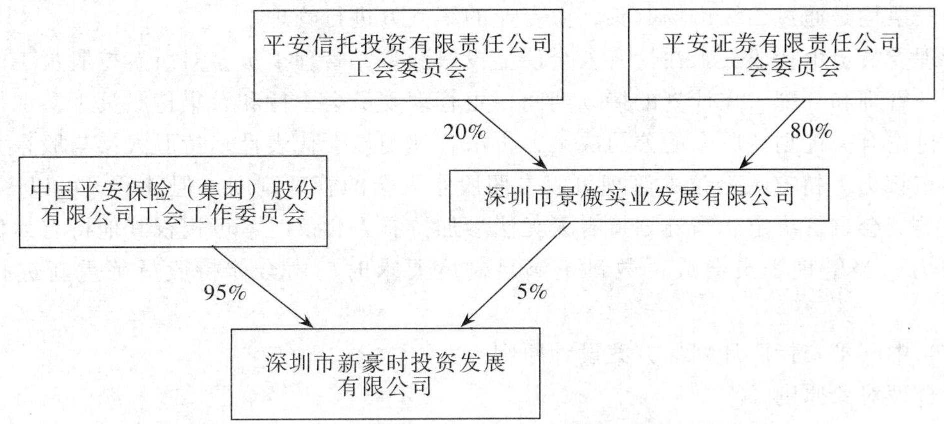

图7-9　深圳市新豪时投资发展有限公司股权结构

新豪时投资实质上是中国平安保险、平安证券以及平安信托的员工持股平台，可以说中国平安是国内最早实现员工持股的公司之一。

这次持股计划的参与对象包括公司的董事、监事、高级顾问，同时将专职员工、保险销售代理人等基层岗位人员也纳入其中。截至公司上市时，员工持股计划中共有18 969名权益持有人，而公司及控股子公司员工约为48 200人，受益人数超过员工总数的1/3。

中国平安招股说明书显示，18 969名权益持有人共持有43 061.94万股，人均持有2.27万股。而中国平安上市时的总股本为619 505.33万股，当时发行价为33.80元/股，至2010年9月，中国平安员工持股计划的股份解禁时，参与持股计划的员工人均获得的收益超过200万元，年化收益率接近30%。

知识链接——员工持股计划

（二）中国平安员工持股计划的“今生”

1.核心人员持股计划

为实现股东、公司和员工利益的一致，建立健全公司长期激励和约束机制，促进公司长期、持续、健康发展，基于“合法合规、自愿参与、长期服务、价值导向、风险自担”的原则，2014年，中国平安宣布设立核心人员持股计划。

（1）总体情况

持股计划面向中国平安集团及其下属子公司，覆盖的1 000多名核心员工中，超过80%的人员是该集团及专业公司部门负责人等中层主管，还包括部分资深专业技术骨干。在征得员工同意后，其部分薪酬和业绩奖金将转入该计划，并设立不少于12个月的锁定期，结束后分3年挂钩公司业绩归计划持有人所有。

（2）中国平安持股计划的管理情况

中国平安员工持股计划主要委托具备法定资质的第三方进行管理，并增设管理委员会，委托其对计划的管理进行日常监督，管理委员会代表计划持有人行使股东权力。持股计划的股票均是通过二级市场购买，由专业的第三方进行管理。

管理委员会由持股员工在持有人会议上投票选举，管理委员会对所有持股员工的股票进行统一管理和分配。在计划的持续期间，由管理委员会主持和召集持股员工参加持有人会议，讨论有关计划持股人的公司决策，再由管理委员会代表计划持股人参与股东大会并行使股东权力。持有人会议的管理可以参照股东大会的管理制度，但其形式可以多样化，由管理委员会自行决定。当计划持有人无法参加持有人会议时，可授权其他持有人代为行使其权力，当管理委员会成员数量不满足制度要求时，由全体持股员工重新进行选举补充。

（3）中国平安持股计划的方案设计原则

①合理对象原则

并不是所有员工在同等激励下产生的效果是一样的，一般人的资本创造的边际报酬生产力是递减的，而富有创造力的核心员工创造的边际报酬生产力才是递增的。人力资本是具有异质性的，并不是所有员工的工作效率都会最终影响到企业业绩以及股东权利，并不是所有人力资源都需要获得剩余索取权的补偿，因此股权激励对象集中在高级的管理人员、关键技术人员以及优秀的销售人员中。在此基础上，再来考虑公平性原则。

②公平性原则

公平性原则应当贯穿于整个实施过程和分配方案中，一是要保证内部的公平性，同岗同薪，不同项目、不同岗位收入与贡献比率一致；二是要保证外部的公平性，同地区、同行业中同等规模的不同企业相似的职位收入及股权分配大致相同。公平性原则也体现在要设立公开透明的激励标准和激励考核制度，明确核心员工的界定标准，在员工中树立强大的榜样力量，激发员工的工作积极性。

③适度性原则

充分考虑不同层级之间的差距来设置阶梯形激励目标，同时把握好各个阶梯之间的度，过高的激励目标员工难以到达，过低的激励目标易失去效用，因此，设置的激励目标要与个人需求、能力相吻合。同时，物质激励是呈反向抛物线形态的，一段时期内呈递增效应，另一时期呈递减效应。

④激励与约束相结合原则

实施股权激励，目的自然是激励员工，但同时也可以更好地约束员工，把短期和长期的目标结合，把员工与公司的利益结合，不断建立健全的激励约束机制。另外，也能增加员工的离职成本，减少员工流失率，加强员工对公司的忠诚度。

（4）具体情况

①第一次持股计划

中国平安2015年度核心人员持股计划为2015年3月20日至2015年3月26日通过二级市场完成购股，自愿参加本公司2015年度核心人员持股计划的人员共839人，共计购买A股股票4 050 253股，占本公司总股本的比例为0.044%，成交金额合计人民币312 047 645元（含费用），交易均价约为人民币77.02元/股。

本次购股后，董事、监事、高级管理人员与其他员工在2015年持股计划中的持股情况见表7-8。

表7-8 2015年核心人员购股后情况

持有人	持股份额（股）	比例
董事、监事及高级管理人员	850 782	21.01%
其他员工	3 199 471	78.99%
合　计	4 050 253	100%

本次所购买的股票锁定期为2015年3月30日至2016年3月29日。

②第二次持股计划

中国平安2016年度核心人员持股计划于2016年3月17日至2016年3月21日通过二级市场完成购股，自愿参加本公司2016年度核心人员持股计划的人员共773人，共计购买A股股票14 803 850股，占本公司总股本的比例为0.081%，成交金额合计人民币481 578 936.53元，成交均价约为人民币32.53元/股。

本次购股后，董事、监事、高级管理人员与其他员工在2016年持股计划中的持股情况见表7-9。

表7-9 2016年核心人员购股后情况

持有人	持股份额（股）	比例
董事、监事及高级管理人员	5 101 814	34.46%
其他员工	9 702 036	65.54%
合　计	14 803 850	100%

本次所购买的股票锁定期为2016年3月23日至2017年3月22日。

③第三次持股计划

中国平安2017年度核心人员持股计划为2017年3月23日至2017年3月27日通过二级市场完成购股，自愿参加本公司2017年度核心人员持股计划的人员共1 157人，共计购买A股股票16 419 990股，占本公司总股本的比例为0.090%，成交金额合计人民币603 305 761.16元，成交均价约为人民币36.74元/股。

本次购股后，董事、监事、高级管理人员与其他员工在2017年持股计划中的持股情况见表7-10。

表7-10 2017年核心人员购股后情况

持有人	持股份额（股）	本期购股占公司总股本的比例
董事、监事及高级管理人员	5 801 483	0.032%
其他员工	10 618 507	0.058%
合　计	16 419 990	0.090%

本次所购买的股票锁定期为2017年3月29日至2018年3月28日。

④第四次持股计划

中国平安2018年度核心人员持股计划于2018年4月27日通过二级市场完成购股，自愿参加本公司2018年度核心人员持股计划的人员共1 296人，共计购买A股股票9 666 900股，占本公司总股本的比例为0.053%，成交金额合计人民币592 698 901.19元（含费用），成交均价约为人民币61.29元/股。

本次购股后，董事、监事、高级管理人员与其他员工在2018年持股计划中的持股情况见表7-11。

表7-11 2018年核心人员购股后情况

持有人	持股份额（股）	本期购股占公司总股本的比例
董事、监事及高级管理人员	3 358 478	0.018%
其他员工	6 308 422	0.035%
合　计	9 666 900	0.053%

本次所购买的股票锁定期为2018年5月2日至2019年5月1日。

2. 长期服务计划

为适应“金融+生态”新战略转型的需要，确保集团未来价值的持续增长，2018年10月29日，中国平安审议通过了《关于审议实施长期服务计划的议案》。此次“长期服务计划”被视为升级版的员工持股计划。

该计划覆盖中国平安集团及其成员公司，计划参与人应当是对公司整体业绩和长期发展具有重要作用的核心人才。中国平安根据未来各年度核心人才吸引、激励、保留的实际需要，在“长期服务计划”额度总额范围内，授予符合特定条件的人员一定的额度，作为员工应付薪酬的组成部分。

该计划旨在鼓励核心人才长期服务于公司，加强公司利益与员工利益的长期绑定，完善公司治理结构，健全公司长期激励和约束机制，促进公司长期经营、稳健发展，为股东创造长远持续的价值。

中国平安拟推行的“长期服务计划”每年一期，根据董事会设定的净利润增长率目标的实际达成情况，按一定比例授予一定额度作为员工应付薪酬的组成部分。该方案授出的所有额度，将通过资产管理计划从二级市场购买和持有中国平安股票获得。

该方案的存续期为审议通过之日起10年，存续期届满之后可由董事会决议延长。“长期服务计划”参与人从公司退休时提出归属申请，在得到确认并缴纳相关税费后最终获得计划权益的归属。

此次推出的“长期服务计划”主要有三个方面特点：一是入市资金多，在不影响公司整体利润和现金分红的前提下，调取公司年净利润的3%～5%用于长期服务激励；二是覆盖范围广，原有核心员工持股计划仅1 000多人参加，按比例仅占员工总数的0.25%左右，而此次覆盖人数达几万人；三是期限长，参与员工从公司退休时方能提出归属申请，得到确认并缴纳相关税费后最终获得计划权益的归属，这无疑达到吸引、激励和保留核心人才长期服务于公司的效果。

四、讨论问题

1.结合案例，分析中国平安实施员工受益所有权计划的动因和效果。

2.结合案例，分析中国平安实施核心人员持股计划的动因和效果。

3.结合案例，分析中国平安实施长期服务计划的动因。

案例说明

一、教学目的

本案例的教学目的是使学生了解股权激励理论，通过员工持股计划的实施，促使员工积极主动发挥自身能力，在企业内部形成强有力的凝聚力。通过案例学习掌握员工激励的理论。

二、案例讨论的准备工作

（一）理论背景

1.员工持股计划的概念及种类

（1）概念

员工持股计划（Employee Stock Ownership Plans，ESOP）是指企业员工通过支付现金、贷款或者其他方式获得融资购买企业的股票，并委托某一机构管理，代表员工以股东身份参与企业的经营决策或由员工自己行使股东权，员工按所持股份份额分享企业利润，从而使员工能够以劳动者和所有者的双重身份参与企业的生产经营活动的一种激励制度。

（2）分类

①按照员工持股的目的划分

按照施行计划的目的不同，可以分为福利型和风险型。福利型通常是将股票作为一种福利或者奖励发给员工，如年底将股票以奖励的形式发给工作突出者或者在企业中表现优秀的员工，或者直接以股票形式向优秀员工支付奖励，或者以赠股的方式使员工分享到公司利润，或者通过向金融机构借款来购买股票奖励给员工等。风险型则是相当于员工对所在的公司进行股票投资，这需要员工有一定的风险承担能力和经济能力。二者的主要区别在于，实施风险型员工持股计划将会使员工承担一定的风险，让员工化被动为主动，极大程度上调动其主观能动性。

②按照员工的出资方式划分

按照出资方式的不同，可划分为现金出资和非现金出资两大类型。前者是指员工主要是通过支付现金取得公司股票。后者指利用除现金以外的其他途径进行持股的方式。

③按照资金来源划分

按照资金来源不同，可划分为杠杆型和非杠杆型。前者主要是利用借贷杠杆来实现，即由公司担保，员工持股的专职管理机构向银行贷款，贷款用于购买公司股东手中的部分股份，购入的股份由该管理机构掌握，并利用该公司利润及由公司其他福利计划转来的资金归还贷款本息，贷款全部还清后，员工拥有所购入的全部股份。后者是指由公司每年向该计划捐赠一定数额的公司股票或现金，或者由员工利用自由资金购买股票。

知识链接——美国 ESOP 的运作机制

（二）行业背景

从保险行业发展的外部大市场环境来看，随着近年经济持续稳健增长，居民可支配收入水平不断提高，我国已进入到大众消费的新时代，我国中产阶级人数和资产的提升将为保险市场提供广阔的增长空间。从发展趋势看，保险产品作为能够兼顾风险保障和保值增值服务的金融产品，在社会生产、生活中发挥着无可替代的作用。2017 年，中国保险业保费收入 3.66 万亿元，同比增长 18.2%。其中，寿险保费收入 21 455.57 亿元，财产险保费收入 9 834.66 亿元，健康险保费收入 4 389.46 亿元。2017 年，保险公司总资产 16.75 万亿元，较年初增长 10.8%。

2017 年，保险业“偿二代”二期工程正式启动，商业车险条款费率管理制度改革持续深化，表明我国保险市场制度正逐步成熟完善；中国平安助推脱贫攻坚，参与多层次养老保障体系构建，显示出保险业服务社会与经济的能力不断增强；同时，保险科技快速发展，人工智能、区块链等前沿技术被广泛应用，助力行业提质增效。

（三）制度背景

1.1992 年 2 月，国务院批转国家体改委（现已撤销）《一九九二年经济体制改革要点》：“有计划、有步骤地扩大企业内部职工持股的股份制试点的范围。”同年，经国务院批准，国家体改委颁布《股份制企业试点办法》。《股份制企业试点办法》对企业员工持股做了明确规定，针对那些未公开上市发行股票的股份制企业，其员工所持有的股份，不得印制股票予员工，而是以记名股权证的形式发给持股员工，且要严格限制这部分记名股权证的流通，如果发生记名股权证转成股票发行的情况，必须按照规定将其换成等额的股票，并按照规定进行流通，“转化为有限责任公司的内部职工持有的股份可转为‘职工合股基金’”。

2.1998 年 11 月 25 日，中国证监会发布《关于停止发行内部职工股的通知》，规定股份有限公司公开发行股票一律不再发行公司职工股。尚未发行的，一律停止发行。定向募集公司原已发行的内部职工股以及股份有限公司经批准已经发行的公司职工股，仍按现政策执行。

3.2005 年 12 月，中国证监会颁布《上市公司股权激励管理办法（试行）》（以下简称《办法（试行）》）。《办法（试行）》明确激励对象包括上市公司董事、监事、高级管理人员、核心技术人员，以及公司认为应当激励的其他员工，但不包括独立董事，并且规定了用于股权激励的股份来源，包括定向发行股份和回购公司股份。

4.2006 年 1 月与 9 月，国资委与财政部联合颁布了《国有控股上市公司（境外）实施股权激励试行办法》和《国有控股上市公司（境内）实施股权激励试行办法》，规定激励对象原则上限于上市公司董事、高级管理人员以及对上市公司整体业绩和持续发展有直接影响的核心技术人才和管理骨干。在股权激励计划有效期内，高级管理人员个人股权激励预期收益水平应该控制在其薪酬总水平（含预期的期权或股权收益）的30%以内。期权的行权限制期和限制性股票的禁售期都不得低于2年。

5.2012年8月4日，中国证监会正式发布《上市公司员工持股计划管理暂行办法（征求意见稿）》。这是一项提高上市公司生产效率和提升我国上市公司整体综合实力的制度，也标志着我国开始全面推行员工持股计划。该暂行办法对上市公司员工持股计划的内容、实施程序、管理模式、信息披露等进行了规定。

知识链接——《上市公司员工持股计划管理暂行办法（征求意见稿）》

6.2014年6月20日，中国证监会发布《关于上市公司实施员工持股计划试点的指导意见》，其规定：上市公司可以根据员工意愿实施员工持股计划，通过合法方式使员工获得本公司股票并长期持有，股份权益按约定分配给员工。实施员工持股计划，相关资金可以来自员工薪酬或以其他合法方式筹集，所需本公司股票可以来自上市公司回购本公司股票、直接从二级市场购买、认购非公开发行股票、公司股东自愿赠与等合法方式。《关于上市公司实施员工持股计划试点的指导意见》还就员工持股计划的实施程序、管理模式、信息披露及内幕交易防控等问题作出了规定。

7.2016年7月13日，中国证监会发布《上市公司股权激励管理办法》（以下简称新《办法》）。新《办法》替代了2005年的《上市公司股权激励管理办法（试行）》，股权激励计划不再需要证监会备案，股权激励可以与重大事件并行，激励对象不应当包括非以签署劳动合同方式为上市公司提供服务的劳务人员或者外部顾问。新《办法》延续了《办法（试行）》强制要求上市公司聘请律师的做法，而且进一步对律师工作提出了更加详细和具体的要求，在上市公司制订股权激励计划、变更激励计划、实施阶段都需要上市公司聘请律师事务所发表法律意见。

8.2016年8月，国资委、财政部和证监会联合印发了《关于国有控股混合所有制企业开展员工持股试点的意见》（国资发改革〔2016〕133号），明确员工持股总量原则上不高于公司总股本的30%，单一员工持股比例不高于1%；为保证国有股东控股地位，其持股比例不得低于34%。

三、案例分析要点

问题1：结合案例，分析中国平安实施员工受益所有权计划的动因和效果。

1.动因

中国平安实施员工受益所有权计划的动因主要是进一步增强中国平安在人才及公司价值方面的竞争优势，并且改造公司股权结构，提升公司价值，增强公司竞争力。面对不断开放的市场经济，中国平安想要在汹涌的浪潮中争取自己的一席之地，必须提高公司自身的竞争力，而关键就是要吸引和留住优秀的人才。在借鉴和吸收国内外先进的管理经验后，中国平安通过持股信托的模式推出员工持股计划，也就是员工受益所有权计划。员工受益所有权计划能够有效地使员工与公司利益紧密联系起来，让部分员工的利益与公司的整体利益休戚相关，其本质是一种长期激励机制。员工兼具了劳动者和所有者的双重角色，有利于调动员工的工作积极性和热情。在行业竞争激烈、优秀人才流失的不利状况下，中国平安大胆创新，锐意改革，打破传统的激励模式，率先在保险金融领域实施员工受益所有权计划。该计划的目的也正是优化企业治理结构，探索员工与企业间的关系模式，为中国平安的发展注入强劲的动力。

2.效果

通过员工持股信托模式，中国平安完成了实施员工受益所有权计划改造股权结构的计划，优化了公司治理结构。员工受益所有权计划的激励效果明显，员工工作积极性大大提高。实施员工受益所有权计划后，该公司持股员工的非正常离职率大幅度下降，工作效率也提高了许多。

2006年，中国平安三大员工持股信托平台构建完成后，中国平安整体经济效益得到提升，根据2014年中国平安的业绩快报，2014年中国平安净利润达到408亿元，基本每股收益4.46元，净利润增长率达到44.32%。

同时，员工持股信托模式也缓解了股权频繁变动问题。在实施员工受益所有权计划前，中国平安会对员工持股资格进行严格审查，每个年度都对员工进行考核，根据考核结果对持股员工的资格、认购比例进行相应的调整。员工退出该计划需要信托机构的审批同意，而信托机构在审批过程中可选择有利于公司股权结构稳定的转让方，在一定程度上解决股权频繁变更的问题。通过员工受益所有权计划，员工对企业的责任感加强，企业的监督机制进一步完善。员工通过员工持股信托模式认购公司的股份，与公司形成了相应的利益关系，员工持股信托机构的持股员工代表可以按照法定程序进入公司董事会、监事会，参与企业管理与监督。

问题2：结合案例，分析中国平安实施核心人员持股计划的动因和效果。

1.动因

（1）建立健全长期激励机制

在改革和转型的关键时期，如何保留和巩固企业的优秀人力资源是公司未来发展的关键因素。随着保险业的快速发展和中国平安在金融等其他行业的快速扩张，人力资源问题尤为关键。人力资源管理者应根据对员工及其需求的理解，制定有效的激励机制，使公司的人力资源开发工作适应当前环境，尽快引导结构战略转型。中国平安的管理层也在积极探索解决人力资源问题的方法，并努力留住重要人才。

员工持股计划使员工能够作为所有者参与公司的日常管理，分享公司的资本收益，分担风险，并建立健全的长期激励机制。对于刚刚经历过高层次变革和严重人才流失的中国平安而言，这是一个合适的选择。此外，中国平安对员工素质要求很高，员工的压力也很大。员工持股计划是一种长期激励方法，可以长期稳定员工的思维，对员工的离职具有约束力。在为员工提供福利的同时，中国平安还将企业风险转移到一起，使员工和企业能够同进退，激励员工，有效遏制人才流失现象。

（2）调动公司骨干队伍的积极性

中国平安第一次员工股票激励的影响已经丧失，高层次的变革和优秀人才的流失使员工的热情受到打击，因此，此时更有必要再次实施股权激励措施，为团队注入稳定的动力。员工持股计划的效果也非常明显，它可以产生很大的激励效果，并将员工的个人利益与公司的利益结合起来。只有提高公司的效率，个人的利益才能得到更大程度的保护，特别是在获得股票的资金来自员工自身的情况下。

首先，员工持股计划实施后，员工持有公司股票并成为公司股东，大大提高员工的归属感和对公司的责任感。其次，员工持股计划实施后，员工可以通过股票享有股东的权利，如分享公司的资产和利润，有效调动员工的积极性和创造性。员工持股计划使员工成为股东并从事日常工作，使员工将更加关注公司的业绩，激发员工培养自身素质的主动性，激发自身潜能，使员工能够充分融入工作中。从中国平安员工持股计划的实施目标来看，他们都是能够为未来公司发展做出贡献的人，这些人的热情可以对公司的运营产生更大的影响。

（3）实现股东和员工利益一致化

在目前的产权分离治理中，管理者通常只关注短期业绩，没有过多关注公司的长期发展，习惯于将个人利益置于公司的整体利益之前。提高经理的工作报酬将不可避免地增加公司的委托代理成本，并且可能无法获得鼓励管理者考虑公司利益的良好结果。如果公司的股东希望管理者能够站在公司的角度做出公司价值最大化的决策，那就必须实现股东和员工的利益一致化。二者之间的不一致将阻碍公司的发展，导致公司业绩下滑甚至破产。

如何充分调动员工的主动性和积极性，避免员工产生为了个人利益而损害公司利益的行为呢？这需要一种约束机制，中国平安在20世纪90年代实施了员工持股计划，随着股权解禁，持股计划的约束力已经变弱。因此，中国平安再次实施员工持股计划，根据公司和股东的利益捆绑员工福利，实现个人利益。

（4）向证券市场传递公司经营良好的信号

根据信号传递理论，管理者和投资者在公司相关信息的获取和处理方面存在很大差异。管理者往往能更准确和及时地获得公司信息，投资者不仅落后于时间，而且在处理信息时没有专业的信息处理技能，并且会发生某些错误。因此，管理者往往会将有利于公司的信息传递给投资者。中国平安要吸引高质量投资者的关注，依靠卓越的业务表现是不够的，为了进一步巩固投资者的投资信心，其发布的员工持股计划向市场发出了积极信号。

中国平安宣布在成功实施持股信托的基础上实施核心人员持股计划，这将使市场更有理由相信它能够再次成功实施该计划。在员工对公司业绩充满信心的基础上，才能成功实施员工持股计划，这进一步说明公司业务状况良好，吸引投资者投资。

2.效果

（1）提高了企业的价值

实施员工持股计划后，对改善中国平安的激励机制有积极影响。它进一步建立了员工与股东之间的利益分享机制。通过提高公司的治理水平，核心员工的凝聚力得到加强，并转化为公司的竞争优势。员工持股计划实施后，员工的主观能动性得到了改善，从被动变为主动。此外，核心员工的积极工作可以有效提高公司绩效，从而提高公司的运营能力，最终使中国平安股票价格上涨，公司的价值得到了提升。从另一个角度来看，发布员工持股计划的公告也是一种非常微妙的手段，这对外界来说是一个积极的信号。股东和员工对公司的未来持乐观态度，信号可以吸引投资者的注意力，增强投资者的信心和购买力，从而使公司的股价上涨，股东财富增加。

（2）强化了员工的忠诚度

中国平安的员工持股计划让员工持有公司股票成为股东，比20世纪90年代的持股信托更加深入，从根本上提高了职工的管理水平，而那些参与了计划的员工除了拥有参与公司经营管理的权力外，他们还能参与分享公司的剩余价值。让员工成为股东，就是让员工的利益和公司的利益相结合，让彼此的利益联系在一起，能在最大程度上调动员工的主观能动性。

中国平安员工持股计划的股票均是通过二级市场购买，由专业的第三方机构进行管理，能够减少因个人原因导致亏损的可能性。委托专业资产管理机构管理员工持股计划，一方面能够在一定程度上避免员工个人由于对公司生产经营等信息的了解引起的内幕交易隐患；另一方面能有效地降低风险，保证收入。

不同于传统的加薪等激励政策，员工持股计划显然成本更低，利益和约束并存的激励方式显然更为有效，所能持续的时间也更加长远，这种方式让员工的利益和风险与企业的利益和风险从分离变得统一，这种一致性让员工更加坚定其积极工作的态度，让员工的眼光和视界变得更加开阔，从短期利益放眼到长期利益，从短暂的发展放眼到长远的发展，不会竭泽而渔，而是更加注重可持续发展，从而弥补了传统意义上的薪酬激励机制的不足之处，可以更加有效地吸引经营和技术方面的优秀人才，让他们能够更长期地服务于公司，和公司一起成长。

（3）为金融保险领域提供范例

中国平安是保险行业第一家实施员工持股计划的公司，其成功实施的经验能为其他保险公司做出实施该计划的决策提供借鉴。如泰康人寿也在中国平安实施员工持股计划之后宣布实施员工持股计划。中国平安第一次发行员工持股计划之后，紧接着就有几家保险公司也进行了该计划的发行，但其效果都不明显，甚至还有的借机谋取私利，损害员工的利益，以致保监会一度叫停该计划。中国平安第二次发行员工持股计划不仅对其自身，而且对整个保险行业乃至金融领域都具有重大意义。

问题3：结合案例，分析中国平安实施长期服务计划的动因。

1.降低委托代理成本

股东和经理人是委托人和代理人的关系，由于信息不对称和不完全契约的存在导致了“道德风险”频发，而长期服务计划作为一种有效的激励政策能够在一定范围内将二者的利益一致化，从而有效地控制道德风险。

以经理人的角度来看，常见的薪酬收入（工资和奖金）很难有激励效果，因为工资与其工作业绩没有直接联系，而奖金的短期激励效果确实比较明显，但缺乏长期性。所以，实施长期服务计划增加经理人的资产收益，使股东和经理人的关系不仅仅是委托人与代理人的关系，还是合作伙伴的关系，使二者之间有更多、更密切的关联，让经理人同时能以股东的身份来看待公司的长远发展，从而降低委托代理成本。

2.增强员工激励效果

长期服务计划将员工的利益与公司的长期发展绑定在一起，同时提高了员工的离职成本，能有效应对日益严重的人力资源问题。长期服务计划能够让员工同时拥有员工和股东双重身份，这让员工明白，员工与公司的利益是一致的，当公司实现较大收益的时候，自己也能获得更多的利益，使员工有了追求公司价值最大化的动力。这种认知使员工化被动为主动，大大地提高了其主观能动性。正因为如此，施行长期服务计划能够达到其预期的效果，为公司留住优秀人才，同时激励他们更加努力工作，是保证人才资源充足和管理队伍稳定的有效措施。

3.优化公司治理结构

施行长期服务计划让员工持有公司股票之后，公司的股权分布更加多元化，形成一个涵盖创始人股、法人股、其他社会组织股和员工持股的多元化股权结构，使公司的股权结构更加合理，让所有者和管理者的目标保持一致，从而达到优化企业治理结构的效果。我国公司的治理结构一般都是由股东大会作为公司的第一级权力机构，下设董事会对公司进行实际的管理和执行股东大会的决议，另设监事会对公司的日常经营管理和决策进行监督。如果把以上三级看作是公司的大脑，把员工看作是公司的四肢，那么管理层则是大脑中用来控制四肢的神经系统。施行员工持股计划让管理层和员工都能成为股东，并参与股东大会行使股东权力，即让大脑、神经系统和四肢能够更加协调统一，互相之间也能够形成有效的制约，使出资者、管理者和员工之间能够相互制约、相互监督，极大程度地避免出现因追求短期利益而导致长期发展受到影响的情况，切实优化公司的治理结构。

4.促进公司长远发展

我国很多规模较小的公司的平均寿命还不到3年，而每家公司在创立初期都有一个艰苦的奋斗过程，但寿命仍较短，其中很重要的一个因素就是人力资源管理出现了问题。在当前市场竞争异常激烈的环境下，人力资源已成为一个不容轻视的问题。一些企业所有者在企业创立之初通常都只关注企业的效益，追求对员工的短期激励效果，而当短期激励效果逐渐淡化时，会让员工认为自己的付出和回报不对等，从而降低工作积极性，进而导致公司发展停滞不前甚至后退，最终破产。这也是因为短期激励方式只注重一次性的收入，并没有考虑员工的产权收益，而这种追求短期利益的行为必定会影响公司的未来利益。而长期服务计划方式可以避免出现追求短期利益的行为，将职工的利益建立在公司的长远发展之上，使公司和员工追求的目标一致化。

四、建议课堂计划

本案例可以作为专门的案例讨论课来进行。以下是按照时间进度提供的课堂计划建议，仅供参考：

整个案例课的课堂时间控制在90分钟。

（一）课前计划

提出启发思考问题，请学生在课前完成阅读和初步思考。建议学生在课前做好以下准备：

1.掌握员工激励的原理；

2.了解股权激励的相关理论知识；

3.查找并了解中国平安的相关资料。

分组讨论，提前告知发言要求，要求每小组将讨论意见做成讨论报告（PPT形式）。

（二）课中计划

1.简要的课堂前言，明确主题。（5分钟）

2.小组发言。(每组10分钟)

3.引导全班进一步讨论：中国平安为什么选择实施员工持股计划来激励员工以及此计划的效果如何，对中国平安有什么建议，然后进行归纳总结。(25分钟)

(三) 课后计划

如有必要，请学生采用报告形式给出更加具体的解决案例分析报告。

五、参考文献和网址

[1] 于换军. 核心技术员工激励与公司绩效 [J]. 金融评论，2018，10 (1)：87-99，126.

[2] 佚名. 中国平安：关于员工持股的那些事儿 [EB/OL]. [2017-05-18]. https：//www.sohu.com/a/141613800_798622.

[3] 王海霞. G公司股权激励方案的设计 [D]. 河北科技大学，2016.

[4] 陈艳艳. 员工股权激励的实施动机与经济后果研究 [J]. 管理评论，2015，27 (9)：163-176.

[5] 黄速建，余菁. 企业员工持股的制度性质及其中国实践 [J]. 经济管理，2015，37 (4)：1-12.

[6] 裴亚洲. 员工持股计划参与上市公司治理的路径选择 [J]. 河北学刊，2015，35 (1)：197-200.

[7] 古群芳，钟雯婧. 员工持股计划对公司财务报告影响研究 [J]. 财会研究，2014 (4)：54-56，60.

[8] 毕倩倩，王振全. 员工股权激励与上市公司业绩的相关性分析 [J]. 人力资源管理，2014 (3)：104-107.

[9] 白剑. 民营企业员工股权激励制度的研究 [J]. 中国集体经济，2013 (30)：77-79.

[10] 巨潮资讯网，http：//www.cninfo.com.cn/new/index.

第八章　企业并购与控制权转移

案例十五

重大无先例：城投控股并购阳晨B股

摘　要

随着经济的不断发展，越来越多的企业选择通过并购来扩大市场份额、提高自身竞争力，实现其迅速扩张的目的。从2008年开始，中国并购市场呈现火爆态势，企业间的并购活动日益频繁，并购规模也越来越大。2016年10月，城投控股并购阳晨B股方案获得证监会批准，该方案包含吸收合并和分立上市两部分。这个方案的实施一方面将整合上海城投集团内部两家上市公司的业务，避免同业竞争；另一方面实现阳晨B股成功转板，解决了其业务发展的资金问题，也为B转A提供了新的样本，属于“重大无先例”事项。通过本案例的学习，可以让学员进一步加深对并购相关理论的理解，从实例角度加深对吸收合并、转股比例、现金选择权等相关知识点的学习。

关键词

企业并购；吸收合并；转股比例；现金选择权

知识点

1. 企业并购；
2. 吸收合并；
3. 转股比例；
4. 现金选择权。

案例正文

一、引言

上海城投（集团）有限公司（以下简称“上海城投”）作为上海城投控股股份有限公司（以下简称“城投控股”）和上海阳晨投资股份有限公司（以下简称“阳晨B股”）两家上市公司的控股方，在2014年的日子并不好过。

2011年，上海城投通过无偿划转取得阳晨B股56.83%的股份，成为阳晨B股控股股东。本以为可以通过此次资本操作获得利益的上海城投，没有想到仅时隔3年，B股市场的融资功能就消失殆尽。作为纯B股公司，阳晨B股的融资渠道受到限制，为此甚至不得不忍痛放弃有利可图的业务机会。2014年12月，阳晨B股召开临时股东大会，宣布放弃价值19.9亿元的竹园（第一、二）污水处理厂提标改造工程中新建与竹园二厂改造部分。当时的阳晨B股资产总额还不足19亿元，归属于上市公司股东的净资产大约有6亿元，货币资金余额仅约2亿元，靠自己显然无法满足项目建设的资金要求，但如果通过债务融资又会增加财务负担，年利润仅5 000万元的阳晨B股无法负担如此沉重的债务本息。此次放弃，让阳晨B股的股东迫切地想找到一个途径，能够使股份重新实现流动性，重拾融资功能，同时也能使股东获得合理的投资收益。

同属上海城投集团的城投控股也面临业务发展受到约束的困境。城投控股的前身为上海市原水股份有限公司（以下简称“原水股份”）。2008年，原水股份向大股东上海城投发行股份，实现置入固废处理业务及房地产业务，并于2010年置出水务类资产，将业务模块定位为“地产+环保+股权投资”。环保业务由城投控股下属的上海环境集团有限公司（以下简称“环境集团”）承担，主要经营方向为对生活垃圾的处理，这和阳晨B股在业务上有一定的重合。尽管城投控股和阳晨B股在业务上并没有太多关联，但由于控股方都是上海城投，两家公司为避免同业竞争，在制定战略目标、开展实际经营等方面都受到牵制。与此同时，就在城投控股完成对原水股份的重组后，恰逢国家对房地产进行宏观调控，受房地产板块的影响，城投控股公司融资渠道不畅，整体资产估值偏低，进而制约了其环保业务的发展。

面临宏观经济调控、B股市场融资功能丧失、企业发展受限等多重夹击，城投控股和阳晨B股于2015年6月同时公告重大资产重组预案，拟通过吸收合并、分立上市两步操作，实现城投控股并购阳晨B股，使城投控股旗下的环境集团与阳晨B股的污水处理业务结合并在A股上市的目标。通过此次并购重组，一方面可以使已经丧失融资功能的阳晨B股转为环境A股，重拾融资功能；另一方面可以使城投控股集中资源，建设成以城市基础设施为主要投资方向的综合资产管理集团，充分发挥其在资本市场的资源配置优势。

知识链接——资产重组

二、公司简介[①]

（一）上海城投（集团）有限公司简介

上海城投前身是成立于1992年的上海市城市建设投资开发总公司，于2014年改制为有限责任公司，由上海市国有资产监督管理委员会全资拥有。上海城投旗下有3家专业集团公司、2家上市公司及若干核心企业，是专业从事城市基础设施投资、建设、运营管理的国有特大型企业集团。

① 本部分数据全部摘自公司相关公告。

上海城投拥有上海城投控股股份有限公司、上海阳晨投资股份有限公司两家上市公司，同时间接拥有上海环境集团有限公司。合并业务发生前相关主体股权关系如图8-1所示。

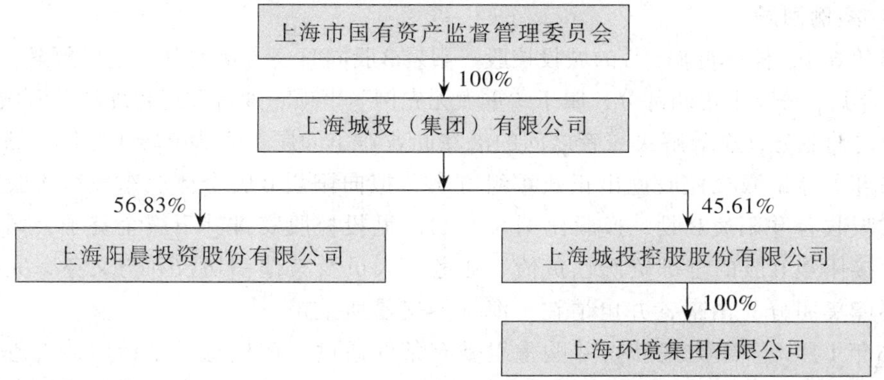

图8-1　合并业务发生前相关主体关系纽带图

（二）城投控股简介

城投控股是一家A股上市公司，于1993年5月在上海证券交易所上市，股票代码为600649。截至2015年6月19日，城投控股总股本为298 752.35万股，均为流通A股。城投控股的控股股东为上海城投，截至2015年6月19日，其直接持有城投控股45.61%的股权。

城投控股的主营业务包括环境业务、房地产业务和股权投资业务。环境业务包括生活垃圾中转运输和生活垃圾焚烧发电、卫生填埋等环境基础设施项目的投资、建设和运营；房地产业务以保障性住房开发为主，以商业办公地产和普通商品房的开发为辅；投资业务主要包括金融投资和创业投资。

（三）阳晨B股简介

阳晨B股是一家B股上市公司，1995年7月在上海证券交易所上市，股票代码为900935。截至2015年6月19日，阳晨B股总股本为24 459.60万股，其中流通B股10 560.00万股，非流通股（国有法人股）13 899.60万股。阳晨B股的控股股东为上海城投，截至2015年6月19日，其直接持有阳晨B股56.83%的股权。截至2015年6月19日，阳晨B股拥有5家全资控股子公司。

阳晨B股的主营业务范围为城市污水处理等环保项目和其他市政基础设施项目的投资、经营、管理及相关的咨询服务、财务顾问等。

（四）环境集团简介

环境集团是经上海市人民政府批准，由上海市绿化和市容环境卫生管理局所属上海振环实业总公司、上海市废弃物处置公司、上海市环境工程设计科学研究院等单位重组而成的国有独资公司，于2004年6月24日经上海市国有资产监督管理委员会批准设立，并于2004年6月28日完成工商变更登记。截至2015年6月19日，环境集团控股股东城投控股直接持有环境集团100%股权。

环境集团经营范围包括环境工程项目投资，环境科技产品开发，环境工程设计、建设、投资咨询、营运管理，资源综合利用开发，卫生填埋处置，水域保洁，房地产开发及其他相关咨询业务。

三、案例概况

（一）案例回顾

2015年6月，停牌近8个月的城投控股、阳晨B股同时公告重大资产重组预案。此次重组包含吸收合并、分立上市两部分，属于“重大无先例”事项。通过重组将理顺上海城投旗下两家上市公司的业务，有效解决二者之间的潜在同业竞争问题，也为B转A提供了新的样本。

2015年8月，城投控股抛出正式重组方案，拟向阳晨B股全体股东发行A股股份，以换股方式吸收合并阳晨B股，换股比例为1∶1。城投控股安排其下属全资子公司环境集团承继及承接阳晨B股的全部资产、负债、业务、人员及其他一切权利与义务，完成吸收合并后，环境集团分立出来，并申请在上海证券交易所上市。

2016年1月，重组方案获得并购重组委有条件通过，审核意见是请申请人进一步完善关于环境集团董事、高管人员变化对分立主体治理结构和持续经营能力的影响以及相关法规适用的信息披露。但是，城投控股、阳晨B股对审核意见进行反馈后，却迟迟没有等来正式的核准批文，反而在6月20日，均以“有重大事项需要核实”为由停牌。

2016年10月，在等待了近10个月后，城投控股、阳晨B股终于拿到了正式的核准批文。与此前的东电B股、新城B股均是由控股股东吸收合并后申请上市不同，阳晨B股由同一控股股东旗下的A股公司先吸收合并，再分立上市。

2017年3月，上海市国有资产监督管理委员会旗下全资子公司上海城投（集团）有限公司正式完成分拆，上海环境（601200）在上海证券交易所上市。

（二）方案概要[①]

本次交易方案包括“本次合并”及“本次分立”两部分。

1.合并部分

作为本次合并的存续方，城投控股向阳晨B股全体股东发行A股股份，以换股方式吸收合并阳晨B股，城投控股安排下属全资子公司环境集团承继及承接阳晨B股的全部资产、负债、业务、人员及其他一切权利与义务，作为合并对价发行的A股股份在上海证券交易所上市。作为本次合并的被合并方，阳晨B股将终止上市并注销法人资格。

2.分立部分

紧接着本次合并生效实施后，城投控股将下属全资子公司环境集团（包括因本次合并由环境集团承继和承接的原阳晨B股全部资产、负债、业务、人员及其他一切权利与义务等）以存续分立的方式实施分立；作为本次分立的存续方，城投控股（存续方）继续运营房地产资产业务以及其他股权投资业务；作为本次分立的分立主体，环境集团的全部股权由城投控股届时全体股东按持股比例取得，并变更为股份有限公司（即上海环境），且申请其股份在上海证券交易所上市。

本次合并和分立系整体安排，互为条件，不可分割及分步实施。

（三）本次合并的换股价格和换股比例

本次合并中，城投控股审议本次换股吸收合并相关事项的首次董事会决议公告日（即2015年6月19日）前20个交易日的股票交易均价为7.16元/股。综合考虑历史股价、经营

① 本部分数据全部摘自公司相关公告。

业绩、市值规模以及可比公司股价等因素，经公平协商，最终确定城投控股的换股价格为15.50元/股（已扣除宣告但尚未实施分配的城投控股2014年度现金红利）。

阳晨B股审议本次换股吸收合并相关事项的首次董事会决议公告日（即2015年6月19日）前20个交易日的股票交易均价为1.16美元/股。综合考虑历史股价、经营业绩、市值规模以及可比公司股价等因素，经公平协商，最终确定阳晨B股的换股价格为2.522美元/股；按照阳晨B股停牌前一交易日，即2014年10月31日中国人民银行公布的人民币对美元汇率中间价6.1461，折合为人民币15.50元/股（已扣除宣告但尚未实施分配的阳晨B股2014年度现金红利）。

根据上述换股价格，阳晨B股与城投控股的换股比例为1∶1，即每1股阳晨B股股票可以换得1股城投控股A股股票。计算公式为：

换股比例 = 阳晨B股的换股价格 ÷ 城投控股的换股价格

自定价基准日（即城投控股、阳晨B股审议本次交易的首次董事会决议公告日）至换股实施日（即换股股东所持阳晨B股的全部股票将按换股比例转换为城投控股A股股票之日）期间，如城投控股或阳晨B股有派发股利、送股、转增股本、增发新股或配股等除权、除息事项，则本次合并的换股价格和换股比例将进行相应调整（不包括已宣告但尚未实施分配的城投控股和阳晨B股2014年度现金红利）。

城投控股因本次合并将发行244 596 000股A股股票，全部用于换股吸收合并阳晨B股。本次合并实施后，城投控股总股本将由2 987 523 518股增加至3 232 119 518股。

（四）本次交易的现金选择权

1.阳晨B股

本次合并将向阳晨B股除上海城投以外的全体股东提供现金选择权，并由上海城投担任现金选择权提供方。在第一次现金选择权实施股权登记日登记在册的现金选择权目标股东，可以在第一次现金选择权申报期自行选择以其持有的阳晨B股股票以1.627美元/股（根据阳晨B股停牌前一交易日，即2014年10月31日央行公布的人民币对美元汇率中间价6.1461，折算为人民币10.00元/股）的价格全部或部分申报行使现金选择权。该现金选择权价格较定价基准日前20个交易日股票交易均价1.16美元/股溢价40.26%。

行使阳晨B股现金选择权的股东将相对应的股份过户到相关现金选择权提供方的名下，该等行使现金选择权的股东无权再就申报行使现金选择权的股份向阳晨B股或任何同意本次合并的阳晨B股股东主张权利。

自定价基准日至第一次现金选择权实施日期间，如阳晨B股有派发股利、送股、转增股本、增发新股或配股等除权、除息事项，则上述现金选择权价格将进行相应调整（不包括2014年度利润分配）。

2.城投控股

本次合并将向城投控股除上海城投以外的全体股东提供两次现金选择权，并由上海城投及/或国盛集团担任城投控股合并及分立项下两次现金选择权的提供方。两次现金选择权价格一致，均为10.00元/股（已扣除2014年度现金红利），该现金选择权价格较定价基准日前20个交易日的股票交易均价7.16元/股溢价39.66%。

行使城投控股现金选择权的股东将相对应的股份过户到相关现金选择权提供方的名下，该等行使现金选择权的股东无权再就申报行使现金选择权的股份向城投控股或任何同意本次重组的城投控股股东主张权利。

自定价基准日至两次现金选择权实施日期间，如城投控股有派发股利、送股、转增股本、增发新股（不含本次合并项下的换股发行）或配股等除权、除息事项，则上述现金选择权价格将进行相应调整（不包括2014年度利润分配），但国盛集团作为现金选择权提供方受让城投控股股份相应的现金对价以10亿元为上限。

（五）具体分立方案

本次分立根据业务板块对城投控股截至分立起始日的相关资产、负债及人员进行划分，其中，与环境业务相关的资产、负债、人员及其他一切权利与义务等将划分至分立主体，与房地产业务、股权投资业务相关的资产、负债、人员及其他一切权利与义务等将保留于存续方；有关负债、人员等随资产及业务确定相应归属。

1.资产划分

环境集团的100%股权作为本次分立项下的资产由城投控股分出，城投控股其他所有资产继续归属于存续方。

2.负债划分

根据“负债随资产及业务划分”的原则，除环境集团自身所有负债由分立主体承担外，城投控股其他所有负债由存续方承担。存续方和分立主体对彼此债务互不承担连带责任，若相关债务或或有负债无法明确归属或承担主体，则由分立完成后的存续方和分立主体按照资产、业务和负债相配比的原则，进行友好协商并合理划分及承担相关债务；若在合理时间内依然无法达成一致意见的，则由分立完成后的存续方和上海环境按照各自截至2015年3月31日归属于母公司所有者权益的比例0.782637：0.217363（存在小数位保留）分别承担。

3.权益划分

本次分立完成后，存续方的股本与上海环境的股本之和等于本次分立实施前（本次合并完成后）城投控股的股本。扣除股本后，分立主体（母公司）的其余所有者权益计入资本公积。

本次分立如图8-2所示。

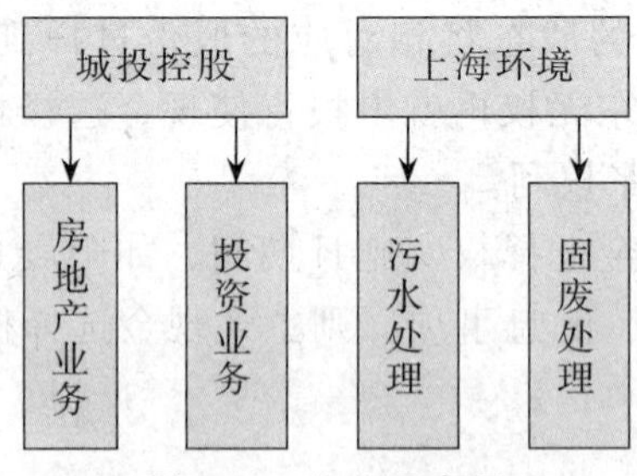

图8-2 分立示意图

四、讨论问题

1.结合案例并查阅相关资料，试分析本次吸收合并的合并动因。

2.此次合并中换股比例的确定应考虑哪些利益主体？分析此次合并的换股价格和换股比例是否合理？

3.简述现金选择权的作用，并分析本案例定价是否合理。

4.当前B股市场的融资功能丧失，B股公司融资渠道受限，本次合并方案在解决B股遗留问题上有哪些借鉴意义？

案例说明

一、教学目的

本案例以城投控股换股吸收合并阳晨B股这一收购案为例，使学生了解企业并购中吸收合并的相关理论。通过案例学习掌握吸收合并的概念、换股比例的确定方法、现金选择权概念等相关知识点。

二、理论基础

（一）企业并购的概念

企业并购的内涵非常广泛，一般是指兼并（Merger）和收购（Acquisition）。由于在实际运作中它们的联系远远超过区别，所以企业兼并和收购常作为同义词一起使用，简称为企业并购（M&A）。

兼并，又称吸收合并，通常是指一家企业以现金、证券或其他形式购买取得其他企业的产权，使被兼并企业丧失法人资格或改变法人实体，并取得对这些企业决策控制权的经济行为。兼并后只有兼并方企业继续保留法人地位。

收购是指企业用现金、债券或股票购买另一家企业的部分或全部资产或股权，以获得对该企业的全部资产或者某项资产的所有权，或获得该企业的控制权。被收购企业仍可以以法人实体存在，其产权可以是部分转让。

（二）吸收合并的概念

吸收合并是指合并公司在符合法律法规的范畴内，用合并的形式持有被合并方的所有资产（包括被合并方所持有的资产及负债等），合并后注销被合并方法人资格。这种合并形式用公式表示为：

A公司+B公司=A公司

吸收合并方式主要有现金吸收合并、股票吸收合并、混合吸收合并三种形式。

1.现金吸收合并

现金吸收合并是吸收公司以现金购买被吸收公司的全部资产，包括全部权利和义务（债权和债务），被吸收公司失去原有的全部资产，而仅拥有吸收公司支付的现金，被吸收公司解散，因债权和债务已全部转移，无须清算，被吸收公司股东依据其股权分配现金，被吸收公司消灭。

2.股票吸收合并

股票吸收合并是合并方企业大量发行该企业的股票，用新发行的股票代替被合并企业的股票，被合并方的股票退出交易市场的吸收合并形式。

3.混合吸收合并

混合吸收合并是吸收合并出价形式不仅只有现金或股票，也有认股权证、可转换债券等多样形式混合的吸收合并。

（三）换股比例的理论

企业合并中确定换股比例的方法主要有每股收益法、每股净资产法、每股市价法和L-G模型。

1.每股收益法

换股比例=每股收益之比

=被合并企业的每股收益÷合并企业的每股收益

每股收益可以对企业所获取的利益有所反映，但该指标也有一定的局限，比如无法准确判断换股比例所采用的每股收益是交易双方现存的每股收益，还是双方未来会产生的期望每股收益。因此，对于每股收益的判断分析来说，无论是现有每股收益还是未来期望每股收益，都会有一个共同问题，就是不能将未来会产生的交易协同效应完全考虑进去。并且，这个指标并不能说明企业的一般盈利水平，因为其中包括非经常重复项目所能带来的利润。

2.每股净资产法

换股比例=每股净资产之比

=被合并企业的每股净资产÷合并企业的每股净资产

此方法的优点为净资产是公司经营成果的账面价值，能够较为明晰而准确地反映公司的实际价值，可以当作一个分析公司资产及其投资性的有效指标，这和其他指标相比较而言，如市价或收益，不容易受到公司及其相关人员的控制。但是在该方法所体现的数据中，净资产与收益无必然关联性，这就意味着净资产的多少并不能反映公司的营利性，公司以后的资产盈利效率才是合并时更为重要的因素，而不是公司账面上不变的净资产；账面价值比较容易受到其他因素的影响，比如会计政策、会计行为等；另外，账面价值主要是基于历史成本，并不能反映货币购买力的变化情况。

3.每股市价法

换股比例=每股市价之比

=被合并企业的每股市价÷合并企业的每股市价

每股市价法操作起来比较简单，因为公司的股价是较为容易取得的数据，也比较容易被双方股东接受。每股市价法包括了当前的盈利能力、成长性和风险等诸多方面。通过每股市价法确定换股比例的时候，要特别注意在每股股价的基础上再考虑一些其他可能出现的因素，如除息、风险溢价等。因此，当用每股市价法确定换股比例时，必须确保证券市场是完全有效的，合并双方的股票在一个健康有效的竞争市场中交易活跃。

4. L-G模型

如果并购双方都是股份公司，在并购活动中，只有并购后并购双方原有股东所持有的股票市值大于并购前所持有的股票市值时，并购活动才能被双方股东所接受。假设A公司并购B公司，则并购后公司的股票价格可用以下公式表示：

$$P_{AB} = \frac{E_A + E_B + \Delta E}{S_A + R \times S_B} \times PE$$

式中：P_{AB}表示并购后公司的股票价格；E_A表示并购前A公司的净利润；E_B表示并购前B公司的净利润；S_A表示并购前A公司的普通股股数；S_B表示并购前B公司的普通股股数；ΔE表示并购产生协同效应带来的利润增加额；R表示换股比例；PE表示并购后公司

的股票市盈率。

对A公司的股东来说，只有当并购后的股价P_{AB}大于或等于并购前的股价P_A，即$P_{AB} \geqslant P_A$时，股东才能接受并购。计算公式表示为：

$$\frac{E_A + E_B + \Delta E}{S_A + R \times S_B} \times PE \geqslant P_A$$

计算得出的A公司并购B公司的最高换股比例为：

$$R = \frac{(E_A + E_B + \Delta E) \times PE - P_A \times S_A}{P_A \times S_B}$$

此时，A公司并购前后股价相等，即$P_{AB}=P_A$，这是A公司的股东所能接受的最高换股比例。

对目标公司B的股东来说，只有当并购后的股价与换股比例的乘积大于或等于并购前目标公司股价P_B，即$P_{AB} \times R \geqslant P_B$，股东才能接受并购。计算公式表示为：

$$\frac{E_A + E_B + \Delta E}{S_A + R \times S_B} \times PE \times R \geqslant P_B$$

计算得出的A公司并购B公司的最低换股比例为：

$$R = \frac{P_B \times S_A}{(E_A + E_B + \Delta E) \times PE - P_B \times S_B}$$

此时，$P_{AB} \times R=P_B$，这是B公司的股东所能接受的最低换股比例。从理论上讲，采用换股并购时，换股比例应当在最低比例与最高比例之间。

（四）现金选择权理论

现金选择权是指想要上市的公司在实行资产重组、合并、分立等活动时，有关股东将所持有的公司股份售卖给第三方的权利。用期权的理论来阐述，现金选择权等同于收购方或第三方向股东提供了以该上市公司股份为标的物的认沽期权。

现金选择权是用以维护中小股东权利的有效措施，从另一方面来讲它也能够为投资者带来因企业重组合并而产生的市场价值投资机会。现金选择权是相关股东按照事先约定的价格在规定期限内将其所持有的上市公司股份出售给第三方的权利，因此，现金选择权在功能上是为在重大资产重组、吸收合并、分立等事项中持异议的股东提供一个出售股份取得现金，退出公司的机会。

（五）分立上市的概念及意义

1.公司分立的定义及形式

分立是指按照有关法律和法规的规定，将某公司分成多个法人的行为。公司分立指母公司将其在子公司中所拥有的股份配比给上级公司股东，从而使新成立的公司与母公司的股权成分相同，在法律、组织上把子公司从母公司中独立开来。

公司分立的标准为原有公司的法人资格是否存在，按照这种标准可将分立的模式大致分为新设分立、派生分立两种。新设分立，又称为解散分立，是指将公司所有财产切割，将原有的公司解散，并将该公司资产分开划给几家新公司。派生分立，也称为存续分立，是指公司将部分业务或者财产依据法律分离出去，然后成立两个或两个以上新的公司的行为。

2.公司分立的意义

上市公司分立可以促进生产力的发展，对上市公司多元化业务间的不良协同效应有改良作用，有利于处理历史遗留问题，也能够使公司得到整体上的整顿。上市公司分立的时候，必须要具有《中华人民共和国证券法》所规定的上市条件，且要保护好广大投资人的合法权益，通过公司分立也可以给企业带来良好的发展机会。分立后，新旧企业之间就不存在关联交易等问题，这可以很明晰地对公司的资产、债务等进行拆划，新成立的公司也可在机构、资产等方面保持独立。另外，公司分立也不会损害债权人的合法权益。

从本质而言，分立可以说是上市公司的一种回缩策略，尤其是对大型多元化上市公司来说，是一种为改变公司经营策略、淘汰不良资产、减少经营风险和处置收购中的不良资产等而开展的经营活动。

三、案例分析要点

问题1：结合案例并查阅相关资料，试分析本次吸收合并的合并动因。

1.宏观动因

（1）中央及地方政府推动企业依托资本市场推进改革与发展

上海市人民政府近年为落实国务院的《关于进一步促进资本市场健康发展的若干意见》（国发〔2014〕17号）文件精神，出台了《关于进一步深化上海国资改革促进企业发展的意见》《关于本市进一步促进资本市场健康发展的实施意见》等文件，推动了企业尤其是国有企业从资本运用的角度进行改革和发展，以充分利用资本市场的配置效应，推动国有控股上市公司的市场化重组进程。

（2）中央及地方政府加强贯彻B股改革

国务院出台的“新国九条”中，提出要“稳步探索B股市场改革”，虽然政府并没有实际的政策引导，但从这个角度能说明B股改革迫在眉睫且非常重要。随着与B股改革相关政策的落地，B股的遗留问题也能得到解决。在政府下发的《关于2015年深化经济体制改革重点工作的意见》中，也重点讲到了要求相关部门和企业积极探索资本市场转板机制，这也能在政策上推动B股上市的公司顺利实现转板。

近年来，已有多家B股上市公司摸索出了在现有法律框架内实施退市的办法，并成功实现退市。如果本重组案例可实施成功，除了可以顺利解决潜在的同业竞争的问题外，也能够实现对B股流通股股东权益的充分保护。

2.微观动因

（1）整合资源实现协同效应

环境集团是城投控股下属的子公司，主要业务包括生活垃圾的中转运输、卫生填埋和焚烧、发电等，这与阳晨B股的城市污水处理业务都是环保行业。虽然两家公司的这些业务是彼此独立运行和经营的，相互关联性相对较小，但是由于它们的控股股东都是上海城投，所以对双方公司制定运营决策和战略目标都有一定程度的制约。并且，由于近年来国家对房地产行业的调控，而城投控股主要经营房地产开发投资业务，使得城投控股融资出现困难，也对环境集团的发展造成了很大的影响。通过本次吸收合并，城投控股既可以解决同业竞争问题，也可以实现城投控股旗下环境业务的整合。

（2）解决B股遗留问题

阳晨B股未能发行A股，仅发行B股。而在我国，B股市场实际上已经不能实现正常的融资，这使得B股股票交易难以实现公司实际价值。对本案例中的阳晨B股而言，其业务经营与发展出现障碍，影响到其股东特别是中小股东的具体权益。面对B股市场的现状，阳晨B股也急需解决本公司的B股遗留问题。目前B股转A股的主要方法有整体上市和分立上市两种。在本案例中，阳晨B股采用的是分立上市的方法。通过这种形式，双方很好地解决了阳晨B股公司的遗留问题，另外也通过这种方式有力地保护了B股股东的合法权益，实现B股股票的价值回归。

知识链接——是时候解决B股问题了

（3）加强战略布局有利于长远发展并提升协同效应

本案例中以合并及分立作为杠杆，推动了城投控股的环境板块（含吸收合并阳晨B股先前经营业务）独立上市。同时，存续方形成了以城市基础设施投资为主业的综合性投资集团，这样的做法有利于存续方和合并方发挥资本市场的调配功能，实现各自的业务价值，也兼顾了A股和B股中小股东的利益。

问题2：此次合并中换股比例的确定应考虑哪些利益主体？分析此次合并的换股价格和换股比例是否合理？

此次重组一方面涉及阳晨B股公众股东利益，另一方面涉及国有资产及城投控股A股公众股东的利益，在确定换股价格和换股比例时应在三者之间找到平衡。

1.换股价格的确定

这里对通过换股价格和历史交易价格进行比较。城投控股换股价格为15.50元/股，较停牌前一个交易日收盘价的溢价率达114.38%，较停牌前30个交易日交易均价的溢价率达117.79%；阳晨B股换股价格为2.522美元/股，较停牌前一个交易日收盘价的溢价率达118.94%，较停牌前30个交易日交易均价的溢价率达117.11%。双方换股价格较停牌前交易价格均存在溢价，且换股价格溢价率基本一致，体现了本次交易的市场化程度并兼顾了A、B股股东利益。

2.换股比例的确定

（1）国有资产是否流失

国有资产是否流失主要表现在城投控股持股比例的变化上。对比分析吸收合并前后公司股权结构，本次交易前，城投控股的总股本为2 987 523 518股，阳晨B股的总股本为244 596 000股，城投控股因本次合并将发行A股股票244 596 000股吸收合并阳晨B股。本次合并完成后，存续的城投控股的总股本将增至3 232 119 518股，股权结构见表8-1①。

表8-1 吸收合并后股权结构对比分析表

股 东	城投控股		阳晨B股		合并后存续的城投控股	
	持股数量（股）	持股比例（%）	持股数量（股）	持股比例（%）	持股数量（股）	持股比例（%）
上海城投	1 362 745 675	45.61	138 996 000	56.83	1 501 741 675	46.46
A股公众股东	1 624 777 843	54.39	—	—	1 624 777 843	50.27
B股公众股东	—	—	105 600 000	43.17	105 600 000	3.27
合 计	2 987 523 518	100.00	244 596 000	100.00	3 232 119 518	100.00

① 资料来源：城投控股公司公告.

本次换股吸收合并前，城投控股由上海城投持股45.61%，换股吸收合并完成后，上海城投持股上升为46.46%，持股比例略微上升，同时此次合并换股比例为1∶1，换股价格相等，因此并没有造成国有资产流失。

（2）股东利益是否受损

从换股双方股东利益的角度出发，换股比例应该位于L-G模型所计算出的双方可接受比例范围之内。本案例通过每股市价法最终确定的换股比例为1∶1。

根据材料中提供的数据，2015年6月19日前的20个交易日，城投控股股票平均交易价格为7.16元/股，阳晨B股股票平均交易价格为1.16美元/股，根据2014年10月31日中国人民银行公布的人民币对美元汇率中间价6.1461，折合人民币7.13元/股；并购业务发生前，城投控股普通股股数为298 752.35万股，阳晨B股普通股股数为24 500万股；查阅城投控股和阳晨B股2014年报，城投控股净利润199 130万元，阳晨B股净利润约为9 997万元，由于并购后的协同效应无法用货币体现，不考虑ΔE给持股比例带来的影响。

通过L-G模型计算合理换股比例区间时，我们可以发现其中的唯一变量为合并后企业预期市盈率。

2015年6月19日前的20个交易日，城投控股市盈率=$7.16 \div \frac{199\ 130}{298\ 752.35}$=10.74，阳晨B股市盈率=$7.13 \div \frac{9\ 997}{24\ 500}$=17.47。我们假设合并后企业预期市盈率为20。

根据L-G模型，城投控股股东所能接受的最高换股比例为：

$$R = \frac{(199\ 130 + 9\ 997) \times 20 - 7.16 \times 298\ 752.35}{7.16 \times 24\ 500} = 11.65$$

阳晨B股股东所能接受的最低换股比例为：

$$R = \frac{7.13 \times 298\ 752.35}{(199\ 130 + 9\ 997) \times 20 - 7.13 \times 24\ 500} = 0.53$$

因此，合理的换股比例应该在0.53至11.65之间，从这个角度来看，双方的合法权益都能够得到保护。实际确定的换股比例是1∶1，从这个试算结果中可以看到，换股比例是向主并购方城投控股倾斜的，一定程度上抬高了城投控股的股价。虽然看上去利益更倾向于A股，但是A股市价明显高于B股市价，换股以后B股投资者将具有很大的套利空间，实则比A股收益更大。因此，采用每股市价法确定换股比例较为合理。

问题3：简述现金选择权的作用，并分析本案例定价是否合理。

1.现金选择权的作用

现金选择权的主要作用有保护异议股东、加快上市公司的并购等。

（1）保护异议股东

设置现金选择权，从法律层面而言，假设股东大会能够通过这一决定，且监管单位对公司的这一行为发出无异议确认函，公司的重组合并等就能够正常进行。但从一般角度来看，其实在并购或者被并购的公司内部，都可能有一些不同意并购或对并购有意见的股东。这部分有不同意见的股东就是我们所说的异议股东。在我国的《上市公司收购管理办法》中，参与并购的各方企业对公司内存有不同意见的股东的合法权益应当进行保护，如果在最后投票时他们投出反对票，公司在合并时也要正确对待他们，用其他方式实现对这些股东的补偿。以现金进行补偿的方式是一种各方都乐意接受的补偿行为，所以并购公司本身或在市场上寻找的其他独立的第三方公司，对持不同意见的股东所持股权依照事先商定的价格进行购买，从而对异议股东的权益形成保护。

（2）加快上市公司的并购

在设置现金选择权这一环节后，会较为顺利地推动上市公司的资产重组合并的进程。而在以前的并购过程中，大多由于异议股东没有较为理想的退出方式，一旦这部分股东对重组并购提出反对意见，就会直接导致上市公司难以或者无法推进下一步的重组计划，加大公司的重组难度，增加重组成本。因此，主导方为了减轻异议股东对重组合并工作的反对倾向，都会提供一些非常具有吸引力的现金选择权价格，通常在这种情况下，对合并有着不同意见的股东来说，用股票换取现金选择权，也不失为一种很好的方案。上市公司通过这种办法消除了在合并重组进程中的异议，从而使重组进程得以继续。

2.现金选择权定价合理性

通常现金选择权的定价要考虑合并双方的历史交易价格以及相关可比案例的定价，为了简化分析，本案例仅考虑合并双方历史交易价格。

城投控股两次现金选择权价格与历史价格比较见表8-2[①]。

表8-2 城投控股两次现金选择权价格与历史价格比较

时 间	交易价格（元/股）	现金选择权价格溢价率（%）
停牌前1日收盘价	7.23	38.31
停牌前5日交易均价	7.10	40.93
停牌前10日交易均价	7.08	41.16
停牌前20日交易均价	7.16	39.64
停牌前30日交易均价	7.12	40.51
停牌前60日交易均价	7.02	42.49
停牌前120日交易价	6.87	45.51

阳晨B股现金选择权价格与历史价格比较见表8-3[②]。

表8-3 阳晨B股现金选择权价格与历史价格比较

时 间	交易价格（美元/股）	现金选择权价格溢价率（%）
停牌前1日收盘价	1.152	41.23
停牌前5日交易均价	1.152	41.24
停牌前10日交易均价	1.152	41.21
停牌前20日交易均价	1.160	40.25
停牌前30日交易均价	1.162	40.06
停牌前60日交易均价	1.141	42.66
停牌前120日交易价	1.115	45.86

① 资料来源：和讯网.
② 资料来源：和讯网.

从表8-2和表8-3可以看出，合并方城投控股和被合并方阳晨B股的现金选择权出现了较大的溢价（符合市场操作惯例），这说明通过现金选择权能够对双方股东起到充分的保护作用。

问题4：当前B股市场的融资功能丧失，B股公司融资渠道受限，本次合并方案在解决B股遗留问题上有哪些借鉴意义？

城投控股吸收合并阳晨B股的方案在解决B股遗留问题上探索出了一条符合中国资本市场发展需求的、具有操作意义的新路径，因此被称为是“重大无先例”的重组特案，创造了资本市场“A+B”转“A+A”模式的第一单。

1.A股换股吸收合并B股是解决B股遗留问题的有效措施

B股曾经是中国资本市场的一大创举，然而随着资本市场的不断发展，B股存在的弊端也越显严重，尤其在融资方面会对企业的发展造成严重制约。单从阳晨B股的发展经历来说，2014年12月，其就因资金问题，放弃对竹园（第一、二）污水处理厂提标改造工程中新建与竹园二厂改造部分行使优先选择权。新建与竹园二厂改造部分需投资19.9亿元，彼时，阳晨B股资产总额不足19亿元，归属于上市公司股东的净资产仅约6亿元，货币资金余额仅约2亿元，无法满足项目的建设要求，如果通过单一的债务融资将进一步提高资产负债率，增加财务成本。

这种情况不只存在于阳晨B股中，其他B股上市公司也存在这种情况。对在B股市场上市的企业来说，可通过下列几种办法来解决和协调B股的遗留问题：注销B股，B股转换A股，B股转换H股。通过对本案例的分析可知，用A股换股吸收合并B股的方式能够较好地处理B股的问题，可以促进企业的长期发展。同一控制下的A股和B股上市公司面对这种情况，选择A股换股吸收合并B股将是B股上市公司转板的有效措施，所以这类公司可以借鉴和效仿这种方式来解决B股长期遗留的问题。

现在，国家加强推动上市公司实施开放性市场化重组，同时还推出了相关的政策性文件，这些都将成为A股换股吸收合并B股强有力的助推器，目的是帮助广大B股企业摆脱尴尬的处境，促进B股公司进一步优化。

2.实现企业B转A的同时，实现企业内部资源整合

该方案的成功之处在于其史无前例地实行了换股吸收合并再分立上市的方式。这样做的好处不仅是解决了阳晨B股的B股问题，完成了企业B股市场的转板，为企业未来在资本市场又好又快地发展铺平了道路，而且有利于城投控股旗下两家上市公司的内部资源整合，主要体现在以下两方面：

第一，整合环境业务。城投控股的发展战略为市场化、专业化和集团化。城投控股旗下的环境集团与阳晨B股的环境业务造成了同业竞争问题。此前城投控股已整合水务资产、路桥资产等，环境业务的整合也是肯定要进行的。所以，通过本次吸收合并后分立上市的方案，最终达到城投控股旗下环境集团和阳晨B股的环境业务整合后单独上市的目的。

第二，梳理主业。城投控股主业包括3大板块，分别为地产、投资与环境。这对上市公司而言，其主要业务明显还不够明确。通过本次换股吸收合并后分立上市将把环境业务分离单独上市，城投控股的地产、投资业务将成为未来发展的主业。这种方案可以帮企业同时处理多个难题，可谓“一石二鸟”，值得推广。

3.合理的现金选择权是保护中小股东利益的有力措施

我国许多上市公司的大股东常常成为公司的代言人，形成了"一股独大"的股权结构。公司的重要行为通常只是对控股股东的权益负责，而忽视了众多中小股东的合法利益。中小股东作为公司权力层级里的弱势方，在公司运营过程中极易受到大股东的利益侵害和限制。在普遍的并购案例中，特别是吸收合并案例中，当大股东做出违背中小股东利益的决策时，现金选择权就将成为保护中小股东利益的有力手段。没有现金选择权不仅损害中小股东的利益，而且将会给企业的吸收合并过程带来巨大的阻力，可能会延长重组时间，影响企业发展。

综观本次城投控股吸收合并阳晨B股，现金选择权的设计在重组方案的有效实施中处于关键性地位，尤其是别出心裁地为双方企业均提供了现金选择权且在分立后设置第二次现金选择权，使第三方公司在合并过程中形成有效的风险回避，使合并时间充足并得以顺利进行。这次吸收合并方案也对合并各方的利益进行了充足的考虑，开辟了我国资本市场的先例，为同类换股吸收合并提供了一条可行之路。

四、课堂计划建议

本案例可以作为专门的案例讨论课来进行。以下是按照时间进度提供的课堂计划建议，仅供参考：

整个案例课的课堂时间控制在90分钟。

（一）课前计划

提出启发思考问题，请学生在课前完成阅读和初步思考。要求学生至少读一遍案例全文，事先详细了解城投控股、阳晨B股、上海环境三家公司的背景，了解B股市场发展变迁情况以及当时的宏观环境状况。建议学生在课前做好以下准备：

1.掌握企业并购及吸收合并的概念；

2.了解换股合并换股的相关理论；

3.查找并了解城投控股相关资料，分组讨论，提前告知发言要求，要求每小组将讨论意见做成讨论报告（PPT形式）。

（二）课中计划

1.简要的课堂前言，明确主题。（5分钟）

2.小组发言。（每组10分钟）

3.引导全班进一步讨论：从财务分析的角度来看，城投控股在换股吸收阳晨B股后，企业的经营状况是否得到了改善？这样的转板方式是否值得推广。（25分钟）

（三）课后计划

如有必要，请学生采用报告形式给出更加具体的解决案例分析报告，包括具体的职责分工，为后续章节内容做好铺垫。

五、参考文献和网址

［1］和讯网，http：//stockdata.stock.hexun.com/2009_ggqw_600649.shtml.

［2］李金栋．基于L-G模型的换股合并中换股比例问题探析［J］．财会通讯，2017（32）：72-75.

[3] 陈琨. 城投控股吸收合并阳晨B股案例研究 [D]. 沈阳：沈阳工业大学，2017.

[4] 姚铮，程越楷，王笑雨. 现金选择权制度作用机理研究——以攀钢钢钒为例 [J]. 管理案例研究与评论，2013，6（2）：103-119.

[5] 林亦活. 企业换股并购中换股比例的确定及优化 [J]. 金融经济，2006（24）：110-111.

案例十六

中国家电史上最大并购：海尔并购通用家电

摘　要

随着经济发展，企业规模不断扩大，各行各业的竞争日益加剧，而企业要想在市场上站稳脚跟就必须不断壮大自己的实力，企业并购是企业壮大实力、增强企业竞争力的手段之一。青岛海尔并购美国通用家电是目前中国家电行业最大的一笔海外并购。本案例描述了青岛海尔并购通用家电的并购过程、并购方案、并购动机、并购风险及并购后的整合措施。因此，本案例的研究和解读对我国上市公司跨国并购和提升全球竞争力具有借鉴意义。同时，学生从上述角度进行研究分析，可以进一步加深对企业并购的理解。

关键词

海外并购；并购动机；并购风险；并购整合

知识点

1. 换股合并；
2. 境外并购；
3. 并购动因；
4. 并购风险。

案例正文

一、引言

青岛海尔依靠“吃休克鱼”理论并购实现快速扩张的案例曾经被业内人士津津乐道。从1988年起，海尔兼并的大企业多达18家，购买的资产超过100亿元，并购带来的市场份额超过400亿元，使之一跃成为中国家电市场的领军企业。

20世纪90年代末，海尔集团进入“国际化战略发展阶段”，开始全力进军海外市场。目前，海尔的海外扩张路径早已在跨国并购中成为“双赢”的样板：2011年，海尔以约100亿日元的价格收购了日本三洋在日本和东南亚地区的洗衣机、冰箱等电器业务，并于2014年首次实现盈利；2012年，海尔又以7亿美元的价格，拿下新西兰家电企业斐雪派克，后在决策权、用人权、分配权“三权让渡”的治理机制下，使其品牌价值提升20%，市场份额增长近50%，树立了中国–新西兰企业合作的新典范；2016年1月，青岛海尔以55.8亿美元收购通用家电，海尔集团董事局主席、首席执行官张瑞敏表示：“海尔和通用家电的企业文化中都具备与时俱进的基因，相信双方的强强联合定能取得1加1大于2的成果。”

知识链接——“吃休克鱼”理论

二、公司简介

（一）并购方——海尔集团

海尔集团前身为青岛电冰箱总厂，创立于1984年。集团最初仅涉及电冰箱的生产和销售业务，经过多年的发展逐渐成为一家综合性大型企业，业务涵盖家电、数码、金融、物流和房地产开发等领域。作为国内较早开展国际化战略的企业之一，海尔旗下的产品远销海外100多个国家和地区，占据了中国自主品牌家电出口总量的89%。目前，海尔集团已是全球大型家电第一品牌，2018年1月1日，世界权威市场调查机构欧睿国际发布的2017年全球大型家用电器调查数据报告显示：中国海尔以10.5%的品牌份额位列榜首，这也是海尔第9次蝉联全球第一。2017年，海尔集团实现全球营业额2 419亿元，同比增长20%，全球经营利润同比增长41%，海外市场收入占全球总营业额的40%以上。

海尔集团旗下有两家上市公司，一家为A股上市的青岛海尔股份有限公司（简称“青岛海尔”），另一家为港股上市的海尔电器集团有限公司（简称“海尔电器”）。二者的主要区别在于业务范围，青岛海尔主要经营冰箱、空调、冰柜等家电业务，海尔电器主要经营洗衣机、热水器等业务，如图8-3所示，青岛海尔系海尔电器的控股股东。此次参与并购的公司为青岛海尔。

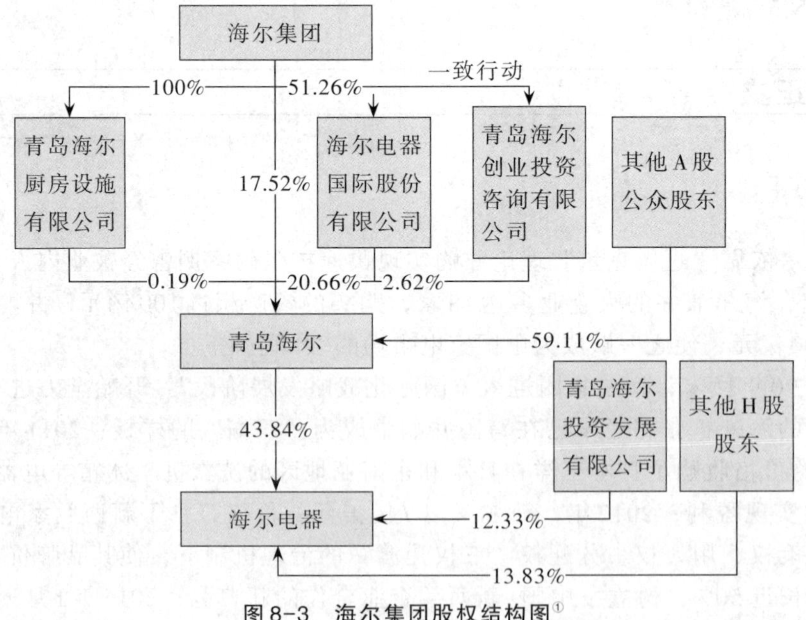

图8-3 海尔集团股权结构图[①]

① 青岛海尔投资发展有限公司股东有海尔集团、青岛海创客管理咨询企业、梁海山、张瑞敏、周云杰等。

知识链接——海尔集团的海外并购实践

（二）被并购方——美国通用电气

美国通用电气的历史最早可追溯到爱迪生1878年创立的爱迪生电灯公司，1892年爱迪生电灯公司和汤姆森-休斯顿电气公司合并，成立了通用电气公司（GE）。通用电气是世界上最大的提供技术和服务业务的跨国公司，业务范围涵盖能源、运输工业、电子工业、航空航天、医疗与金融等众多领域。通用家电是通用电气旗下业务部门之一，从事家电产品的设计和研发，现已成为美国家喻户晓的家电品牌，2015年，通用家电占据了美国20%的市场份额，仅次于惠而浦，如图8-4所示。

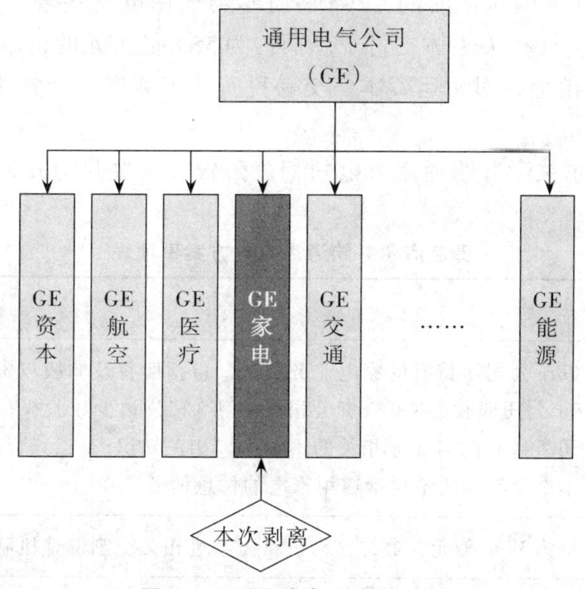

图8-4 通用电气业务构成图

三、案例概况

（一）并购背景

通用电气第一次出售家电业务是在2008年，当时海尔就有意接盘，后由于金融危机的影响，这次交易最终搁浅。2014年，通用电气再次出售家电业务，经过多方角逐，最终伊莱克斯以33亿美元的报价达成交易。但是本次交易遭到美国司法部的驳回，认为伊莱克斯收购通用家电将带来家电价格上升的风险。本次交易驳回前，通用电气已经经历了长达一年的交割前整合，为后续海尔的顺利收购打下基础。

（二）并购过程

2016年1月14日，青岛海尔与通用电气签署了《股权与资产购买协议》《员工事务协议》《税务事项协议》等相关协议，协议约定青岛海尔拟通过现金方式购买通用电气家电业务相关资产，交易金额为54亿美元。

2016年3月12日，青岛海尔发布公告称，公司于3月3日收到美国联邦贸易委员会竞争局并购前申报办公室出具的函件。根据该函，公司本次重大资产购买的相关事项已通过美国反垄断审查。

2016年3月14日，青岛海尔董事会审议通过《重大资产购买报告书（草案）》等相关文件，并通知于2016年3月31日召开第二次临时股东大会，就并购通用家电相关事项进行表决。

2016年3月31日，青岛海尔召开第二次临时股东大会，会上审议并通过了此次收购通用家电相关的12项议案，通过率均高达99%。

2016年5月24日，青岛海尔发布公告，称公司已于2016年5月21日收到墨西哥联邦经济竞争委员会作出的决议。根据决议，公司本次重大资产购买的相关事项已通过墨西哥反垄断审查。

2016年6月6日（美国东部时间），青岛海尔与通用电气签署了家电并购业务的相关交割文件，并向通用电气相关主体支付了总额约为55.8亿美元的价款。该价款主要是在交易对价54亿美元的基础上，对营运资本、交易税费等事项进行调整所得。

（三）并购方案

通过整理青岛海尔关于并购通用家电的相关公告，本次并购方案的具体事项及内容见表8-4。

表8-4　　青岛海尔并购通用家电方案事项表

交易对方	通用电气
交易标的	通用电气及其子公司所持有的家电业务资产，包括股权及非股权资产。其中，股权资产包括10家全资子公司股权、3家合资公司股权和3家公司少数股权；非股权资产包括通用电气及其子公司所持有的与业务相关的不动产、相关知识产权、软件与技术、相关政府许可及授权等。本次交易标的不包括通用家电的付息债务
交易价格	基础交易价格为54亿美元，最终交易价格需经过相关交割调整机制确定
终止费用	若本次交易未通过所涉及的、必须在交割前申报或完成的反垄断审批，则青岛海尔需向交易对方支付2亿美元终止费用。若本次交易未完成所需的中国监管机构备案，或未获得青岛海尔股东大会批准，则终止费用金额为4亿美元
商标许可协议	青岛海尔与通用电气将于交割时或交割前签订《商标许可协议》，授权青岛海尔使用《商标许可协议》项下的特定的GE商标。初始使用期限为20年，期满后青岛海尔可进行续展，每个为期10年。第二个续展期限届满或之后的任何续展期限结束时，通用电气可以选择不再进行续展。商标使用期及续展期，青岛海尔需支付许可费

本次交易的基础价格54亿美元为标的资产通用家电的企业估值，估值方法采用可比公司法和可比交易法。最终成交价格55.8亿美元，扣除部分特定预期收益，相当于通用家电2015年预期息税折旧摊销前利润的8.2倍。购买资产需支付的对价为现金，不涉及发行股份，不会对青岛海尔的股权结构产生影响。另外，根据青岛海尔与国家开发银行于2016年1月签署的《承诺函》，国家开发银行为青岛海尔提供33亿美元的并购贷款，贷款期限为5年。

（四）并购后的整合

中国企业“走出去”进程的初期，企业通常采取“蛇吞象”的并购模式，诸如联想收购IBM和TCL收购汤姆逊彩电、阿尔卡手机，这类并购对双方文化差异重视不足，往往急于将自身的管理模式、企业文化强加给被并购企业，使之变为自身的一部分。尽管也能实现技术、品牌的升级，但是后续的人才流失和并购负担会对企业经营产生较大的影响。相比之下，海尔的整合策略则是以包容为主的“轻度整合”，对被并购企业进行融合，而不是统治，主要包括以下几点：

1.董事会治理

本次并购后，通用家电董事会将由并购双方高管团队及两位独立董事组成，双方互相配合，共同指导公司经营和战略的制定。同时，董事会将下设战略、薪酬、审计、道德及合规四大委员会对相关工作进行专业性统筹。此外，为了保障董事会各项制度的顺利执行，青岛海尔还将建立采购、研发、供应链三大协同委员会，促进海尔全球业务的协同配合。

2.经营管理独立

本次并购后，通用家电继续保持独立品牌运营，并通过建立品牌委员会对其品牌价值进行保护。同时，海尔将充分尊重并信任通用家电现有的管理团队，在保证组织架构和薪资标准不变的前提下，使通用家电在现有管理团队的领导下开展日常工作，保持独立运营。

3.重视文化融合

对通用家电进行“轻度整合”的最终目的是充分发挥每位员工的最大价值，而不是使之成为企业命令的执行者。在此次并购通用家电后，海尔将尊重美式个人英雄主义的精神，为员工提供全球范围内的职业发展平台，在支持他们自我创新的同时给予试错机会，尽最大力度留住人才。同时，青岛海尔与通用家电将通过员工内部沟通和文化研讨会的形式促进不同国籍、不同地区员工间的文化交流，实现文化融合。

4.促进通用家电转型发展

本次并购后，青岛海尔一方面将在双方达成共识的基础上，向通用家电输出“人单合一”的管理模式。所谓“人”就是指员工，“单”是指用户需求，通过将员工与用户需求直接连接，以“用户给员工发薪水”的管理模式来提高通用家电的经营效率。这一理念也得到了通用家电管理层的认同。另一方面，青岛海尔将向通用家电输出“互联网+”的发展模式，依托通用家电庞大的用户基础创造更大价值，驱动通用家电转型至“与用户融合共创”的企业平台，实现互联网时代的品牌溢价。

（五）并购后的业绩表现

2016年8月31日，青岛海尔公布上半年年报，自6月份收购通用家电以来，青岛海尔在营业收入和净利润上均出现良好改观：上半年实现营业收入487.87亿元，同比增长3.11%，归属于上市公司股东的扣除非经常性损益的净利润27.65亿元，增长10.19%；其中通用电气家电公司实现收入31.09亿美元，同比增长3.63%。根据青岛海尔披露的信息，青岛海尔计划通过后续的整合工作，在未来五年内实现100亿元的协同收入，同时还计划在三年内产生超过10亿元的成本节约。

四、讨论问题

1.我国上市公司境外并购需要注意哪些问题?

2.结合案例分析，促成本次并购交易的动机有哪些?

3.结合案例分析，青岛海尔并购通用家电将面临什么样的风险?

4.查阅相关资料，从海尔的并购历程中我们能得到什么启示?

案例说明

一、教学目的

本案例的教学目的是使学生掌握企业并购的相关理论。通过案例学习了解企业并购动机、并购风险以及企业并购后的整合。

二、案例讨论的准备工作

(一) 理论背景

1.并购相关理论

(1) 效率理论

效率理论认为企业之间的并购是良性的，主要分析企业在并购完成后如何提高绩效。并购有助于提升双方的价值，提高社会效率。效率理论可进一步分为效率差异化理论（管理协同效应理论)、经营协同效应理论以及财务协同效应理论。

效率差异化理论认为管理层的效率不同是公司存在差异的一个重要原因，企业通过并购可减少管理效率的差异。当两个企业之间并购时，合并后的价值要大于合并前两个企业的价值之和，即1+1>2效应。换言之，如果企业合并后的价值超过合并前两个企业价值的和，社会效率也会随之隐性地提高。

经营协同效应理论主要研究企业并购完成后在资金、业务范围、人力资本等方面效率的提升，表现在范围经济性和规模经济性两个方面。范围经济性是指通过增加企业的经营路径以实现多元化，获得比单一经营更多的收益。规模经济性是指两个企业将资产和业务资源合并后，企业的生产经营成本会显著降低，当单位产品成本最低时，就达到了最佳经济规模。

财务协同效应理论是指企业通过并购获取包括税收、会计核算等方面的效益。该理论认为，企业通过并购会提高举债能力，同时也有效分散了风险，另外，在融资成本没有显著增加的情况下，企业有效扩大了规模。这种理论经常用于企业不能同时拥有资金和投资渠道的情况，并购使资金从较低收益项目流向较高收益项目，通过资金的内部流动优化资本的配置，有助于双方效益的提高。

(2) 市场势力理论

市场势力理论认为，提高市场份额和竞争力是企业并购的主要目的。提高市场竞争力的并购活动主要有：第一，在国际市场竞争中，国外经济势力对国内资本市场的冲击较为严重，此时国内许多公司相互联合起来，提高公司自身的实力以防御冲击；第二，在市场的需求下降、生产力过剩的情况下，公司相互联合起来在市场中占据有利地位，推进产业的发展；第三，法律法规严格规定公司之间不得相互串通以谋取非法利益，并购却是一种合法的可以提高市场份额的方式。

市场势力理论最大的特点就是认为企业的市场份额会随着规模的扩大而提高，其主要有两种观点：第一，企业在扩大市场份额时，可能会对所在行业形成垄断，从而给企业带来较多的获利机会。第二，市场竞争的激烈程度会影响产业的集中度；而集中度越高，竞争也会越激烈，因为集中度一旦提高，市场对企业的产品、服务的要求也会随之提高，这在一定程度上增加了管理层的决策难度。

（3）代理理论与管理者主义理论

代理理论认为是企业所有权与经营权的分离导致了代理问题，主要因为双方掌握的信息不对称，包括道德风险、所有人掌握的信息不足、利益目标不一致等，由此产生代理成本。代理成本可进一步细分为监督成本、剩余损失和守约成本。监督成本，即股东为了监督代理人对企业的经营管理而发生的费用；剩余损失，即企业所有人和代理人分别为了追求自身利益最大化造成的其他损失；守约成本，即代理人为了应对股东的监督所需支付的费用。

管理者主义理论认为，企业所有权和经营权的分离可能会导致股东和管理者的利益目标不同，容易使企业在扩大规模时产生不同的意见。而管理者的薪酬一般都跟企业规模挂钩，管理层会尽可能地扩大经营规模以获取更多的薪酬。多数企业通过并购、资产重组等方式扩大规模，而管理层为了获得更多的报酬，可能会接受投资收益率较低的项目，却不考虑并购是否会带来增值效应，这就很可能损害股东的利益。因此，由管理层作出的并购决策并不一定会使股东财富最大化。

（4）低成本、低风险扩张理论

企业扩张一般有两种方式：一是通过自身投资；二是通过并购同类或非同类企业（多元化经营模式下）。一般来说，被并购企业在各自领域发展相对成熟，通过并购进行扩张往往效率更高且成本和风险更低。主要原因如下：首先，并购企业可以利用被并购企业的生产设备、销售网络和生产管理经验，拥有成本上的竞争优势；其次，如果拟进入的行业存在壁垒，通过并购可以有效减少进入新行业的障碍；最后，相比于企业自身投资，并购可以有效降低企业发展的风险和成本。

（5）信息与信号理论

信息与信号理论认为，无论收购是否成功，并购企业的股票价值在要约收购中总要被永久性地提高。这一理论可以分解为信息理论和信号理论。其中，信息理论分为两种形式：一是认为并购活动会散布目标企业股票被低估的信息并敦促市场重新估价；二是认为要约会将信息传递给目标企业管理者，起到激励鞭策的作用。信号理论则认为特别的行动会传达其他形式的重要信息，信号的发布可以以多种方式包含在并购活动中。

2.并购对价的支付方式

在实际操作中，并购对价的支付形式有很多，诸如现金支付、股票支付、杠杆收购和卖方融资等，但是就支付对象的种类来说，可以划分为现金支付和股票支付。

（1）现金支付方式

以现金支付并购对价是一种简捷、迅速的并购行为，它由并购方支付一定数量的现金来获取被并购方的所有权。现金流动性较强，因而受到那些现金拮据的目标公司的欢迎。但是如果标的资产的价格过高，现金支付往往给企业带来较大的现金压力。同时，依据国外相关税法，如果目标公司接受现金价款，必须缴纳所得税，因而在实务中这类交易占比较低。

（2）股票支付方式

以股票支付并购对价是实务中常见的并购方式，并购方增发新股以换取目标公司的所有权。这样的支付方式可以有效地减少企业的现金流出，保证企业在并购后能保持良好的支付能力，降低财务风险，但是这种方式以稀释股权和每股收益为代价，可能对并购企业的股价和控制权产生一定影响。

（二）家电行业并购背景

近些年，随着中国经济环境和居民消费习惯的改变，单一品类和传统家电产品已经难以支撑家电企业的发展，我国众多家电企业诸如海尔、美的、TCL等正在不断寻求改变，一方面，对已有产品线进行智能化和层级化的快速迭代，让不同消费层级的人群都能找到适合自己的家电产品；另一方面，中国家电企业不断收购国内外家电企业，扩充自己的产品线。从2004年开始，中国家电企业就开始依托资本市场加快对国际家电厂商的收购，随着近几年国家政策鼓励支持的力度加大，并购的速度越来越快，规模越来越大。具体并购过程如图8-5所示。

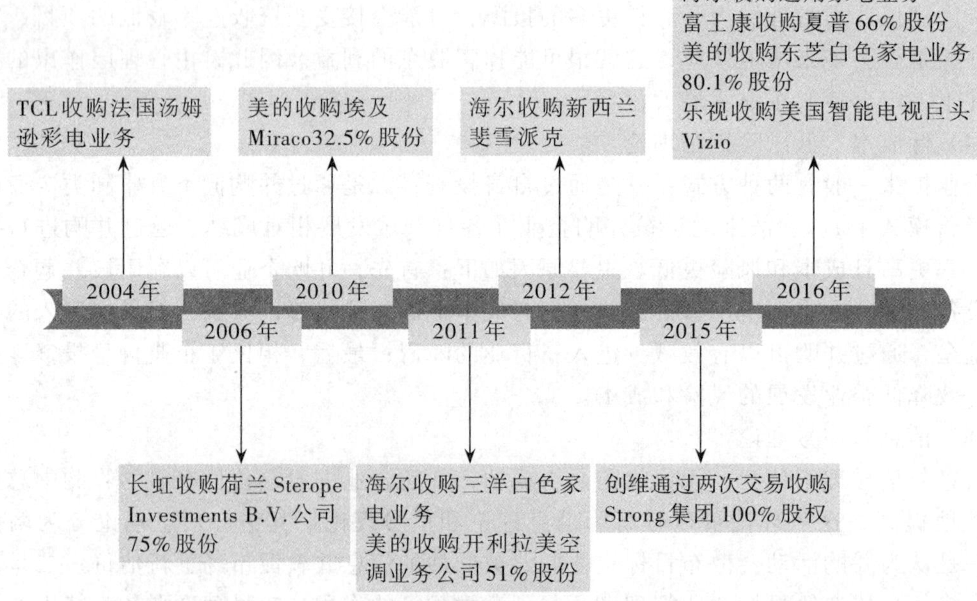

图8-5　我国家电企业并购历程图

知识链接——国际家电行业发展状况

（三）制度背景

2016年以前，我国外汇储备较为充足且外汇政策宽松，中国企业海外投资每年都以较高速度增长。仅2016年的数据来说，我国企业宣布了865笔海外并购交易，交易金额高达2 662.5亿美元，同比增长54.5%。随着企业境外扩张的加快，我国外汇储备数量也不断减少，同时企业盲目投资的弊端也不断显现。因此，在2016年底，国家发改委、商务部和中国人民银行等部门开始加强对中国企业对外投资的审查和监管。

为了加强对境外投资的宏观指导，进一步引导和规范境外投资方向，国家发改委、商务部、中国人民银行和外交部联合出台《关于进一步引导和规范境外投资方向的指导意见》。该文件对五类境外投资进行了限制：一是赴与我国未建交、发生战乱或者我国缔结的双、多边条约或协议规定需要限制的敏感国家和地区开展境外投资；二是房地产、酒店、影城、娱乐业、体育俱乐部等境外投资；三是在境外设立无具体实业项目的股权投资基金或投资平台；四是使用不符合投资目的国技术标准要求的落后生产设备开展境外投资；五是不符合投资目的国环保、能耗、安全标准的境外投资。

三、案例分析要点①

问题1：我国上市公司境外并购需要注意哪些问题？

1.并购目标的选择

企业首先要有明确的并购目的，是为了获取市场、资源、品牌、技术还是销售渠道。根据目的选择目标，脱离效益求规模只会增加企业的经营风险。

2.并购政策的制定

企业并购实施前应该制定完备的并购政策，结合宏观经济环境和自身微观环境对标的资产和企业自身进行综合评价，对项目可行性进行全方位分析。

3.关注并购的成本与风险

并购成本不仅包括购买资产时支付的对价，还应该在预估的基础上对整合成本进行综合考量，并结合自身经营实力进行决策。并购风险包括运营风险、信息风险、法律风险等，是企业并购实施和并购整合活动中不容忽视的因素。

4.海外背景的了解

并购活动开展前，我国上市公司应该充分了解标的资产所在地的政策法规、商业操作和社会制度，避免在并购实施和后期经营时产生相关问题。

5.考虑企业现有管理能力

并购活动必然使企业经营规模扩大，现有的管理能力能否适应更大规模的企业经营也是并购开展前必须考虑的因素。

6.关注并购双方的文化认同

文化整合是并购后整合中最困难的一环，标的企业相对于并购企业来说往往发展历史更为悠久，有着自身独特完整的企业文化，员工文化认同度较高，可能会对并购企业的企业文化产生偏见，这将极大地影响标的企业的运作效率和人才保留。

---

① 本部分主要为案例思考题提供分析思路，答案不唯一，仅供参考，教师可根据教学要求作出相应调整。

问题2：结合案例分析，促成本次并购交易的动机有哪些?

1.从并购方角度分析

（1）扩大海外市场份额，实现外延发展

受多方面因素影响，2015年全球白色家电市场增长乏力，仅有美国市场保持了较快的增长。而目前国内家电市场已趋于饱和，加之与美的、格力等品牌的竞争，海尔很难在国内扩大市场份额。在这样的大环境下，海尔将战略重心放在了北美市场。海尔虽然是世界家电第一品牌，但是受制于品牌知名度、产品质量和研发能力的影响，其很难在美国市场占据一席之地。

通用家电在美国市场拥有较高的市场份额，欧睿国际出具的市场报告显示：2015年，通用家电位居全美第二，占据了20%的美国家电市场；其中，厨电产品的市场份额位列全美第一，制冷产品市场份额达到16.1%，大型厨电产品市场份额更是达到了24.6%。同时，通用家电还拥有忠实的客户群体，Stevenson统计数据显示，美国消费者家电品牌购买意向比中，通用家电占比28.2%，仅次于惠而浦。因此，青岛海尔并购通用家电可以实现弯道超车，迅速提高北美市场占有率，实现外延式发展，并提升全球品牌布局。

（2）注入整合优质资产，提升盈利能力

通用家电得益于良好的产品竞争力和运营管理优势，近年来业绩表现较为抢眼。根据表8-5列示的信息，其在2013年、2014年和2015年度分别实现营业收入140 389百万元、148 321百万元和146 231百万元；同期总资产分别为492 692百万元、648 349百万元和656 560百万元。

表8-5 通用家电2013—2015年合并应收及总资产摘要 单位：百万元

项目	2015年	2014年	2013年
营业收入	146 231	148 321	140 389
总资产	656 560	648 349	492 692

青岛海尔并购通用家电，将通用家电优质资产纳入合并财务报表，可以优化资产质量，提升盈利水平，为上市公司带来新的业绩增长点。在相关整合措施下，通用家电与青岛海尔将发挥协同效应，上市公司的可持续发展能力得以提升，上市公司业绩稳健增长目标将得到更好的保障，股东价值实现最大化。

（3）发挥多方协同效应，增强造血能力

在销售协同方面，通用家电在美国拥有成熟的销售网络，并与全美各大家电零售商保持良好的合作关系。本次并购完成后，青岛海尔可以凭借其销售网络扩大在美国的市场份额。在家电细分市场方面，通用家电涵盖了美国白色家电的主流市场，而青岛海尔目前以缝隙产品为主，通过本次并购，青岛海尔可以拓宽其在美国市场的产品线分布。此外，通用家电在墨西哥和巴西也有家电业务，并购后可以帮助青岛海尔拓展拉美市场。此前，青岛海尔通过收购三洋白电和斐雪派克占领了日本、港台、印度尼西亚、越南、马来西亚、澳大利亚和新西兰的太平洋西部市场，本次收购将使青岛海尔进而占据从加拿大到巴西的太平洋东部市场，由此基本覆盖环太平洋的国际市场。

在采购协同方面，一是可以通过整合共用供应商资源，开展集中采购，提升企业议价能力，实现规模采购的经济效应；二是可以通过共享非共用供应商资源，实现信息互通来达到节约交易成本的目的。青岛海尔目前已有全球采购资源池，本次并购后，青岛海尔与通用家电将共同享受供应商匹配价格和供应条款，实现对产品品类的集中采购和全球采购，而提升采购量将在一定程度上优化通用家电产品成本，提升通用家电的利润空间。

在研发协同方面，青岛海尔和通用家电均拥有杰出的研发能力和大量的专利技术。通过本次并购，双方可以实现研发资源、研发成果的共享，提升研发效率和效益。通用家电目前拥有一支超过600人的资深研发团队，平均从业时间超过20年，在引入海尔“人单合一”管理模式后，通用家电的研发能力将被进一步激发。青岛海尔也可以最大限度地利用通用家电的研发能力，实现关键模块及零部件的技术突破，以及前瞻性科技产品的研发能力协同及创新能力共享。

2.从被并购方角度分析

（1）推行去多元化战略，集中优势产业

2008年金融危机以后，国际经济形势发生巨变，许多企业都着手产业结构转型以适应新的经济环境，通用电气也不例外。通用电气的转型策略以“去多元化”为主。一方面，通过剥离发展规模较小、发展风险较大的业务模块，减少企业整体经营风险；另一方面，将业务重心回归基础工业，将石油天然气、发电、交通运输、医疗、水处理和航空六大板块作为企业发展重点方向，并通过兼并重组的方式扩大其在这些领域的规模和影响力。因此，消费业务（包括通用家电）和金融业务成为通用电气“轻装上阵”的主要突破口。特别是金融业务，2008年以后，通用电气金融业务连年亏损，自2016年开始，通用电气将其金融业务的占比缩减至25%。

（2）并购促进深度合作，双方互利共赢

在并购业务开展的同时，青岛海尔与通用电气还签署了合作谅解备忘录，约定双方将在全球范围内展开深度合作，共同在工业互联网、医疗、制造等领域提升企业竞争力。一方面，通用电气将利用自身先进的生产技术和管理经验，帮助提升青岛海尔生产管理、企业运营方面的能力；另一方面，通用电气可以借助青岛海尔在中国市场的影响力，在中国推广其自主开发的Predix工业云平台。

（3）确保品牌长远发展，重视整合措施

尽管通用电气选择剥离家电业务，但是收购方仍然通过《商标许可协议》承接通用家电的品牌运营，运营效果将直接影响通用电气的市场口碑。因而，通用电气在选择交易对手时，不光考虑竞标价格，还要考虑对手的业务整合能力。海尔能在美的、三星、伊莱克斯等众多国际知名企业中脱颖而出，正是由于其优秀的整合能力和整合经验。从闻名国内的“吃休克鱼”兼并，再到后来三洋、斐雪派克等跨国并购与整合的成功，无一不反映了青岛海尔优秀的兼并重组能力，这将极大地推动通用家电的后续发展。

问题3：结合案例分析，青岛海尔并购通用家电将面临什么样的风险？

企业并购固然伴随着一定的风险，这里根据产生风险的时间节点将并购风险划分为交割前风险和交割后风险。

1.交割前风险

（1）审批风险

青岛海尔本次交易必须经过股东大会表决通过和国家发改委等相关部门的备案审批，

同时，交易标的为境外资产，还需要通过美国反垄断审查和墨西哥反垄断审查。由于终止费用条款的存在，上述审批若未全部通过，青岛海尔并购失败的同时还需向通用电气支付一笔终止费用。

(2) 估值风险

估值风险的产生主要有以下几方面的原因：一是通用家电财务信息遵从美国会计准则编制，无法提供按照中国企业会计准则编制的财务报告及其相关的审计报告，财务信息的可比性较差；二是交易双方属于不同国家，且通用家电资产较为分散，青岛海尔难以充分获取对手信息，存在一定程度的信息不对称问题；三是青岛海尔采取相对估值法进行价值评估，评估价值受基准对象财务数据影响较大，评估准确性较差。另外，值得注意的是，通用电气曾在2013年与伊莱克斯达成并购意向，当时的标的价格仅为33亿美元，青岛海尔最终支付价格高出其22.8亿美元。

(3) 法律风险

本次交易涉及中国、美国、墨西哥、沙特阿拉伯等国家的法律和政策。青岛海尔为在中国注册成立的上市公司，而目标资产分布于美国、中国、墨西哥、沙特阿拉伯等国家，且交易涉及较大规模的资产、负债和人员转移，因此本次并购须符合各地关于境外并购、外资并购的政策及法规，存在一定的法律风险。

2.交割后风险

(1) 汇率风险

由于通用家电业务分布于美国、墨西哥、沙特阿拉伯等多个国家，其日常运营中涉及美元等多种货币，而青岛海尔的合并财务报表采用人民币编制。人民币、美元等货币之间的汇率变动，可能给青岛海尔未来运营带来汇兑风险。同时，本次并购以美元计价，伴随着人民币与美元之间的汇率变动，将可能出现美元对人民币汇率上升，进而导致与本次并购对价等额人民币币值上升的风险。

(2) 整合风险

尽管青岛海尔具备丰富的并购整合经验，但是由于通用家电的生产经营地涉及多个国家，与青岛海尔在法律法规、会计税收制度、商业惯例、经营理念、企业文化等方面都存在诸多差异，本次交易后的整合能否顺利实施以及整合效果能否达到并购预期存在一定的不确定性，如相关整合计划未能有效实施，可能导致核心人员流失、业绩下滑等风险。

(3) 经营风险

并购交易完成后，通用家电的经营仍然具备一定的独立性，并且主要业务集中在美国，其经营业绩、财务状况和发展前景在一定程度上将受到美国宏观经济形势和产业结构调整情况的影响。另外，通用家电主要竞争对手是具有国际知名度和财力雄厚的全球大型知名家电企业。近年来，部分竞争对手通过激进的定价政策抢占市场，给通用家电带来较大的竞争压力。若市场竞争进一步加剧，而通用家电无法有效提升自身竞争实力，快速适应行业发展趋势和瞬息万变的市场环境，巩固其在行业中的优势竞争地位，则可能面临市场份额下降、盈利能力减弱等风险。

问题4：查阅相关资料，从海尔的并购历程中我们能得到什么启示？

1.中国企业"走出去"需要多方力量的支持

中国企业实施海外并购，需要来自企业内外多方力量的支持。就此次青岛海尔并购通用家电而言，首先，青岛海尔管理层拥有丰富的并购经验，轮值总裁梁海山、CFO谭丽霞等人的参与确保了此次并购的顺利开展；其次，青岛海尔第三大股东KKR积极协助海尔与通用高层进行沟通，也为此次并购起到了助推作用；再次，熟悉国际交易业务和美国市场环境的法律、财务顾问的参与为青岛海尔的并购扫平部分障碍；最后，专家顾问的建议在此次并购中也发挥了重大作用——原定于1月13日通用电气与所有竞标方的会面临时取消，专家顾问建议，如果能与通用高层提前见面，将能比其他竞标对手多几分优势，青岛海尔最终采纳了建议，确保了交易成功。由此可见，中国企业的海外并购是一项极其复杂的业务，需要多方力量的支持才能确保交易的顺利展开。

2.以合作的方式开展并购

案例正文中已对海尔的“轻度整合”策略进行了描述，相比此前的“蛇吞象”式并购，海尔此次交易与其说是并购，更不如说是合作。青岛海尔通过一系列整合措施来确保通用家电的长远发展和品牌价值提升，并在此基础上与海尔原有品牌进行协同，可以进一步减少与标的企业在法律制度、商业惯例、企业文化等方面的差异带来的影响，增强协同效益。并购并不是一锤子买卖，关注并购后的资源整合才是实现企业价值增加的关键，是企业不容忽视的环节。

3.慎重选择并购的时机

随着国家逐步放开境外投资限制以及人民币汇率的稳步上升，“走出去”战略成为中国企业扩大经营规模和市场份额的有力手段。早在并购通用家电前，海尔就曾并购了受经济下行影响业绩持续低迷的三洋白电和斐雪派克，并在重组之后成为海尔新的利润增长点。此次并购通用家电，也是在通用电气高层实施“资本退出计划”，剥离非核心业务的关键时点展开的。因而，企业在开展海外业务时，要关注市场动向和经济走势，谨慎选择并购时机，以最小的成本获取最大的效益。

4.并购的目标是为企业战略服务

海尔为进一步推进其在海外业务的发展，制定了“三个三分之一”的战略目标——国内销售、国内生产海外销售和海外产销各占收入来源的三分之一。面对发展成熟、竞争激烈的欧美市场，海尔在当地设厂，开展本土化经营，但是受制于产品质量、技术等因素，市场的占有率一直无法提升，因而采取并购当地优势家电品牌的方式获取市场。由此可见，企业在开展海外业务时，应该将并购作为为企业战略服务的手段，设立明确的并购目标，避免盲目跟风。

四、课堂计划建议

本案例可以作为专门的案例讨论课来进行。以下是按照时间进度提供的课堂计划建议，仅供参考：

整个案例课的课堂时间控制在90分钟。

（一）课前计划

提出4个启发思考题，请学员在课前完成阅读和初步思考并分组讨论，告知发言要求，要求各小组将讨论意见做成讨论报告。

（二）课中计划

1.简要的课堂前言，明确主题，说明本案例讨论的目的。（5分钟）

2.小组发言。（每组10分钟）

3.引导全班进一步讨论，并进行归纳总结。（25分钟以内）

（三）课后计划

学员根据讨论意见修改讨论报告，给出具体解决方案。

五、参考文献和网址

［1］青岛海尔相关公告：http://stockdata.stock.hexun.com/2009_ggqw_600690.shtml.

［2］孙欣鹏，王淑梅．跨国并购中的财务风险与防范——以青岛海尔并购通用家电为例［J］．商业会计，2018（11）：42-44.

［3］胡凯，刘茜．中国企业的跨国并购：动因驱动与风险分析——以海尔并购通用家电为例［J］．上海商学院学报，2018，19（2）：21-27.

［4］王宛秋，赵子君．我国企业海外并购支付方式问题研究［J］．经济纵横，2008（8）：116-118.

［5］杨波，魏馨．中国企业海外并购的困境与对策［J］．宏观经济研究，2013（6）：98-103.

第九章　集团财务与内部资本市场

案例十七

海尔集团的资金集中管理

摘　要

通过资金的集中管理，企业集团能够实现集团范围内资金的整合与调控，充分盘活资金存量，有效提高资金使用效率，降低财务成本和资金风险。海尔集团作为全球知名的大型跨国企业集团，从最开始的资金流推进本部到现在的财务共享服务中心模式，其资金管理模式一直处在世界领先地位。本案例介绍了海尔集团资金集中管理的发展历程，并结合海尔集团的资金管理模式的现状，寻找其所面临的难题及原因。本案例有助于学生对资金集中管理模式等进行学习和理解。

关键词

企业集团；资金集中管理；海尔集团；财务共享服务中心

知识点

1. 掌握资金集中管理的主要模式；
2. 掌握内部资本市场的运作原理；
3. 了解财务共享服务中心的运作模式。

案例正文

一、引言

资金集中管理是企业集团加强内部管理的需要，也是企业集团强化对成员企业管控的需要，更是企业集团发挥资金聚合优势、降低成本提高效益的需要。集团公司成员企业由于所处市场条件不同、地域不同、发展不平衡，一些企业资金结余沉淀无法有效利用，导致资源闲置，而同时，另一些企业业务增长迅速，资金短缺，需要向金融机构贷款，产生较多的融资费用。企业集团实施资金的集中管理，各成员企业服从集团对资金的整合要求，通过集团公司的调控，实现沉淀资金的集中使用，减少不必要的对外融资，消除存贷双高现象。在集团内部，通过资金的集中管理，统一筹集、合理分配、有序调度，降低融资成本，提高资金使用效率，确保集团战略目标的实现，实现整体利益的最大化。

因此，如何形成一套完善的资金管理体系，来对企业资金进行更好的管控也就成了很多大型企业集团有待解决的难题。海尔集团财务有限责任公司（以下简称“海尔财务公司”）定位于集约化金融服务、集团化金融管理、集成化金融支持三位一体的海尔特色金融服务综合供应商，为海尔发展成全球知名白色家电品牌构筑核心竞争力。

二、公司简介

海尔集团1984年创设于青岛，作为全球大型家电第一品牌，创立以来海尔集团坚持以用户需求为中心的创新体系来驱动企业持续健康的发展，从一家资不抵债、接近破产倒闭的集体小厂发展成为全球最大的家用电器制造商之一。海尔集团的发展历程可以分为名牌战略发展阶段（1984—1991）、多元化战略发展阶段（1991—1998）、国际化战略发展阶段（1998—2005）、全球化品牌战略发展阶段（2005—2012）、网络化战略发展阶段（2012年至今）等五个重要发展阶段。

在发展过程中，海尔集团不仅限于单一的家电生产，还涉及金融、通信、物流、房地产、IT、物流和生物等众多行业。全球领先的市场研究机构欧睿信息咨询有限公司统计，2016年，海尔大型家用电器的销量占全球市场的10.3%，世界排名第一。这是海尔自2009年以来第八次在世界上排名第一。2018年9月28日，青岛海尔股份有限公司和意大利Fumagalli家族宣布达成协议，合并青岛海尔和Candy S.p.A公司的业务。海尔将投资4.75亿欧元（约合人民币38.05亿元），以进一步加速其在欧洲市场的发展。同年，青岛海尔正式入围《财富》世界500强。

为了营造使企业不断创新的动力机制，保持企业的高效运行和对市场的快速反应能力，海尔集团的企业组织形式始终处于一种有序的非平衡状态。海尔集团组织结构图如图9-1所示。

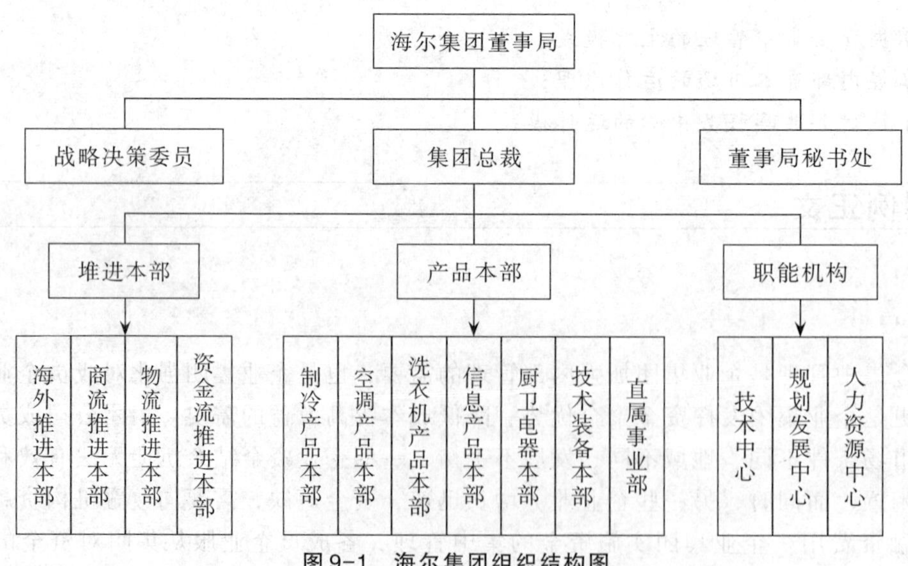

图9-1 海尔集团组织结构图

早在成立之初，海尔集团就重视资金的管理方法，从最开始的资金流推进本部到海尔财务公司模式，再到海尔集团创新的财务共享服务中心模式。随着海尔集团自身实力的发展和壮大，其资金管理模式也经历了几次探索和创新。

海尔财务共享是海尔财务管理模式转变的重要前提，使其财务管理成为企业战略的重要组成者、推动者和衔接者。在海尔财务共享管理中，实现了流程统一、规则统一和语言统一，制定了海尔GAAP（Generally Accepted Accounting Principles，公认会计原则），规范了交易过程和规则，提高了运营效率；海尔财务共享是海尔商业模式成功的重要基础，是中国企业在财务共享管理模式上的先进实践。

知识链接——海尔的“人单合一”

三、案例概况

（一）海尔集团资金管理模式

1.海尔集团资金管理模式发展历程

（1）推进本部模式

1999年，海尔集团成立了推进本部。而在此之前，海尔集团每个单位都设立了本单位的财务部门。但在设立推进本部之后，集团内部的所有财务资源，包括原本由各个单位自行控制的财务资源，都由资金流推进本部进行统一管理。新设立的推进本部在组织结构上分为商流推进本部、海外推进本部、物流推进本部和资金流推进本部。

其中，商流推进本部主要负责国内业务的财务管理，如销售业务的财务计算。在其管理下，要求及时有效地控制各种费用，如广告费和销售费。海外推进本部主要负责外国企业的财务管理，如出口业务的财务管理。同时，除了新设立的海外推进本部财务总部外，还在海外公司和车间设立相应的财务部门。物流推进本部的主要作用是降低成本，制造利润，优化集团供应链，也致力于海尔集团直销模式的发展。资金流推进本部主要负责海尔集团的财务管理，如各种生产投资的资本预算。推进本部组织结构如图9-2所示。

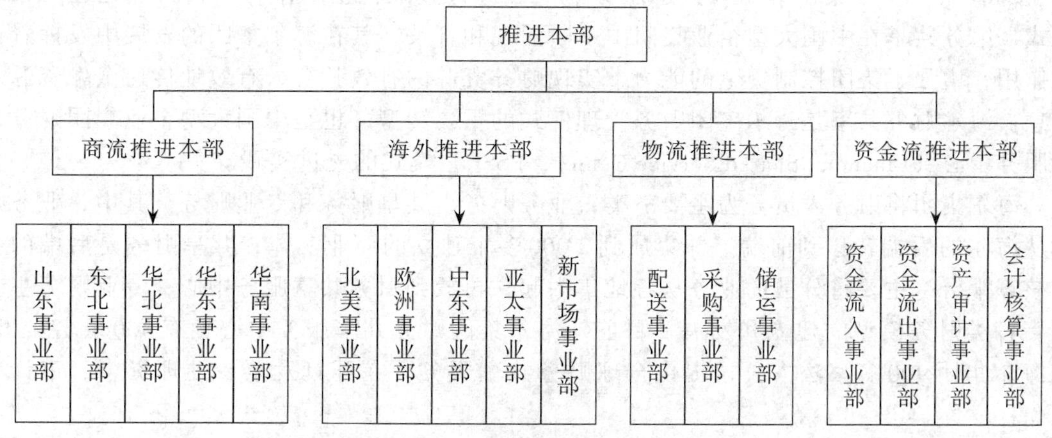

图9-2 推进本部组织结构图

知识链接——海尔"市场链"再造：业务流程的解构与模块型组织结构的形成

(2) 财务公司模式[①]

2002年，经中国人民银行批准，海尔集团成立了海尔财务公司，注册资本为65亿元人民币，是首批获准全部本外币业务经营范围的非银行金融机构。由海尔集团公司、青岛海尔空调有限公司、青岛海尔空调电子有限公司和其他五个海尔集团的成员单位共同出资成立，其中海尔集团占40%的股份。经过十几年的发展，截至2017年底，海尔财务公司资产总额763.52亿元，当年营业收入26.53亿元、利润总额18.96亿元，净资产收益率名列财务公司行业前茅。海尔财务公司业务范围主要涵盖吸收集团成员单位存款、办理成员单位贷款、同业拆借、有价证券投资、结算、股权投资、发行财务公司债券、承销成员单位企业债券、票据承兑与贴现等。

海尔财务公司的成立给海尔集团的财务资源管理带来了巨大的变化。在此模式下，海尔财务公司已成为海尔集团内部资金会计、结算、融资和投资的管理中心。海尔财务公司通过金融服务创新，有效提升了海尔集团资金利用效率和促进了行业的发展，成功打造了海尔品牌的财务模式。海尔财务公司的发展过程如图9-3所示。

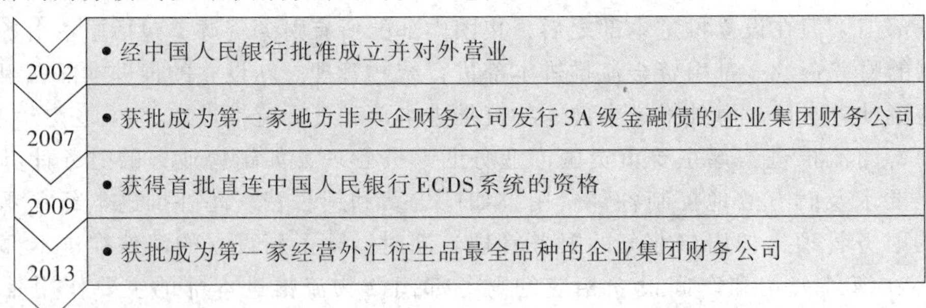

图9-3 海尔财务公司发展图

(3) 财务共享服务中心模式

2007年，海尔集团开始以共享服务为中心进行金融转型。作为一种新颖先进的管理模式，财务共享在中国大型企业集团中不断涌现和普及，其在海尔集团的发展中发挥着重要作用，增强了集团控制资金的能力，实现财务资源的有效整合，有效地传递金融资源及信息。海尔财务共享是海尔集团财务管理模式的重要转型，也是中国大型企业集团财务共享服务中心（Financial Shared Service Center，FSSC）模式的先进实践。

海尔集团将财务人员分为主要三类：业务财务、共享财务和专业财务。其中，业务财务从海尔的后端转移到前端，并集成到2 000多个独立的商业实体；共享财务是后端的会计核算平台，主要将分散的业务从各地集中起来再放到财务共享服务中心；专业财务主要负责各类财务模型的建立和发展。目前，海尔集团财务共享服务中心拥有300余名员工，为海尔集团900多家法人公司提供全球财务共享服务。在开具发票、处理资金、审计费

① 资料来源：海尔财务公司官网，http：//www.haierfin.com/.

用、资产核算等方面的效率较成立之前提高了10倍以上。

2.海尔集团资金集中管理模式现状

海尔集团现在处于企业集团发展的第五个阶段——网络化战略发展阶段，采用的是财务公司与财务共享服务中心相结合的管理手段，下属的每个成员都没有现金收入和支付，海尔集团的总部完全控制其现金流，并切断集团的任何财务风险。

海尔FSSC与海尔财务公司职能关系如图9-4所示。

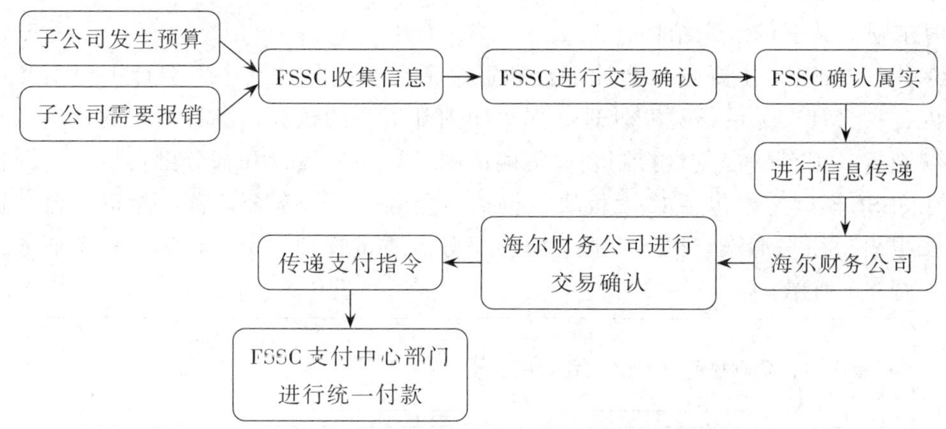

图9-4 海尔FSSC与海尔财务公司职能关系图

（1）海尔FSSC负责收集和处理海尔集团各成员的收入和支出。在这种情况下，海尔集团旗下公司没有储备资金和现金收支，它们将所有核心业务都收集到海尔财务公司，以收集账户的形式进行集中管理和处置。这样，海尔集团可以统一管理和调节资金，同时减少每个下属单位账户的财务费用和闲置资金的支出。

（2）海尔财务公司主要负责为企业集团的每个成员单位提供各种金融服务。经过十多年的发展，海尔财务公司为海尔品牌创造了许多金融模式。海尔财务公司的资金集中管理和控制主要通过分配过程来实现。子公司收款人的资金每天下午4点打到财务公司的账户。子公司每天早上都可以申请MPC（Management Planning and Controlling，集团财务管理与控制系统）的资金，在MPC系统工作人员验证无误后，它将向子公司的支付账户付款。

账户具体运作如图9-5所示。

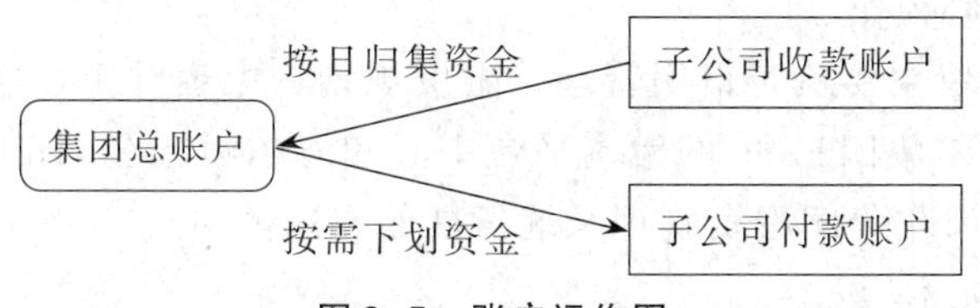

图9-5 账户运作图

下面主要对海尔集团的财务共享服务中心模式进行详细说明，财务公司模式的应用将会在案例十八中进行详细说明。

（二）海尔集团的财务共享之路

1.海尔财务共享的由来

20世纪80年代，福特汽车公司创建了世界上第一个财务共享服务中心，到目前，已有非常多的国内外大型企业集团建立了财务共享服务中心，如万科、中国电信、中国移动、杜邦、通用电气等。国内外的学术界和实务界大多也已达成基本共识："财务共享模式借助于财务流程的标准化，大大提升了大型企业集团财务流程的效率，以此从基础，财务工作中释放出更多的财务人员，将其转为从事具有更高附加值财务工作的工作人员，从而促进了海尔集团财务职能的各种改变和转型，并最终推动了整体价值的提升"。所以，为了财务流程标准化，加快资金流和信息流的传输速度，海尔集团在2007年启动了全球财务共享服务中心项目。

2.海尔财务共享的组织结构

海尔集团的FSSC主要分为会计平台和资金平台两部分。其中，会计平台主要负责海尔集团内各种会计交易的核算和处理，如集团内部资产的核算、各种费用的核实以及财务报表的编制等。资金平台负责控制企业集团的财务风险、运营和部分融资事宜。到目前为止，海尔FSSC模型主要包括12大板块，包括：金融风险、资金运营、融资平台、费用稽核、总账报表、往来清账、税务申报、收付服务、质量管理、资产核算、税票业务和海外会计，如图9-6所示。

资金平台：金融风险、资金运营、融资平台

会计平台：费用稽核、总账报表、往来清账、税务申报、收付服务、质量管理、资产核算、税票业务、海外会计

图9-6　各平台职责图

各个模块的具体功能如下：

（1）金融风险中心模块

金融风险中心模块主要负责行情分析、滚动预测、模型解析、政策解析、敞口预测和风险管控等职能。通过在金融风险中心模块中建立信息系统，加入了对海尔集团内部金融风险市场和各种模式的分析，有效提升了金融风险应对能力。

（2）资金运营中心模块

资金运营中心模块主要负责预测体系、资金监控、资金计划、现金流预测、运营评价等方面。资金运营中心的建立使海尔集团的资金管理更加有效，资金控制更加到位。

（3）融资平台中心模块

融资平台中心模块主要负责信用管理、融资规划、渠道评审、合理负债、账户管理、银企关系等方面。海尔集团FSSC的融资平台中心和海尔财务公司的职能有所重叠，起到相互促进、共同推动海尔集团融资管理系统发展的作用。

（4）费用稽核中心模块

费用稽核中心模块主要负责费用审核、诚信管理、执行评价、在线咨询、系统优化和单证管理等业务。根据费用稽核中心的业务情况，又主要分为单证管理部门、对公费用审核部门和员工费用审核部门三个部门。费用稽核中心通过其报账系统、电子凭证和电子影像系统的应用，提高了海尔集团内部费用审核的质量，进一步实现了费用稽核的合规、高效。

（5）总账报表中心模块

总账报表中心模块主要负责日常的会计核算，现金流量表的编制，对内提供收入、费用和利润的信息分析表，对外提供年度、半年度、季度和月度的财务报表等。总账报表中心模块的设立使海尔集团的日常会计核算内容趋于简易化，有利于提高海尔集团的财务工作效率。

（6）往来清账中心模块

往来清账中心模块主要负责对海尔集团内部和外部的银行或是业务往来单位的账务管理、未达账项的跟踪管理、往来账户的超时警告等。通过建立往来清账中心模块，在海尔内部建立了往来对账系统，也实现了海尔集团内部的自动对账和海尔集团外部公司的“云对账”功能，以此降低了对账成本，提高了对账效率。

（7）税务申报中心模块

税务申报中心模块主要负责增值税发票的进项税认证、纳税申报和税务的管理等。海尔集团在税务申报中心模块又设立了“税务云平台”，这将有助于税收在线申报和自动认证等，也将有助于提高税务报告的效率，并及时了解税收政策变化的实施，从而提高海尔集团内部税务工作的效率。

（8）收付服务中心模块

收付服务中心模块主要负责收支管理、账户管理、财务核算及管理、收据和票据管理及资金头寸管理等多种业务。收付服务中心模块降低了海尔集团的内部结算成本，为海尔集团在资金创新管理方面创造了更多价值。

（9）质量管理中心模块

质量管理中心模块是海尔集团的FSSC区别于其他企业集团FSSC的一大特色内容。质量管理中心板块是海尔集团内部各个成员单位和预算、税务、成本等管理单位的接口部门。对内，服务于海尔集团FSSC的其他各个中心；对外，承担着海尔集团会计委员会的日常运营，负责海尔集团的会计政策和处理方法持续优化。

（10）资产核算中心模块

资产核算中心模块主要有三个职能：一是对集团内部和外部的供应商洽购进行发票校验、审查；二是负责处理海尔集团内部的固定资产、无形资产、应付项目和待摊费用等在资产中心的整理和归集；三是设立资产管理系统，对海尔集团的法人公司的固定资产、无形资产进行核算和管理。

（11）税票业务中心模块

税票业务中心模块主要负责海尔集团内部的增值税发票的销项集中开票和收入联动记账等。海尔集团在税票业务中心板块中设立了相应的“税票业务信息系统”，促进了税票信息的传递，也因此大大地提高了与收入有关的会计账务处理效率。

（12）海外会计中心模块

海外会计中心模块主要负责海尔集团在海外的各个经营体的各项业务。海尔海外会计中心模块的建立，使海尔集团更加有效地对其在全球的各项业务进行管理和控制，提高了海尔集团内部的综合管理效率。

3.海尔财务共享服务中心的资金集中管理流程

海尔FSSC的流程管理是影响其施行效果的关键所在，一个完善的流程管理包括流程的定义、表述、分析、改进和控制五个方面，同时也需要建立统一的财务核算管理流程。由于各个成员单位的业务流程都有所不同，所以需要根据海尔集团自身的综合情况去建立一个具有普遍适用性的流程管理步骤。

海尔集团在其FSSC成立伊始，就对其财务组织和流程等进行了大量分析，统一了相关的交易流程和财务处理流程。海尔FSSC对总账（General Ledger，GL）、应付（Account Payable，AP）、应收（Account Receivable，AR）和固定资产（Asset Management，AM）等11个板块共120个流程逐一进行整理，将核算流程、会计报告和会计语言有机地统一起来，实现了高效的财务核算管理流程。

同时，为了确保其FSSC的正常运行，海尔集团在内部清算过程中创造了四个保证因素。第一，事前的预算控制。如果在预算系统中生成订单，系统会自动生成业务费用预算。第二，事先明确标准。双方必须事先确认订单验收标准和清理程序，以避免以后可能发生的争议。第三，事件中的信息共享。在FSSC中，融合了财务和业务趋势，各种利益相关者（如申请人、服务提供商和财务方）可以共享彼此的信息。第四，费用和收入在活动结束后被记入账户。海尔FSSC的实施确保了海尔集团内部费用和收入的同步记录。

以费用的结算业务处理为例，海尔FSSC推出了新的业务运营模式，即内部清算超市。所有与海尔集团内部费用相关的计算均由海尔FSSC根据双方协议统一执行，以便同时核算和统一清算资金、凭证和发票。在这种新的商业模式下，保证了海尔集团的财务活动合规、合理，提高了费用结算的效率。

以图9-7为例，以此反映海尔集团在FSSC模式下执行业务流程的标准化。

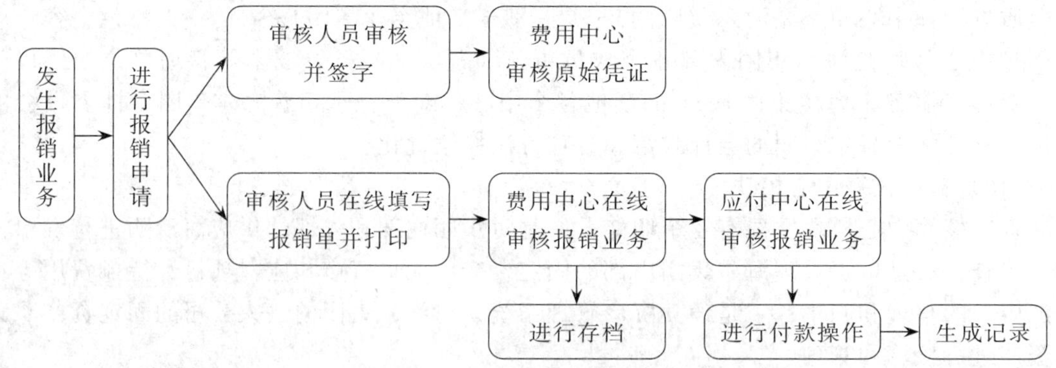

图9-7　海尔FSSC费用报销流程

以财务核算流程为例，海尔财务管理信息系统主要是依赖于软件ERP（Enterprise Resource Planning，企业资源计划）和系统GVS（Global Value Systems，海尔全球价值系统），并以此建立了预算控制、电子核销系统、电子影像系统等。通过将财务步骤和财务数字加入业务流程形成一体化，实现了成本费用的事先管理、事中的真实反映和事后的流程绩效等。例如，海尔FSSC通过建立电子核销平台，搭建了一个信息一体化的“云平台”。在这种情况下，就实现了资金业务的申请、审批及付款的标准流程化。

以图9-8为例，以此反映海尔集团在FSSC模式下财务核算流程的标准化。

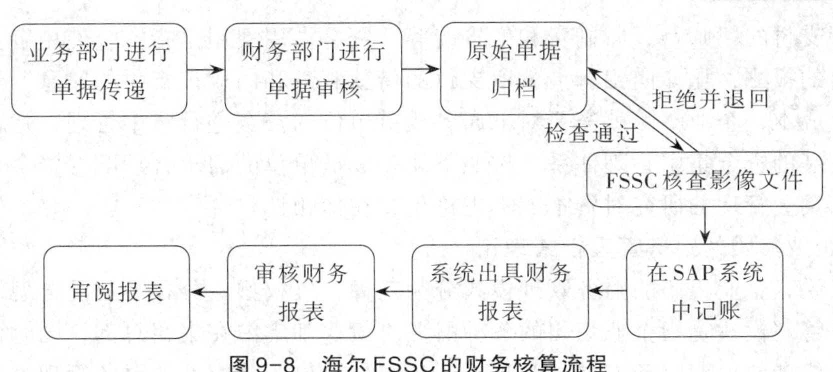

图9-8 海尔FSSC的财务核算流程

四、讨论问题

1.试对海尔集团各阶段的资金集中管理模式进行评价。

2.海尔集团采用财务共享服务中心模式的动因是什么？效果如何？

3.海尔集团在资金集中管理方面还存在什么不足？针对上述不足，有哪些改进措施？

案例说明

一、教学目的

本案例的教学目的是为了让学生了解企业集团的资金管理方法，以及如何利用相应的资金管理模式来实现本企业集团的效益最大化，同时也利于学生了解资金集中管理的优势和不足，有助于以后章节的学习。

二、理论基础

（一）产融结合理论

产业经济和金融业的结合称为“产融结合”。S.Pkothari[①]在2001年提出，工商、金融业企业可以利用多种方法进行互动，以此来实现企业利益最大化，工商业企业在做好实业的同时利用剩余资金发展金融行业，可以实现产融互补。

产融结合是现代经济发展的必然，在市场经济发达的国家中普遍存在。随着经济全球化的不断发展，企业和银行在自身集团化的基础上进一步融合而形成金融资本。企业集团通过产融结合的方式对金融机构进行控制，以此构成了一种包括金融机构在内的内部资本市场。在产融结合的模式下，通过企业自组构成的内部资本市场来进行企业集团内部资源的有效配置，以此达到降低资金成本和提高资金使用效率的目的。同时，产融结合的实现可以帮助企业集团提高内部资金的使用效率，以此实现企业价值的最大化。

（二）资本成本理论

资本成本理论是指企业为了筹集和使用资金而付出的代价，包括资金筹集费用和资金占用费用。其中，资金筹集费用是指在筹集资金的过程中支付的各种费用，比如发行股票

① PKOTHARI S.Capital markets research in accounting［J］. Journal of Accounting and Economics Review, 2001(5): 134-139.

和债券时所支付的律师费、印刷费和广告费等。资金占用费用是指资金使用者占用他人资金所需付出的报酬，比如向银行借款所支付的借款利息和向股东支付的股息、红利等。为了降低资金成本，企业集团就需要对下属各成员单位的资金进行集中管理，建立一套符合企业自身发展的资金集中管理体系，按照下属各成员单位的需求合理配置资金。因此，企业集团内部资金管理的研究对资本成本理论也存在依赖性。

（三）企业集团的财务管理模式理论

一般来说，企业集团的财务管理模式分为三种：集权型、分权型和混合型。其中，集权型的财务管理模式是指企业集团的各种财务决策权都集中在集团总部，同时也会将一些日常管理中繁杂的短期财务事项划归到下属各成员单位。分权型的财务管理模式是指集团总部只负责重要的财务决策，各成员单位自行负责与日常经营有关的大部分财务决策，但集团总部会对下属各成员单位进行日常监督。混合型的财务管理模式是指介于集权型和分权型之间的财务管理模式，集团总部会对重大财务事项进行管控，对日常经营事项进行放权，对集权型和分权型的财务管理模式的优缺点进行了综合考虑。

（四）内部资本市场理论

内部资本市场理论最开始产生的原因是由于传统资本市场的失效，而传统资本市场的失效又是因为外部资本市场的信息不对称和代理人问题。在这种资源配置效率低下的情况下，内部资本市场理论出现在人们的视线中。内部资本市场理论逐渐成为研究企业内部资金配置的重要理论之一。在该理论基础下，企业的各部门可以从银行、股票和证券市场获取资金，并以此来对一个部门或一个项目进行投资。各部门为了获取企业集团的内部资金也会展开竞争，如同外部资本市场的竞争机制。企业集团从外部融资过渡到内部融资，内部资本市场也弥补了外部资本市场的不足。

三、资金集中管理的模式

（一）资金集中管理的主要模式

1.统收统支模式

在统收统支的资金管理模式下，企业集团的资金管理高度集中，属于资金的集权式管理。在此模式下，企业集团的各成员单位并没有权力单独设立各自的银行账户，资金的收支活动都是集中在企业集团的财务部门，企业集团各成员单位的各项资金活动也必须在企业集团的财务部门进行统一的办理。因此，统收统支的资金管理模式适用的范围比较小，一般适用于高度集中的企业。但在该模式下，经营者或管理者拥有高度集中的资金管理权限，所以企业的经营管理者可以及时了解和掌握资金的使用情况，比较全面地了解企业的经营状况和资金的运营情况，这也能提高管理层决策的效率。

2.拨付备用金模式

拨付备用金模式，是指企业集团定期向其所属各成员单位拨付一定的现金供其日常经营使用，实质上是对统收统支资金管理模式的一种改进，也是属于资金的集权式管理。在拨付备用金的模式下，各成员单位的所有收入都集中在企业集团的财务部门。如果成员单位发生了业务上的现金支出，其必须要凭相关的凭证到企业集团总部的财务部门进行报销再补足备用金。拨付备用金模式之所以是统收统支模式的改进，是因为企业集团所属各成员单位在集团总部规定的现金使用范围内可以对拨付的现金进行各自的经营决策，有了一定的现金经营权。

3.结算中心模式

结算中心，指的是由企业集团或是控股公司内部成立的，统一办理内部成员单位的资金往来业务和收付结算业务的财务中心。它是一个独立运行的职能机构，统一对各成员单位的资金进行管理，统一对外纳税和融资，但并不具有独立的法人资格。在结算中心模式下，各成员单位有自己的独立财务部门，也有各自独立的银行账户并对其银行账户进行独立管理。尽管如此，下属公司的银行账户一般是纳入结算中心的管理范围进行统一管理的。企业集团一般设置“统一账户管理”和“收支两条线”，用来办理各成员单位之间的资金来往结算，在这种工作模式下，企业集团的资金使用效率也得到了有效提升。

4.内部银行模式

内部银行模式，是指把一种模拟的银行-企业之间的关系引入到企业集团内部的资金管理中，同时也把商业银行的基本职能引入到企业集团的内部管理中。相对于结算中心模式来说，内部银行模式在理论上还增加了货币发行、管理信贷及监管等功能。在内部银行模式下，企业集团和各成员单位之间是一种贷款管理的关系，同时与内部银行之间则是有偿存贷的关系。内部银行的主要职责是管理企业集团内部的资金往来结算等资金业务。内部银行作为企业集团的内部资金监管中心，需要建立统一的结算制度，并采用商业银行化管理方式。

5.财务公司模式

财务公司，具体称为企业集团财务公司，指的是非金融机构类型的财务公司。不同于内部银行，财务公司与企业集团其他的成员单位一样，也是企业集团的成员单位，属于独立的法人企业。财务公司一般是由大型的企业集团投资，经过银监会的批准而设立，并且受中国人民银行和证监会的监管。财务公司的功能相对于其他资金管理模式来说比较多元化，包括对企业集团内部的结算功能、筹融资功能等。财务公司的资金管理模式属于资金集中管理模式中较为高效的资金管理模式，可以推进企业集团的资金集中管理和提高内部资金使用效率。

6.现金池模式

现金池模式，是指将同属于同一家企业集团的一个或者是多个成员单位的银行账户的余额转移到一个真实的主账户中，而该主账户一般是由企业集团总部管理和控制的。现金池模式是目前世界上较为先进、技术水平较高的一种资金管理模式。在该模式下，要以总公司的名义设立企业集团现金池账户，每天定时将各成员单位的资金划入现金池总账户中。通过对现金池账户的管理，企业集团可以清楚地了解各成员单位的现金账户的资金使用情况，也可以更加有效地对各个账户进行管理控制，并借此进行更多的投资活动来增加企业集团的收益。然而，由于中国的金融管制的存在，中国企业在建立现金池模式时，必须要注意相关法律法规的规定。同时，如果要建立外汇现金池账户的话，也需经过国家外汇管理局的批准。

7.财务共享服务中心模式

财务共享服务中心模式是一种新的资金管理模式，是企业集团资金集中管理模式的最新应用，正在逐渐地被许多大型企业集团采用和推广。财务共享服务中心通过将易于标准化的财务资金业务进行流程再造和标准化，并由财务共享服务中心统一对其进行处理。同时，由于在财务共享服务中心模式下不再需要各个成员单位设立财务人员，实现了财务人员的集中办公、会计的集中核算、资金的集中管理等。财务共享服务中心模式可以在各个方面为企业集团带来价值的提升，比如成本的降低、效率的提高和企业的标准化进程加快等。

（二）各个模式之间的异同

资金集中管理模式多种多样，各种资金管理模式之间也存在或多或少的相同或是差异。如统收统支模式和拨付备用金模式属于高度集权化的资金管理模式，结算中心模式和内部银行模式属于集权和分权化管理相结合的资金管理模式。

各种资金集中管理的模式比较见表9-1。

表9-1　**国内资金集中管理模式比较表**

<table>
<tr><th>模式名称</th><th>权力集中程度</th><th>与企业集团关系</th><th>与银行关系</th><th>特点</th><th>适应企业类型</th></tr>
<tr><td>统收统支模式</td><td>高度集权</td><td>在企业集团内部</td><td>密切</td><td rowspan="2">几乎没有对现金的管理支配权，集权管理较为明显</td><td rowspan="2">适用于建立初期或规模小的企业</td></tr>
<tr><td>拨付备用金模式</td><td>较为高度集权</td><td>在企业集团内部</td><td>密切</td></tr>
<tr><td>结算中心模式</td><td>集权和分权相结合</td><td>在企业集团内部</td><td>较为密切</td><td>财务管理较为独立，拥有资金的管理权</td><td rowspan="2">适用于成长速度较快的大中型企业集团</td></tr>
<tr><td>内部银行模式</td><td>集权和分权相结合</td><td>在企业集团内部</td><td>较为密切</td><td>模拟企业-银行关系，建立内部银行管理制度</td></tr>
<tr><td>财务公司模式</td><td>分权制</td><td>独立于企业集团</td><td>松散</td><td>拥有独立的法人资格，与各成员单位具有同等地位</td><td>适用于成熟大型企业集团</td></tr>
<tr><td>现金池模式</td><td>集权制</td><td>在企业集团内部</td><td>密切</td><td>借助商业银行的现金管理模式，是世界上较为先进的资金管理模式</td><td>适用于大型企业集团，特别是大型跨国集团</td></tr>
<tr><td>财务共享服务中心模式</td><td>集权制</td><td>在企业集团内部</td><td>松散</td><td>优势较多，但需要强大的信息处理系统、优良的管理模式和高质量的员工素质作为支撑</td><td>适用于技术水平高的大型企业集团</td></tr>
</table>

四、案例分析要点

问题1：试对海尔集团各阶段的资金集中管理模式进行评价。

1.对“推进本部”模式下资金集中管理的评价

海尔集团自从采用了“推进本部”的资金集中管理模式后，就将原来的财务管理部门改组成“资金流推进本部”，在下面设立了“资金流入部”和“资金流出部”，对海尔集团内部财务资源进行了统一的配置，并对其资金进行了统一的管理。这种管理模式是按照资金的流程，而不是按照资金的收支业务进行财务资源的配置。在这种资金管理模式下，可以使海尔集团从源头上解决各个财务部门之间或者是财务部门和其他业务部门之间的资金流动效率低下等问题，有利于海尔集团加强其资金的集约化管理。但随着海尔集团的逐渐发展，国际化发展战略已逐渐完成，要向全球化战略目标过渡，“推进本部”模式已经不是最适合海尔集团的资金管理模式，海尔集团若想继续发展壮大下去，就必须寻找更适合自身发展的资金管理模式。

2.对海尔财务公司模式下资金集中管理的评价

在“推进本部”模式已经满足不了海尔集团的资金管理需求后，海尔公司就转向当时更为先进、更适合集团发展的资金管理模式——财务公司模式。在海尔财务公司成立后，形成了以资金集约管理和综合金融服务为两大模块的发展方式，将原来的“资金流推进本部”重新规划为“司库型资金管理”。在成立后的10年里，海尔财务公司业务规模累计结算近万亿元，业务结算总量近80万单，资产的流动性较之前也有了较大改善，实现了不良资产“零”的突破。同时，在海尔财务公司成立后，海尔集团统一管理各成员单位的银行账户，避免了自有资金的闲置和集团外部循环，发挥了海尔财务公司整合集团内部资源和社会金融资源的优势和作用，对海尔集团的资金管理起到极大的积极作用。

3.对财务共享服务中心模式下资金集中管理的评价

海尔集团是中国国内财务共享服务中心模式的先行者。2012年，海尔集团财务共享服务中心获得了CIMA（The Chartered Institute of Management Accountants，特许管理会计师公会）颁发的“2012年度最佳财务分享服务中心奖”。这也证明了海尔集团在实施财务共享服务中心模式后，其财务模式发生了积极变化。海尔FSSC成立10多年来，充分利用互联网资源，创建了“云端+终端”管理模式，成为我国目前为止财务流程共享最多的财务共享服务中心之一。

知识链接——海尔CFO

问题2：海尔集团采用财务共享服务中心模式的动因是什么？效果如何？

1.海尔集团采用财务共享服务中心模式的动因

随着海尔集团的逐渐发展壮大，在国内外成立了很多分公司和建立了很多海尔工厂，相应地，财务组织也得到发展和完善。财务公司的资金管理模式虽然能很好地促进海尔集团内部资源和社会金融资源的整合，但分散的财务核算和财务管理模式导致了海尔集团财务管理效率的低下。财务管理是企业管理的重中之重，而资金管理是财务管理的关键所在，所以，为了海尔集团的整体战略发展，海尔集团必须要对其财务组织进行财务变革，以此来构建更专业、更先进、更高效的财务管理体系，海尔集团的财务共享服务中心模式就应运而生。

2.从以下三个方面表述其资金管理效果

第一，海尔FSSC模式提升了资金营运效率。海尔FSSC实施之后，通过流程标准化和资源整合，加快了资金流传输速度和提高了质量，理顺了营运资金流通渠道，从而提升了海尔集团的营运资金管理绩效。

第二，海尔FSSC模式提升了财务管理质量。海尔FSSC通过应收、应付等子模块的核算和统一的财务共享服务的标准，使系统内的财务信息更加完整、方便地传递，加强了海尔集团财务数据的集中汇总，大大提升了财务流程效率。同时能够对下属分支机构实施有效控制，加强了对财务风险的控制。

第三，海尔FSSC模式推动财务核算从静态向动态模式转变。由于财务共享服务是在互联网的基础上建立的，能对系统内财务信息进行及时搜索，海尔集团的管理人员能够动态掌握集团的财务状况和经营成果，使海尔集团的财务模式更为现代化。

问题3：海尔集团在资金集中管理方面还存在什么不足？针对上述不足，有哪些改进措施？

1.海尔集团在资金集中管理方面的不足

（1）资金集中管理意识淡薄

虽然海尔集团很早就建立了现代企业的相关制度，资金集中管理模式也在不断发展和创新，但是从实际情况来看，海尔集团的高级管理层的资金集中管理意识并不是很强，缺乏对海尔集团内部资金的现金流和现金时间价值的重视。在这种情况下，就会导致在日常生产经营中缺少“成本控制”的思想，进而对海尔集团的生产经营造成不利影响。

（2）海外资金集中管理业务不成熟

海尔集团在海外拥有10个研发中心，海尔的用户更是遍布100多个国家和地区，这也使海尔集团在海外的资金业务往来更加频繁。但海尔目前的外币管理业务还不是很成熟，比如境外资金集中率不高，资金池的各种货币的平衡也比较困难，同时，海尔集团也只能做到普通的外币结算，对其他国际业务的办理还有比较大的限制，不能发挥海尔集团自身的规模优势。

（3）资金预算管理过于形式化

海尔集团的资金管理模式其实已经趋于成熟，在资金集中管理的模式上，也较为科学地采用集权和分权相结合的管理模式。但在资金预算管理方面，海尔集团却显得管理过于形式化，缺乏合理的资金预估。海尔集团在开展业务活动时，缺少必要的预算管理，同时对经营和发展风险缺少合理评估，这就有可能使海尔集团做出错误的生产和投资决策，给集团带来不可估量的经济损失。

（4）财务共享服务中心模式下运作成本过高

财务共享服务中心模式是近年来出现并流行的新型财务管理模式。海尔集团作为全球知名的大型企业集团，也紧跟管理潮流，在集团内部采用了财务共享服务中心的资金管理模式。海尔集团采用财务共享服务中心模式的初衷是为了有效降低其财务成本，提升自身的财务管理水平。但在财务共享服务中心模式下，海尔集团的财务成本却没有有效降低，反而在有些方面还有明显增加，比如财务共享服务中心的一台普通影印机就能抵到原财务人员的一年薪水，又如一般建立财务共享服务中心的企业集团往往需要频繁的出差活动，这也导致了集团差旅费的急剧增加。

2.针对以上不足提出的改进措施

（1）加强资金集中管理意识

无论对于哪个企业集团来说，资金的安全是生产经营的基础。企业集团通过对内部资金的管理和控制，可以了解下属成员单位的资金使用状况和财务情况，随时掌握企业集团生产经营情况。海尔集团通过有效的资金集中管理可以更好地加强对企业集团的管控，达到降低企业集团财务成本、增强企业集团管控能力的目的。所以，加强资金集中管理意识，对海尔集团来说是迫在眉睫的。海尔集团通过强化管理决策层和员工的资金管理意识可以确保海尔集团资金集中管理的有效进行。

（2）加快建立海尔全球化的资金平台

建立健全海尔全球化的资金平台，对企业集团的资金集中管理来说有重要的意义。海尔集团可以通过扩大现有的资金管理范围，保证海尔海外企业都有足够的资金来支付账款，也可以通过积极和海内外的各个银行进行沟通合作，利用银行的网点作为基点来发展海尔集团的国际业务，依靠先进的业务系统和网上银行资金管理平台构建一个适合海尔集团自身发展的全球化资金平台。

（3）进行高质量的预算管理

要纠正海尔集团在资金集中管理方面存在的问题，就要加强海尔集团内部的资金预算管理，使用海尔集团统一的资金集中管理模式，以此来提升集团内部资金的使用质量。要做到高质量的预算管理，就要制定全面的预算管理制度，并将全面的预算管理制度作为控制海尔集团财务风险的一种保障制度，强化海尔集团对其内部资金的预算和控制等方面的管理。只有全面贯彻实行预算管理制度，才能实现海尔集团良性的资金集中管理。

（4）努力优化财务共享服务中心模式，做到运作成本的有效控制

如果财务共享服务中心模式发展到一定的阶段，就能够利用其规模效应降低企业集团资金运作成本。另外，海尔集团可以通过减少管理层和普通员工来实现运作成本的有效控制。同时，在财务共享服务中心建立新型的激励制度，也能将企业管理人员从非核心的工作中脱离出来，显著提升员工的工作效率。在这些工作之外，海尔集团也可以模仿其他企业利用财务共享服务中心向其他公司提供一些有偿的服务，比如壳牌石油就向其他公司提供大量服务，提供服务的收入占总收入的8%～9%。

五、课堂计划建议

本案例可以作为专门的案例讨论课来进行，以此加深学员对集团公司资金管控的理解。以下是按照时间进度提供的课堂计划建议，仅供参考：

本案例课的课堂时间控制在90分钟。

（一）课前计划

请学员在课前进行分组，要求阅读有关海尔集团的相关资料和资金集中管理模式的各种文献，并结合本案例内容，对本案例各部分进行具体分析。然后，将各组讨论内容和结论做成案例分析报告（要求Word和PPT形式）。

（二）课中计划

简单的课前案例介绍说明，明确对海尔集团案例讨论的范围。

1.按课前分组情况，进行分组讨论。（20分钟）

2.各小组依次上台展示本组制作的PPT，并结合各自的案例分析报告进行讲解。（50分钟）

3.对各小组的发言内容进行概况总结，并且进一步讨论海尔集团资金管理模式的优缺点，再提出各组的意见和建议。（20分钟）

（三）课后计划

全体学员根据课堂讨论内容和结果，给出关于海尔集团资金集中管理模式优化的具体解决方案，并对本组案例分析报告进行修改和完善。

六、参考文献和网址

[1] 巨潮资讯网，http：//www.cninfo.com.cn/new/index.

[2] 张国栋. 浅析海尔集团资金管理模式［J］. 时代金融，2015（36）：249-250.

[3] 金灿灿，王竹泉，王海龙. 财务共享模式下企业营运资金管理绩效研究——基于海尔集团2007—2014年的纵向案例［J］. 财会通讯，2017（2）：98-103，129.

[4] 于雅静，薄建奎. 基于渠道理论的M公司营运资金管理研究［J］. 财会通讯，2018（23）：9-12.

[5] 何瑛，于文蕾. 海尔财务流动性管理举措与启示［J］. 财务与会计，2018（6）：33-34.

[6] 胡格格，杨汉明，周莉. 海尔集团的财务共享之路［J］. 财务与会计：理财版，2013（9）：12-14.

[7] 张先敏，于洋. 格力电器营运资金管理绩效提升策略研究——基于与青岛海尔的对比分析［J］. 会计之友，2017（2）：47-52.

[8] 梁薇. 海尔集团资金集中管理研究［D］. 天津：天津财经大学，2015.

[9] 吴媛媛，罗旻婧，杨俏文. 海尔集团财务共享服务模式研究［J］. 中国乡镇企业会计，2018（8）：257-258.

[10] 王兴琼. 企业集团财务共享服务模式探讨［J］. 财经界：学术版，2016（15）：238，248.

[11] 孙滨斌，胡昕昕，杜云星. 中国石油海外企业应用共享服务模式探析［J］. 中国石油企业，2017（8）：64-66.

[12] 杜胜利. 国际财务公司的发展趋势与海尔财务公司的发展模式［J］. 会计研究，2005（5）：71-77.

案例十八

中粮的内部资本市场与资金集中管理

摘 要

近年来，随着全球化战略和多元化战略的盛行，资金集中管理模式成为各大企业集团重点关注的问题之一。本案例主要关注中粮集团以财务公司为平台、集中管理整个集团资金的运作流程，详细介绍中粮财务公司各部门的主要业务及职能，并分析了内部资本市场与资金集中管理之间的关系。本案例为学生理解财务公司的功能及其运作过程提供了参考，对我国的企业集团实行财务集中化管理起到一定的借鉴作用。

关 键 词

财务公司；内部资本市场；资金集中管理

知 识 点

1.理解企业集团财务管理原理与特点；

2.掌握资金集中管理的主要方式和方法；

3.掌握内部资本市场的原理及实务操作问题。

案例正文

一、引言

企业集团是现代企业的高级组织形式，其发展关系到一个行业乃至一个国家的核心竞争力。资金集中管理是企业集团化发展的客观要求，在世界500强中有超过80%的企业对成员单位的资金实施集中管理，实现了资金流、现金流、物流、信息流的高度统一。企业集团财务管理中的一个重要方式就是通过财务公司对集团资金进行集中管理，从集团整体的利益出发，对资金进行合理配置、有效调度，其对集团经营、管理的重要性不可忽视。作为粮油行业标杆的中粮集团有限公司（以下简称“中粮集团”），其旗下的财务公司为中粮集团及其所有单位成员提供了牢固的资金链基础，并取得了显著的经济效益。

二、公司简介

中粮集团于1949年在北京成立，从一个单一的进出口贸易商逐渐发展成一家集贸易、实业、金融、信息、服务和科研于一体的大型多元化企业集团，横跨农产品、食品、酒店、地产等众多领域。这一转型和中粮集团的协同多元化发展战略是分不开的。随着中粮集团成员企业不断增多，产业链条不断延伸，对集团财务管理也提出了更高的要求。中粮财务有限责任公司（以下简称“财务公司”）是以提高中粮集团资金集中管理水平与集团资金使用效率为目的，为中粮集团成员单位提供金融服务的一家非银行金融机构。中粮集团组织结构图如图9-9所示。

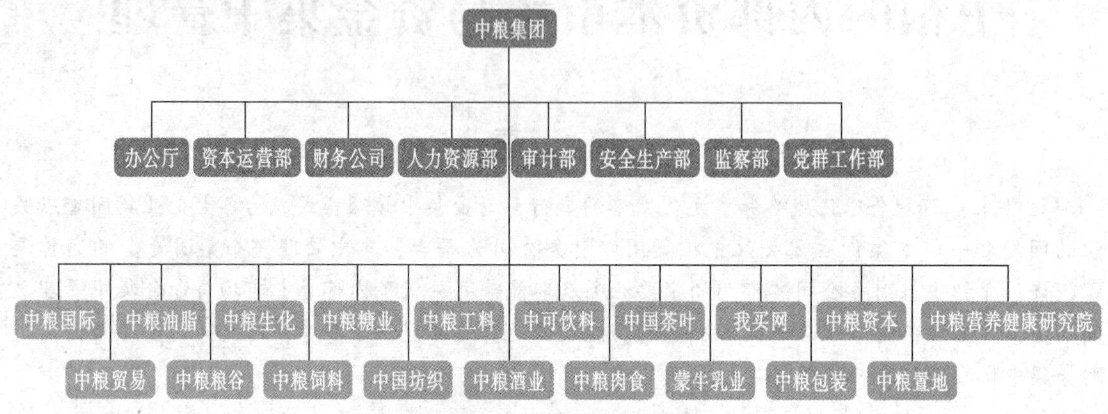

图9-9　中粮集团组织结构图

中粮集团财务有限责任公司经中国人民银行银复〔2001〕206号文件批准成立；2003年10月9日，经中国银监会批准颁发《金融许可证》，2009年6月24日，换发新的《金融许可证》；经中国银监会（银监复〔2012〕537号）于2012年9月24日批准后，中粮期货有限公司将所持有的财务公司3 256.40万元股权转让给中粮集团有限公司。截至2017年12月31日，财务公司股东构成及出资比例如下：中粮集团有限公司出资人民币66 223.60万元、2 000.00万美元，占注册资本的82.74%，为财务公司实际控制人；中粮贸易有限公司（原中粮粮油有限公司）出资人民币13 000.00万元，占注册资本的13%；中粮资本投资有限公司（原中粮明诚投资咨询有限公司）出资人民币3 256.40万元，占注册资本的3.26%；中粮集团（深圳）有限公司出资人民币1 000.00万元，占注册资本的1%。

作为集团资金集中管理的执行运营部门，财务公司根据集团的统一财务战略实施资金集中管理，旨在以专业、便捷、优质的服务，满足集团融资、投资、资产保值等多方位要求，保障公司各项业务稳步发展；以集团整体利益最大化为目标，紧密围绕集团战略及业务的发展，发挥自己的专业优势，充分发掘集团内成员单位深层次的金融需求，积极利用广泛的外部金融合作网络，及时为成员单位提供最合适的金融解决办法，成为集团产业的综合金融服务提供商。

知识链接——财务公司风险管理组织架构及具体政策

三、案例概况

（一）财务公司内部资本市场运行方式

1.财务公司资金管理策略

中粮财务公司是以中粮集团总体战略为导向，根据集团及各业务单元的战略定位合理配置资源，采取以集权管理为主、分权管理为辅的管理模式。为了提升业务单元现金流分析及管理水平，中粮公司实施了资金集中管理策略，在经营层面增强资金利用率。同时，中粮财务公司根据行业性质、经营模式，通过控制信贷规模，确保资产负债比例，保障整体财务安全。此外，中粮财务公司运用金融工具提供长期稳定的财务支持，结合集团战略布局，调控财务资源配置，优化负债结构。

2.集团资金管理组织架构

经过十几年的资金管理实践，中粮集团基本形成了以垂直领导为主的紧密财务组织，即以“集团-经营中心-业务单元-利润点”组成的多层次、多元化的企业财务管理组织。集团财务部作为资金政策的制定者，实施对各层级财务部门的总体领导及监督；财务公司为集团资金政策的实施平台，实现集团内的资金集中管理及统筹安排；各经营中心、业务单元、利润点为集团资金管理政策的执行者。

3.财务公司资金集中管理模式

目前，中粮集团财务公司实施的资金集中管理模式为：集团统一要求成员单位在财务公司开立结算账户，并将集团合作银行账户与财务公司进行联网，利用银企直连系统，实现对集团下属成员企业账户资金的定时归集和结算。企业逐日上报资金使用计划，并保留原有对外收支路径。

通过这种资金集中的管理方式，既保证了集团对企业资金的相对集中管理，便于各层级管理者对所辖业务单元的实时监控，又保证了成员单位对自有资金使用的自主性，便于其日常财务管理，是一种相对集中且灵活的资金管理方式。

如图9-10所示，账户结构设计和资金归集流程为：集团成员单位在财务公司设立一个结算账户，作为资金归集账户，同时在指定的银行范围内设立一个或多个结算账户，纳入归集范围。根据银行、财务公司和企业授权三方协议，财务公司每天下午发出指令，将分散在各地的账户资金集中到财务公司账户，形成集团内部“资金池”。成员单位需要用款时，需向财务公司上报资金使用计划，经相关财务负责人审批生效后，付款指令提交至财务公司，财务公司统一下拨资金计划。资金下拨后，成员单位通过银行账户办理当天的支付结算业务。

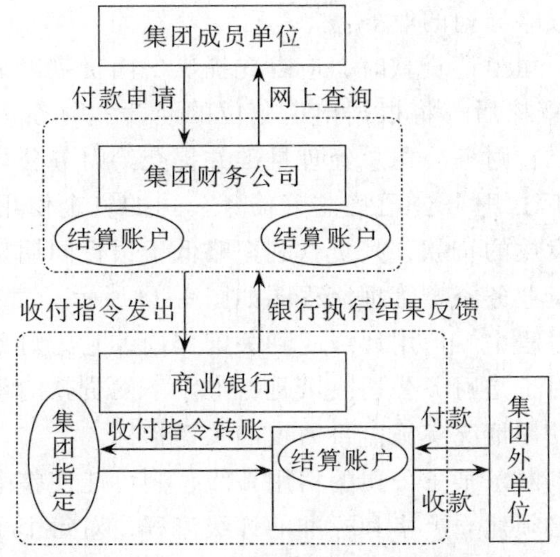

图9-10 账户结构设计和资金归集流程图

（二）财务公司资金管理职能

为满足中粮集团日益提高的资金管理需求，财务公司作为新型非银行金融机构应运而生，逐步承担起了集团内部资金管理、融通、结算及投资等专业金融服务职能，提升了集团整体资金管控效率。

1.资金集中管理中心

对于企业集团来说，由于集团成员单位的资金分布不均，难以有效发挥资金的规模效应。从集团的角度来看，一些成员单位可能闲置了大量存款资金，另一些又需要大量银行贷款，由于存款利率与贷款利率之间的差异，导致集团资金整体利益的损失和浪费。因此，财务公司作为集团内各成员单位的资金调控中心，各子公司可以通过内部拆借资金来达成资金间的相互流动，统一收集和分配各子公司的资金。财务公司上收成员单位的闲置资金用来支持有资金需求的企业完成内部筹资，从而满足各部门的现金流需求，降低由外部资本市场借入资金所增加的额外交易成本，大大提高了集团资金利用效率，减少了资金财务风险。因此，作为集团的资金集中管理中心，财务公司将集团内部资金尽可能地集中起来，使集团更有计划性地使用资金。这也增加了集团内部闲置资金的融通性，真正做到了从内部资本市场角度出发，合理调剂、有效利用，是企业集团的重要发展举措和管理战略。

2.信贷集中管理中心

信贷业务是中粮财务公司的主要业务之一，建立了集团成员单位间金融中介的桥梁。信贷部归集集团内部闲置资金，然后依照集团的整体战略方向以及不同子公司的资金需求，为集团成员单位提供适当成本的内源资金，是企业集团设立财务公司这一内部金融机构的根本出发点，同时也是目前财务公司利润的主要来源。信贷部主要负责各成员单位的贷款业务，通过各种贷款形式尽快地给有资金需求的成员单位提供内部融资途径。财务公司作为集团内部金融机构，拥有商业银行无法拥有的内部信息优势，可以为成员单位节省大量的时间和烦琐的手续。成员单位在考虑融资需求时，应首先向财务公司申请，如因为财务公司资金不足或其他原因必须向外部融资时，通过财务公司的参与和竞争，也能大大提高成员单位的对外议价能力。同时，财务公司作为集团的信贷管理中心，能够更有效地将资金划分给符合集团战略导向的业务。

当成员单位向财务公司申请贷款时，应首先提供书面贷款申请、营业执照副本及财务报表等资料。经信贷部审核后，将根据申请单位的经营、财务状况对该单位进行贷款评级，同时填写信贷报告，在财务公司总经理批准并提交给财务公司董事长审核通过后，可以发放贷款。贷款发放后，财务公司将监管债务公司的资金使用情况，充分发挥监督作用。信贷部给成员单位发放的贷款，其贷款利率略低于银行同期贷款利率，可有效减少成员单位的融资费用。信贷业务资金管理流程图如图9-11所示。

在信贷部资金管理过程中，信用评级起到关键作用，它为财务公司评估每个成员的信用额度确立了基础，同时也是财务公司决策是否准予下发贷款的重要标准，此外更是决定未来对各成员单位贷款使用情况实施监督力度的关键指标。

如果财务公司错误判断了某子公司的信用评级，则可能使整个集团陷入财务危机。因此，中粮集团财务公司必须建立严格和标准的评级流程，对每个子公司进行信用评级，使集团的内部资本市场得以有效运行。

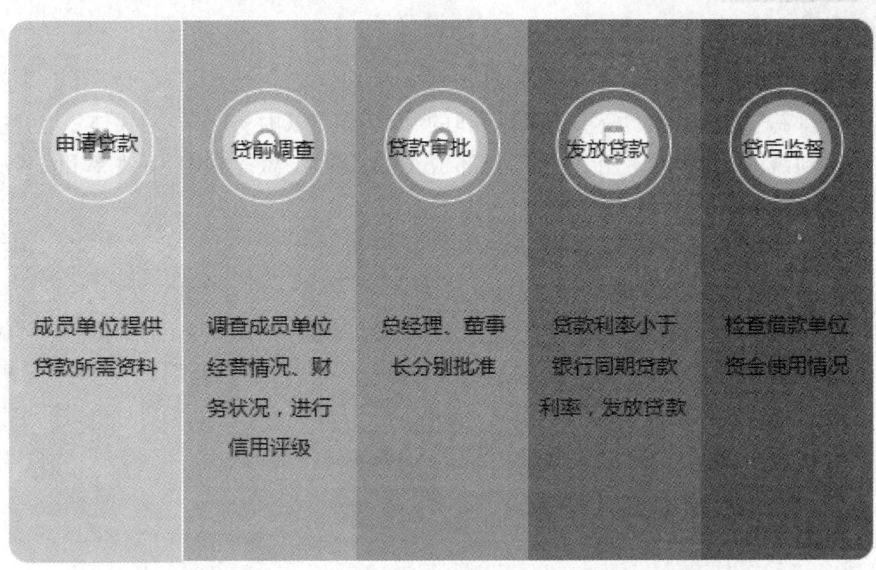

图 9-11 信贷业务资金管理流程图

具体的信用评级评估见表 9-2。

表 9-2 信用评级评估表

<table>
<tr><th colspan="2">指标名称</th><th>加权系数</th><th>评分</th><th>加权得分</th><th colspan="2">因素</th><th>加权系数</th><th>评分</th><th>加权得分</th><th>综合得分</th><th>企业资信等级</th></tr>
<tr><td rowspan="4">抗风险能力</td><td>总资产</td><td>0.5</td><td></td><td></td><td>基本情况</td><td>企业类型</td><td>1.5</td><td></td><td></td><td rowspan="13"></td><td rowspan="13"></td></tr>
<tr><td>净资产</td><td>1.0</td><td></td><td></td><td rowspan="6">管理</td><td>主要管理人员</td><td>0.5</td><td></td><td></td></tr>
<tr><td>资产负债率</td><td>1.0</td><td></td><td></td><td>员工队伍</td><td>1.0</td><td></td><td></td></tr>
<tr><td>齿轮比率</td><td>1.0</td><td></td><td></td><td>经营方向</td><td>0.5</td><td></td><td></td></tr>
<tr><td rowspan="3">获利能力</td><td>营业收入</td><td>1.5</td><td></td><td></td><td>对人财物的控制程度</td><td>0.5</td><td></td><td></td></tr>
<tr><td>营业收入增长率</td><td>0.5</td><td></td><td></td><td>资金运用</td><td>0.5</td><td></td><td></td></tr>
<tr><td>经营利润率</td><td>1.0</td><td></td><td></td><td>管理水平</td><td>1.0</td><td></td><td></td></tr>
<tr><td rowspan="4">偿债能力</td><td>经营性现金流量</td><td>1.5</td><td></td><td></td><td rowspan="4">市场</td><td>行业及产品的成长性</td><td>1.0</td><td></td><td></td></tr>
<tr><td>扣除预收后的流动比率</td><td>0.5</td><td></td><td></td><td>市场份额及历史业绩</td><td>1.0</td><td></td><td></td></tr>
<tr><td>扣除预收后的速动比率</td><td>0.5</td><td></td><td></td><td>市场信誉</td><td>0.5</td><td></td><td></td></tr>
<tr><td>现金偿债倍数</td><td>1.0</td><td></td><td></td><td>银行信誉</td><td>1.0</td><td></td><td></td></tr>
<tr><td colspan="2" rowspan="2">合计</td><td rowspan="2">10.0</td><td rowspan="2"></td><td rowspan="2"></td><td>政策</td><td>政策支持程度</td><td>1.0</td><td></td><td></td></tr>
<tr><td colspan="2">合计</td><td>10.0</td><td></td><td></td></tr>
</table>

3.外汇集中管理中心

跨国公司为实现利益最大化，不仅需要集中管理国内资金，还需要在全球范围内集中管理外汇资金。跨国公司外汇资金集中管理的共同点是以财务公司为载体，使整个企业集团外汇资金达到统一管理和使用，提高内部成员单位外汇资金的使用效率和效益，减少外汇资金的财务成本。

2004年9月，国家外汇管理局批准中粮财务公司成为首批开展外汇资金集中的试点企业。2009年，财务公司正式获得结售汇业务资格，便开始在集团内大规模进行外汇结售汇业务。外汇部通过进行外汇结算和销售业务，大幅度提高了集团内闲置资金的流动性。本币与外币之间的资金障碍通过外汇部的外汇管理业务得以有效消除，进一步增强了集团资金的整体效率。此外，外汇部门会在银行间外汇市场开展交易，以便以较低汇率进行交易。从该汇率特许权得到的汇兑差异收益将都归属于集团，该交易不仅减少了集团整体的财务成本，而且给集团带来了很多的汇兑收益。

4.风险管理平台

同其他金融机构一样，有效识别、控制、防范和化解各类风险，是财务公司经营的永恒话题，只有实施了全面的风险管理，财务公司的正常运行才能得到保障。财务公司通过对成员单位资金、信贷、账户、信息等方面的集中管理，在客观上实现了对风险的有效监控，大大增强了企业成员单位资金筹集、资金运用和资金回报的透明度。

5.供应链票据融资平台

随着集团整个产业链战略的逐渐深入，各业务部门之间实现了一定规模的购销协同效应。财务公司利用自身作为金融机构的优势，鼓励集团各成员单位在结算时使用商业承兑汇票，并选择以汇票贴现的方式，使集团产业链上游和下游企业在融资时都更为便捷。该业务的进行为集团内购销双方提供了融资便利，降低了企业财务成本。

（三）财务公司资金集中管理流程

1.资金预算管理流程

在资金集中管理的过程中，资金预算管理确保了资金的有效归集与分配。通过成员单位对资金支付计划的日常报告，财务公司采取审核批准与划拨款项的方式，有效避免了因大额支付而使资金链陷入危机的风险。在资金的预算管理上，财务公司采取的是总量与分项预算控制相结合的形式，即使用分级管控模式，各成员单位逐步报告其支付方案，逐步审核批准后最后完成付款。财务公司资金预算管理流程如图9-12所示。

2.资金收支管理流程

中粮集团财务公司采用“收支两条线”的资金集中管理模式。在收款业务的办理中，为了达到税收和企业会计准则的要求，银行收款单及回执单中的收款方名称、开户行、收款人账户号等信息仍然是实际收到款项的子公司，在贷款商业银行确认收到款项后，成员单位的收入方可通过收入线汇入财务公司总账户。

中粮集团财务公司“收支两条线”模式流程如下：首先，各成员单位需在与财务公司签约的商业银行中设立收入账户和支付账户，而对于成员单位设立的非签约银行账户，财务公司有权查询与转账，同时各成员单位需开设内部账户，每日将所得收入集中并统一管理；其次，当成员单位付款时，应在付款限额内以透支的方式进行，该日结束后，根据企业的当日支付款项额度，由财务公司使用结算账户对当日透支额进行补平处理；最后，企

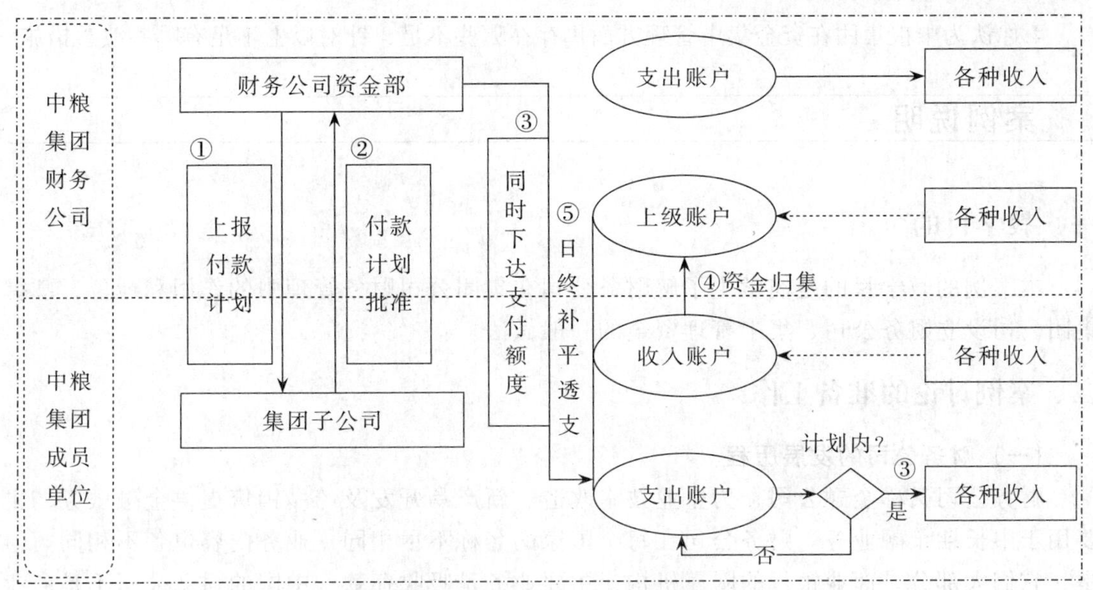

图9-12 财务公司资金预算管理流程

业不得自行处置内部结算业务，而必须通过财务公司结算账户并由财务公司进行处理。

在正常情况下，企业按照批准的每日资金使用计划来支付其财务公司账户余额。若账户余额不足，财务公司按照之前与企业签订的内部循环贷款协议，自动为企业提供循环贷款，以满足配额内的支付需求。当额度不足时，则企业必须向集团公司财务部门提出申请，批准可增加贷款额度后，才可支付款项。同时，为了减少企业的支付风险，财务公司会依照资金使用计划，锁定大量的外部支付。

3.筹融资管理流程

财务公司作为非银行类的金融机构，对企业的筹资与投资活动发挥了融通资金的作用，同时财务公司又具备外部资本市场没有的优势。在筹措资金时，财务公司的存在，使得各子公司除了选择外部融资外，还可首先选择通过财务公司进行内部融资。因此，在集团筹融资管理中，首先要对成员单位的资金需求情况进行统计和分析，择优选择子公司为其提供筹融资的资金支持，通过提高各子公司在外部资本市场融资的议价能力，来增强企业的运营效率和管理水平，增强集团的整体优势。

根据企业资金需求，中粮财务公司将各成员单位的闲置资金划拨给有资金需求的成员单位，降低了集团出现闲置存款和贷款过高的风险。如果财务公司的资金不能满足成员单位的资金需求时，财务公司则可利用自身优势从外部金融市场获得资金，满足成员单位的资金需求，该方式的融资成本较低。一旦财务公司的金融业间借贷也无法满足成员单位的资金需求时，成员单位将直接或间接通过外部资本市场进行融资。

四、讨论问题

1.中粮集团为什么要单独设立财务公司？中粮集团设立的财务公司利用内部资本市场强化资金管理有何积极影响？

2.你认为内部资本市场对资金集中管理有什么作用？

3.你认为资金集中管理对内部资本市场有何作用？

4.你认为中粮集团在资金集中管理方面仍存在哪些不足，针对以上不足有哪些改善措施？

案例说明

一、教学目的

本案例的教学目的是使学生了解财务公司在集团公司财务管理中的作用和地位，掌握集团公司设立财务公司、集中管理资金的一般做法。

二、案例讨论的准备工作

（一）财务公司的发展历程

财务公司又称金融公司，为企业技术改造、新产品开发及产品销售提供金融服务，主要用于中长期金融业务。财务公司在每个国家的名称不尽相同，业务内容也各不相同。但是，它们大部分是商业银行的附属机构，主要业务是吸收存款。中国的财务公司不是商业银行的附属机构，是附属于大型集团的非银行金融机构。财务公司兴起于20世纪初，主要有美国模式和英国模式两种类型。

1.美国模式

美国模式的财务公司是以加快商品流通、推动商品销售为特色的非银行金融机构。它附属于制造厂商，是一些大型耐用消费品制造商的受控子公司，以推广其产品。这类财务公司主要为零售商提供融资服务，大部分位于美国、加拿大和德国。美国财务公司的总资产规模超过8 000亿美元，在流通领域的金融服务范围涉及从住房、家用电器、汽车到各种工业设备的所有商品，对商品流通起到了非常重要的作用。

2.英国模式

英国模式的财务公司设立的目的在于规避政府对商业银行的监督，基本上都依靠于商业银行。由于政府明确规定商业银行不得从事证券投资业务，而财务公司不属于银行，因此不受此限制。该种形式的财务公司大部分位于中国香港、日本和英国。

我国财务公司的出现既是我国企业集团发展的客观要求，又是我国经济体制改革和金融体制改革的必然结果。东风汽车财务有限公司于1987年5月成立，是全国设立的第一家企业集团财务公司。2006年12月28日，中国银监会第55次主席会议通过《中国银行业监督管理委员会关于修改〈企业集团财务公司管理办法〉的决定》。新版的《企业集团财务公司管理办法》中将财务公司定位为“以加强企业集团资金集中管理和提高企业集团资金使用效率为目的，为企业集团成员单位提供财务管理服务的非银行金融结构”。这一定义淡化了老办法中偏重于制造业工业企业的行业特征，从而使包括外资、流通行业在内的企业集团都可以设立财务公司来支持集团公司发展。

知识链接——何为司库？

（二）内部资本市场的形成及其优势

20世纪中期，在美国掀起了一波并购浪潮，也出现了一些大型企业和大型集团。这些集团式企业的出现，使得企业内部资本市场应运而生。由于集团式多部门企业的资本需要进行流通和合理配置，每个部门之间可以相互调度资金或筹集资金。各部门为了得到资金而进行的内部竞争与外部市场的竞争机制相似。但是，内部资本市场可以集中多渠道的现金流投资于高收益项目，使内部资本市场在监督、激励、内部竞争以及低资本成本方面都比外部的资本市场好。因此，这种集团式企业内部形成的资金流动和资本配置就是企业内部资本市场。

通常，可以通过以下两个环节抽象地描述一次完整的资本配置过程：第一个环节，社会资本通过信贷市场和证券市场为不同组织形式的企业分配资金；第二个环节，不同组织形式的企业把资本分配给各个分支机构或子公司，并通过它们为不同的投资项目分配资金。这里所谓的"第一个环节"即外部资本市场，"第二个环节"即内部资本市场。在内部资本市场上，企业总部是资金使用部门资产的所有者，拥有所有权和剩余索取权，即出资者；而在外部资本市场中，出资者不是资金使用部门资产的所有者，不具有所有权和剩余索取权。由于这种本质区别使内部资本市场与外部资本市场在企业的监督、激励和信息传递等方面有不同的影响效果，从而避免了由于外部资本市场上投资项目的信息披露导致的问题，以及由外部资本市场所带来的激励等问题。内部资本市场有降低资本成本、有效监管激励、优化资本配置、放宽外部融资约束等优势，具体说明如下：

1.内部资本市场降低成本的优势

由于信息不对称问题的存在，在外部资本市场进行投融资时，企业必须承担较高的交易成本并面临较大的风险，而内部资本市场恰恰在这两方面具有优势。在内部资本市场中，总部与各部门同属一个大环境，获取的信息更真实可靠，成本更低。公司经理和部门经理可以获得全面且价廉的信息，而且总部可以协调各部门的集体合作。

2.内部资本市场监督激励的优势

总部（集团公司）拥有剩余索取权和控制权，总部比银行（外部资本市场上银行是资金的主要提供者）有更大的动机和权力选择好的项目，这一优势的结果随着总部监管力度的加大，其收益也会越高，所以它会实施更加严谨、标准的监督。当然，由于监督也有成本，因此这种监督并不是无休止的监督，而是在监督边际收益等于边际成本的点上找到最优监督水平。在外部资本市场，投资者根据之前签订的合同获得投资收益，而不能从监管中获得额外的收益，因此即使其有能力监督，也不会尽全力去实施监督。

3.内部资本市场资源配置的优势

首先，内部资本市场总部的收益来源于项目的盈余，总部将现金存放在公司内部进行统一分配，将有限的资源投入到高投资回报的项目上，以使企业的总收入最大化。其次，内部资本市场更有益于重新配置企业资产。当公司总部有许多相关业务部门时，由于业绩不佳和业绩良好的项目由同一位所有者提供资金，如果一个部门业绩不佳，那么其资产将被有效地重新配置，或与公司总部持有的其他资产合并。外部出资者只能把资产向其他用户出售，而且通常不会收到全额款项，因为外部投资者必须与项目经理分享得到的盈余。最后，在内部资本市场上，总部对项目的投资分多个阶段进行，在项目初始过程中，资金收入不会自动流入其生产部门，而是由总部按照资金的投资收益率的标准，通过内部竞争重新分配。该方法大幅增加了资金使用效率。

三、案例分析要点

问题1：中粮集团为什么要单独设立财务公司？中粮集团设立的财务公司利用内部资本市场强化资金管理有何积极影响？

首先，中粮集团财务公司在对各成员单位资金的统一管理过程中建立了资金融通中心，把企业集团内部各成员单位的闲散资金集中起来，然后再作为被委托方在借款人与委托方之间建立联系，从而使闲置资金准确流入借款人账户。财务公司以内部资本市场为出发点，将内部资本市场变为资本调控的平台，强化了集团的资本经营意识，且有效降低了集团高贷款、高存款并存的风险。另外，成员单位通过财务公司的资金集中管理获得了项目所需资金，同时又使企业与集团间的联系更加紧密，从而使集团的整体优势得以更充分的展现。

其次，财务公司通过不断向成员单位发放短期委托贷款或流动资金贷款，满足了企业长期的资金需求，降低了公司在经营过程中发生资金链断裂的可能性。中粮财务公司从内部资本市场角度出发，运行高效的资金管理系统及收支两条线模式对各成员单位的资金收入与支出进行实时监督，从而降低了企业由于无力偿还外部融资贷款所带来的风险，发挥了内部资本市场对资金集中管理的风险规避作用，在资金方面对集团的战略性发展起到了保障作用。

再次，由于内部融资的贷款利率略低于外部融资的银行贷款利率，因此大大降低了各成员单位融资的财务成本支出。财务公司对资金的集中管理，使企业中沉淀的资金得以重新运作，改善了资金的融通情况和集团整体的资金使用水平。一方面，相比之前未实行资金集中管理的运营模式，现如今集团的融资模式由长期性的融资转向了中短期的融资方式，此举措大大降低了集团长期贷款融资所带来的经营风险，同时也节省了成员企业的融资成本支出。另一方面，由于集团整体比单个企业具有更高的议价能力，因此可以获得银行存、贷款利率优惠，这也大大缩减了集团的财务成本。

最后，集团通过内部资本市场进行资金集中管理的措施可以有效地提升集团在银行间的信誉程度，在外部融资时便可以更容易筹得所需资金。企业集团的资金集中管理使企业在外部融资前可先选择内部融资，从而扩大其融资规模。由于集团内各企业经营的业务板块有所不同，进而导致各企业的资金状况有所差别，有的企业资金富裕充足，而个别企业资金始终处于紧缺状态，这会大大影响企业在银行筹资的能力。实行资金集中管理后，集团会首先与银行商谈以获得授信额度，在授信过程中，集团的规模优势会大大提高银行对企业集团的贷款信任度，使集团更容易获得外部商业银行的资本支持。

综上所述，财务公司通过对资金的实时监控，强化了资金的调配能力，使集团内部资本市场的资源配置效果得到了进一步优化，提高了集团资金整体的使用效率。另外，集团应该充分利用内部资本市场的资本配置功能，提高内部资本的有效分配水平，从而促进集团内部融资的顺利进行，提高资金在内部资本市场中的流动性，最终使集团对各成员单位的资金进行更好的监控与集中管理。

问题2：你认为内部资本市场对资金集中管理有什么作用？

1.促进集团内部资金融通

内部资本市场在集团中有资金融通的作用，此时，相较于外部资金而言，集团应充分利用内部资金。由于集团各子公司业务类型的不同，不同成员单位属于不同的业务模块，受集团对不同板块的扶持力度不同及企业本身经营特点的影响，某些企业的资金周转速度可能不能满足其需求，此时，便有资金闲置企业的资金归集后再分配于有资金需求的企业，降低企业财务风险的情况。集团作为资金调控的操控中心，对成员单位资金进行归集与再分配，相比在外部市场筹资而言，付出了相对较少的筹资成本。内部资本市场对集团内部资金融通的促进作用如图9-13所示。

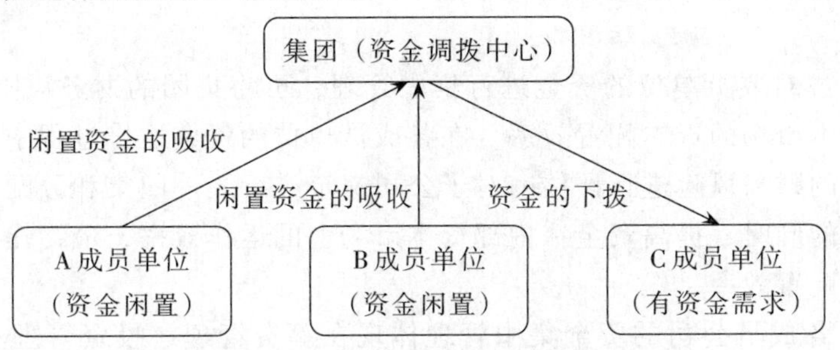

图9-13　内部资本市场促进资金融通的作用

2 促进集团内部资金配置

由于集团总部认识到，若想使集团产生协同效应，需对各子公司进行集权管理，因此，集团从内部资本市场角度出发，对各个成员单位的资金分配采用集中的分配模式。首先，集团通常使财务公司成为内部投资中心，为资金集中管理提供了基础条件；其次，由财务公司结合集团发展战略选定投资对象，保证资源配置的有效性；最后，财务公司需确定投资方式，即当多家成员单位有资金需求时，集团选用何种分配比例或优选于哪家进行投资。内部资本市场促进集团资金配置的作用如图9-14所示。

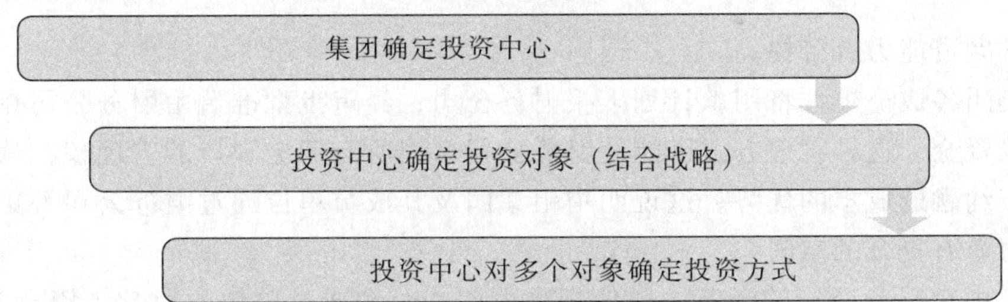

图9-14　内部资本市场促进集团资金配置的作用

通过以上分析可知，内部资本市场对集团具有资本配置的作用，通过对子公司资金的归集与分配，不仅提升了集团对内部资金的管理水平，而且创造了更大的企业价值。

问题3：你认为资金集中管理对内部资本市场有何作用？

1.资金运作

按照信息不对称理论，企业在外部资本市场进行筹资比从内部资本市场融资面临更多壁垒，因此，企业需通过除外部资本市场以外的途径筹集所需资金；另外，过多的外部融资会为企业带来更多风险，其中负债融资会加大企业的偿债压力，增加资金链中断所导致的无力偿还的可能性。基于上述原因，集团成员单位融资时较单个企业的优势在于，可以在更短时间内并以更低的融资成本筹得足够资金。

如今，大多数集团企业采用财务公司型资金集中管理模式。作为集团的法定融资主体，财务公司在内部融资与资本配置中发挥着重要作用。财务公司通过归集成员单位的闲置资金为内部资本市场的形成创造了条件，通过对各成员单位间的资金调配，既盘活了个别子公司的闲置资金，又满足了各成员公司的资金需求。因此，集团可通过财务公司创造的内部资本市场平台主动控制资金的基本流向，通过将闲置资金投资于优质项目或盈利潜力较大的成员单位，进而激发项目的盈利潜力，提高集团的资本投资决策水平。此种资金集中管理模式也带动了各成员单位将资金上交财务公司的积极性与主动性，在提升了集团资金集中管理程度的同时，也完善了内部资本市场的资本配置效率。

2.风险规避

企业集团通过对成员单位的资金进行集中管理，可将集团的财务风险进行分散处理，进而提高内部资本市场的资本配置效率。在各成员单位的资金运作过程中，集团总部会对各公司可能发生的财务风险进行评估，对子公司资金进行统一归集和分配，可以在降低集团整体财务风险的同时，提高资金在内部资本市场上的运作效率，最终提高集团资本在内部资本市场中的配置效率。

企业集团对各成员公司的资金集中管理体现在筹资管理、投资管理和现金管理三方面。企业集团的财务风险主要表现在负债筹资活动方面，而经营风险主要体现于经营活动与投资活动中。由于集团可以首先通过内部资本市场进行融资，同样地，集团进行投资活动时，也可在内部资本市场中对其他内部项目进行投资。此种资金集中运营模式大大降低了子公司的投资与筹资风险，从而提高了内部资本市场的运营效率，最终增强了基于内部资本市场的资本配置效率。

问题4：你认为中粮集团在资金集中管理方面仍存在哪些不足，针对以上不足有哪些改善措施？

1.不足

（1）筹融资能力有待提高

中粮集团各成员单位将用款计划上报财务公司，经审批批准后由财务公司在企业授信额度内下放资金。这种管理方式未能使财务公司掌握所有资金缺口的管理权，从而限制了财务公司节约融资成本的优势。这说明中粮集团及其成员单位通过财务公司筹集项目所需资金的能力尚有提升的空间。

另外，中粮财务公司的经营主要依靠自由资本金和成员单位的存款，资金来源单一，缺乏多样性，且无稳定的内部长期资金来源，而中长期资金支持主要来源于外部资本市场中的银行贷款，这种未将内部资本市场融资与外部资本市场筹资有效相结合的运营方式增加了集团融资和筹资的财务成本。加之成员单位易受中国人民银行贷款利率波动的影响，致使财务公司经营规模呈下降趋势。

（2）绩效管理考评体系不完善

在中粮财务公司经营过程中，企业未构建整合资金的绩效管理考评体系，以至于财务公司人员无论在资金集中管理上还是预算编制上，均缺乏科学的效果评价标准，导致无法对企业员工进行激励。绩效评价体系的缺失，使企业不能对资金的投资管理、内部资本市场的有效性进行有效的控制和监督，很有可能会带来财务风险。

2.资金集中管理的改善措施

（1）增加金融服务品种

目前，中粮财务公司的主要业务包括对成员单位发放贷款、受托理财、新购申购等，主要从对成员单位发放贷款所收利息、银行贷款利率差所得收益以及短期投资中获得收入。根据《企业集团财务公司管理办法》的规定，中粮财务公司及其他企业集团还可增加以下业务：

①开展融资租赁业务。根据相关制度的规定，财务公司可对集团内企业开展设备融资租赁业务，并且可对集团外各企业开展集团产品方面的融资租赁业务。将设备以融资租赁方式租给成员单位，可有效降低企业租赁设备所带来的财务成本消耗，同时缩短了设备的更新周期，从而解决了企业由于技术更新所带来的资金短缺问题。为集团公司的产品办理融资租赁，不仅压缩了集团金融与资本产业的循环周期，而且加大了集团整体的生产力与销售力度。

②开展资产证券化业务。通过将未来预期可获得收益与现金流入的资金等资产加以组合与调整，进而转换为可在资本市场中进行买卖的金融债券形式，可达到降低集团融资成本、分散集团经营风险的效果。集团财务公司可首先买入集团子公司或分公司的应收账款等流动资产，再通过卖断形式将信贷资产卖出，取得资金后再重复上述操作，并进行循环操作。在风险可控下的流动资产卖断循环，可进一步压缩集团及各企业的融资成本，从而更好地为成员单位提供融资和筹资服务。

（2）拓宽融资渠道

企业集团在运营过程中，最终目标都是使企业能够长期不断地发展，而满足这一目标的关键因素是资金运作情况的好坏。西方国家企业集团较我国发展更为迅速，关键的原因之一是其具有许多的资金获取渠道，可以满足集团的发展。针对中粮集团财务公司资金来源缺乏多样性所导致的筹融资能力有待提高的问题，首当其冲的解决方案即为发展更多的融资渠道。中粮集团财务公司主要可从以下几个方面增加资金来源：

①增加资本金投入。站在集团长远发展的角度来看，增加更多的资金获取方式无疑可以持续不断为集团的发展注入“血液”，而达到此目标的最有效手段即扩大集团资本金的投入量。对此，中粮集团财务公司应在外资金融机构进入中国资本市场的同时积极吸收集团外股份，与之成为长期的合作伙伴。站在中粮集团财务公司的角度考虑，外部资金流流向中粮集团财务公司，不仅改善了集团的资产负债结构，而且可将外资金融机构的经营模式、资金管理理念引入企业集团并加以学习，从而促进集团的整体发展。

②增加发行财务公司金融债券。由于债务效应可有效改善企业治理结构，因此除引进外资金融机构外，财务公司还可通过发行金融债券，来拓宽集团的资金来源渠道，增加融资手段。财务公司发行金融债券，不仅为集团创造了稳定的中长期资金流入，还为企业集团债券进入银行间同业拆借市场与债券市场创造了条件。

（3）完善集团内部制度体系

资金集中管理实质上是以集团为中心，财务公司牵头的，资金集中度高、管控力度大的制度，是将集团效益最大化放于第一位，以提高市场竞争力为目标，而不应该将各成员单位的单方面利益放于集团利益之前。由于财务公司实施的资金集中管理是在集团全范围内执行，因此，如果各子公司或分公司能够积极配合与服从财务公司对其的资金管控，那么集团的资金集中管理水平将大大提升，而在与集团企业顺利沟通达成管理理念一致并顺利实施管理方案的同时，还应建立合理有效的内部制度体系，从而规范财务公司及成员单位的资金管理与资金运作流程。

中粮集团于实施资金集中管理时，颁布了一系列资金管理制度与规定，因此，只有让财务公司及各成员单位遵照资金管理制度，才能有效实施资金集中管理。另外，由于中粮财务公司在对成员单位进行资金集中管理的过程中，受集团战略、宏观环境及国家政策的影响，其资金管理制度会发生一定程度的变化。此时，要求集团管理层与各成员单位及时适应改变了的管理制度，将经营管理体制与资金集中管理制度紧密相连，通过不断完善集团资金集中管理体系，强化集团的整体经营效率，促进集团财务管理体制的不断完善。

四、课堂计划建议

本案例可以作为专门的案例讨论课来进行，以此加深学员对集团公司资金管控的理解。以下是按照时间进度提供的课堂计划建议，仅供参考：

本案例课的课堂时间控制在90分钟。

（一）课前计划

提出启发思考题，请学员在课前阅读和初步思考并分组讨论，告知发言要求，要求各小组将讨论的意见做成讨论报告（PPT格式）。

（二）课中计划

1.简要的课堂前言，明确主题，说明本案例讨论的目的。（5分钟）

2.小组发言，每个小组可围绕一个问题详细汇报讨论成果，再由其他小组成员点评或补充。（每组发言10分钟，讨论5分钟）

3.引导全班进一步讨论，并进行归纳总结，进一步讨论的问题包括中粮集团财务公司资金管理模式对其他企业集团资金管理的借鉴价值，以及我国资金集中管理发展状况和存在的问题。（20分钟以内）

（三）课后计划

请学员根据全班讨论意见，修改讨论报告，给出更加具体的解决方案。

五、参考文献

[1] 吕和义．大型建材集团公司并购后财务整合之资金集中管理——以M公司为例［J］．江西建材，2017（24）：246-247.

[2] 吕莎菲．企业集团财务公司资金集中管理模式探究［J］．中国国际财经，2017（21）：231.

[3] 王爱婵．对港口集团财务公司资金集中管理的优化研究［J］．中国乡镇企业会计，2017（9）：89-90.

[4] 单鹏展．关于提高财务公司资金集中管理几点看法［J］．财经界：学术版，2017（17）：78-79.

[5] 许友庆．集团财务公司“资金池”集中管理的方式和风险应对［J］．中国国际财经，2017（15）：69-70.

[6] 郭晓峰．如何提高企业财务公司资金集中管理的效率［J］．现代经济信息，2017（11）：211.

[7] 李小兰．优化财务公司结算模式，提升集团资金集中管理效率［J］．现代经济信息，2017（7）：184-185.

[8] 彭湘艳. 基于财务集中管理的集团公司资金收支账务处理对策 [J]. 商场现代化，2017（1）：186-187.

[9] 颜君谊. 浅谈民营集团型企业资金管理——基于X集团资金管理分析 [J]. 财会学习，2016（23）：26，28.

[10] 徐茹宁. 企业资金集中管理研究——以中国通信服务股份有限公司为例 [J]. 西部皮革，2016，38（12）：123-124.

[11] 穆梦洁. 基于内部资本市场视角：中粮集团财务公司资金集中管理研究 [D]. 北京：北京工商大学，2016.